[增订新版]

“文化大革命”简史

席　宣　金春明　著

中共党史出版社

图书在版编目（CIP）数据

“文化大革命”简史 / 席宣、金春明著 .—3 版 . 北京：中共党史出版社，2006.1（2025.7 重印）

ISBN 978-7-80199-392-2

Ⅰ . 文… Ⅱ . ①席… ②金 Ⅲ . 无产阶级文化大革命—史料 Ⅳ .D652

中国版本图书馆 CIP 数据核字（2005）第 158226 号

书　　名：“文化大革命”简史
作　　者：席宣　金春明

出版发行：中共党史出版社
责任编辑：陈海平
社　　址：北京市海淀区芙蓉里南街 6 号院 1 号楼　邮编：100080
网　　址：www.dscbs.com
经　　销：新华书店
印　　刷：保定市中画美凯印刷有限公司
开　　本：720mm × 1000mm　1/16
字　　数：330 千字
印　　张：26
版　　次：1996 年 7 月第 1 版　2005 年 1 月第 2 版
2006 年 1 月第 3 版
印　　次：2025 年 7 月第 28 次印刷
书　　号：ISBN 978-7-80199-392-2
定　　价：56.00 元

此书如有印装质量问题，请联系中共党史出版社读者服务部 电话：010-83072535

增订新版前言

这本8年前出版的书，正版已加印多次，至今仍时有脱销。出版社拟再版出书，我们借机对全书作了比较细致的修订，并按一些读者的建议，增编了一个“文化大革命”大事记，以便查阅。对书中某些史实、判断和表述等方面的不妥之处，我们参考这8年来一些学者专家的研究成果和评论文章，作了修改补充，在此深表谢意。对这个增订本，尚望继续得到读者的指正。

作　者

2004年12月

引　　言

那场在神州大地上摧梁折柱的以“无产阶级文化大革命”为名的政治大风暴，已经过去20年了。但史无前例的大内乱留下的创伤至深且钜，久久难以愈合，时而隐隐作痛。它提醒和促使人们去思考和研究，在20世纪60年代的社会主义中国，在中国共产党执掌政权的条件下，为什么会发生“由领导者错误发动，被反革命集团利用，给党、国家和人民带来严重灾难的内乱”？为什么会几经曲折而延续长达10年之久？它给我们留下哪些必须牢牢记取的经验教训？如此等等。中国共产党十一届六中全会在1981年6月27日通过的《关于建国以来党的若干历史问题的决议》，对于“文化大革命”的性质、指导思想、概要过程和主要责任，以及主要经验教训等，作了扼要而明确的回答，是研究这10年历史的重要的指导性文件。作为历史科学的“文化大革命”史，需要在《历史决议》的指导下，对很多问题进行深入的研究，一些具体历史事件的实际情况，有待于继续发掘和澄清。特别是探寻纷繁复杂的各种人物和事件背后的历史动因和内在联系以及不以人的意志为转移的发展趋势，则更有待于继续努力。这是全党和全国人民关心的大事，当然也只有在各方面协作努力的前提下才可能完成。不过首当其冲的是史学工作者，特别是中共党史的专业工作者。

我们二人都是从事中共党史的教学与研究几十年的专业工作者。对“文化大革命”史的研究工作，也近20年了。由于“文化大革命”这段历史的特殊复杂性和曲折性，至今对一些问题还不能说都分析清楚了。但是，我们认为，对“文化大革命”10年的历史，确实已经到了应该给予系统的阐述、深入的研究和讨论的时候了。而“文化大革命”研究的现状同广大群众要求了解历史、认真汲取经验教训的迫切需要，确实还有相当大的差距。重大历史事件的透彻剖析和研究总结，常常需要很长的时间，甚至几代人的努力。但研究“文化大革命”史的责任绝不应只留给后人。我们这一代“文化大革命”的亲历者，负有义不容辞的责任。正是这种沉重的历史责任感，使我们鼓起勇气写出这本《“文化大革命”简史》，把自己的研究所得作为一家之言贡献给读者。希望它能对“文化大革命”史的研究贡献一点微薄的力量，同时，通过探讨和交流，也使我们自己对“文化大革命”史的研究得到推动。限于我们的研究水平和条件，书中可能会有些不妥之处，欢迎提出批评和指正。

1995年12月于北京

目录

第一章

“文化大革命”的历史背景与起因

评新编历史剧《海瑞罢官》

1966 年发生的“文化大革命”像突然袭来的飓风，短时间就席卷中国大地，把中国人民带进一场长达 10 年多的浩劫之中。这场灾难临头时，人们普遍不知它从何而起。且不说普通老百姓，就连中国共产党的高级干部，在相当长的时间里也是普遍表现为“很不理解、很不认真、很不得力”。人们只能从最高指示、中央文件、首长讲话中去“领会精神”，从街头巷尾的小道消息中去“猜测动向”。这种特殊的历史现象，使“文化大革命”从一开始就带有混乱而朦胧的色彩，人们难以窥其究竟。

1976 年粉碎江青反革命集团后，在揭发、批判“四人帮”罪行的同时，党内外人士、中外学者对“文化大革命”作了大量评述，对于“文化大革命”起因的探索，更成为研究的热点。人们从政治、经济、文化、国际共产主义运动等等方面，从不同的角度，在不同的层次，去寻找发生“文化大革命”的原因。这些可贵的努力，开始拨开笼罩着“文化大革命”的层层迷雾，使大家能看到一些因果联系和带有规律性的东西。

但是，由于众说纷纭，头绪繁多，使人目不暇接而又不明晰确知。似乎“文化大革命”前中国社会存在的一切弊端，都同“文化大革命”的发生紧密相关。甚至有人说：“五十年代的道路是通往‘文化大革命’的道路。”认定“文化大革命”是社会主义制度的必然产物。然而，当人们把目光投向别的一些原社会主义国家时，就会发现中国社会所存在的主要弊端，如政治经济体制僵化、权力过分集中、个人崇拜等，在别的原社会主义国家同样存在，尽管表现形态和严重程度不同。而那些国家虽然也出过一些乱子，却没有发生“文化大革命”。能不能把那些乱子如有的同志那样称作“小文革”或是“文革的派生形态”呢？显然不能。事实是，中国“文化大革命”有其特定的含义：它是在社会主义条件下，由执政党的领袖亲自发动和领导，以所谓“无产阶级专政下继续革命理论”为指导，由党的中央委员会作出决定并号召全民参加，笼罩着反修防修的神圣光环，运动的重点是整所谓党内走资本主义道路的当权派，性质是“一个阶级推翻一个阶级”的政治大革命，形式是发动亿万群众自下而上地揭露党和国家的黑暗面，全面夺权。显然，这样的“文化大革命”，在国际共产主义运动的历史上是独一无二的，是中国特殊历史条件下的特殊产物。

历史学的科学价值，就在于借助翔实的史料，对具体历史过程进行实事求是的研究，揭示出本质的、带规律性的认识，俾能成为借鉴。探索“文化大革命”的起因，只能对当时和之前的历史过程进行具体分析，从中找出具体的、主导的原因。以“文化大革命”前中国社会存在的各种弊端为实例，加以推演，同“文化大革命”挂上钩，虽然也能说出一些道理，也能给人以启发和教育，但那还不能弄清“文化大革命”为什么会降临到中国人民头上，还不能成为历史科学的解答。

党的十一届六中全会通过的《关于建国以来党的若干历史问题的决议》，对“文化大革命”的起因作出了科学的论断。经过二十几年时间的考验，证明那些主导的论断是符合历史实际的，是深刻中肯的，是指导“文化大革命”研究的权威性文件。

“文化大革命”是在中国特殊历史条件下发生的，我们认为，这种特殊的历史条件，可以从以下三个方面加以说明。

一、“左”倾理论和“左”倾实践的交互作用

从对国内主要矛盾的误断开始

这里说的“左”倾理论和“左”倾实践，主要是指 1957 年以后。为什么要以 1957 年作为一个分界线呢？因为在 1956 年对生产资料私有制的三大改造基本完成之前，中国是一个阶级社会。那时党内发生的“左”倾错误，主要是把朋友错当作敌人，扩大打击

面，缩小同盟军；在斗争中采取了不适当的策略和手段等。而三大改造基本完成之后，中国社会的客观状况和主要矛盾发生了根本性质的变化，剥削阶级已基本上被消灭。因而党的任务也发生了根本性质的变化，即从主要是“打碎旧世界”，转向“建设新世界”。所以，1957 年后的“左”，主要表现为对社会主义社会性质和发展阶段的认识，如何正确认识和处理社会主义社会中的阶级关系等问题。这时的“左”倾理论和实践，既与过去的“左”有认识根源和历史根源等方面的联系，又有客观社会条件和理论实际内容的重大不同。弄清楚这一区别，对于搞清楚是何种“左”倾理论和实践的恶性发展最终导致“文化大革命”，是有重要意义的。这是首先需要说明的。

从客观历史进程看，1957 年以后中国共产党内“左”倾思潮的发展，也确实是从对国内阶级形势估量的不当和对国内主要矛盾的误断开始的。

本来，在中国大陆的生产资料私有制社会主义改造基本完成后，中国共产党适时地作出了正确决议，提出主要矛盾转化、工作重心转移的重大决策。1956 年召开的中共八大在关于政治报告的决议中指出：“我们国内的主要矛盾，已经是人民对于建立先进的工业国的要求同落后的农业国的现实之间的矛盾，已经是人民对于经济文化迅速发展的需要同当前经济文化不能满足人民需要的状况之间的矛盾。这一矛盾的实质，在我国社会主义制度已经建立的情况下，也就是先进的社会主义制度同落后的生产力之间的矛盾。”对国内主要矛盾的这种表述，在文字上有不够准确的地方。一则是容易使人误解为刚刚建立起来的社会主义制度，在各方面都超越了生产力，而事实并非如此；而且，一种好的、先进的社会制度，好的、先进的生产关系，就在于它能适应并推动生产力的发展；如果不是这样，它的先进性就值得怀疑，并不是越大、越公就越先进。二则是容易使人误解为我国社会主义制度已经很完善了，不存在需要进行改革和调整的问题了。尽管“八大”对国内主要矛盾的表达在文字上有不准确的地方，但是它们要表达的基本精神是正确的，能够给人一个很明确的认识：今后全党全国的主要任务是发展社会生产力。

“八大”政治报告决议是否像“文化大革命”期间所宣传的那样，是“刘少奇背着毛主席搞出来的”，“是宣扬阶级斗争熄灭论的修正主义货色”呢？不是。事实是：刘少奇在主持起草“八大”政治报告的过程中，和毛泽东一起多次反复研究，并根据毛泽东的意见作了认真修改。毛泽东认为他修改得很好，并亲笔在样稿的扉页上写了题目：《中国共产党中央委员会向第八次全国代表大会的政治报告》，下边又写了“刘少奇”三个字。在八届一中全会上，毛泽东还称赞这个报告“是一个很好的提纲”。可见，对政治报告毛泽东是亲自参加了修改的，是赞同的。

在“八大”会议期间，毛泽东对“八大”关于政治报告的决议草案中有关主要矛盾的文字表述，的确表示过需再斟酌。比如他认为，应该更多地从人与自然界的矛盾来概括主要矛盾的实质。在此前后，他曾多次提出过调动一切积极因素，处理好各种矛盾，以便集中力量“向自然界斗争”、“向地球开仗”等意见。但是，他没有进行理论概括，这表明他还没有考虑成熟。可见，在主要矛盾转化的根本问题上，他同中央其他领导人的看法是一致的。在审议“八大”政治报告决议草案时提出了一种意见，指出如果单提人与自然界的矛盾，容易使人们忽视实际存在的各种社会矛盾。毛泽东接受了这个意见，同意“八大”政治报告决议的提法，虽然有些勉强。

“八大”以后，发生了震惊全世界的匈牙利事件[①]，西方国家趁机掀起赫鲁晓夫秘密报告后的又一次反共高潮。在这场大风暴面前，中国共产党是沉着的、冷静的。从总体上看，在一段时间里，毛泽东并没有改变“八大”对国内主要矛盾和阶级斗争形势的基本判断。但是，由于毛泽东从匈牙利事件中总结出的一条最基本教训是：“东欧一些国家的基本问题就是阶级斗争没有搞好”。这就不可避免地影响到他以后对国内发生的矛盾和事件的分析和决断。

匈牙利事件的发生，也促使毛泽东用很大精力去探索正确处理人民内部矛盾的问题。在此期间，毛泽东围绕着国内主要矛盾问题，在北京和外地发表过多次讲话。1957 年 3 月他在天津党的干部会议上说：现在阶级斗争这件工作基本结束了。所谓基本上结束，就是不完全结束，是说大规模的、群众性的阶级斗争基本上结束，我们“八大”上面说了。我们全党要来搞建设，要学科学，要学会在大学里当教授，要学会在科学机关里作实验、研究科学，要学会当工程师、当技术人员、当医生，率领整个社会跟自然界斗争，由革命到建设，由过去的革命到技术革命和文化革命。毛泽东在同年发表的《关于正确处理人民内部矛盾的问题》一文中，还把党的工作重心转移问题，提到理论高度加以阐述。他说：“我们的根本任务已经由解放生产力变为在新的生产关系下面保护和发展生产力。”从上面所引用的史料可以看出，直到 1957 年初，毛泽东对国内主要矛盾的看法仍然是同“八大”决议一致的。

---

① 1956 年 10 月 23 日，匈牙利首都布达佩斯发生 20 万人大游行，要求清除前领导人拉科西错误所造成的后果，并要求前部长会议主席纳吉复职。示威中发生冲击广播电台、电话局、军火库的流血事件。纳吉上台后，事态又有新的严重发展。以卡达尔为首的一批党政领导人另立工农革命政府，请求苏军出兵镇压，11 月 4 日，苏军进入布达佩斯，平息了动乱。对于这个事件至今仍有不同的看法。

反右派斗争的严重影响

仅仅过了两三个月，反右派斗争爆发了。这被认为是“一场大规模的、群众性的阶级斗争”。实际上，这场“阶级斗争”在很大程度上是人为的。反右派斗争不但把一大批知识分子、爱国民主人士和党内干部错划为“右派分子”，使他们和其家属遭到很大的不幸，而且迟滞了中国科学文化的发展，助长了“左”倾思潮的膨胀，对中国社会历史进程，以致对“文化大革命”的发生，都有重大影响。

反右派斗争是在中国共产党整风期间发生的。1957 年 4 月 27 日，中共中央发出《关于整风运动的指示》。《指示》说：为了适应由革命时期转入建设时期的新形势，为了克服党内滋长的官僚主义、宗派主义和主观主义，有必要在全党进行一次普遍的深入的整风运动。以便更好地调动一切积极因素，团结一切可能团结的人，为建设一个伟大的社会主义国家而奋斗。4 月 30 日，毛泽东邀集各民主党派负责人和无党派民主人士座谈，欢迎他们帮助共产党整风。5 月 1 日，中共中央《关于整风运动的指示》在《人民日报》及其他报刊上公开发表。5 月 2 日，《人民日报》发表《为什么要整风》的社论，号召动员广大群众帮助共产党整风。当时，全国出现了广大群众积极向党提出批评和建议的热潮。绝大多数人都是善意的。但是无可否认，在某些地方和单位确有极少数对党的领导和社会主义制度敌视的分子，他们受到匈牙利事件后国际反共高潮的鼓舞，趁中国共产党整风之机，兴风作浪，妄图推翻党的领导地位。一部分群众在帮助党整风中，或由于缺乏社会经验，或由于思想偏激，发表了一些措词尖锐、不完全符合实际的言论，进行了请愿、游行等活动，一时间产生了混乱。对于当时的形势，毛泽东起先是估计为“风乍起，吹皱一池春水”，看得并不严重;甚至还通过各种渠道和舆论宣传,鼓励大家大胆鸣放。后来,他改变了对形势的看法,认为已经是“黑云压城城欲摧”了,如不反击,有些党组织可能垮台。于是就动员全党反击,开展大规模的群众性斗争,从而造成反右派斗争严重扩大化的局面。

这中间的变化,从 1957 年 6 月 8 日毛泽东为中共中央起草的《组织力量反击右派分子的猖狂进攻》这份党内指示中可以看出端倪。文件认为,在中国“有出‘匈牙利事件’的某些危险。现在我们主动整风,将可能的‘匈牙利事件’主动引出来,使之分割在各个机关各个学校去演习,去处理,分割为许多小‘匈牙利’”。在事隔两年之后的 1959 年,在一次接见外宾的谈话中,毛泽东说:匈牙利事件对我们是一个很大的教训。在中国搞了几千个小匈牙利事件。不搞这一手,对社会主义是很危险的。从这些话中,可以看出匈牙利事件对毛泽东判断中国情况的影响,也可以作为反右派斗争所以采取“钓鱼”、“引蛇出洞”等做法的注脚,从中还可以看出这场“阶级斗争”在多大程度上是人为的。

反右派斗争严重扩大化给党和国家带来了许多不幸的后果,其中最直接的、带有全局性的问题,是对国内政治形势的估量失误和对国内主要矛盾判断的突然改变。在反右派斗争期间,毛泽东接连写了许多篇指示、文章和社论,对阶级斗争问题都作了过分严重的判断。如为《人民日报》写的七·一社论《文汇报的资产阶级方向应当批判》一文中,作出了右派是资产阶级反动派的判断,这就把资产阶级又看成是一个完整存在的阶级。在《一九五七年夏季的形势》一文中,毛泽东说:“在我国社会主义革命时期,反共反人民反社会主义的资产阶级右派和人民的矛盾是敌我矛盾,是对抗性的不可调和的你死我活的矛盾。”并且认为反右派斗争“是一个在政治战线上和思想战线上的伟大的社会主义革命。单有一九五六年在经济战线上(在生产资料所有制上)的社会主义革命是不够的,并且是不巩固的。匈牙利事件就是证明。必须有一个政治战线上和一个思想战线上的彻底的社会主义革命。”这就为以后连续不断的政治运动提供了理论依据。

正是以这一系列“左”的判断为基础，在 1957 年 9 月至 10 月召开的中共八届三中全会上，毛泽东在讲话中断然肯定：“无产阶级和资产阶级的矛盾，社会主义道路和资本主义道路的矛盾，毫无疑问，这是当前我国社会的主要矛盾。”这段话是对一年前召开的“八大”关于国内主要矛盾判断的根本性改变。毛泽东关于国内主要矛盾的错误结论，得到了这次中央全会的赞同，由此必然引起全党主要任务和整个政策的相应改变。这是一个重大的理论失误和决策失误。

对于国内主要矛盾判断的改变，在八届三中全会一次组长会议上毛泽东曾加解释。他说：“八大”文件中说大规模的阶级斗争基本结束，是因为当时资产阶级敲锣打鼓，服服帖帖，问题没有充分暴露。资产阶级知识分子问题，富裕中农的思想问题，资产阶级的政治势力和意识形态问题，以及上层建筑中的问题，当时都看得很不清楚。经过这次大鸣大放，资产阶级要造反，问题就看清了。因此应该说，资产阶级和无产阶级的矛盾是主要矛盾。从这段解释中可以清楚地看出，八届三中全会对主要矛盾判断的失误，是反右派斗争严重扩大化在理论上的反映。

对错误的实践进行概括，抽引出错误的理论观点，以此指导实践，再进行理论概括，使错误理论一步步升级，又据以指导实践，这种交互作用，始自反右派斗争。

派生出一系列错误

由于对主要矛盾作出错误判断，因而在社会主义社会阶级和阶级斗争的理论观点上，必然会派生出一系列的错误判断。

首先，要确认无产阶级和资产阶级的矛盾是我国社会主义社会的主要矛盾，就必须肯定在社会主义条件下，还存在一个完整意义的资产阶级。1958年3月，毛泽东在成都会议上说，国内存在着两个剥削阶级，两个劳动阶级。这一观点在同年5月召开的八大二次会议上刘少奇的工作报告中加以确认，并解释为：两个劳动阶级是指工人和农民，两个剥削阶级，“一个是反对社会主义的资产阶级右派、被打倒了的地主买办阶级和其他反动派”，另一个是“民族资产阶级和它的知识分子”。这样，党的八大二次会议就以代表大会的权威，正式否定了八大一次会议关于国内主要矛盾的正确判断。同时，也改变了1956年中共中央召开的知识分子问题会议上对知识分子属性的正确判断，即知识分子“他们中间的绝大部分已经成为国家工作人员，已经为社会主义服务，已经是工人阶级的一部分”。

八大二次会议重新把知识分子一般地错划入资产阶级范围，其原因是清楚的。反右派斗争中划了55万右派分子，其中绝大多数是知识分子①。所以当时出现一种理论，认为老的资产阶级由于生产资料所有制的社会主义改造，财产被剥夺，他们已经没有什么力量了。现在能同无产阶级争夺领导权的，主要是资产阶级知识分子，因为他们有知识，而知识是在头脑中剥夺不了的。所以他们有本钱，能够同我们争夺领导权。对知识分子属性的错误判断，显然也是从反右派斗争错误实践中概括出来的。

认定已经进入社会主义社会的中国大陆还存在两个剥削阶级，在理论上必然会遇到难以克服的困难。因为按照马克思主义的基本原理，阶级是一个经济范畴，只能从经济关系中，即从人们对生产资料占有的关系中，才能说明阶级的存在和特征，也才能提出判别和划分阶级的依据。这些理论观点，马克思、列宁都已

---

① 党的十一届三中全会后，对当时全国划定的55万右派分子进行了复查，属于错划而得到改正的占98%还多。

经作了充分论证，本来在理论上是毫无疑义的，在实践中也是照此办理的。中国共产党在长期工作中，无论是土地改革或社会主义改造，都是根据人们是否占有生产资料，占有什么，占有多少，如何使用等经济状况去区别阶级的。因此，认定国内还存在两个剥削阶级，在当时就产生了一个问题：我国土地改革早已完成，生产资料私有制的社会主义改造已经基本完成，根据什么说还存在两个剥削阶级呢？这是需要作出回答的问题。

毛泽东力图对此作出回答。1958 年 11 月，他在武昌会议上说，作为经济剥削的阶级容易消灭，现在我们可以说已经消灭了；另一种是政治思想上的阶级，不易消灭，还没有消灭，这是去年整风才发现的。在同年 11 月至 12 月召开的中共八届六中全会期间，毛泽东在一份手书的发言提纲上写道：不忙于宣布消灭剥削与消灭阶级问题（思想上与政治上的地主资产阶级与小资产阶级仍然存在）。这就提出了同马克思主义基本原理相背离的，所谓除了有“经济剥削的阶级”之外，还有“政治思想上的阶级”的错误观点。这种观点的逻辑推演，必然会认为阶级和阶级斗争在社会主义社会是无时不在、无处不在的普遍现象。这是一个重大的理论失误，是在阶级和阶级斗争问题上从历史唯物主义滑向历史唯心主义的开端，从而在指导实践上产生了越来越大的有害影响。

这个失误仍然是来源于错误的实践。反右派斗争划定“资产阶级右派分子”，就是按照历史上和当时人们政治思想的表现进行的。运动后期还制定了“划分右派分子的标准”，虽然订出了 16 条“标准”，规定什么情况该划，什么情况不该划，而事实证明，绝大多数还是划错了。要想找出一种能够衡量人们政治思想的尺度，据此区分其阶级成分，这是不科学和不可能的。因为人们的政治思想情况不可能是单纯的、不变的，而是可以转变的，表里可能是不一致的。按政治思想划阶级的非科学性也表现于此。

两个阶级、两条道路的矛盾是国内主要矛盾的观点确立后，按照抓住事物的主要矛盾，其他矛盾就能迎刃而解的哲学观点，抓阶级斗争逐步成为中国政治生活、社会生活以至经济生活的主题；以阶级斗争扩大化、绝对化为特征的“左”倾思潮，逐步在党内和社会上急剧发展。

“左”倾理论的重大升级

1958年开始的“大跃进”，其内容虽然主要是同自然界的斗争，但却是在反右派运动后，“下放干部”、“知识分子向党交心”、“插红旗，拔白旗”、批判“观潮派”和“秋后算账派”等政治压力下，大轰大嗡地掀起来的。也可以说是企图用搞政治运动的方法尽快推动生产力发展的一种尝试。“大跃进”运动初期，“左”倾思潮泛滥，“共产风”盛行，给各方面工作带来恶果。毛泽东等中央领导同志注意到这种情况。两次郑州会议，武昌会议，一直到上海会议，都为纠“左”作了一定努力。但这一系列纠“左”工作的重点均放在一些实际工作方面，而没有涉及运动的指导思想。待到1959年7月召开的中共中央政治局扩大会议(庐山会议)上，突然由纠“左”转而反右，以更“左”的形态，提出了共产党内存在阶级斗争的观点，使“左”倾理论观点又一次重大升级。

庐山会议召开时，“大跃进”造成的恶果已经明显暴露出来。会议是为纠正实际工作中的“左”的错误而召开的。中共中央政治局委员、国防部部长彭德怀在会议期间给毛泽东写的信，其内容归结起来，只不过是认为除了纠正实际工作中一些“左”的错误外，还应清理一下指导思想方面的“左”的问题。这封信无论从内容上还是表达方式上，历史已经作出结论，都是正确的。可是，这封信却被认定为“右倾机会主义的纲领”，成为当时压制、打击党内外对“三面红旗”[①]有怀疑的人们，发动打退“右倾机会主义的猖狂进攻”的全国性运动的由头。批判彭德怀的错误实践，又推动毛泽东作出理论上的新概括。他在一个批示中写道：“庐山出现的这一场斗争，是一场阶级斗争，是过去十年社会主义革命过程中资产阶级与无产阶级两大对抗阶级的生死斗争的继续。”这就把党内不同意见的争论，错误地认定是阶级斗争，从而把阶级斗争直接引申到共产党内。

紧接着庐山会议召开的中共八届八中全会，错误地发动了对彭德怀的批判，并把在庐山会议上发言表示基本同意彭德怀观点的黄克诚（中共中央委员、中国人民解放军总参谋长）、张闻天（中共中央政治局候补委员、外交部第一副部长）、周小舟（中共中央候补委员、中共湖南省委第一书记）等同志打成所谓反党集团。全会通过了《关于以彭德怀同志为首的反党集团的错误的决议》和《为保卫党的总路线、反对右倾机会主义而斗争》的决议。全会认为：“右倾机会主义已成为当前党内的主要危险。团结全党和全国人民，保卫总路线，击退右倾机会主义的进攻，已经成为党的当前的主要战斗任务。”本来当时全局性的错误倾向是“左”，却反其道而行之，号召全党全国反右，必然推动“左”倾思潮更加泛滥，造成更为严重的后果。

八届八中全会后，从中央到地方以至基层，掀起一场令人迷惑不解的“反右倾”斗争。有些干部在“大跃进”中已经“左”得可爱了，仍然要检查自己的“右倾”；许多对“大跃进”、人民公社化运动中的失误，讲了几句真话的人，被打成“右倾分子”。从此，“三面红旗”被奉为神明，不允许对它有半句不敬之辞。

在“反右倾”的冲击下，不仅纠“左”的进程被打断，而且不顾

---

① 中共八大二次会议通过的鼓足干劲，力争上游，多快好省地建设社会主义的总路线和“大跃进”、人民公社，在当时的报刊上通称为“三面红旗”。

已经逐步展现的经济领域的严重困难，又提出了“持续大跃进”的口号，从而受到客观经济规律的惩罚。这成为造成经济比例失调，物资严重匮乏，人民生活十分困难，大量人口非正常死亡的三年严重经济困难的不幸局面的主要原因。

关键的八届十中全会

按政治思想区分阶级和党内存在阶级斗争的观点，是“左”倾理论的一根重要支柱。这种观点的确立，导致人们将阶级斗争的注意力，越来越多地转向党内，致使党内关系紧张，政治生活不正常，这已经蕴含着发生“文化大革命”的基因。不幸的是，理论认识的错误不仅没有及时得到纠正，而且在实践中步步加深，终于形成完整的形态，并被提到党的指导思想的高度，成为进行各项工作的指针，成为教育党员、干部、群众的主题。在这一过程中，1962 年 9 月召开的中共八届十中全会起了关键的作用。

在中共八届十中全会及其前召开的北戴河中央工作会议上，毛泽东作了关于阶级、形势、矛盾和党内团结问题的多次讲话。他认为在整个社会主义历史时期资产阶级都将存在，并企图复辟资本主义，这是党内产生修正主义的根源。因此，无产阶级同资产阶级之间、社会主义道路同资本主义道路之间的斗争是长期的。他要求全党对阶级斗争问题要年年讲、月月讲、天天讲。他认为没有阶级斗争就没有马克思主义，阶级斗争要搞一万年。这些话后来被概括成为中国共产党在整个社会主义历史阶段的基本路线，并教导人们，在社会生活中要用阶级斗争的观点去观察一切、分析一切，“千万不要忘记阶级斗争”。

毛泽东在八届十中全会上说，他这次是“重提阶级斗争”。这话需要分析。如前所述，阶级斗争一直是他谈话的重要内容，是他抓工作的重要领域，从来没有放松，更没有放弃过，无所谓“重提”。但是，这次“重提阶级斗争”，确有某些特殊背景。

经历了三年严重经济困难，人们头脑逐渐冷静下来，对“三面红旗”进行了比较认真的思考。1962年初，中共中央在北京举行扩大的工作会议（又称七千人大会）。在讨论1958年以来工作中的经验教训时，各地、各级负责干部都在发言中相当普遍地对涉及“三面红旗”引发的一些问题，表现出不满情绪。毛泽东虽然宽容地提议让大家“白天出气，晚上看戏”，并在讲话中原则上表示对某些错误要承担领导责任。但是，据江青在“文化大革命”中的讲话透露，毛泽东对那次大会“心里憋着一肚子气哩”，只有对林彪（中共中央副主席，1959年庐山会议后接替彭德怀任国防部部长）在会上的发言，“内心是感激的”。

林彪在七千人大会上讲话说，发生这些困难，“恰恰是由于没有照着毛主席的指示、毛主席的警告、毛主席的思想去做”。“我们工作搞得好一些的时候，是毛主席的思想能够顺利贯彻的时候，毛主席的思想不受干扰的时候。如果毛主席的意见受不到尊重，或者受到很大干扰的时候，事情就要出毛病。”这些严重违反客观实际的有意阿谀之辞，却得到毛泽东的欣赏。

当时，党内对经济形势的认识和应采取的政策措施上，存在着不同的看法和主张。对于经济形势的估计，毛泽东认为最困难的时期已经过去。刘少奇等中央领导人鉴于1962年财政有很大赤字，商品供需差距很大，认为还处在“非常时期”。对于某些政策措施，如农村中出现的“包产到户”等形式的生产责任制，给在“拔白旗”、“反右倾”、“整风整社”、“民主补课”等运动中被错误批判和处分的党员、干部平反等工作，都有不同认识。党内在认识上存在分歧甚至争论，这本来是正常的，经过调查研究、民主讨论，也是可以解决的。而毛泽东却在1962年9月召开的八届十中全会上和会前召开的中央工作会议上，对七千人大会前后的实践作了错误的判断和总结。把与他不同的意见，批判为“黑暗风”、“单干风”、“翻案风”，并把这种分歧看成是走资本主义道路还是走社会主义道路的斗争，甚至认为这就是在党内，在上层出现的修正主义，进而提出了关于“党如何对待国内党内的修正主义问题”，使阶级斗争扩大化、绝对化的迷误急剧发展。

在这个期间，国际国内形势的某些变化和发展，也对党内“左”倾思潮产生了促进作用。例如：中苏两党的争论日益加剧，分歧公开化，并影响到国家关系。苏联领导人持大国沙文主义态度，从军事、政治、经济等方面对中国施加压力。美国在 1961 年后逐步介入越南战争，由出钱出枪的“特种战争”，到美军直接参战，战火逼近中国南大门。印度军队也在苏联的支持下入侵我国新疆、西藏地方。在国内，台湾当局进行了一系列政治动员和军事部署，利用当时大陆的暂时经济困难，叫喊“反攻大陆”。社会上一些反动分子、贪污盗窃分子、刑事犯罪分子，趁机进行活动，各种犯罪现象有所增加。面对这种形势，毛泽东作为党的主要领导人，及时提醒全党注意抓阶级斗争问题，这无疑是有相应的客观需要的。问题在于，一个时期、一定范围出现阶级斗争某种程度的激化，却被看做全面的阶级斗争，并把阶级斗争置于笼罩一切的地位。这是对党内矛盾和国内外形势作了不符合实际的估量的结果，是关于社会主义社会阶级斗争问题，在理论上的一次后果严重的失误。

社教运动掀起“阶级斗争”

就在八届十中全会上，毛泽东提出了要在全国城乡进行社会主义教育的问题。会后，一些地区进行了整风整社和社会主义教育。河北省保定地区进行了“小四清”(即清理账目、清理仓库、清理财物、清理工分)，查出一些干部有多吃多占、贪污盗窃等行为。中共湖南省委则用 3 个月的时间，以八届十中全会的精神，训练了生产队长以上各级干部120万人。通过训练,使这些干部接受这样的认识:“当前阶级斗争是激烈的,不论农村或城镇,阶级敌人的破坏活动是嚣张的,一股反社会主义的黑风刮得很大”;“阶级斗争在党内反映也是严重的”。湖南省委在给党中央的报告中认为,应该“彻底地揭开当前阶级斗争的盖子”,“大张旗鼓地刮东风,打击敌人,遏止黑风”。

毛泽东在1963年2月召开的中央工作会议上,推荐了湖南省开展社会主义教育运动和保定地区“小四清”的经验,据此提出“阶级斗争,一抓就灵”的论断,督促各地注意阶级斗争和社会主义教育问题。这次会议确定,在农村普遍进行一次社会主义教育运动,在城市开展“五反”(即反对贪污、反对投机倒把、反对铺张浪费、反对分散主义、反对官僚主义)。就这样,以阶级斗争为中心的政治运动,又一次逐步地向全国推开了。

在“阶级斗争,一抓就灵”的思想指导下,在城乡开展社会主义教育的地区和单位中,一抓就抓出许多所谓的阶级敌人,揭露出许多所谓的阶级斗争现象。因此,中共中央认为:“当前中国社会中出现了严重的尖锐的阶级斗争情况”,农村中的“四清”运动和城市中的“五反”运动“都是打击和粉碎资本主义势力猖狂进攻的社会主义革命斗争”①。就在1963年9月,毛泽东正式确定了“以阶级斗争为纲”的指导方针。把阶级斗争放在“纲”的位置,实际上在八届十中全会上已经得到确认。提出“以阶级斗争为纲”的口号,势必把一切工作统统纳入阶级斗争的轨道。

在社会主义教育运动中,由于“左”的思想指导,采用许多强制方法,把一些被怀疑犯有“四不清”错误的干部,对一些生活作风、工作作风有这样那样毛病的干部,往往在证据不实的情况下,视为坏人。这样就抓出了一批所谓的阶级敌人。这就造成“不搞

① 《中共中央关于目前农村工作中若干问题的决定(草案)》,1963年5月20日。

不知道，一搞吓一跳”的错觉。吓了一跳之后就检查右倾，反右倾，然后再去抓“阶级敌人”。越反右倾思想就越“左”，“阶级敌人”抓得也就越多。多了就再吓一跳，再检查“右倾”，再去抓，形成一种交互作用。城乡社会主义教育运动因为只在局部地区和单位开展，后来又纳入“文化大革命”，没有能够形成席卷整个大陆的全局性政治运动，但它在社会上造成的震动和影响却是极大的。

在社会主义教育运动中，曾经对政策进行过几次调整，对于运动中出现的某些偏差，也作过一些改正，这在一定程度上减轻了运动中造成的损失。但是，通过这场运动，“阶级斗争”的范围越斗越广，“阶级敌人”的数量越斗越多，造成了阶级斗争形势十分严重的假象，这种假象对于领导决策思想产生了极大的影响，对“左”倾理论的升级是一个巨大的推动。

1964 年 12 月，毛泽东在一个关于社会主义教育运动蹲点报告的批示中，提出了“官僚主义者阶级”和“走资本主义道路的领导人”的概念。1965 年 1 月，在《农村社会主义教育运动中目前提出的一些问题》(即《二十三条》)中提出：“这次运动的重点，是整党内那些走资本主义道路的当权派”。并且认为：“支持这些当权派的人，有的在下面，有的在上面”，“甚至有在省和中央部门工作的一些反对搞社会主义的人”。这就进一步为把阶级斗争的重点转移到中国共产党内和党的领导机关提供了理论政策的依据。

意识形态领域的过火批判

阶级斗争扩大化、绝对化的错误，不可避免地扩展到意识形态领域。1963 年 5 月，上海《文汇报》发表由当时上海市委第一书记柯庆施和毛泽东的夫人江青组织人写的文章，对孟超的新编昆剧《李慧娘》和繁星(即当时北京市委统战部部长廖沫沙)的“有鬼无害论”进行政治批判，声称这些文章和作品，都是意识形态领域阶级斗争的严重表现。此后，全国报刊上对一系列小说、电影、戏剧，如《刘志丹》、《怒潮》、《谢瑶环》、《北国江南》、《早春二月》、《舞台姐妹》、《林家铺子》、《不夜城》、《兵临城下》、《抓壮丁》、《红日》、《逆风千里》等进行批判。这些受到批判的作品，多数是这一时期创作和放映的比较优秀的作品，而在当时，却被认为都是文艺界尖锐的阶级斗争和两条道路斗争的表现，给戴上了“资产阶级”、“修正主义”、“大毒草”之类的政治帽子。看过这些相当受欢迎的作品的人，对于这种严厉的政治批判，很多人感到迷惑不解。在阶级斗争为纲的“左”倾思潮下，在言过其实的阶级教育影响下，人们真诚地或是违心地检查自己“阶级斗争的观念太薄弱”、“忘记了毛主席的教导”，这在很大程度上构成了广大群众接受“文化大革命”的思想基础。

1963 年底和 1964 年中，毛泽东先后对文学艺术工作写了两个批示，提出了严厉的批评。他批评文化部是“帝王将相部”、“才子佳人部”、“外国死人部”。他认为：“各种艺术形式——戏剧、曲艺、音乐、美术、舞蹈、电影、诗和文学等等，问题不少、人数很多，社会主义改造在许多部门中，至今收效甚微。”对于当时各文学艺术协会，毛泽东认为：“这些协会和他们所掌握的刊物的大多数（据说有少数几个好的），十五年来，基本上（不是一切人）不执行党的政策，做官当老爷，不去接近工农兵，不去反映社会主义的革命和建设。最近几年，竟然跌到了修正主义的边缘。如不认真改造，势必在将来的某一天，要变成匈牙利裴多菲俱乐部那样的团体。”毛泽东对文学艺术工作提出如此严厉的批评，显然是不公正的、言过其实的。不能说当时文艺界不存在任何不良现象，也不能说没有资产阶级影响，但就总体上看，当时文艺界主要是存在“左”的问题，“百花齐放，百家争鸣”的方针不能真正贯彻的问题。毛泽东以更“左”的眼光看待文艺界，从政治上加以批判，对文艺界震动很大。文化部及文艺界各协会以及文化部直属各文艺单位，根据两个批示立即进行检查，开展整风。文化部副部长齐燕铭、夏衍、徐光霄、徐平羽、陈荒煤，作协党组书记邵荃麟，全国文联副主席阳翰笙，全国剧协主席田汉等一批文艺界代表人物，都遭受到错误的、过火的批判。文化部领导班子进行了改组。

从 1964 年夏开始，这种批判扩展到哲学、经济学、历史学、教育学等各个学术领域。哲学界批判了中共中央党校副校长杨献珍的“合二而一”论；经济学界批判了中国科学院经济研究所所长孙冶方的经济思想；历史学界批判了著名历史学家翦伯赞、吴晗等的所谓“非阶级观点”和“让步政策”论等。在批判中，把不同的学术观点都当作两个阶级、两条道路的斗争，把学术问题当作政治问题，错误地给有关人士戴上“修正主义分子”、“反党分子”等政治帽子，作出不符合实际的结论。更有甚者，凡是某一学术观点受到批判，许多持相同意见的人，尽管有的同被批判对象素不相识，也要受到株连，遭到不应有的打击。后来发生的全国性的、猛烈的政治运动，被冠以同它内容毫不相干的“文化大革命”之名，于此可以找到缘由。

可怕的形势估量

在阶级斗争扩大化、绝对化的理论和实践交互作用下，到了 1965 年，中共中央和毛泽东对国内形势作出了违反实际的估量，描绘出一幅可怕的情景：

农村政权有三分之一以上不在我们手里；

工厂企业里一个相当大的多数，领导权不在马克思主义者和工人群众手里；

学校是资产阶级知识分子独霸的一统天下；

文学艺术界的大多数已经跌到修正主义的边缘；

中国存在一个“吸工人血”的“官僚主义者阶级”，党内存在“走资本主义道路的当权派”；

党里、政府里和军队里已经混进了一大批资产阶级代表人物和反革命修正主义分子。

对形势作出了如此严重的估量，在毛泽东眼里，“党变修，国变色”已经成为现实危险。因此，他多次在不同场合提出“中央出了修正主义怎么办”的问题。1965 年 10 月 10 日，毛泽东在同大区第一书记和大军区司令员谈话时说：中央出了修正主义，你们怎么办？如果中央出了修正主义，你们就造反。而毛泽东自己如何考虑来扭转这种局势呢？他认为，过去搞了工厂的斗争，搞了农村的斗争，搞了文化界的斗争，搞了社会主义教育运动，都不能解决问题，因为那只是修修补补，没有当作整个阶级斗争去抓。因此，他认为需要通过一种形式，发动亿万群众，自下而上地揭露我们的阴暗面。这种他心目中能够彻底解决问题的群众运动，后来就被叫做“文化大革命”。

“左”倾理论和“左”倾实践的交互作用是发生“文化大革命”的一个根本性的原因。上边只是对“文化大革命”前中国共产党党内“左”倾思潮的发展和“左”倾思想指导下的“左”倾实践，及其交互影响作了一个概括性的分析，描绘了一个总的轮廓。至于详细的条分缕析则不是这本简史所能够完成的任务。

根本性的原因并不是唯一的原因。没有其他原因的交互渗透、交互影响，并不一定会导致“文化大革命”的发生。对于其他方面的原因，我们将在下面作一些探讨。

二、个人专断和个人崇拜的交互作用

权力过分集中于个人，党失去了约束自己的领袖的能力，这一组织制度方面的重要缺陷是发生“文化大革命”的另一个重要原因。因为仅仅是理论上的失误和对形势的误断，依靠充分发扬民主、集中集体智慧，并不是不可以纠正的。政治理论上的错误加上组织制度的缺陷，就使领袖的错误难于约束和纠正了。

问题出在哪里呢？邓小平曾作了这样的回答："我们说，制度是决定的因素，那个时候的制度就是那样。那时大家把什么都归功于一个人。有些问题我们确实也没有反对过，因此也应当承担一些责任。当然，在那个条件下，真实情况是难于反对。"[①]这里所说的"那个时候的制度"，显然是指权力过分集中和个人崇拜，而不是指党的正确组织制度。那么，这种权力的高度集中和狂热的个人崇拜是怎样形成的，它对"文化大革命"的发动起了什么作用？需要做一些历史的考察。

权力过分集中的产生和发展

众所周知，中国共产党的根本组织原则是民主集中制。自从列宁明确提出这条组织原则之后，为第三国际的各国共产党普遍接受。中国共产党一直把民主集中制作为根本的组织原则，并写入自己的党章。从理论上说，民主集中制是高于资产阶级民主制的正确组织原则。毛泽东也曾反复讲到，民主集中制是民主基础上的集中和集中指导下的民主，只有实行这样的制度才能做到："一方面，确实扩大党内的民主生活；又一方面，不至于走到极端民主化，走到破坏纪律的自由放任主义。"[②]

但是，由于这个组织原则还需要在实践中逐步完备，并形成可操作的具体规范，特别是由于各国共产党从成立伊始就投入严酷的阶级斗争之中，使得民主的一面没有能够得到充分的发展，而集中的一面则受到了过分的重视和强调，使民主集中制在世界

① 《邓小平文选》第 2 卷，人民出版社 1994 年版，第 308—309 页。
② 《毛泽东选集》第 2 卷，人民出版社 1991 年版，第 529 页。

各国共产党内很少能够得到正确的贯彻实行。客观地说，在无产阶级还没有取得政权，共产党处于地下斗争、武装斗争的情况下，适当强调集中这一面是正确的，有其历史的必要性。1919 年第三国际成立时，考虑到推动和领导革命的需要，鉴于第二国际过于松散的教训，借鉴俄国布尔什维克党的建党经验，采取了集中领导的体制。中国共产党作为第三国际的一个支部，自然要受其影响。以后国际共产主义运动的历史实践，证明第三国际的这种高度集中的组织指导弊多利少。1935 年共产国际七次代表大会对此作了重要改变。后来共产国际也解散了，但其影响却没有随之消失。

中国共产党历史上长期处于武装斗争的特殊环境，为适应残酷革命战争的需要，必须高度集中统一。到抗日战争时期，中国共产党鉴于对敌斗争尖锐，根据地分散，干部素质不整齐，存在一些不协调现象，于 1942 年 9 月通过《关于统一抗日根据地党的领导及调整各组织间关系的决定》，正式确定了党的一元化领导原则。这个决定指出："党是无产阶级的先锋队和无产阶级组织的最高形式，它应该领导一切其他组织，如军队、政府与民众团体。根据地领导的统一与一元化，应当表现在每个根据地有一个统一的领导一切的党的委员会。"这些规定在原则上是正确的，对于在战争环境里，协调党政军民各种组织的关系，集中力量，统一指挥，保证革命战争的胜利起了重要作用。但是，党的一元化领导在实施过程中，往往不同程度地变成了党决定一切以至党管理一切。虽然中共中央多次强调指出党的领导是思想上、政治上的领导，是通过党员的模范作用而实现的，但是，在革命战争年代，没有也不可能制定明确的条例，使各方面工作各得其所。党决定一切、党管理一切的状况，在"一切服从战争"的前提下，从现象上也看不出有多大弊病。

建国以后，一元化领导的权力高度集中的体制被沿袭下来。

在建国初期，一方面要继续完成民主革命遗留的任务，另一方面要进行社会主义改造的准备；各方面工作繁杂，斗争尖锐，需要统一步伐，集中力量。为了适应当时的形势要求，提出“反对分散主义”的口号，也是必要的。

社会主义改造基本完成以后，中共中央开始注意到权力过分集中的体制，在和平建设的环境中是不适宜的，需要相对地、适当地分权。毛泽东在 1956 年 4 月所作著名报告《论十大关系》中，特别谈到中央和地方的关系问题。他指出：“应当在巩固中央统一领导的前提下，扩大一点地方的权力，给地方更多的独立性，让地方办更多的事情。”在中共第八次全国代表大会上，刘少奇所作的政治报告指出：“目前在国家工作中的一个重要任务，是进一步扩大民主生活，开展反对官僚主义的斗争。”他还指出：“近几年来中央有些部门把过多的事务抓到自己手里……这样，既不利于地方的工作，也分散了中央的精力，发展了官僚主义。不可能设想：在我们这样大的国家中，中央能够把国家的各种事务都包揽起来，而且样样办好。”政治报告的这些论述，反映出中共中央已经看到权力过度集中是产生官僚主义，不利于发挥人民群众创造精神的一个重要原因。邓小平在《关于修改党的章程的报告》中，也指出了“不适当的过分的中央集权，不但表现在经济工作、文化工作和其他国家行政工作中，也表现在党的工作中”。因此，在党章中规定中央和地方、上级和下级的职权范围，应作适当的划分。邓小平在这一报告中阐述历史经验时还指出：“‘左’倾机会主义在党内居于统治地位的时候，上下级关系中的偏向是过度集中。”

“八大”通过的各项重大决策刚刚开始贯彻，就被反右派运动打断了。随着以阶级斗争扩大化、绝对化为特征的“左”倾思想的发展，权力过度集中的状况不仅没有得到缓解，反而一步一步地强化了。在这个过程中，毛泽东在 1958 年“大跃进”中曾提出党委第一书记要当“马克思加秦始皇”。这类不适当的提法，把党的一元化领导原则，更加明确、更加肯定地概括为“党领导一切”，并且在实施中演变为党决定一切，党管理一切。甚至党委第一书记领导一切，大权独揽、个人专断。并且多年相沿成习，在党内外习以为常。

助长个人专断的规定和惯例

从党的组织原则看，集体领导是党的领导的最高原则之一，是民主集中制在党的领导工作中的体现。即使规定了党领导一切，应该是指党的集体即各级委员会的领导。这个制度执行得好，也能够避免许多失误。而在实际工作中，往往出现“以集体领导的外表掩盖个人专断的实质”（邓小平“八大”报告）的现象。这种现象的发生固然同中国封建传统的影响有关，但是，同一些可能助长个人专断的成文规定或不成文惯例，也有很大关系。

1943 年 3 月中央政治局会议通过的《关于中央机构调整及精简的决定》中规定：“在两次中央全会之间，中央政治局担负领导整个党工作的责任，有权决定一切重大问题。政治局推定毛泽东同志为主席。政治局每月应举行例会两次。”“书记处是根据政治局所决定的方针处理日常工作的办事机关，它在组织上服从政治局，但在政治局方针下有权处理和决定一切日常性问题。”“新的书记处由毛泽东、刘少奇、任弼时三同志组成之，毛泽东为主席。会议中所讨论的问题，主席有最后决定之权。”在这个决定中，虽然规定了书记处的性质和职权范围，但在根据地分散的战争环境，政治局会议不可能坚持按规定每月召开两次，书记处的作用就显得更为突出，赋予毛泽东的“最后决定之权”也就越来越扩大。由于毛泽东具有非凡的智慧、丰富的政治经验、广博精深的学识，全党和全国人民在他的领导下，取得了民主革命和社会主义改造的伟大胜利。应当承认，在这个历史过程中，毛泽东并没有滥用“最后决定之权”。从史料中可以了解到，毛泽东不仅在立场坚定、目光远大、多谋善断等方面有过人之处，而且善于听取不同意见，团结反对过自己的人。他既能力排众议，坚持正确决策，又能尊重多数，不固执己见。这些都是他能在中国革命事业中建立不朽功绩，得到全党和全国人民衷心爱戴的重要原因。

党的七大和八大都没有再规定这种“最后决定之权”。但毛泽东的崇高威望和权力高度集中，事实上的不容许反对，造成了领袖独断的可能条件。在这样的条件下，领袖的个人素质，对于革命和建设事业的兴衰，往往起着十分重大的作用。当领袖能够正确认识和分析社会历史条件，同人民群众结合在一起，正确反映人民的愿望，代表人民的利益，执行人民的意志时，事业就胜利发展；反之，事业就要受挫折，遭失败。纵观中国共产党的历史，这样的例证是颇为常见的。

对于毛泽东的领导工作状况，邓小平曾作过实事求是的评价。他说：“总起来说，1957 年以前，毛泽东同志的领导是正确的，1957 年反右斗争以后，错误就越来越多了。”①让我们再引邓小平的一段话相对照，就可以看到领导工作状况的变易，是同领导作风的变易同步的。“从 1958 年批评反冒进，1959 年‘反右倾’以来，党和国家的民主生活逐渐不正常，一言堂、个人决定重大问题、个人崇拜、个人凌驾于组织之上一类家长制现象，不断滋长。”②发生领导作风上的变易是什么原因呢？还是让我们引一段文件：“党在面临着工作重心转向社会主义建设这一新任务因而需要特别谨慎的时候，毛泽东同志的威望也达到高峰。他逐渐骄傲起来，逐渐脱离实际和脱离群众，主观主义和个人专断作风日益严重，日益凌驾于党中央之上，使党和国家政治生活中的集体

---

① 《邓小平文选》第 2 卷，第 294—295 页。

② 《邓小平文选》第 2 卷，第 330 页。

领导原则和民主集中制不断受到削弱以至破坏。"[①]从上面三段引文中,可以看出一位伟大的革命领袖走上犯错误的道路的契机和轨迹。

个人崇拜是强化剂

权力过度集中,再加上个人崇拜,这就形成一种交互作用:权力过度集中助长个人崇拜,个人崇拜强化个人专断,终于酿成了历史的悲剧。在这个交互作用中,个人崇拜是强化剂,从历史的考察中,可以清楚地看到这一点。

个人崇拜是从旧社会继承下来的腐朽的历史遗产。反对个人崇拜是马克思主义的一贯原则。但是,从国际共产主义运动的历史看,它的影响和恶果却不可忽视和低估。先后发生过两次严重的个人崇拜,即对斯大林的个人崇拜和对毛泽东的个人崇拜,都造成了巨大的不幸后果。

本来,中国共产党和毛泽东本人早就注意到防止可能产生的个人崇拜现象,并采取了某些预防措施。在建国前夕召开的中共七届二中全会上,由毛泽东提议通过决议,禁止给党的领导人祝寿,禁止用党的领导人的名字作地名、街名、企业的名字等。这虽然是一个重要的、有远见的决定,但后来的实践证明,单有这样的措施,还不足以对防止个人崇拜思潮的发生起决定性的作用。在中国共产党第八次全国代表大会上,邓小平在修改党章的报告中,又郑重提出反对个人崇拜的问题。他还指出:"个人崇拜是一种有长远历史的社会现象,这种现象,也不会不在我们党的生活中和社会生活中,有它的某些反映。"语言用得很委婉,但问题毕竟是明确地提出来了。遗憾的是,中共八大没有在这种明确认识

---

① 《中国共产党中央委员会关于建国以来党的若干历史问题的决议》。

的基础上，进一步提高全党的认识并采取防止个人崇拜的有力措施，以致未能有效地制止以后个人崇拜思潮的大泛滥。这也可以说是历史局限性的一种表现。

从建国以来的历史看，1957年以前，党内外政治生活还是比较正常的、健康的。但是也应该看到，即使在那些时候，已经存在一些问题。例如，在理论上、宣传上越来越多地把领袖说成是一个人，不讲领袖是一个集体；把革命理论说成只是个人的贡献，不讲是集体智慧的结晶；把一切成就归功于个人，不讲或者少讲党和人民群众的作用；把领袖说成是绝对正确的，不讲领袖也会有缺点，也会犯错误，等等。存在这样一些问题而没有被及时纠正，使得个人崇拜现象能够无阻碍地发展。

推动个人崇拜的三种力量

个人崇拜现象的发展，得到三种力量的推动。

一种是广大群众出于对领袖真诚的热爱。中国共产党领导人民翻身得解放，使人民从水深火热中解脱而成为新中国的主人。群众很容易把这种对党的感激之情集中于党的领袖一人身上，把领袖歌颂为红太阳、大救星、大恩人。这是一种朴素的感情，而这种感情显然是掺杂着中国长期封建统治的影响，以及小生产者自身的思想束缚。马克思曾经精辟地分析过小农的政治思想特征，他说："他们不能代表自己，一定要别人来代表他们。他们的代表一定要同时是他们的主宰，是高高站在他们上面的权威，是不受限制的政府权力，这种权力保护他们不受其他阶级侵犯，并从上面赐给他们雨水和阳光。"①旧中国是小生产的汪洋大海，这种来自旧社会的传统影响，自然不可能很快消失。不过只

① 《马克思恩格斯选集》第1卷，人民出版社1972年版，第693页。

要教育得法，引导得当，在社会主义条件下，这种传统势力并不一定就会成为个人崇拜思潮的顽强推动力，但它却是个人崇拜的深厚社会基础和良好土壤。

另一种是从领导上默许、欣赏甚至提倡个人崇拜，这就必定会造成重大影响。1958 年 3 月，毛泽东在成都会议上提出有两种个人崇拜，一种是正确的，即崇拜马克思、恩格斯、列宁、斯大林正确的东西，因为真理在他们手里；另一种是不正确的崇拜，即不加分析，盲目服从。毛泽东的这段话似是而非，要害是把崇拜真理同崇拜个人两种根本不同的事情混淆起来。它的客观效果就是为中国共产党内已经萌生和发展的个人崇拜开了绿灯。就在成都会议上，当时任中共上海市委第一书记的柯庆施闻风而上，提出：“相信毛主席要相信到迷信的程度，服从毛主席要服从到盲从的程度”。这种绝对违反马克思主义原理的话，非但没有受到应有的批驳，反而得到欣赏。一些参加会议的领导人还将其作为会议内容，在一部分党员中进行传达。过了两个月，就在同年 5 月召开的党的八届五中全会上，这位提倡迷信和盲从的领导人就被补选为中央政治局委员。

还有第三种推动力量，就是党内极少数野心家、阴谋家和别有用心的人。他们早就在处心积虑地谋求一种披着马克思主义外衣的新“登龙术”。“正确的个人崇拜”这种观点一立起来，使一些野心家探测到了“政治气候”。他们把个人崇拜看成是“得一人者得天下”、谋取个人权位的终南捷径。1958 年夏，中央政治局候补委员、中央理论小组负责人康生提出：“毛泽东思想是马列主义的顶峰”。1959 年底，康生又提出：“毛泽东思想是马列主义的最高标准，最后标准。”请注意，当时所说的毛泽东思想被认为是只属于一个人，并非现在所阐明的是集体智慧的结晶。应当指出，鼓吹个人崇拜最力的当数林彪。庐山会议后，林彪当了国防部长，主持中央军委工作。他在军队系统中，以推行“突出政治”为名，大搞对毛泽东的个人崇拜，借此达到他的政治目的。在1962年初召开的七千人大会上，对于“大跃进”以来工作中的错误，毛泽东在讲话中，从原则上承担了自己的责任。林彪在大会上发言却说，“毛主席的思想总是正确的”，并且反复强调事情出了毛病，造成了困难，是因为“没有照着”毛泽东的指示去做，“毛主席的意见受不到尊重，或者受到很大的干扰”。1966年初，林彪更提出，毛泽东的话“句句是真理，一句顶一万句”。林彪的这些话，实际得到了毛泽东的赞赏。林彪割裂毛泽东思想的论点，也得到毛泽东的支持。毛泽东在1963年12月16日给军队领导人的一封信中说：解放军的思想政治工作和军事工作，经林彪同志提出四个第一、三八作风之后，比较过去有了一个很大的发展，更具体化又更理论化了。因而，林彪搞的一套，在“全国学解放军”的口号下，迅速推向全国。林彪、康生等人由于在党内身居高位，掌握着某一方面的权力，又披着“毛主席著作学得最好”、“毛泽东思想旗帜举得最高”、“马克思主义理论权威”等吓人的外衣，因而颇能迷惑一部分人，发生较大的煽动蛊惑作用。

领袖态度起关键性作用

个人崇拜现象如果得不到领袖的欣赏（至少是默认），是不可能形成气候的。马克思、恩格斯在创建无产阶级政党的实践活动中，多次表示了对工人运动中时有发生的对领导人无原则地歌功颂德现象的极端厌恶。列宁在十月革命胜利以后，也坚决反对别人对他无原则地歌功颂德。因此，在国际共产主义运动中，并没有发生对马克思、恩格斯、列宁的个人崇拜。中国在1957年以前，个人崇拜现象并不突出。这以后，个人崇拜就愈演愈烈了。这中间毛泽东本人的重大责任是无可推卸的。1970年毛泽东同美国记者埃德加·斯诺谈话时说，“总要有点个人崇拜”，“那个时候我说无所谓个人崇拜，倒是需要一点个人崇拜”，“过去这几年有必要搞点个人崇拜”。看起来好像有点奇怪，过去提议通过决议，采取措施防止发生个人崇拜的人，怎么会公然提倡个人崇拜呢？按常理说，一个领袖提出和推行的错误方针，已经被实践证明是错误的，产生了灾难性的后果，并遭到一些负责人反对时，领袖应该冷静地、正确地来对待问题了。但是，领袖本人却坚持认为自己是正确的，要力排众议，要“反潮流”。当他继续推行错误的方针而不可能按照正常民主程序获得多数人支持时，就不能不更加需要依靠个人的绝对权威。因此，在他看来，个人崇拜确实是“需要”的。

在个人专断和个人崇拜交互作用下，党员群众以至党的组织，失去了对领袖的监督和制约作用；集体领导原则和民主集中制名存实亡，个人完全凌驾于集体和组织之上。这种情况“从1958年批评反冒进”后，越来越明显（见前引邓小平的论述）。

在1958年1月召开的南宁会议上，毛泽东尖锐地批评了1956年6月20日《人民日报》发表的题为《要反对保守主义，也要反对急躁情绪》的社论。社论是根据中央政治局的意见写的。当时，在工农业生产以及农村扫盲等工作中，都发生了急躁冒进的偏向。社论指出：“下面的急躁冒进有很多就是上面逼出来的。”在3个月后召开的“八大”通过的《关于政治报告的决议》中也明确指出：“党的任务，就是要随时注意防止和纠正右倾保守的或‘左’倾冒险的倾向，积极地而又稳妥可靠地推进国民经济的发展。”可是，毛泽东却坚持说反冒进是方针性错误，“使六亿人民泄了气”。毛泽东说，不要提反冒进这个名词——这是政治问题。又说，右派的进攻，把一些同志抛到和右派差不多的边缘，只剩了50米，慌起来了，什么“今不如昔”、“冒进的损失比保守的损失大”，要研究为什么写反冒进的那篇社论。我批了“不看”二字，那是骂我的，所以我不看。并一而再，再而三地提出尖锐的批评。

他把问题看得如此严重，以致主张发这篇社论的刘少奇、周恩来、陈云等中央领导人不得不先后作检讨。从此，反“左”倾、反冒进成了禁区，“左”比右好，宁“左”勿右等“左”的思潮更加发展，紧接着就发生了“大跃进”。南宁会议以后，毛泽东就不经常参加中央政治局会议，往往是他在会前提出一些问题让大家讨论，会后向他汇报，他同意了才算数。否则，或者是重议，或者是按他的意见办。毛泽东同中央政治局之间，实际上成了上下级关系。

中央政治局常委之间的关系也日益不正常。在 1959 年庐山会议上，毛泽东决定批判彭德怀后，在一次小范围的批判会上，中共中央副主席朱德发言批评彭德怀性情粗暴，固执己见。毛泽东认为是“隔靴搔痒”，打断了朱德的发言。庐山会议后的“反右倾”中，朱德又受到无端的批判。这说明政治局常委之间，已经不是平等的关系。在 1964 年 12 月中央政治局召开的全国工作会议上，毛泽东批评邓小平主持的中央书记处和李富春主持的国家计划委员会是“两个独立王国”。个人对中央的重要领导机构提出没有根据的指责，这也反映了领导关系的不正常。在讨论《二十三条》时，对于运动的性质以及“走资派”等问题上，毛泽东同刘少奇的意见有分歧，在会上形成各讲各的。讨论问题有不同意见，这本来是正常现象，但却被认为是对毛泽东的大不敬；为此，刘少奇专门向毛泽东道歉。类似上述的情况表明，中央领导人在一些重大问题上是有不同意见的。但是这种分歧从来没有公开，而且作为最高机密加以保护。这一方面说明中央领导人都是以党的团结为重，以党和国家的利益为重，这是中国共产党的优良传统，也是党的力量的源泉。另一方面，这种别的领导人委曲求全顺从毛泽东的做法也产生了某些消极的作用，损害了党中央的民主生活和集体领导，助长了毛泽东的个人专断。

33

个人崇拜的认识原因

从领导体制上形成个人专断还有理论认识上的原因。长期以来，有关中国共产党历史的书籍和文件中，在讲到历史上党内路线斗争时，都有错误路线的代表人。既然有错误路线的代表人，也就要有正确路线的代表人。在中国共产党的历史上，毛泽东曾经多次是正确路线的代表人，这本来是符合实际的。但是，把路线问题讲得越来越严重，越来越神圣，就产生了绝对化的弊病：路线错了，一切皆错；路线正确，就一切正确。毛泽东既然是正确路线的代表，谁不同意他的意见，很自然地就会被认为是不同意正确路线，甚至被说成是反对正确路线，这顶政治帽子的分量是很重的。因此，毛泽东坚持一种主张时，经常听不到不同的声音，大家只能是努力"领会精神"、"积极贯彻"。林彪鼓吹的"理解的要执行，不理解的也要执行"，本来是否定独立思考，提倡盲目服从的愚昧论，却能够得到相当多人的赞成或视为行动准则，也是由于有这样的客观环境。对于这种现象，不能简单地埋怨别的中央领导人"愚忠"、"没有勇气"、只图"保住乌纱帽"等等。"文化大革命"前的中央领导人，除了林彪、康生、陈伯达等极少数野心家外，都是主要出于维护党的团结和毛泽东的威信（当时认为这是党的宝贵财富）。而且，在个人专断的状况下，对领袖的态度如何，往往被视为最高纪律。谁要是坚持反对毛泽东已下决心的某种主张，不仅为毛泽东所不容，而且也不会得到领导集体的理解和支持。因此，"在那个条件下，真实情况是难于反对"（见前引邓小平语）。

当然，从毛泽东一生的言论看，他从来没有从理论上否定过民主集中制和集体领导这些无产阶级政党的组织原则。事实上，在他的革命生涯中，民主集中制和集体领导是他经常讲的一个题目。他作出的重大决定，一般都要交给中央领导集体在一定会议上讨论通过。但在党的民主生活不正常的情况下，他作出决定的事总是能够通过的。这种“以集体领导的外表掩盖个人专断的实质”的状况，更加强化了毛泽东的意志，使他认为真理总是在自己手里，更有理由坚持自己的意见。在他自以为是坚持真理、坚持马克思主义而排众议、“反潮流”时，他认为，这样做比按照党的组织原则办事更为重要。因而，为了坚持他认为的正确政治路线而实行个人专断。仅从发动“文化大革命”的几件事中就可以明显地看到这种现象，他并不认为是违反民主集中制。

个人专断的几个事例

对剧本《海瑞罢官》的批判，是“文化大革命”的“序幕”。这是一件要发动全党、全国进行所谓大批判的大事，而且文章攻击的矛头是直接对着中共北京市委的，后面还牵涉到更多的中央负责人。因此，这样的文章就决不仅是一篇普通的批判文章，而是有重要政治意义的大事。可是从文章起草到发表，却向中共中央保密达八个月之久，中央政治局和书记处的同志全不知道，中共中央宣传部的负责人也不知道，都是毛泽东个人决定的。这是个人专断决定全局性大事的一例。

1965 年 12 月对中央书记处书记、国务院副总理、中国人民解放军总参谋长罗瑞卿的批判，是毛泽东听信了林彪的诬陷，临时决定在上海召开中央政治局常委扩大会议进行的。当时在北京主持党中央日常工作的副主席刘少奇，接到开会通知却不知会议内容，去问负责军委日常事务的政治局委员贺龙元帅。贺龙说：“奇怪，你都不知道，我怎么能够知道”①。参加会议的同志事前不

① 转引自田山：《记“文革”中的叶群》，见《共产党员》1988 年第 1 期。

明底细，只能面对既成事实。这是个人专断后加给集体的一例。

1966年彭真主持制定的《文化革命五人小组关于当前学术讨论的汇报提纲》(即《二月提纲》)，是经在京中央常委讨论同意，并专程到武汉向毛泽东汇报(毛当时并未表示反对)后，作为中央文件下发的。不久，毛泽东个人决定撤销和批判《二月提纲》。这是个人否定集体决定的一例。

1966年5月中央政治局扩大会议，是"文化大革命"正式发动的标志。这次会议的内容，如批判彭真、罗瑞卿、陆定一、杨尚昆，并定为"反党集团"，通过《五一六通知》等，都是会前由毛泽东主持决定的。但正式开会时，毛泽东却住在外地不回北京。会议是由刘少奇主持的。这是形式上通过集体贯彻个人决定的一例。

党中央政治生活极端不正常，从全国代表大会和中央全会召开的状况也反映出来。按"八大"通过的党章规定，全国代表大会改作常任制，任期五年，每年召开一次会议。党的中央委员会全体会议每年至少两次。"八大"党章作出这样的规定，是因为"党的民主集中制的基本要求之一，是党的各级代表大会的定期召集和充分发挥作用"，"是使代表大会可以成为党的充分有效的最高决策机关和最高监督机关"①。实际上，自1958年召开了第八次全国代表大会第二次会议后，"文化大革命"前一直没有开过全国代表大会。第八届中央委员会第十次全体会议"重提阶级斗争"后，竟相隔四年才召开八届十一中全会。不能按时召开代表大会和中央全会的原因固然不止一个，而在权力高度集中于个人的条件下，毛泽东认为根本不需要什么"最高决策机关和最高监督机关"，不能不说是重要原因之一。"文化大革命"期间，中央委员会的多数成员遭到无理批斗、关押，各级党委被砸烂，集体领导的形式也不复存在。"毛主席的伟大战略部署"，就直接以"最高指示"

① 邓小平:《关于修改党的章程的报告》，1956年9月16日。

的名义向全国发布并付诸实施。这是个人专断发展的最鲜明也是最高的形式。

个人专断同个人崇拜交互作用，把领袖个人推到凌驾于群众和中央领导集体之上的带有神圣光环的权威地位，具有主宰一切、决定一切的大权。在这样的条件下，对于党和国家重大事务的处理是否得当，很大程度取决于领袖一个人。他的一言一行关系到亿万人的悲欢离合，甚至生死存亡。从这个意义上应当肯定地说："党内民主集中制没有了，集体领导没有了，这是'文化大革命'发生的一个根本原因。"①

违反民主集中制和集体领导原则的错误，不只是给党、国家和各族人民带来巨大的不幸，同时，也给实行个人专断的领袖本人带来不幸，造成深重的历史悲剧。正是在这个意义上，邓小平说："我们过去发生的各种错误，固然与某些领导人的思想、作风有关，但是组织制度、工作制度方面的问题更重要。……即使像毛泽东同志这样的伟大人物，也受到一些不好的制度的严重影响，以致对党对国家对他个人都造成了很大的不幸。"②这是我们在研究"文化大革命"发生原因时，不能不把制度问题放到相当重要地位的原因。

三、国际反修和国内反修的交互作用

上边两节我们是着重从国内，特别是执政党中国共产党内部的政治状况和组织状况，进行回顾和分析的。但是，在当代世界，任何国家发生的任何重大的政治变动，都不可能没有国际背景，都不可能脱离当时特定的国际环境。何况是像中国的"文化大革命"这种以"反修防修"、"打倒帝修反"为神圣目标的，在全球发生

---

① 《陈云文选》第3卷，人民出版社1995年版，第274页。

② 《邓小平文选》第2卷，第333页。

重大影响的政治大风暴，它的发生和发展都不可能不同国际形势的发展变化，特别是其中的中苏关系的发展变化，发生密切的联系。这就要求我们对这一方面进行概括的考察，并找出它与国内政局发展变化之间的联系。

中苏关系演变与反修口号的提出

苏联，是世界上第一个社会主义国家，当时是社会主义阵营中最为强大的"老大哥"，在革命胜利后的中国共产党和中国各族人民中间，威望是很高的。那时，"苏联的今天，就是我们的明天"，成为家喻户晓的宣传口号，也确实是很多人的憧憬和理想。但是，1953 年斯大林逝世之后，情况逐渐发生变化。而中苏关系发生转折性的大变化，则始于 1956 年 2 月召开的苏联共产党第二十次全国代表大会。

对于苏共第二十次代表大会召开的历史背景、主要内容和历史地位，国内外学者均有不同的评价，我们在这里也不准备展开去评论它。但是，有一点是确定无疑的，就是苏共第一书记赫鲁晓夫在大会上作秘密报告大肆攻击、全盘否定党的领袖斯大林，并由此而引发一场给国际共产主义运动造成巨大损失的政治大风暴，是引起毛泽东的警惕和认识向"左"的方向变化，并明确提出反对修正主义口号的重要因素之一。

本来在苏共二十大召开的当时，中国共产党除了对和平过渡问题提出不同意见外，对整个大会还是给予相当肯定的。在由毛泽东主持的中共中央政治局扩大会议讨论通过、于 1956 年 4 月 5 日发表的《关于无产阶级专政的历史经验》中指出："个人崇拜是过去人类长时期历史所留下的一种腐朽的遗产。""苏联共产党二十次代表大会展开的反对个人崇拜的斗争，正是苏联共产党人和苏联人民在前进道路上扫清思想阻碍物的一个伟大的勇敢的斗争”。但不到一年后，特别是经历了1956年6至10月的波兰事件[①]和同年10月下旬到11月的匈牙利事件后，毛泽东对于苏共二十大的看法发生了明显的变化，其标志就是在1957年2月所作《关于正确处理人民内部矛盾的问题》的讲话中明确提出反修正主义的问题。他说：“修正主义，或者右倾机会主义，是一种资产阶级思潮，它比教条主义有更大的危险性。”

不过当时提出的“反修”，只是思想战线上的重要任务之一，与“文化大革命”时把“反修防修”作为思想战线和政治战线上压倒一切的头等任务，是有很大不同的。这中间经历了客观形势的变化与主观认识从“左”的方向加深的曲折发展过程。

1957年冬，毛泽东亲率中国党政代表团去莫斯科，参加俄国十月革命40周年的庆典，并参加社会主义国家共产党和工人党代表会议，在协调中苏两党的关系上取得了积极的进展。在会议宣言中采纳了中共代表团的很多意见，并对走上社会主义道路的国家必须遵循的一些共同的主要规律取得了共识。这次会议上，赫鲁晓夫提出，苏联在15年后要在最重要的工农业产品的产量方面赶上或超过美国；毛泽东则提出，中国要在同一时间，在钢铁和其他重要工业产品的产量方面赶上或超过英国。这成为发动1958年“大跃进”的契机。这次会议的积极成果使毛泽东深受鼓舞，以致他宣称在世界政治力量的对比上，东风已经压倒西风。即“社会主义在向上发展，而帝国主义却在衰退”[②]。

但是，随着赫鲁晓夫对中国1958年“大跃进”和人民公社化

① 1956年6月28日，在波兰共和国的重要城市波兹南发生工人游行示威，要求增加工资减少税收的事件。游行中有人冲击市党政机关、夺枪射击公安人员，政府随即下令武装镇压，数百人死伤、被捕。

② 《社会主义国家共产党和工人党宣言》（莫斯科），1957年11月。

运动的讥讽嘲笑，对金门炮击[①]的指责和提出成立中苏联合舰队、在中国设立由苏方管理的长波电台妄图控制中国海军的无理要求，遭到毛泽东严厉拒绝等事情的发生，中苏两党之间的关系又急剧恶化了。特别是在 1959 年庐山会议前后，毛泽东认为："近日右倾机会主义猖狂进攻，说人民事业这也不好，那也不好。全世界反华反共分子以及我国无产阶级内部，党的内部，过去混进来的资产阶级、小资〔产〕阶级投机分子，他们里应外合，一起猖狂进攻。"[②]这其中就包括"苏联同志们中的许多反对派和怀疑派"[③]。因此，他提出："一个百花齐放，一个人民公社，一个大跃进，这三件，赫鲁晓夫们是反对的，或者是怀疑的……这三件要向全世界作战，包括党内大批反对派和怀疑派。"[④]毛泽东还指示吴冷西、陈伯达、胡乔木等编一本关于人民公社的书，并表示："我准备写一篇万字长序，痛驳全世界的反对派。"[⑤]这本书后来虽然没有编成出版，也没能看到毛泽东的长序，但对"赫鲁晓夫们"的憎恨之情已溢于言表。毛泽东这时已把修正主义同"反动的帝国主义、民族主义"一道看作"是敌人，是骗子，是黑货"[⑥]。但一直到 1959 年底，在召集刘少奇、周恩来、彭真、林彪、陈毅、康生、王稼祥、贺龙、谭政、陈伯达等人到杭州讨论国际形势及对策问题时，还要大家研究："修正主义是否已经成了系统，是否就是这样坚决

---

① 金门炮击是指 1958 年 8 月 23 日到 10 月 25 日中国人民解放军对驻守金门岛的蒋军发动的一场持续两个多月的大炮战。这一场由毛泽东亲自指挥的包括军事、政治、外交、宣传在内的错综复杂的大炮战，也是一场典型的国际斗智战。结果是惩罚了蒋军的袭扰破坏，摸清了美帝对中国的战略企图，扩大了我军声威，也回敬了赫鲁晓夫集团控制中国的野心。

② 《建国以来毛泽东文稿》第 8 卷，中央文献出版社 1993 年版，第 488 页。

③ 同上书，第 463 页。

④ 同上书，第 391 页。

⑤ 同上书，第 463 页。

⑥ 同上书，第 601 页。

干下去?”[1]他还是认为:“中苏根本利益,决定这两大国总是要团结的。某些不团结,只是暂时的现象,仍然是九个指头与一个指头的关系。”[2]“赫鲁晓夫们很幼稚。他不懂马列主义,易受帝国主义的骗。”[3]就是仍然希望“赫鲁晓夫们”改恶向善,而不是走向决裂。

但是,客观形势的发展不以人们的主观意愿而转移。赫鲁晓夫不能容忍中国共产党的所作所为,蓄意发动对中共的攻击。1960年6月24日至26日,在罗马尼亚首都布加勒斯特举行的社会主义国家共产党和工人党代表会议,就成为两党关系的一个转折点。会议前夕,由赫鲁晓夫率领的苏共代表团,突然向各国代表团散发苏共6月21日致中共中央的通知书。会议中,赫鲁晓夫又带头对中国共产党围攻,诬蔑中共是“疯子”,“要发动战争”,对印度侵占我领土的自卫和抗议是“纯粹的民族主义”,对待苏共的态度是“托洛茨基方式”等等。以彭真为团长的中共代表团遵照党中央既定的坚持原则、坚持团结的方针,一方面据理力争,进行严肃的斗争,并在会上散发书面声明,指责赫鲁晓夫在这次会议上搞突然袭击的恶劣做法;另方面,为了顾全大局,还是在会议发表的公报上签了字。苏共领导见在会议上没有能够压服中共,就在会后施加压力,把中苏两党之间的思想分歧扩大到国家关系方面。

1960年7月16日,苏联政府突然照会中国政府,单方面决定全部召回在中国工作的苏联专家。从7月28日至9月1日,共撤回在华专家1390人,终止派遣专家900多名。同时,撕毁专家合同和合同补充书343份,废除科学技术合作项目257个。据统计,第一个五年计划以来,苏联援助中国的项目共304项。到

---

①② 《建国以来毛泽东文稿》第8卷,第599页。

③ 同上书,第601页。

1960年上半年已建成103项，尚在建设中的项目还有201项。而苏联专家撤走时，带走了所有的图纸、计划和资料，并停止供应建设急需的重要设备，使一些重大建设项目和科研项目被迫停工或中断，给我国的社会主义经济建设事业造成重大损失。此外，还在两国贸易方面，对中国实行限制和歧视政策。片面撕毁了中苏双方分别在对方互惠发行《友好》杂志和《苏中友好》杂志的协议。此后，两国边境的纠纷和事件也不断发生。

1960年11月，刘少奇率领中国党政代表团到莫斯科，参加十月革命43周年庆祝典礼，并参加81个共产党和工人党的代表会议。苏共又重施布加勒斯特会议的故伎，不顾26国起草委员会上多次交谈的协议，在会议前夕，向各国代表团散发一封长达6万字的粗暴攻击中国共产党的信。会上又组织对中国共产党的围攻，几乎使会议濒于破裂。由于大多数兄弟党要求团结，反对分裂，以刘少奇为首的中国代表团作了积极的努力，中苏两党各作了一些让步，会议最后还是通过和发表了《世界各国共产党和工人党代表会议声明》。但是，中苏两党和两个国家之间的关系却无可挽回地继续恶化下去了。

1961年10月，苏联共产党举行第22次全国代表大会，中国共产党派了以周恩来为首的代表团去参加。但当赫鲁晓夫在大会上公开攻击斯大林时，周恩来提前退场以示抗议，并专门到红场墙边的斯大林墓去献了花圈。而后发生的在中印边境事件①中，苏联公开发表声明指责中国；在古巴导弹危机②中，赫鲁晓夫

---

① 中印边境事件是指1962年10月中国边防部队在中印边境的东西两段同时发起的对印军侵犯我领土的反击战。11月22日，中国单方面实行全线停火。12月1日，主动撤回1959年11月7日实际控制线中国一侧。以后并全部释放了印军战俘。

② 1962年8月，苏联派5000名军事人员到古巴建立进攻性导弹基地，被美国发现。10月22日，肯尼迪宣布武装封锁古巴的几项决定，美军在全球进入戒备状态。中间美苏几经交涉，终以10月28日赫鲁晓夫宣布下令拆除进攻性武器，包装运回苏联，屈服于美国的压力而告一段落。

向美国妥协退让。这些都加深了毛泽东和中共中央对修正主义危险性的认识。对赫鲁晓夫修正主义的公开决裂已经不可避免了。

正是这样的国际环境和国内1959年“反右倾机会主义”的影响,使毛泽东对苏联修正主义的认识不断升级。到1962年秋的北戴河中央工作会议上,毛泽东进一步指责修正主义为国际资本主义服务,实际是反革命。强调:我们要搞一万年阶级斗争,不然,我们岂不变成国民党、修正主义分子了。到党的八届十中全会,毛泽东就把中国党内的右倾机会主义同国外的修正主义归为一类。他说:中国的右倾机会主义,看来改个名字好,叫做中国修正主义。这样,在毛泽东心目中,修正主义已经定性和定位,剩下的问题就是采取反对的具体措施了。这种态势外国学者也看得很清楚,一位美国教授这样写道:“毛在此以前一直以为赫鲁晓夫只是一个犯了错误的同志,可以浪子回头。从此以后,在毛看来,赫鲁晓夫已是一个不可救药的叛徒了。”①

一场空前规模的国际大论战

从1963年3月开始到1964年10月为止,在长达一年半的时间里,中苏两党围绕着所谓“关于国际共产主义运动总路线”展开了一场空前规模的大论战,并有许多国家的共产党和工人党参加,具有广泛的国际性和巨大影响。

1963年3月,苏共中央发出一封给中共中央的信。信中说,世界形势和国际舞台上阶级力量的变化,“要求制定世界共产主义运动的、符合它在现阶段的根本任务的总路线”。因此,信中谈了苏共中央认为应是“兄弟党注意的中心”和“为我们共同事业而

① 斯图尔特·施拉姆:《毛泽东》,红旗出版社1987年版,第271页。

斗争的中心”的“若干原则性的问题”[①]。6 月 14 日，中共中央对此作出了答复，即题为《关于国际共产主义运动总路线的建议》的长信，内容共分为 25 条。中共中央的信中说：“在我们看来，我们在这里所谈的问题，都是国际共产主义运动中需要注意和解决的中心问题。”[②]双方都认为自己提出的问题，是国际共产主义运动中迫切需要解决的中心问题，但双方的很多看法又是截然不同，甚至是相反的，于是商榷就成为必要了。

7 月 5 日，以中共中央总书记邓小平为团长的中共代表团在莫斯科同以苏共中央书记苏斯洛夫为团长的苏共代表团开始举行会谈。会谈气氛之不和谐是可想而知的。会谈正进行期间，7 月 14 日，苏联突然把《苏联共产党中央委员会给苏联各级党组织和全体共产党员的公开信》在报刊和电台上发表，这样就把中苏两党之间的分歧公诸于全世界。中共中央认为，这是赫鲁晓夫在苏美英三国首脑会谈前夕，“讨好美帝国主义者，给美帝国主义者的一份珍贵的‘见面礼’”[③]。既然苏共对两党会谈毫无诚意，中共代表团建议会谈暂停，并离苏回国。

会谈既已破裂，代之而起的是双方通过报刊、广播、电视等各种传媒手段开展全面的激烈的大论战。苏联方面，仅从公开信发表到 10 月底 3 个多月的时间，就发表各种反对中共的文章 2000 多篇。其他各国的共产党和工人党也随苏共中央的指挥棒鼓噪而起，发表了不少攻击中国共产党的文章。中共中央对此十分重视，除了各报刊宣传单位组织的反击文章外，还由中央理论小组负责组成专门的写作班子，撰写了系统阐述中共中央观点并驳斥苏共中央的谬论和诬蔑的重头文章。这类重头文章从 1963 年 9 月 6 日发表第一篇《苏共领导同我们分歧的由来和发展》开始，到

---

① 《关于国际共产主义运动总路线的论战》，人民出版社 1965 年版，第 463 页。
② 同上书，第 48 页。
③ 同上书，第 90 页。

1964 年 7 月 14 日发表《关于赫鲁晓夫的假共产主义及其在世界历史上的教训》为止，共 9 篇，简称为“九评”。在这些文章中，以当时在中国共产党内占统治地位的观点，即社会主义社会仍是一个有阶级的社会，在这个历史阶段中始终存在着无产阶级和资产阶级、社会主义道路和资本主义道路、马克思主义和修正主义两条路线的激烈斗争的观点为指导，去分析和论断苏联、东欧社会主义国家和整个国际共运的情况，强调：“坚持革命还是反对革命，坚持无产阶级专政还是反对无产阶级专政，历来是马克思列宁主义同一切修正主义斗争的焦点，现在也是全世界马克思列宁主义者同赫鲁晓夫修正主义集团斗争的焦点。”1964 年 10 月赫鲁晓夫被苏共中央全会解除一切领导职务后，11 月 21 日中共中央又发表了一篇总结性的文章：《赫鲁晓夫是怎样下台的》。文章认为：“赫鲁晓夫的垮台，是全世界马克思列宁主义者坚持反对修正主义斗争的伟大胜利，表明了现代修正主义的大破产，大失败。”文章说：“十一年来，赫鲁晓夫的所作所为，处处都说明了他执行的政策是：联合帝国主义，反对社会主义；联合美国，反对中国；联合各国反动派，反对民族解放运动和各国革命；联合铁托集团和形形色色的叛徒，反对一切的马克思列宁主义兄弟党和一切同帝国主义斗争的革命派。”上纲是很高的，用词是很激烈的。当时，因为论战的主要对手赫鲁晓夫已经下台，这场大论战也就自然结束了。

关于这场大论战，邓小平在 1989 年 5 月 16 日会见苏联最高苏维埃主席团主席、苏共中央总书记戈尔巴乔夫时讲过下面这样一段话：“多年来，存在一个对马克思主义、社会主义的理解问题。从一九五七年第一次莫斯科会谈，到六十年代前半期，中苏两党展开了激烈的争论。我算是那场争论的当事人之一，扮演了不是无足轻重的角色。经过二十多年的实践，回过头来看，双方都讲了许多空话。”[①]他又说：“六十年代，在整个中苏、中蒙边界上苏联加强军事设施，导弹不断增加，相当于苏联全部导弹的三分之一，军队不断增加，包括派军队到蒙古，总数达到一百万人。对中国的威胁从何而来？很自然地，中国得出了结论。一九六三年我率代表团去莫斯科，会谈破裂。应该说，从六十年代中期起，我们的关系恶化了，基本上隔绝了。这不是指意识形态争论的那些问题，这方面现在我们也不认为自己当时说的都是对的。真正的实质问题是不平等，中国人感到受屈辱。虽然如此，我们从来没有忘记在中国第一个五年计划时期苏联帮我们搞了一个工业基础。”[②]

这场大论战涉及马克思主义基本理论的许多方面，核心是什么是社会主义和怎样建设社会主义的问题。有许多问题需要清理和总结，这不是本书所能做到的。但有一点，从本题所论述的角度看是确定无疑的。这就是，通过这场大论战，使中国共产党内已经产生的“左”倾观点系统化和理论化了，并且一步步更深入全党的思想教育和每个党员的头脑。同时这场大争论更加使毛泽东确信在苏联修正主义已经上台，列宁亲手缔造的世界上第一个社会主义国家已经改变颜色，并转而反察中国，得出：苏联出了修正主义，我们也可能出修正主义，也可能出赫鲁晓夫那样人物的结论。从而增加了要在中国进行反修防修斗争的急迫感。这两方面的情况都不能不对后来的历史进程发生深远的影响。

赫鲁晓夫后的中苏关系

赫鲁晓夫下台，客观上为中苏两党关系的改善提供了一种转

---

① 《邓小平文选》第3卷，人民出版社1993年版，第291页。

② 同上书，第294—295页。

机的可能性。中共中央对此是十分重视的。因此,利用纪念十月革命47周年的机会,在并非逢五逢十大庆祝的情况下,派出以周恩来为首的规格很高的中国党政代表团去到莫斯科。但是,中苏两党的正式会谈还没有开始,就为一位苏军高级将领的严重荒谬的行动破坏了。就在11月7日晚间苏联政府举行的招待会上,贺龙同苏联元帅崔可夫等一些军界领导人谈话中,苏联国防部长马林诺夫斯基竟对贺龙说:“我们现在已经把赫鲁晓夫搞掉了,你们也应该仿效我们的榜样,把毛泽东也搞下台去。这样我们就能和好。”贺龙当场顶回了对方的恶意煽动,并立即向周恩来报告。周恩来马上向勃列日涅夫等苏共领导人提出质问。勃列日涅夫以马林诺夫斯基酒后失言相掩饰。周恩来立即指出,这不是什么“酒后失言”,而是“酒后吐真言”。在随后举行的两党代表团会谈时,周恩来又向苏方提出严重抗议,勃列日涅夫不得不表示道歉。这件事联系到其他情况,使党中央得出勃列日涅夫实行的是“没有赫鲁晓夫的赫鲁晓夫主义”的结论。此后,中苏关系不仅没有缓和,反而日趋紧张。苏联在中苏边境增兵到百万之众,并在蒙古人民共和国进驻军队,对中国形成大军压境之势。

这件事对毛泽东的触动有多大,自然是无从作出准确考证的。但是,在共产国际时期,苏联可以通过共产国际的组织手段,改变别国党的领导人。共产国际解散后,在斯大林时代以及之后的一段时间,苏联惯于从别的国家党内找到内应并施加影响和压力,从内部进行颠覆,以改变不按其指挥棒转的领导人,这已经不是秘密。作为政治家和军事家的毛泽东,当然深知堡垒最容易从内部攻破的道理,他不可能不加以防范。由此,他的目光越来越多地放在洞察出“睡在身边的赫鲁晓夫”这个问题上,这也是不难理解的。不幸的是,在这个影响到党和国家命运的重大政治问题上,毛泽东没有坚持辩证唯物主义的立场观点,而是走向了它的反面。

在人类社会的历史发展中，常常会有很多偶然性的事件，例如上述的马林诺夫斯基事件。但是，这些表面上看似偶然的事件，常常包含和反映了客观历史规律的必然性，而且随着偶然性事件中人物的地位和权势不同，在对历史发展的影响和作用方面也有所差异。因此，历史唯物主义教导我们尊重历史必然性，但同时绝不忽视种种偶然性。马克思曾指出："如果'偶然性'不起任何作用的话，那末世界历史就会带有非常神秘的性质。这些偶然性本身自然纳入总的发展过程中，并且为其他偶然性所补偿。但是，发展的加速和延缓在很大程度上是取决于这些'偶然性'的，其中也包括一开始就站在运动最前面的那些人物的性格这样一种'偶然情况'。"①这个观点对我们探讨"文化大革命"起因，是有指导意义的。

国际反修对国内反修的催化

反对修正主义问题是由苏共第二十次代表大会而引发的。开始阶段，中国共产党的反修主要是对外，反对以赫鲁晓夫为代表的现代修正主义。但是随着中苏两党矛盾的激化和国际性的大论战的展开，"以阶级斗争为纲"的"左"倾观点逐步系统化和理论化。用这种"左"的理论去观察分析苏联和其他社会主义国家，就得出苏共领导已经被修正主义集团篡夺，列宁亲手缔造的世界上第一个社会主义国家已经改变颜色，世界上大多数共产党和工人党已经不相信马克思列宁主义了这样一些根据不足、判断不准的结论。同时，也就必然要转而用这种理论来观察和解剖我们自己、分析研究中国共产党是否也存在着产生修正主义的条件，是否修正主义势力已经产生和滋长。这样，国际反修和国内的反修

---

① 《马克思恩格斯选集》第1卷，第393页。

防修就直接联系起来。

事情发展的过程是，毛泽东提出国内反修防修的任务，起初重点是放在防修上。即如何防止在中国产生修正主义，如何预防性地先挖掉修正主义的根子。例如，1963 年 5 月，毛泽东对浙江省干部参加劳动的 7 个材料作了批示。他认为干部参加劳动是“防修”的一个好办法，并且警告全党，如果放松阶级斗争，那就不要很多时间，少则几年、十几年，多则几十年，就不可避免地要出现全国性的反革命复辟，马列主义的党就一定会变成修正主义的党，变成法西斯党，整个中国就要改变颜色了。就在当时召开的杭州会议上，毛泽东强调，我们搞社会主义革命，在城市搞“五反”，在农村搞“四清”，就是挖修正主义的根子。从这些史料可以看出，直到此时，毛泽东提出国内的“反修防修”任务，重点还放在“防修”上。对于党变修、国变色的忧虑，只是反映了他过分的政治警惕性。

本来，作为一个执政的无产阶级政党领袖，经常注意揭露和克服党和国家确实存在的阴暗面，防止走上对内压迫人民，对外追求霸权的错误道路，这是理所当然的，也是必要的。因此，毛泽东的反修防修主张，为中共中央所接受，并且得到党内外广泛的支持和拥护。问题在于，如果仅仅是一种政治警惕性，即使有些过分，还不致于造成太大的恶果。但是，当这种警惕性已经转化为现实的估量和政策的时候，性质就完全不同了。当毛泽东对党和国家的政治形势以及社会阶级关系作了完全不符合实际的估计，对什么是修正主义没有作出准确的解释，并且采取了错误的方法时，必然就形成了初衷和后果的严重背离，这正是毛泽东的悲剧所在。

正是由于对中国共产党内和国内的政治局势作了过分严重的估量，毛泽东就逐渐把自己注意力的重点，从防修转向反修，而反修的重点又从下层转向上层，直至中共中央的一线主要领导人。这从他的一些批示中可以看得很清楚。例如：1964年12月5日，毛泽东在当时的中共中央委员、公安部长谢富治的蹲点报告《沈阳冶炼厂资本主义经营管理方法种种》上批示："我们的工业究竟有多少在经营管理方面已经资本主义化了，是三分之一，二分之一，或者还更多些，要一个一个地清查改造，才能知道。"批示还说，这种资本主义经营管理的"主要根源"是来自上边[①]。这里已经提出"清查改造"中国的国营企业的问题。而同月12日，毛泽东对中共中央委员、农业机械部部长陈正人在洛阳拖拉机厂蹲点报告的批示，就把问题提得更尖锐更严重了。批示中提出两个阶级敌人的新概念："官僚主义者阶级"和"走资本主义道路的领导人"。批示说：官僚主义者阶级与工人阶级和贫下中农是两个尖锐对立的阶级。这些人已经变成或者正在变成吸工人血的资产阶级分子……这些人是斗争对象、革命对象。社会主义教育运动绝对不能依靠他们[②]。稍后，1965年1月，中共中央政治局在北京召开全国工作会议，制定通过《农村社会主义教育运动中目前提出的一些问题》（简称《二十三》条）。其中明确规定：运动的重点是整党内那些走资本主义道路的当权派。毛泽东在会上还批评北京有两个"独立王国"（按：指中共中央总书记邓小平领导的中央书记处和中共中央政治局委员、国务院副总理李富春领导的国家计划委员会）。

到1965年秋，毛泽东就明确提出如果中央出了修正主义怎么办的问题了。在1965年9月至10月召开的中央工作会议上，毛泽东发问："如果中央出了修正主义，你们怎么办?"并且认为"很可能出，这是最危险的"。10月10日毛泽东在同大区第一书记谈话中又说：中央出了修正主义，你们怎么办？如果中央出了

① 转引自《中国共产党执政四十年》，中共党史资料出版社1991年版，第251—252页。

② 同上书，第252页。

修正主义，你们就造反，各省有了小三线，就可以造反嘛。这就清楚地表明，毛泽东已经把党变修、国变色视为迫在眉睫的现实危险，并且把国内“反修防修”的重点，转移到“反修”上来，特别是要解决“中央出修正主义”的问题。

上述国际反修和国内反修的交互作用，必然会对中国共产党党员和广大群众的思想，对全国的政治生活产生重大而深远的影响。主要表现在以下几个方面：

第一，在全体党员干部中产生一种修正主义复辟的危险不仅是现实的，而且已经迫在眉睫，从而造成一种普遍的急迫而强烈的政治危机感。同时，一种坚持马克思列宁主义，反对修正主义，推进世界革命的历史使命感又油然而生。这种盲目的狂热的信念，曾是许多人参加“文化大革命”的一种思想动力。

第二，在国际大论战的推动下，原已存在于中共党内的“左”倾理论日益发展和系统化，理论形态更完备，被称为：“对马克思列宁主义关于无产阶级专政学说划时代的伟大发展”，“是马克思列宁主义发展到一个崭新阶段，即毛泽东思想阶段的一个极其伟大的标志”等等。这在一段时间里为许多人所信从。

第三，通过大宣传和大学习，使反修宣传日益深入和普及，真是做到了家喻户晓，人人皆知。这在实际上为“文化大革命”的发动作了思想上和舆论上的准备。

第四，促进和发展了一种以“和苏修对着干”为特征的形而上学思维方式，扼杀了任何敢于提出怀疑和否定意见的创造性的批判思维。“凡是敌人反对的，我们就要拥护；凡是敌人拥护的，我们就要反对。”毛泽东的这段语录被绝对化，成为一种占统治地位的思维定式。任何人稍有不同观点的表示，哪怕是十分合理的意见，也会被视为异端，遭到歧视、批判和打击，甚至被戴上修正主义的帽子遭到残酷折磨。这种状况只能鼓励盲从而扼杀独立思考，使整个民族在错误的指引下陷入灾难的深渊。

综上可见，这场以中苏两党大论战为焦点的所谓反对现代修正主义的斗争，确实是一副强烈的催化剂，成为有力地推动中国共产党内“左”倾思潮急剧膨胀的重要因素，并为“文化大革命”的发动，作了直接的思想理论准备。

四、在三个交互作用的恶性循环中走向极端

三个交互作用在五六十年代的中国现实生活中是紧密结合在一起，互为条件、互相促进的，形成了一股难以抗拒的巨大潮流。毛泽东既是这个潮流的带动者和指导者，同时他本人的思考和行动又受着这一潮流的影响和推动，而不断地走向“左”的极端。

毛泽东对中国政治形势的严重误断甚至使他担心会在首都北京发生“反革命政变”，并且为此还作了实际的预防性部署。林彪在 1966 年 5 月中央政治局扩大会议上就透露了个中消息。林彪说：“毛主席最近几个月，特别注意防止反革命政变，采取了很多措施。罗瑞卿问题发生后，谈过这个问题。这次彭真问题发生后，毛主席又找人谈这个问题。调兵遣将，防止反革命政变，防止他们占领我们的要害部位、电台、广播电台。军队和公安系统都做了部署。毛主席这几个月就是做这个文章。”林彪这篇讲话，后来经毛泽东审阅，作为中共中央文件印发。毛泽东并没有删改这些话，表示了对其所述的默认。

最善于揣测毛泽东心态的林彪在 1966 年 5 月中央政治局扩大会议上大声疾呼：“毛主席活到哪一天，九十岁、一百多岁，都是我们的最高领袖，他的话都是我们行动的准则。谁反对他，全党共诛之，全国共讨之。在他身后如果有谁做赫鲁晓夫那样的秘密报告，一定是野心家，一定是大坏蛋，全党共诛之，全国共讨之。”这些话是说到毛泽东的心底里去了。林彪能在 3 个月后就被毛泽东指定为接班人，这篇讲话可能是他为自己上升搭设的重要一

级阶梯。

毛泽东是一个终生为实现革命理想而奋斗的，性格倔强、从不屈服的革命家。只要他认定是对的事情，就是遭到再多的人反对，也要坚持到底。在他一生中很少有认输的事。这也是他提倡的“反潮流”精神。这种状态在他 1966 年 7 月 8 日写给江青的信中，有颇为明白的表露。他说：“全世界一百多个党，大多数的党不信马、列主义了，马克思、列宁也被人们打得粉碎了，何况我们呢？”毛泽东在信中还说，中国的反党分子“他们是要整个打倒我们的党和我本人”。把形势看得这么严重，完全是出于主观臆断。基于这种判断，他觉得必须挺身而出，坚持“反潮流”的原则，从修正主义的狂涛中，拯救马克思列宁主义，拯救中国和世界的革命事业。为此，即使自己被“打得粉碎”，也在所不惜。面对他所估量的中国“修正主义”势力已经是根深蒂固、盘根错节的形势，毛泽东认为，只有充分发动群众、依靠群众的力量，才有胜利的可能。因此，他下决心，发动亿万群众，展开全国全面的阶级斗争，造成天下大乱之势，以求把一切牛鬼蛇神彻底扫除，最终达到天下大治。这也就是毛泽东主观设想的“无产阶级文化大革命”。

研究毛泽东发动“文化大革命”的思想和动机，到这里似可以得到比较明确的说明了。但是，我们考虑还有几个问题是不应该忽略的。

对接班人问题的忧虑

接班人问题包括两个方面的内容：一个是泛指的，年轻一代对老一代革命者的接班；一个是特指的，即对党的领袖毛泽东本人的接班。对当时的教育状况，毛泽东是极为不满的。1965 年 8 月他在接见外宾时说，我们过去自己没有大学教授、中学教员、小学教员，我们把国民党留下的人统统收下来，逐步加以改造，有一部分人改好了,另一部分人还是照他们老样子。后来在一次会议上他又说,现在大、中、小学大部分都是被资产阶级、小资产阶级、地主富农阶级出身的知识分子垄断了。他认为学校是资产阶级知识分子独霸的一统天下。对建国后十七年我国的教育状况作出这种估计,显然是不符合实际的。出于对知识分子的不信任感,他提出,要年纪小的、学问少的、立场稳的、有政治经验的坚定的人来接班。

毛泽东注意到曾任美国国务卿的杜勒斯的一些演说和文章,主张美国和它的西方盟国对社会主义国家推行"和平演变"战略。毛泽东说,帝国主义的预言家们根据苏联发生的变化,也把"和平演变"的希望,寄托在中国的第三代或者第四代身上。我们一定要使帝国主义的这种预言彻底破产。在这期间,他对青年人的教育问题,对革命事业接班人的问题,给予了特别的关注。1964 年 6 月,他提出了接班人的 5 个条件①。他要使全党,特别是年轻一代,从阶级斗争中得到反复辟的锻炼。为此,他不惜冒"天下大乱"的风险,亲自发动和领导一场阶级斗争的大风雨,让青年人去经风雨,见世面。

而当时,在毛泽东看来更为紧迫的问题,则是党的领袖毛泽东自己的接班人问题。他要亲自动手为自己再挑选一个满意的可靠的接班人。毛泽东认为,苏联出了赫鲁晓夫,斯大林没有选好自己的接班人是一个重要原因。毛泽东对挑选和培养接自己的班的人十分关注。1962 年以后,他越来越感到刘少奇不是可靠的人选,需要重新考虑。1966 年 6 月,毛泽东在一次同外宾谈话时说:我们都是七十以上的人了,总有一天被马克思请去。接班

---

① 毛泽东在 1964 年 6 月 16 日的讲话中说:准备后事,接班人问题。如何防止出修正主义、怎样培养无产阶级的接班人,我看有 5 条:(1)要搞马列主义,不要搞修正主义。(2)要为大多数人民谋利益,不为少数人,不为剥削阶级。(3)要能团结大多数人。(4)要有民主作风,不要"一言堂",不搞家长作风。(5)自己有了错误要作自我批评。

人究竟是谁，是伯恩斯坦、考茨基还是赫鲁晓夫，不得而知。要准备，还来得及。这说明，对更换接班人的急迫考虑，确实是毛泽东下决心发动“文化大革命”的原因之一。

对“破”的过分强调

另一个影响到毛泽东对形势分析和判断的是对“破”和“立”关系的片面观点。毛泽东发动“文化大革命”，包含着“破”和“立”的双重意向。而在他的哲学思想中，破和立的关系是“不破不立”，“破字当头，立也就在其中了”，“天下大乱达到天下大治”等，总是把“破”放在先头的。这种观点并不符合马克思主义的唯物辩证法，带有某些形而上学的绝对化的倾向，但也显示了毛泽东作为一位革命家的性格特征。当他领导中国共产党和中国人民即将全面实现“破”国民党的统治时，也曾提出“立”的任务。他号召全党，要以生产建设为中心工作，“城市中其他的工作，例如党的组织工作，政权机关的工作，工会的工作，其他各种民众团体的工作，文化教育方面的工作，肃反工作，通讯社报纸广播电台的工作，都是围绕着生产建设这一个中心工作并为这个中心工作服务的”①。话是这么说的，建国初期的实际工作大体上也是这么做的，并且取得了经济迅速恢复和发展的辉煌成就。而毛泽东本人的注意力，却仍然主要是放在破除旧的生产关系、旧的意识形态、旧的生活习俗等方面。他曾经说过：“我注意的较多的是制度方面的问题，生产关系和上层建筑方面的问题，至于生产力方面，我的知识很少。”②建国后各种政治运动连绵不断，就是实践的证明。

当然，毛泽东并不是不关心、不主张发展生产力。相反，有时

---

① 《毛泽东选集》第4卷，人民出版社1991年版，第1428页。

② 毛泽东：《在扩大的中央工作会议上的讲话》，1962年1月30日。

他把发展生产力的某一方面强调到不适当的高度，如“大跃进”时期的扶保“钢铁元帅升帐”即是一例。但是，从更多的情况看，他确是侧重于制度方面的问题，生产关系和上层建筑方面的问题。这也反映了毛泽东的一种哲学思想，即不区分不同的历史条件而一贯地过分强调生产关系、上层建筑的反作用，强调意识形态的作用，主张以革命去促生产。因此，他欣赏并肯定“政治挂帅”、“四个第一”、“突出政治”这样一些似是而非的口号。而当这种主张在实践中碰壁之后，例如“大跃进”失败之后，毛泽东又不能正确地总结经验教训，而是笼统地从阶级斗争、路线斗争方面找原因。以致他把党内的分歧看得越来越严重，把建设社会主义不同方法的分歧看成是两个阶级、两条道路的斗争，把党内和社会上的“黑暗面”看得越来越深广，从而产生了危机感。促使他以超人的魄力，下决心要在中国大地扫清一切牛鬼蛇神，在大破中建立起一个纯洁的、完美的理想社会，给世界共产主义运动树立光辉的榜样。

“天下大治”的模糊蓝图

那么，毛泽东所追求的理想社会是什么样的呢？他自己从未明确地讲述过。

毛泽东发动“文化大革命”所要达到的社会目标是什么？也就是说，他所追求的“天下大治”的蓝图是什么样？这在“文化大革命”的两个纲领性文件中也并未提及。《五一六通知》只是说要“夺取”什么，“批判”什么，“清洗”什么，讲的完全是“破”，而要建立什么，那里边并没有说。《十六条》倒是提出要立“四新”（新思想、新文化、新风俗、新习惯），但“四新”的具体内容是什么，谁也没有说清楚，仅仅是一堆抽象的口号。所以，严格地说，“文化大革命”是没有完整的纲领的。因为一种革命的纲领，总要规定所追求的建设性的社会目标。连目标都是含混不清的，就至少不能算是完整的纲领。毛泽东发动“文化大革命”所要追求的社会目标，只能从别的史料中去探索。

就在“文化大革命”刚刚开始时，1966 年 5 月 7 日，毛泽东给林彪写了一封信，后来被称为“五七指示”。在这封信中，毛泽东勾画了一个他所憧憬的理想社会的轮廓，即工人、农民、学生、军队、商业、服务行业、党政机关工作人员，都以一业为主，兼学别样。学文、学工、学农、学军，都要参加批判资产阶级，把全国变成一个大学校。8 月 1 日，《人民日报》发表了题为《全国都应该成为毛泽东思想的大学校》的社论，公布了“五七指示”的内容，并且强调说：“毛泽东同志提出的各行各业都要办成亦工亦农、亦文亦武的革命化大学校的思想，就是我们的纲领。”按照毛泽东说的去做，“就可以培养出有高度政治觉悟的、全面发展的亿万共产主义新人”，就“能够进一步又多又快又好又省地建设社会主义，能够更快地铲除资本主义、修正主义的社会基础和思想基础”。“这样，全国就都是毛泽东思想的大学校，都是共产主义的大学校”。从“五七指示”引申出这样的论断，看来还是合乎逻辑的。因为大家都一样的“大学校”建成了，“三大差别”似乎就会自然消灭，人人都能成为“多面手”，“他们拿起锤子就能做工，拿起锄头就能种田，拿起枪杆子就能打敌人，拿起笔杆子就能写文章”。这样，马克思在《哥达纲领批判》中所说的“迫使人们奴隶般服从分工的情形”也就不存在了。既然大家都务工、务农，商品交换就不需要了。这似乎就是经典作家所描绘的共产主义社会的基本特征。而对于如何达到“社会产品极大地丰富”这一实现共产主义的主要条件和物质基础，以及为此而必须极大地发展科学文化，使全体人民都成为具有高度文明的共产主义新人的途径，无论是“五七指示”还是《人民日报》社论中却一句也没有说。很明显，“五七指示”所反映的理想社会，在很大程度上是一种建立在自给自足的自然经济基础上的具有浓厚平均主义色彩的小生产者的空想王国。毛泽东自以为发现了一个共产主义的新世界，而实际上却陷入了一个“左”倾空想的带有浓厚历史遗痕的违反社会发展规律的错误模式之中。

毛泽东在“五七指示”中提出的社会构想，绝不是他一时兴之所至，而是有深远的思想基础的，至少可以追溯到1958年。就在这一年以及之后，毛泽东提出了一系列大胆的、富于鼓动性的命题。他认为，“我们的方向，应该逐步地有次序地把工（工业）、农（农业）、商（交换）、学（文化教育）、兵（民兵即全民武装）组成为一个大公社，从而构成为我国社会的基本单位。”并按照这一思想指导，全国实现人民公社化。他在1958年12月的武昌会议上，印发了选自《三国志》中的《张鲁传》，并写了一个说明。他很欣赏张鲁的建立在小农平均主义基础上的原始社会主义政策，并用来为人民公社化运动中推行的平均主义措施作历史的比较和论证。包括张鲁主张的近乎政社合一的组织，劳武结合，道路旁饭铺里吃饭不要钱，以说服为主的方法等。从这里可以看到“五七指示”的思想渊源。除此之外，他还提出了一些新的观点，如认为我们国家是一穷二白。穷是好的，“穷则思变，要干，要革命”；白则更好，“一张白纸，没有负担，好写最新最美的文字，好画最新最美的图画”①。他提倡解放思想，敢想、敢说、敢做。他提出要破除迷信，对科学家要破除迷信，对学习马克思主义也要破除迷信。他说：“书读得越多，越蠢。”甚至说读马克思主义的书，也不能读太多，“读多了就要走向反面——成了教条主义或修正主义”。他主张不断革命论，一个革命接着一个革命，这种革命的内容和形式是“草鞋无样，边打边像”。

这些观点反映了毛泽东当时构思社会主义蓝图的思想特征。

① 毛泽东：《介绍一个合作社》（1958年4月15日）。

但是，即使是富于非凡才智的杰出人物，他的认识也不能超越时代所能提供的在深度和广度方面都有限制的条件。毛泽东在探索建设社会主义的道路时，中国社会主义建设的实践才刚刚起步，我们自己没有多少成功的经验或失败的教训可以借鉴。苏共二十大之后，更多地暴露了苏联社会主义模式的弊病，不足为法。西方发达国家虽然已经开始了新一轮的技术革命，但那是他十分憎恶的资本主义，当然更是不足为法的。因此，毛泽东在构思中国社会主义大厦的蓝图时，只能借助于战争年代的经验和中国自古以来关于“大同世界”的各种设想，以及马克思主义著作中关于社会主义、共产主义的并非完全准确的预测。在这种历史局限性面前，即使像毛泽东这样的伟大人物，也不是能够在社会舞台上随意驰骋的。想象力越丰富，魄力越大，就越有可能出大错。

毛泽东始终没有完成他所要构建的社会主义大厦的总体设计，他没有留下完整的图纸。我们只能从那时他的一些讲话和文字中，看到他所憧憬的理想社会的一个并不清晰的轮廓。

在那样的社会里，分配应是大体平均的，实行供给制是一种较好的形式，逐步实现吃饭不要钱，穿衣服也不要钱。有趣的是，据曾任毛泽东卫士长的李银桥回忆：“毛泽东最讨厌钱。毛泽东曾经同蒋介石握手，但是毛泽东从来不摸钱。毛泽东在延安不摸钱，转战陕北不摸钱，进城后更不摸钱。”毛泽东说：“唉，钱这个东西是很讨厌的东西，可是我拿它也没办法。”①毛泽东在谈到战争年代革命根据地的生活时，总是充满了美好的怀念。他赞扬供给制，厌恶工资制。他说：我们党是连续打了 20 多年仗的党，长期实行供给制。一直到解放初期，大体是过着平均主义的生活，工作都很努力，打仗都很勇敢。这些历史经验，对于我们解决社会主义建设的问题，有着很大的意义。针对有些同志对实行供给制

① 转引自权延赤：《走下神坛的毛泽东》，见《炎黄子孙》1989 年第 2 期。

持不同意见，毛泽东争辩说：有人说，平均主义出懒汉，过去22年，出了多少懒汉？我没有看见几个。我不相信，实行供给制，人就懒了，创造发明就少了，积极性就差了。因为几十年的经验，证明不是这样的。他还说：供给制是便于过渡的形式，不造成障碍。建成社会主义，为准备过渡到共产主义奠定基础。对工资制，毛泽东表示了极大的厌恶。他说：解放后，统统实行工资制，评级了，反而问题发生得多，有些人常常为了争级别吵架，要做很多说服工作。他责问道：难道二万五千里长征、土地革命、解放战争是靠发薪水过来的吗？毛泽东的这些看法，显然是来源于过去战争年代的成功经验。他把这些在特殊条件下，从全国范围说是少数先进分子中实行的军事共产主义的经验普遍化、固定化、绝对化了。他以为在战争环境适用的，在和平环境也能适用，并希望在这个基础上构筑社会主义社会的框架，终不免陷于空想。

毛泽东所设想的社会，是由许许多多城市的、乡村的人民公社组成的，这是实现在分配上大体平均所需要的基层组织单位。毛泽东说：人民公社的特点是：一曰大，二曰公。地大物博，人口众多，工农商学兵，农林牧副渔。大，了不起，人多势众。公，就是社会主义比合作社多，把资本主义的残余逐步去掉。他说：公社的性质是工、农、商、学、兵相结合的社会主义结构的基层单位，它是生产和生活的组织者，同时又体现政权需要保留的部分作用。他认为，人民公社是实现两个过渡（指由集体所有制过渡到全民所有制，由按劳分配过渡到按需分配）的最好形式，又大又公，有利于实现两个过渡，也是将来共产主义社会的基层单位。显然，毛泽东憧憬着在中国大地上出现千千万万个相对独立的、自给自足的、具体而微的社会群体，由此组成“共产主义大学校”。这样的设想，是同经济发展趋势向社会化大生产发展的要求背道而驰的。

在那样的社会里，实行分配上的平均，是为了保证人与人之间的平等，保持人的革命精神。毛泽东对于我国社会主义社会存在的干部特殊、官僚主义、等级制度等十分不满。他指责说：发薪水都要分等级，衣分三色，食分五等，办公桌、椅子也分等，结果是脱离群众，兵不爱官，民不爱干。他还把“等级森严，居高临下，脱离群众，不以平等待人，不是靠工作能力吃饭，而是靠资格，靠权力”等现象，看成是“资产阶级法权”。他说：这种不平等的干群关系——猫鼠关系或父子关系，必须根除。毛泽东对于这些社会弊病的厌恶，更引起他对战争年代根据地生活的怀念。他说：抗战时期，二三百万人，解放战争时期，四五百万人，是军事共产主义的生活，没有星期天，官兵一致，军民一致，拥政爱民，把日本鬼子打走了，打败了蒋介石。他认为，那时的供给制生活，是马克思主义作风，具有共产主义性质。毛泽东的这些看法，表现出他以代表人民利益为己任的主观构想。但是，那些千百年积留下来的社会弊病，在政治、经济、文化发展水平低下的现实生活中，期望通过若干次群众运动的冲击，就能把它扫除干净，这样的想法已被实践证明只是一种有害的空想。

毛泽东在探索中国社会主义道路中所产生的一些断想，由于“大跃进”的失败而未能继续发展并形成体系。但是，他一直没有放弃那些设想。他认为，一步一步地实现那些设想，就是不断革命。不赞同他的想法的人，在他看来，都是想走资本主义道路，想搞修正主义。毛泽东在逝世前不久还愤慨地说：“一些同志，主要是老同志思想还停止在资产阶级民主革命阶段，对社会主义革命不理解、有抵触，甚至反对。”他认为：“为什么呢？作了大官了，要保护大官们的利益。他们有了好房子，有汽车，薪水高，还有服务员，比资本家还厉害。”由此，他作出了资产阶级就在共产党内的惊人误断。可以看出，打倒走资本主义道路的当权派，清除在中国实现最纯洁、最完美的社会主义的障碍，是毛泽东发动“文化大革命”的一种强烈的主观意念。从而产生了以在社会主义条件下，还要进行一个阶级推翻一个阶级的政治大革命为核心的“无产阶级专政下继续革命的理论”，并成为“文化大革命”的指导方针。

主流并非权力之争

这里顺便回答一个颇为流行并很有市场的观点。这就是国内外都有人宣扬的：“文化大革命”是中国共产党最高领导层中权力斗争的说法，是什么中共党内“权力斗争的总爆发”；也有人说毛泽东发动“文化大革命”就是为了打倒刘少奇，等等。这是对中国政治状况缺少深刻了解的一种误解，是把结果视为原因。不可否认，“文化大革命”一开始就指明了要夺权，“文化大革命”的全过程也贯穿着夺权，而且，林彪、江青一类野心家也确想乘机夺权。但是，就毛泽东来说，如果他想达到的目的只是排除中央领导中的某些同志，根据他当时在党内的地位和权威，并不需要兴师动众，发动“文化大革命”。彭真、陆定一、罗瑞卿、杨尚昆这些中央政治局委员、候补委员，书记处书记、候补书记，不是开几个小会就“搞下去”了吗？国家主席、党中央副主席刘少奇，党中央总书记邓小平，不是在一张旧报纸上用铅笔写上203个字（即《炮打司令部——我的一张大字报》）就“搞下去”了吗？而且，刘少奇、邓小平被“搞下去”之后，“文化大革命”还进行了十年，这又怎么解释呢？对于那时拥有无上权威的毛泽东来说，要撤换几个中央领导人，总是能够找到理由按“法定的”手续去实现的，并不一定需要发动“文化大革命”。显然，毛泽东发动“文化大革命”要破除的，是他以“左”的目光所看到的弥漫中国大地的“修正主义政治路线和修正主义组织路线”以及这条路线的代表人物，期望“扫除一切害人虫，全无敌”。所以他主张像“文化大革命”这样的群众性斗争，“要进行多次”、“过七八年又来一次”。

况且，建国以后，毛泽东在全党、全军、全国人民中的威信如日中天，再加上个人崇拜的日益盛行，没有一个具有正常头脑的人，敢做“彼可取而代也”的梦。中国共产党民主集中制的组织原则和产生领导人的程序，也不可能使某个人得以违反众意，夺取毛泽东的领袖地位。建国后也发生过高岗、饶漱石妄图夺取党和国家领导权力的事件，结果不是在“游说”期间就被“搞下去”了吗？而且，他们也绝不敢公开图谋毛泽东的领袖地位。

有的人引用毛泽东1970年会见斯诺的谈话中所说：“那个时候的党权、宣传工作的权，各个省的党权、各个地方的权，比如北京市委的权，我也管不了了。”以此证明毛泽东的“大权旁落了”，他发动“文化大革命”，就是要夺回失去的权。对于毛泽东说的这段话，确有争议的余地，因为话是说得明明白白的。但是，这是对外国记者说的，是为了解释为什么要搞个人崇拜，为什么要打倒刘少奇。这两个问题似乎确是很难作出别的解释。但只要对“文化大革命”前的那段历史稍作考察，就不难了解事实真相并非如此。还可以反问一句：如果真是毛泽东大权旁落了，他能够力排众议，发动“文化大革命”吗？说什么“文化大革命是权力斗争的产物，也是权力斗争的工具”这类话，不过是抓住某些表面现象，而用资产阶级政党斗争的常规去解释罢了。

复杂起因仍需多方研讨

这是否说，只有我们的观点，即“三个交互作用的恶性循环”是说明“文化大革命”发生原因的一切矛盾、一切因素的正确结论？当然不是这样。

关于发生“文化大革命”的原因，中共中央通过的《关于建国以来党的若干历史问题的决议》，从总体上已经作出了科学的总结。《历史决议》指出：“‘文化大革命’所以会发生并且持续十年之久，除了前面所分析的毛泽东同志领导上的错误这个直接原因以外，还有复杂的社会历史原因。"所列举的社会历史原因大致可以归结为：对社会主义社会的发展缺乏充分的思想准备和科学研究；领导思想上习惯于过去群众性斗争的方法和经验，从而导致阶级斗争的严重扩大化；对于马克思、恩格斯、列宁、斯大林著作中的某些设想和论点加以误解或教条化，从而把阶级斗争扩大化的迷误当成保卫马克思主义的纯洁性；反对苏联大国沙文主义的斗争引申到国内进行反修防修运动，使党内关系日益紧张；党和国家政治生活中的集体领导原则和民主集中制不断受到削弱以至破坏；共产主义运动史上由于没有正确解决领袖和党的关系，对中国共产党产生了消极的影响等。《历史决议》还指出："中国是一个封建历史很长的国家，我们党对封建主义特别是对封建土地制度和豪绅恶霸进行了最坚决最彻底的斗争，在反封建中养成了优良的民主传统；但是长期封建专制主义在思想政治方面的遗毒，仍然不是很容易肃清的，种种历史原因又使我们没有能把党内民主和国家政治社会生活的民主加以制度化、法律化，或者虽然制定了法律，却没有应有的权威。这就提供了一种条件，使党的权力过分集中于个人，党内个人专断和个人崇拜现象滋长起来，也就使党和国家难于防止和制止'文化大革命'的发动和发展。"

"文化大革命"是一种复杂的历史现象，对于它的起因自然应该作更加深入的、更细致的、多方面的考察和研究。我们只从"文化大革命"爆发前十年的历史发展中作了概括的考察，希望读者能够从下文即将展开论述的"文化大革命"发展过程中，得到更为明确、更为具体、更有实感的认识。

第二章

“文化大革命”的全面发动

中国共产党中央委员会
关于无产阶级文化大革命的决定
（一九六六年八月八日通过）

一、社会主义革命的新阶段

二、主流和曲折

三、“敢”字当头，放手发动群众

四、让群众在运动中自己教育自己

五、坚决执行党的阶级路线

六、正确处理人民内部矛盾

七、警惕有人把革命群众打成“反革命”

八、干部问题

九、文化革命小组、文化革命委员会、文化革命代表大会

三个交互作用的结合滚动，恶性膨胀，终于把神州大陆推入全面大动乱的深渊，这是今日史学工作者从纷繁复杂的历史进程中梳理出的一条线索。而在一个相当长的时间里，对“文化大革命”的绝大多数亲历者来说，普遍感到这场政治大风暴来得十分突然。一方面，“以阶级斗争为纲”的人为制造的阶级斗争之火已经在越来越旺地燃烧；另一方面，全国绝大多数党员、干部和群众，却浑然不觉巨大厄运之即将降临。为什么会出现这样巨大的反差呢？根本原因是当时的中国社会发展没有进行“文化大革命”这种客观要求，广大群众也没有这样的意愿。

从经济方面看，经过几年的调整，我国经济的恢复和发展都比较迅速，社会生活比较稳定。到了1965年，全国工农业总产值达到1984亿元，比“大跃进”前最高水平的1957年增长了59%。国家财政状况好转，收支平衡还略有节余；国内市场稳定，物资供应逐步增加，人民生活有所提高。三年经济严重困难的局面，出乎人们预想地迅速好转了。经过调整，国民经济几大部类的关系比较合理，又出现了重新高涨的势头。从1966年开始执行发展国民经济的第三个五年计划。广大人民在困难时期紧锁的眉头，逐渐得到舒展，满怀信心地积极工作，努力生产。这就是说，广大群众关心的是发展生产，搞好建设，改善生活。

在政治生活方面，虽然城乡社会主义教育运动仍在进行，但是，运动是在大家已经习以为常的党委领导下由工作队主持进行，经过贯彻《二十三条》，一些过分打击基层干部的过左的规定和行为得到某些纠正，还把“要看是增产，还是减产”作为搞好运动的标准之一，促使领导运动的干部把部分精力放在组织生产方面。而且，到1966年春，全国只有约三分之一的县、社进行了社会主义教育运动。在城市，根据1965年7月的统计，工交系统开展运动的单位只占总数的3.9%；其他如财贸、文教卫生、街道企业和城市居民中，只在极少数单位进行了试点。因此，社会主义教育运动对全党和全国没有产生全局性的震动，运动中过左做法所产生的消极影响，从全国来说，还只是局部的。当然，由于政治体制、经济体制存在的弊端，也由于历次政治运动造成的恶果，人民内部的矛盾很多，有些还相当尖锐。这些矛盾只要能够实事求是地正确处理，并不是不能解决的。

就在国内形势发展比较好，广大群众迫切要求搞好建设，改善生活的时候，一场新的大动乱——“文化大革命”却在绝大多数人没有思想准备的情况下发生了。

一、一条奇异的导火线

一场给全国各族人民带来巨大灾难，也在全世界引起巨大震惊的政治大风暴，其导火线竟是在一份地方报纸上发表的一篇并非大人物评论一出戏剧的文章，这实在是一种非常奇异而特殊的现象，在中外历史上都十分罕见。这篇文章就是1965年11月10日发表在《文汇报》的《评新编历史剧〈海瑞罢官〉》，作者署名姚文元。

姚文元是小有名气的“左”派文坛评论家，以“棍子”著称于文艺界，当时任上海解放日报社编委。对于姚文元以往的文章，当时很多人都理所当然地给以藐视并置之不理。但这篇文章却不同寻常，有着十分重大而特殊的背景。党内最高领导层内的分歧，通过一个名声不佳的文坛棍子之笔，以批判一个历史剧的面目出现，而引发一场史无前例的大灾难，这确实是一种曲折而特殊的历史现象。

发端文章的由来

姚文元的文章所批判的《海瑞罢官》，是著名明史专家、也是著名的民主人士、共产党员、当时北京市副市长吴晗写的一个描写明朝著名清官海瑞的京剧剧本。吴晗写这个剧本，是为了响应毛泽东的倡议。早在1959年4月中共中央在上海召开工作会议期间，许多同志在总结“大跃进”的经验教训时，都谈到要提倡敢讲真话的问题。毛泽东在会上提出要宣传海瑞、学习海瑞。他还讲了一段反映海瑞不惧权贵，刚直不阿精神的故事，并且说尽管海瑞攻击皇帝很厉害，但对皇帝还是忠心耿耿的。会议期间，毛泽东看了一出有海瑞出场的清官戏《生死牌》（又名《三女抢板》），表示称许，并且提议找几个历史学家研究一下，写些文章。

中央书记处候补书记、中央宣传部副部长胡乔木参加上海工作会议返京后，约请吴晗为《人民日报》写一篇比较全面地评价海瑞的文章。谈话中，吴晗还答应再写一个以海瑞为主人公的戏。在此之前，吴晗已经写出了《海瑞骂皇帝》一文，用刘勉之的笔名于1959年6月在《人民日报》上发表。

1959年8月，中共中央在庐山召开八届八中全会，错误地开展了对彭德怀的批判。会上，毛泽东对上海会议时的讲话作了一些修改补充，提出要区分所谓左派海瑞与右派海瑞的问题。他认为彭德怀表现的海瑞精神是“右派海瑞”。

1959年9月，吴晗在《人民日报》发表了《论海瑞》一文。文章的结尾特别写上几段骂“右倾机会主义分子”的话，以此表示提倡的是“左派海瑞”精神，与彭德怀划清界限。这也是当时写文章习惯使用的保护自己的方法。

在这以后，各地还演出了一批宣传海瑞的戏，如《海瑞上疏》、《海瑞背纤》等。1959年下半年，北京京剧团著名演员马连良要求吴晗为他们写一出海瑞戏。1960年底，剧本写成，原名《海瑞》，主要反映海瑞任应天府巡抚时除霸退田的事迹。后接受植物学家蔡希陶的意见，认为剧本是写海瑞的一件事，并非写他一生，遂改名为《海瑞罢官》。显然，吴晗采用这个戏名，并没有影射彭德怀“罢官”的意图。京剧《海瑞罢官》于1961年1月在北京首次演出。

到了1962年，中国共产党内对“大跃进”错误的认识，对纠正错误、克服困难所采取的调整措施的认识等问题上的分歧有所发展。在1月召开的七千人大会上，刘少奇曾说，彭德怀信中所说的一些具体事情，不少还是符合事实的。一个政治局委员向中央的主席写了一封信，即使信中有些话是不对的，也并不算犯错误。同时，刘少奇也谈了彭德怀参加了“高岗、饶漱石反党集团”，他们“都有国际背景”等问题。6月，彭德怀向毛泽东和党中央写了一封约8万字的长信，详谈了个人的历史，既作自我解剖，又据实申辩，要求党组织审查。在9月召开的中共八届十中全会上，彭德怀的申辩信被作为“翻案风”的一种表现，受到毛泽东指责。在这样的背景下，长期称病，不做工作，当时任全国电影指导委员会委员的江青，突然兴奋起来，她多次向毛泽东说，《海瑞罢官》有问题，要批判。毛泽东开始时不同意，后来被“说服”了。1964年，康生也向毛泽东说：《海瑞罢官》同庐山会议有关，同彭德怀问题有关。

1965年2月，江青到上海，在上海市委第一书记柯庆施的支持下，她与张春桥共同策划，由姚文元执笔写批判《海瑞罢官》的文章。从3月初开始动笔到11月发表，整个写作活动都是在秘密状态下进行的。除毛泽东外，其他中央政治局委员都不知道。毛泽东在1967年2月有一次同外宾谈话时说：“开头我也不知道，是江青他们搞的”。“文章写好了交给我看，说这篇文章只给你一个人看”。毛泽东前后看了三遍，可见对这篇文章的重视和支持。江青后来说：“因为主席允许，我才敢去组织这篇文章。”其所以要对中央其他领导人保密，是“因为一叫他们知道，他们就要扼杀这篇文章了”。她还说：“批判《海瑞罢官》，不单是学术问题，而是反击彭德怀的翻案。”这就是说，江青在毛泽东支持下，组织写这篇文章，是怀着重大的政治目的，是精心选择的打击某些中央领导同志的突破口。

《评新编历史剧〈海瑞罢官〉》一文，捕风捉影地把京剧《海瑞罢官》中所写的“退田”、“平冤狱”，同所谓1961年的“单干风”、“翻案风”联系起来，硬说什么“‘退田’、‘平冤狱’就是当时资产阶级反对无产阶级专政和社会主义革命的斗争焦点”，“《海瑞罢官》就是这种阶级斗争的一种形式的反映”，“是一株毒草”。奇怪的是，1960年写成的《海瑞罢官》，竟然是反映1961年才出现的“单干风”、“翻案风”的；而且，批判“单干风”、“翻案风”明明是1962年的事。江青等人为了达到不可告人的政治目的，连最起码的事实都不顾了！

一篇文章引发政治狂澜

这篇蛮横无理、断章取义、点名批判、任意上纲的文章发表后，在舆论界引起了各种猜测和议论。学术理论界普遍反感，很多人投书报社表示不同意姚文元文章。当时并没有人要求全国报刊予以转载。除江青等人外，也没有人知道文章是经毛泽东审阅并批准发表的。由于姚文元文章蛮横无理，并且公开点名批判著名学者、高级干部，所以除华东各省市报纸迅速转载外，十多天内北京和其他省市报刊均未转载。中共中央书记处采取了慎重态度，经大体了解文章发表的背景后，在18天后北京各报刊才陆续转载了这篇文章。这引起了当时在上海的毛泽东不满，由此他更加确认北京市委是所谓“针插不进，水泼不进”的“独立王国”。

《人民日报》于11月30日转载姚文元文章时，根据中共中央副主席、国务院总理周恩来，中央政治局委员、北京市委第一书记彭真的意见，加了编者按语，指出：“我们希望，通过这次辩论，能够进一步发展各种意见之间的相互争论和相互批评。我们的方针是：既容许批评的自由，也容许反批评的自由；对于错误的意见，我们也采取说理的方法，实事求是，以理服人。”显然，这种提倡平等地进行学术讨论的方针，是同毛泽东批准发表批判《海瑞罢官》文章的意图和政治目的不相符合的。此后，北京和各地报刊陆续发表了一些从不同角度批判《海瑞罢官》的文章，也发表了少量批驳姚文元文章的稿件。

毛泽东在审阅姚文元文章时，并没有指出《海瑞罢官》的“要害问题”。1965 年 12 月 21 日，毛泽东在杭州同陈伯达等人谈话时说：姚文元的文章也很好；点了名，对戏剧界、史学界、哲学界震动极大，但是没有打中要害。《海瑞罢官》的“要害问题是‘罢官’。嘉靖皇帝罢了海瑞的官，1959 年我们罢了彭德怀的官。彭德怀也是‘海瑞’”①。看来，在批判《海瑞罢官》已经展开的情况下，需要点出“要害问题”了。毛泽东的这些话，使对《海瑞罢官》的批判带上了更为浓重的政治色彩。对于政治运动，特别是毛泽东明确表态的政治运动，全党和全国人民都是十分敏感的，在当时的政治条件下，也只能是拥护和响应。因此，批判运动迅速扩大。到 1966 年初，对《海瑞罢官》的批判不仅涉及所有以海瑞为题材的戏剧和文艺作品，而且扩展到史学界、文艺界、哲学界等社会科学各主要领域，报刊上发表了很多批判吴晗及其他一些教授、专家、学者的文章，形成了全国范围的政治批判浪潮。

两个对立的中共中央文件

面对这种形势，党的各级组织强烈要求党中央有一个明确的指导方针。1966 年 2 月 3 日，彭真召集“文化革命五人小组”会

① 在后来的一次讲话中，毛泽东曾说：我说过吴晗文章的要害是罢官，这是康生向我讲的，是康生的发明权。“文化大革命”初期，康生在多次讲话中也曾承认过这点。但不管发明权是谁的，当时，毛泽东是同意这种断语，并且作为“最高指示”下达，发生了重大影响，这是毫无疑问的。

议。这个小组是 1964 年下半年由毛泽东提议成立的，经中共中央指定由中共中央政治局委员、书记处常务书记彭真为组长，组员为中共中央宣传部部长陆定一、中共中央理论小组组长康生、中共中央宣传部副部长周扬、人民日报社社长吴冷西。参加这次会议的还有中共中央宣传部、《红旗》杂志、北京市委等有关方面负责人许立群、胡绳、姚溱、王力、范若愚、刘仁、郑天翔等。

根据会议讨论的意见，拟定了《文化革命五人小组关于当前学术讨论的汇报提纲》（简称《二月提纲》）。这个提纲虽然也有许多在当时情况下不可避免的“左”的提法和词句，但主旨是试图对已经展开的批判运动加以适当的约束，把它置于党组织的领导之下，并限于学术范围之内，不赞成把它变为集中的严重的政治批判。

2 月 5 日，刘少奇召集中央政治局在京常委讨论了《二月提纲》（草案）。后经彭真修改，在京常委审阅同意，于 2 月 7 日用电报发给当时在武汉的毛泽东。2 月 8 日，彭真、陆定一、吴冷西和康生到武汉向毛泽东汇报。毛泽东对提纲没有表示反对，遂于 2 月 12 日经邓小平签发，作为中共中央文件下达全党。

后来有一种说法：对于《二月提纲》康生是不同意的，是“背着”他搞出来的。从上述经过可以看出这是完全不符合事实的。从讨论、起草文件到向毛泽东汇报的全过程，康生都是参加了的，而且没有提过任何不同意见。这种谎言是康生利用《五一六通知》起草小组负责人的便利条件，在编写作为《五一六通知》附件印发的《一九六五年九月到一九六六年五月文化战线上两条道路斗争大事记》时授意别人制造出来的。

《二月提纲》尖锐地指出，讨论“要坚持实事求是，在真理面前人人平等的原则，要以理服人，不要像学阀一样武断和以势压人”。这些话后来被张春桥利用，挑拨性地歪曲为是针对毛泽东的。

就在中共中央研究和拟定《二月提纲》的同时，江青与林彪互相勾结，于 1966 年 2 月 2 日至 20 日由江青出面，在上海召开了“部队文艺工作座谈会”。参加会议的有当时中国人民解放军总政治部副主任刘志坚，文化部部长谢镗忠、副部长陈亚丁，宣传部部长李曼村。这个会议很奇特，召集会议的江青既无军职也无党政领导职务，只能用林彪个人委托的名义。会议是仓促召开的，会前连解放军总政治部都不知道要座谈什么问题，无从做任何准备。名曰座谈，实际上只是江青一人谈她的一套“左”的文艺观点和对文艺形势的估量，并不听取，也不允许到会的同志自由发表意见。在十多天的座谈会期间，看了三十多部电影和戏剧。

会后，参加会议的成员整理了一份准备向总政治部党委汇报的会议纪要。江青看后很不满意，又把这份纪要交给并无军职的张春桥修改。根据毛泽东的意见，陈伯达专程到上海与张春桥共同修改。毛泽东对这个纪要稿先后修改过三次。根据毛泽东的意见，这个所谓《林彪同志委托江青同志召开的部队文艺工作座谈会纪要》于 4 月 10 日以中共中央文件的形式批转全党，并加批语说：“纪要对文艺战线上阶级斗争形势分析和所提出的原则、方针、政策，不仅适合于军队，也适合于地方，适合于整个文艺战线。”

这份被林彪赞扬为“用毛泽东思想回答了社会主义时期文化革命的许多大问题，不仅有极大的现实意义，而且有深远的历史意义”的文件主要内容是什么呢？《纪要》首先极力抹煞建国以来文艺工作的成绩，主观臆断地判定文艺界在建国以来，基本上没有执行“毛主席的文艺路线”，“被一条与毛主席思想相对立的反党反社会主义的黑线专了我们的政”。接着，又全盘否定三十年代以来党在国民党统治区领导的发生巨大影响的进步文艺运动，捏造出一条从三十年代一直贯彻到建国以后的所谓的“文艺黑线”，胡说：“当时的左翼文艺工作者，绝大多数还是‘资产阶级民族民主主义者’。”在这一系列错误论断的基础上，《纪要》号召要“坚决进行一场文化战线上的社会主义大革命，彻底搞掉这条黑线”。而且强调“这是一场艰巨、复杂、长期的斗争，要经过几十年甚至几百年的努力。这是关系到我国革命前途的大事，也是关系到世界革命前途的大事。”这个《纪要》为“文化大革命”风暴首先从文艺界刮起，提供了历史和理论的借口，同时，也成为全国文艺界的沉重的精神枷锁。《纪要》的直接炮制者虽然是江青，但它也反映了毛泽东对文化领域阶级斗争过分严重的估计和发动一场“文化大革命”的决心。

制定《纪要》的经过，透露了林彪同江青互相勾结，进行篡党夺权的野心。还在召开“部队文艺工作座谈会”之前，江青于1966年1月21日从上海到苏州与林彪密商。1月22日，林彪口述了给人民解放军总政治部的指示，由当时的“林办”主任叶群电话传达。林彪说：“江青同志昨天到苏州来，和我谈了话。她对文艺工作方面在政治上很强，在艺术上也是内行，她有很多宝贵意见。你们要很好重视，并且要把江青同志的意见在思想上、组织上认真落实。”而江青后来也露骨地说，她找到林彪，是要请“无产阶级专政的‘尊神’”，去“攻那些混进党内的资产阶级代表人物”，也就是妄图通过林彪利用人民解放军的力量，实现他们篡党夺权的野心。林彪要利用江青的特殊身分，以能获取更高权位；江青则要利用林彪的权势，实现其政治野心。这个《纪要》的炮制，标志着林彪和江青勾结起来，利用“文化大革命”进行反革命活动的开始。

在几乎同时讨论和制定的两个中共中央文件的指导倾向是完全对立的。毛泽东支持的是江青搞的《二月纪要》而不是彭真搞的《二月提纲》，这是经过一段时间人们才搞清楚的。而后来的实践证明，江青搞的这份《纪要》的危害极大。“文艺黑线专政论”的出笼，不仅整个否定了文化艺术界的成就，而且搅乱了全党和全国人民的思想，助长了“怀疑一切”的思潮。“黑线专政论”很快扩展到其他领域，为否定建国后17年的全部工作，进行一场所谓“一个阶级推翻一个阶级的政治大革命”制造了依据，给当时已经发展得十分严重的政治批判运动火上浇油。

震惊全党的“彭罗陆杨事件”

在毛泽东所说：“中央出了修正主义怎么办”的思想影响下，阶级斗争扩大化的迷误进一步深入到中共中央内部，接连发生震动全党的事件。

1965年11月10日，即发表姚文元《海瑞罢官》文章的同一天，中共中央书记处候补书记、中共中央办公厅主任杨尚昆被免去了在中央的职务。名义上外调任中共广东省委书记，实际上被审查。他的罪名是“背着中央私设窃听器”、“把大量的机密文件和档案擅自提供别人抄录”等。这些罪名都是康生、江青等的诬陷，是一起冤案。中共十一届三中全会后，对原中央办公厅和杨尚昆的冤案进行了复查，中共中央办公厅写了复查报告，经中央书记处批准给予彻底平反。复查报告指出：“杨尚昆同志原在中办机要室的录音工作上，从来没有搞过阴谋活动。过去在党内外公布的有关杨尚昆同志在这个问题上的所谓错误，是不存在的。”所谓抄录档案问题，是由于编写党史、军史、战史的需要而对档案资料的正常利用。事先都经过严格的审查和批准手续，并不存在“泄密”问题。完全是强加的罪名。

善于窥测风向的林彪，立即利用这个机会行动起来。1965年11月30日，林彪给毛泽东写了一封亲笔信，并让叶群同时带着他们指使别人写的几份诬陷中央军委秘书长、人民解放军总参谋长、中共中央书记处书记、国务院副总理罗瑞卿的材料去杭州见毛泽东，诬告罗瑞卿反对“突出政治”，要夺取军权。这一诬告使毛泽东相信了，并加以支持和批准。12 月 2 日，毛泽东批示：“那些不相信突出政治，对于突出政治阳奉阴违，而自己另外散布一套折中主义（即机会主义）的人们，大家应当有所警惕。”这段批示既明确肯定了林彪“突出政治”的一套，又给了他打人的武器。谁要是反对林彪的“突出政治”，谁就是“折中主义”，而“折中主义”就是机会主义、修正主义。罗瑞卿被戴上这样的政治帽子，虽然当时有的中央领导同志并不同意这种突然袭击式的无理批判，但也无能为力了。

12 月 8 日至 15 日，毛泽东在上海主持召开中央政治局常委扩大会议，对罗瑞卿进行所谓背靠背的揭发。会上印发了林彪给毛泽东的信和那些诬陷材料。12 月 10 日，用专机将当时在昆明视察部队的罗瑞卿接到上海，并立即隔离审查，剥夺了他为自己辩护的正当权利。1966 年 4 月，中共中央批准了对罗瑞卿的审查结论。

这个结论中有一段话很生动，颇能帮助人们了解在个人崇拜笼罩下，是如何颠倒是非，陷人以罪的。结论列举罗瑞卿的“主要错误”的头一条是：“罗瑞卿同志极端敌视毛泽东思想。林彪同志提出，要‘把主席的书当作我们全军各项工作的最高指示’，罗瑞卿同志却胡说：这‘不符合我们的国家的体制’。林彪同志提出，‘毛泽东思想是当代最高最活的马克思列宁主义’，罗瑞卿同志却胡说，‘不能这样讲，最高，难道还有次高的吗？最活，难道还有次活的吗？’‘最高、最活，不好理解，外国人也不好翻译呀！’林彪同志指出，‘毛泽东思想是当代马克思列宁主义的顶峰’，罗瑞卿同志却胡说：‘这句话也不要这样说，对外国人影响不好’。罗瑞卿同志还不准说毛泽东思想的形成包含有‘个人天才’的因素，说什么‘现在没人敢用个人天才了呀！’林彪同志提出，‘读毛主席的书，听毛主席的话，照毛主席的指示办事，做毛主席的好战士’。罗瑞卿同志却反对向外国宣传和介绍这四句话。林彪同志指示

《解放军报》要经常刊载毛主席语录，罗瑞卿同志却嫌搞多了。”这段今天看来是非鲜明的言论对照，在当时却成为罗瑞卿被定罪的根据，这真是时代的悲剧。一个战功卓著、勋业显赫的老革命家，党政军的重要负责人，就这样被打翻在地了。对罗瑞卿的错误批判和处理，加剧了党内斗争的紧张气氛。

接着受到批判的是中共中央政治局委员、中央书记处常务书记、北京市委第一书记彭真。彭真在不知道姚文元批判《海瑞罢官》的文章是毛泽东支持的情况下，曾经在一段时间内进行了抵制，引起毛泽东的愤懑。在批判罗瑞卿时彭真又说了几句公道话，被认为是“包庇”、“袒护”。1966 年 3 月底，毛泽东在上海同江青、康生、张春桥等谈话时，康生向毛泽东进谗言，说彭真查问发表姚文元文章为什么不打招呼，这是“整到主席头上了”。毛泽东当即指责说，为什么吴晗写了那么许多反动文章，中宣部却不要打招呼，而发表姚文元的文章却偏偏要跟中宣部打招呼呢？并且说，《二月提纲》混淆阶级界限，不分是非，是错误的。中宣部是阎王殿，要打倒阎王，解放小鬼！中宣部和北京市委包庇坏人，压制左派，不准革命；如果再包庇坏人，中宣部要解散，北京市委要解散，五人小组要解散。毛泽东说，我历来主张，凡中央机关做坏事，我就号召地方造反，向中央进攻。他提出要支持左派，建立队伍，进行“文化大革命”。

4 月 9 日至 12 日，中央书记处在北京开会，康生在会上传达了毛泽东 3 月底在上海的谈话。会议批评了彭真，并决定起草一个撤销、批判《二月提纲》的党内通知。会议还决定成立文化革命文件起草小组。4 月 16 日，毛泽东在杭州主持召开中央政治局常委扩大会议，集中对彭真进行揭发批判。4 月下旬，彭真被停止工作。从彭真被打倒的过程中可以看到，在权力过分集中于一个人的条件下，对领袖的错误稍有抵制，大祸就要临头。所以，邓小平说:“在那个条件下,真实情况是难于反对。”①

中共中央宣传部既然被指斥为“阎王殿”,作为部长的中共中央政治局候补委员陆定一自然就是“阎王”了。要“打倒阎王,解放小鬼”,陆定一的厄运也就注定了。后来又加给陆定一一些罪名,如“把活学活用当代马克思列宁主义的顶峰毛泽东思想,骂成是‘实用主义’、‘庸俗化’、‘简单化’”,在“文化大革命”问题上的立场和观点“同彭真完全一致”等。其实,这些都是欲加之罪,何患无辞。至于说陆定一的妻子严慰冰写“反党反革命匿名信”同陆定一有“密切牵连”,则是没有根据的推演。况且,匿名信的内容是指责林彪、叶群,写的主要是生活问题,是出于一种义愤而进行的揭露和谴责。虽然写匿名信这种方式不能说是适宜的,但也是在当时的历史条件下不得已而为之,而把它说成是“反党反革命”则毫无道理可言。

彭真、罗瑞卿、陆定一、杨尚昆四个人本来是以不同的情况和问题,分别受到批判的,但后来却硬被联系起来,定为“反党集团”。这些在党中央身负重责,分管党务、军务、宣传、机要、首都工作等极为重要的任务,有很大声望并受到全党信任的老同志,突然间都变成了“修正主义分子”、“反党集团”,在党内受到揭发批判。这不能不在全党引起巨大的震动和惊疑,在已经非常紧张的党内生活中,增加了新的紧张因素,而且为已经点燃的批判之火注入了新的助燃剂。

1966 年 4 月 24 日,中央政治局常委举行扩大会议,基本通过了由康生、陈伯达主持起草,经毛泽东 7 次修改定稿的《中国共产党中央委员会通知》。会议决定将这个通知提交近期将召开的中央政治局扩大会议讨论通过。

---

① 《邓小平文选》第 2 卷,第 309 页。

大批判之火越烧越烈

在此期间,“革命大批判”的势头越来越猛。对吴晗的批判,株连到同吴晗一起用“三家村”的专栏写文章的中共北京市委书记邓拓和中共北京市委统战部部长廖沫沙。接着又株连到刊登《三家村札记》的中共北京市委刊物《前线》杂志和《北京日报》。5月8日,《解放军报》以显著位置发表江青写作班子署名高炬的文章《向反党反社会主义的黑线开火》。文章说:“邓拓的《燕山夜话》,以及用吴(即吴晗)南(马南邨即邓拓)星(繁星即廖沫沙)署名写的《三家村札记》,充分说明了,在我们的社会里,阶级斗争还是十分尖锐、复杂、激烈的。”“邓拓是他和吴晗、廖沫沙开设的‘三家村’黑店的掌柜,是这一小撮反党反社会主义分子的一个头目。他们把持《前线》、《北京日报》以及《北京晚报》作为反党工具,射出了大量毒箭,猖狂地向党向社会主义进攻。”文章宣称:“‘来而不往,非礼也’。我们一定不会放过你们,一定不会放过一切牛鬼蛇神,一定要向反党反社会主义的黑线开火,把社会主义文化大革命进行到底,不获全胜,绝不收兵。”同日,《光明日报》发表“文化革命文件起草小组”成员关锋署名为何明的文章《擦亮眼睛,辨别真假》。这篇文章其势汹汹地质问《前线》和《北京日报》:“你们究竟是无产阶级阵地,还是资产阶级阵地?你们是无产阶级专政的工具,还是宣扬复辟资本主义的工具?你们究竟要走到那里去?”这两篇直指中共北京市委,杀气腾腾的文章,识者均知其“来头很大”,暴风雨还在后边。

仅隔两天,上海《文汇报》、《解放军报》同时抛出姚文元的长文《评“三家村”》,宣称:《前线》、《北京日报》和《北京晚报》“猖狂地执行了一条反党反社会主义的右倾机会主义即修正主义的路线,充当了反动阶级和右倾机会主义分子向党进攻的喉舌”。要

“彻底挖出‘三家村’的根子，彻底肃清‘三家村’的流毒”。5月11日，《红旗》杂志发表“文化革命文件起草小组”成员戚本禹的文章《评〈前线〉〈北京日报〉的资产阶级立场》。当时，中央政治局扩大会议正在召开，这些文章都是对会议批判彭真等同志的直接配合。这样，中共北京市委已处在被围攻之中，而且更进一步向上“挖根子”的意图也呼之欲出了。

这一切，显然是江青、康生等有组织、有计划的行动。林彪在中共九大政治报告中说：“毛主席又发动了对《海瑞罢官》等大毒草的批判，锋芒所向，直指修正主义集团的巢穴——刘少奇控制下的那个针插不进，水泼不进的‘独立王国’，即旧北京市委”。这段话的论断虽然是错误的，但从中也比较真实地反映了发动批判《海瑞罢官》者的某些主观意图和那段历史的发展情况。

以对《海瑞罢官》的批判为发端，迅速发展到对《二月提纲》、北京市委和中央宣传部的批判，触及党的许多高级干部，斗争的矛头越来越指向党中央内部，“左”倾错误发展到非常严重的地步，“文化大革命”的全面发动已经如箭在弦。

二、全面发动的纲领和领导机构

经毛泽东同意，在江青直接指挥下，以《评新编历史剧〈海瑞罢官〉》一文为导火线引发的“革命大批判”之火越烧越大，在半年的时间里，逐渐扩及全国。许多作家、学者和报纸、刊物被指名批判，理论宣传战线一片混乱。从地域上看，已具有全国性。但是，这场批判运动的范围此时尚属有限，基本上没有超出意识形态领域，也没有引起广大工农群众和在实际部门工作的大多数干部的充分注意。罗瑞卿、杨尚昆、陆定一、彭真等中央领导人的陆续被揭发批判，并且株连一批党政军高级干部，在中国共产党内也引起了巨大的震惊。但当时此事仍限于党内较小的范围，不为广大党员干部所知，对实际工作部门，尚没有产生很大的影响。这种状况，自然是企图发动一场“公开地、全面地、由下而上地发动广大群众来揭发我们的黑暗面”的运动的毛泽东所不满意的，而要动员全国亿万群众投入运动，就需要中共中央通过正式的指导文件，发出公开的号召。因此，有必要召开中共中央的正式会议。

五月政治局扩大会议召开

1966年5月4日至26日，中共中央政治局扩大会议在北京召开(简称五月政治局会议)。参加会议的除中央政治局委员、候补委员外，还有有关部门负责人和“文化大革命文件起草小组”成员江青、张春桥、关锋、戚本禹等8人，共76人。中共中央主席毛泽东未回京参加会议，委托副主席刘少奇主持会议。会议情况指定由康生负责向毛泽东汇报请示。这次会议主要议程有两项：一是揭发批判彭真、罗瑞卿、陆定一、杨尚昆等人的所谓“反党错误”，一是通过《中国共产党中央委员会通知》。

会议一开始，即由康生作了两个半天的长篇讲话，传达毛泽东自1962年以来有关批判彭真、陆定一等同志的讲话或批示。还介绍了会议将要通过的《中国共产党中央委员会通知》的起草经过，特别强调了毛泽东修改7遍，并指出哪些段落和字句是毛泽东亲笔所加。这样的文件，在当时的政治气氛下，自然是要一致通过的。接着是张春桥的长篇讲话，他主要介绍《评新编历史剧〈海瑞罢官〉》发表前后文艺战线“两条路线斗争”的情况，重点是攻击彭真和中共北京市委。再就是陈伯达讲话。他是用“算总账”的办法，专门“揭发批判”彭真。从历史攻击到现实，似乎彭真自1923年参加革命以来，一直是反党反毛泽东的。会议开头4天的3篇讲话，实际上给整个会议定了调子。特别是康生传达的一系列“最高指示”，只能是努力去领会，容不得半点怀疑。

会议在听取了关于半年来对彭真、罗瑞卿、陆定一、杨尚昆揭发批判情况的介绍后，开展了对这四位同志的批判。这种批判实际上只不过是把会前对他们的错误批判，拿到更大范围的中央正式会议上来进行，并进一步提高嗓门，罗织罪名，无限上纲。罗瑞卿、杨尚昆被剥夺了出席会议的权利；彭真、陆定一虽然出席会议，但只能参加部分议程，也无申辩之权，完全处于受批判审查的地位。林彪在大会发言中毫无根据地把他们四人联结在一起，提出有所谓“彭真、罗瑞卿、陆定一、杨尚昆阴谋反党集团”，诬陷“他们联合起来搞颠覆”，要搞反革命政变。会议决定停止彭真、陆定一、罗瑞卿的中央书记处书记的职务，停止杨尚昆的中央书记处候补书记的职务，以后提请中央全会追认和决定。彭真的北京市委第一书记和市长的职务、陆定一的中央宣传部部长的职务也被撤销。会议对一些身负重责的中央领导人进行的错误批判和组织处理，并决定组织专案审查，似乎证明中央果然“出了修正主义”，从而使全党产生了复辟危险迫在眉睫的严重错觉。

《五一六通知》略析

5月16日，会议通过了《中国共产党中央委员会通知》(简称《五一六通知》)。这个通知从形式上看，是针对彭真主持起草的《二月提纲》进行全面批判，而实际上系统地表达了1957年以来逐步形成的关于社会主义社会的阶级和阶级斗争的错误理论；确定了“左”的方针、政策；是后来被称为“无产阶级专政下继续革命理论”的第一次比较完整全面的论证。因而产生了重大的影响，成为发动“文化大革命”的第一个纲领性文件。

《五一六通知》说：“中央决定撤销一九六六年二月十二日批转的《文化革命五人小组关于当前学术讨论的汇报提纲》”。“所谓‘五人小组’的汇报提纲，实际上只是彭真同志一个人的汇报提纲，是彭真同志背着‘五人小组’成员康生同志和其他同志，按照自己的意见制造出来的"。彭真"采取了极不正当的手段,武断专横,滥用职权,盗窃中央的名义,匆匆忙忙发到全党"。如前所述,这些指责是完全不符合事实的,是康生利用他主持《五一六通知》起草工作的便利条件,指使他人为自己开脱而捏造的词句。可是,彭真虽然参与了这次党的高级会议,却竟然没有据实申辩的可能,这表明党内政治生活已极不正常。在个人专断、个人崇拜盛行的条件下,党的民主集中制的组织原则,已经遭到严重破坏。

《五一六通知》要求"高举无产阶级文化革命的大旗,彻底揭露那批反党反社会主义的所谓'学术权威'的资产阶级反动立场,彻底批判学术界、教育界、新闻界、文艺界、出版界的资产阶级反动思想,夺取在这些文化领域中的领导权。而要做到这一点,必须同时批判混进党里、政府里、军队里和文化领域的各界里的资产阶级代表人物,清洗这些人,有些则要调动他们的职务"。《通知》说,他们"是一批反革命的修正主义分子,一旦时机成熟,他们就会要夺取政权,由无产阶级专政变为资产阶级专政"。这些从"左"的观点出发,极度夸大敌情,严重脱离实际的形势估计和对应方针,成了发动"文化大革命"的主要依据。

事实上,建国以来十七年,文化领域各界在中国共产党的领导下,做了大量有益的工作,成绩是主要的。在一个经济、文化极为落后的大国里,建设社会主义是一项艰巨复杂的任务。在实际工作中出现问题和错误,是形势发展、事物发展、认识发展中不可避免的一个过程。这些问题和错误,就其实质来说,绝大多数属于人民内部矛盾,主要不是阶级斗争的反映,更不是"资产阶级代表人物"、"反革命修正主义分子"等阶级敌人的有计划的"夺取政权"、颠覆无产阶级专政的复辟活动。只要领导思想上注意及时对客观事物作出正确反映,采取有效的针对性措施,各种问题是可以逐步得到解决的。而实际上存在的问题中,有右的问题,但主要是"左"的问题。认为当时文化领域的领导权已经被资产阶级篡夺，需要进行全局性的夺权斗争，这完全是主观臆断。而且，把文化领域的夺权，同党里、政府里、军队里的所谓“资产阶级代表人物”联系在一起，发出我们已面临党变修、国变色的现实危险的警号，要求通过以夺权为特征的“文化大革命”去达到“巩固无产阶级专政”的目的，这是极端错误的决断。其结果是：自己打乱自己，自己否定自己，混淆敌我和是非，造成一场全国性的大内乱和大灾难。

《通知》对《二月提纲》的批判，不仅对国内政治局势、党内状况和建国后十七年功过的论断是根本不符合客观实际的，严重背离了实事求是的原则。而且在分列十条对《二月提纲》所谓错误观点的批判中，也有一系列理论观点明显地离开了马克思主义，造成了严重的后果。例如：

《通知》引用《共产党宣言》中的“一切阶级斗争都是政治斗争”这一著名论断为根据，认为主张把学术问题和政治问题区别开来，就是“要把文化领域的政治斗争，纳入资产阶级经常宣扬的所谓‘纯学术’讨论”。这是对马克思原著的一种曲解。《共产党宣言》的本意是说，阶级斗争就其核心和最终目的来说，必然是政治斗争。这里没有把阶级斗争的任何形式都说成是政治斗争。学术问题，特别是社会科学领域中的学术问题，很多是同阶级斗争有某种联系的，但并非一切皆是。在已经基本上消灭剥削阶级的社会主义社会，在革命队伍内部，很多学术领域的不同见解和分歧，是不属于阶级斗争范畴的。把它们统统认作是政治斗争，显然是不恰当的。《通知》的这种说法，实际上是把学术问题统统视为阶级斗争、政治斗争，把与“左”倾理论不同的观点和意见，统统视为资产阶级思潮，从而否定了发展社会科学、自然科学所必需的自由的学术讨论，轻率地抛弃了“百家争鸣”的方针。这种把阶级斗争任意扩大的理论，显然同马克思主义的阶级斗争学说是不相容的。“文化大革命”期间，大批理论工作者、学者、专家、党政干部被打成"反动学术权威"、"反革命修正主义分子",受到残酷迫害,正是在这种错误观点影响下,把学术问题定为政治问题所造成的恶果。

《通知》还提出"无产阶级在上层建筑其中包括各个文化领域的专政"这个错误命题。上层建筑是在一定的经济基础之上产生的意识形态以及与此相应的各种制度、设施的总和。其中又可分为政治的上层建筑和意识形态的上层建筑两大部分。在政治的上层建筑中,无产阶级要专政,这是符合马克思主义原理的。在社会主义社会的意识形态上层建筑中,无产阶级的阶级意识形态——马克思主义要占据领导地位,也是毫无疑问的。但是意识形态——文化领域十分复杂,笼统地提出都要专政就不恰当了。专政是一种强制手段。列宁在强调无产阶级专政的必要性时,也曾经指出:"专政,这是一个残酷的、严峻的、血腥的、痛苦的字眼,这样的字眼是不能随便乱讲的。"[①]提出"在各个文化领域的专政"这样的命题,必然会造成极大的思想混乱,使人们误以为应当采取专政的强制手段,去解决各个文化领域的问题。"文化大革命"正是这样做的。不仅建国以来的各种文化艺术作品,包括文学、戏剧、曲艺、音乐、美术、电影、舞蹈和诗歌,等等;还有社会科学各学科的论著,都被林彪、江青一伙咬定为"封、资、修黑货";而且建国前为革命胜利产生过重大影响的各种著述、作品,也被诬为"黑线"的产物;大批"各个文化领域"的工作人员,被"打翻在地","只许规规矩矩,不许乱说乱动"。文化专制主义的盛行,造成了百花凋零、万马齐喑的严重局面。毛泽东五十年代在《关于正确处理人民内部矛盾的问题》中曾指出:"对待人民内部的思想问题,对待精神世界的问题,用简单的方法处理,不但不会收效,而且非常有害。……只有采取讨论的方法,批评的方法,说理的方法,才能

---

① 《列宁选集》第3卷,人民出版社1972年版,第835页。

真正发展正确的意见，克服错误的意见，才能真正解决问题。”[1]《通知》关于在各个文化领域专政的论点，不仅违反马克思主义基本原理，而且同毛泽东本人的上述论断也是完全对立的。

《通知》还把“在真理面前人人平等”这个马克思主义观点，斥为“资产阶级的口号”。这是在“左”的观点支配下，把两种不同性质的问题混为一谈了。马克思主义认为，真理是客观事物及其发展规律在人们思维中的正确反映，是主观思维与客观实在的一致。真理的客观性是任何唯物主义者都公认的首要特征。它不以任何个人、集团、阶级的意志为转移。因此，不论什么人都有权认识真理、掌握真理、坚持真理。但是，在阶级社会中，由于每个人所处的社会地位不同，认识和掌握真理不能不受到阶级烙印的影响，特别是在认识社会领域的真理方面。因此，在这方面各个阶级事实上又不可能是完全平等的。不承认这一方面，认识是不全面的，而如果片面地夸大这一方面，导致否认“在真理面前人人平等”的正确原则，则更是错误的。《通知》反对“在真理面前人人平等”，不但表现了理论观点的混乱，而且在客观上是一种封建特权思想的表现，是支持迷信和盲从。实际上就是主张真理只能为某个人、某些人所掌握，旁人不能问津，只能俯首听命。这种观点在“文化大革命”中发展成为权力真理观：权力即真理。谁的权力越大，谁的“真理”就越多。在这种思想影响下，造成了夺权抢权争斗不休，批臭打倒代替摆事实讲道理的严重局面。

《五一六通知》对国内和党内政治形势的错误估量，错误斗争对象的提出，一系列“左”的方针政策的制定和“左”倾错误观点的宣扬，不能不在日后的运动发展中，产生严重恶劣的影响。

---

① 《毛泽东著作选读》下册，人民出版社 1986 年版，第 787 页。

林彪“五一八”讲话和组织调整

在这次会议上作主旨报告的是在五位中共中央副主席中排名最后的林彪。他5月18日在会上作了长篇讲话。这篇讲话与众不同,首先是大念“政变经”。大讲古今中外的政变事例,制造中共中央内部有人要搞政变、搞颠覆的谎言。他煞有介事地说:“可能发生反革命政变,要杀人,要篡夺政权,要搞资产阶级复辟,要把社会主义这一套搞掉”。“毛主席最近几个月,特别注意防止反革命政变,采取了很多措施。”“危险就是出在上层”。他还说:“你们经过反罗瑞卿,反彭真,反陆定一和他老婆,反杨尚昆,可以嗅到一点味道,火药的味道。资产阶级的代表人物,混到我们党内,混到党的领导机关,成为当权派,掌握了国家机器,掌握了政权,掌握了军权,掌握了思想战线的司令部。他们联合起来搞颠覆、闹大乱子。”“文武相配合,抓舆论,又抓枪杆子,他们就能搞反革命政变。”他歇斯底里地叫喊:“有一批王八蛋,他们想冒险,他们待机而动。他们想杀我们,我们就要镇压他们!”林彪这些耸人听闻的话,在党中央内部造成人人自危,极度恐怖的气氛。

林彪在讲话中还竭力鼓吹个人崇拜,颂扬毛泽东的个人天才。他说:“十九世纪的天才是马克思、恩格斯。二十世纪的天才是列宁和毛泽东同志。”“毛主席天才地、创造性地、全面地继承、捍卫和发展了马克思列宁主义,把马克思列宁主义提高到一个崭新的阶段”。“有些人不承认天才,这不是马克思主义。”他声称:“毛主席的话,句句是真理,一句超过我们一万句”。“他的话都是我们行动的准则。谁反对他,全党共诛之,全国共讨之。”林彪这些粗暴破坏党的组织原则,把个人崇拜鼓吹到顶峰的话,对会议产生了极为恶劣的影响。具有讽刺意味的是,后来阴谋搞政变,反对以至妄图谋害毛泽东的,恰恰是林彪一伙人。

林彪的讲话具有很大的蛊惑性和煽动性。不仅在中央政治局扩大会议上强烈地影响到会议的气氛，而且被当作中央的新精神传达到全国各地的党组织中去，使很多人产生错觉，以为中央真的出了修正主义，而且正在准备搞反革命政变，从而产生了巨大的影响。当时在下面喊出“以鲜血和生命捍卫毛主席”、“誓死保卫党中央，保卫毛主席”等口号，就同林彪的讲话有很大关系。

林彪这篇既不符合实际又违反马克思主义根本原理的极坏讲话，在中央政治局扩大会议上没有受到任何批评或抵制，反而为会议所接受。加上两天前《五一六通知》的一致通过，表明毛泽东发动“文化大革命”的“左”倾理论观点在当时极端不正常的政治气氛下，已经为中共中央所接受。虽然这些理论观点严重背离马克思主义和中国实际，但是，由于阶级斗争扩大化以及人为制造阶级斗争的迷误逐渐加深，中共中央的其他领导人也未能及时觉察。在党中央政治生活极不正常的情况下，对于毛泽东亲自主持制定的文件，很难进行认真的、实事求是的讨论。面对文件中那些康生在会上讲明的毛泽东手笔，只能按照毛泽东的要求，采取林彪所谓“理解的要执行，暂时不理解的也要执行”的态度。同时，限于当时的认识条件，不可能有人料到“文化大革命”会发展到后来的那种地步。就是在这样的背景下，中共中央政治局扩大会议接受了《五一六通知》。这次会议标志着“左”倾错误方针已经占了统治地位。

中央政治局扩大会议在 5 月 23 日通过的决议中，除前述撤销彭真、罗瑞卿、陆定一、杨尚昆四同志的职务外，还决定调中共中央中南局第一书记陶铸任中共中央书记处常务书记，兼中共中央宣传部部长；调叶剑英任中共中央书记处书记兼中央军委秘书长；任命中共中央华北局第一书记李雪峰兼任中共北京市委第一书记。

中央政治局五月会议后，按照《五一六通知》中关于“撤销原来的‘文化革命五人小组’及其办事机构，重新设立文化革命小组，隶属于政治局常委之下”的规定，中共中央于 5 月 28 日发出通知，宣告中央文化革命小组（简称中央文革）正式成立。组长是陈伯达；顾问是康生（8 月 2 日陶铸被任命兼中央文化革命小组顾问，到 1967 年 1 月被打倒，兼顾问时间只 5 个月）；副组长是江青、王任重、刘志坚、张春桥；组员有谢镗忠、尹达、王力、关锋、戚本禹、穆欣、姚文元。另有四大区派来参加的成员，他们是华北郭影秋、东北郑季翘、西北杨植霖、西南刘文珍，均是大区中央局宣传工作的负责人。但这四位同志只是在“文化大革命”初期参加过几次中央文革的会议，很快就被排除了。

中央文化革命小组按规定，直接“隶属于政治局常委领导下”，实际上是在毛泽东一人领导之下的一个特殊机构。因此，从一开始它的工作就撇开了中共中央政治局和中央书记处，成为“文化大革命”的实际指挥机构。8 月 30 日，中共中央又发出通知：“在陈伯达同志病假期间或今后离京外出期间，他所担任的中央文化革命小组组长职务，由第一副组长江青同志代理。”这就是说，江青成为中央文革的实际负责人。此后，中央文革的权力日益膨胀，王任重、刘志坚等一些成员被排挤出外，逐步形成江青独揽大权的局面。

这里还必需说到，在政治局扩大会议期间毛泽东发出的“五七指示”。关于这个指示的主要内容，在前一章第四节中我们已论及，这里不再重复。值得注意的是，“五七指示”在“文化大革命”中作为“最高指示”广为传播，它所包含的同发展社会主义现代经济建设相抵触的要求和观点，曾经在许多方面产生很大的消极影响。特别是在“五七指示”中，毛泽东提出：“学制要缩短，教育要革命，资产阶级知识分子统治我们学校的现象，再也不能继续下去了。”他把建国后十七年以来中国共产党所领导的各类学校，统统视为资产阶级知识分子统治的领地，这是完全没有事实根据的。正好相反，十七年的大部分时间里，由于“左”倾错误，知识分子没有受到正确的对待，他们大都处于受压抑、被改造的地位，根本谈不上所谓对学校的统治。这一条“最高指示”，是“文化大革命”兴起后，广大教师立即受到迫害的依据之一。

全面发动的一系列措施

为了把“文化大革命”之火，在全国普遍而猛烈地燃烧起来，毛泽东及在其指挥下的中央文革采取了一系列异乎寻常的措施。

《五一六通知》经中央政治局扩大会议通过后，旋即作为中共中央文件，在党内逐级传达，以后并通过报纸社论，把它的内容传播到社会。有了中共中央正式通过的纲领性文件，又有了中央文化革命小组这样实际的指挥机构，“文化大革命”就以一种前所未有的姿态和势头，作为大规模的政治运动，在全国全面展开。

5 月 25 日，北京大学哲学系党总支书记聂元梓等 7 人贴出一张诬陷、攻击中共北京大学党委和中共北京市委的大字报。这张具有尖锐政治性质的大字报，是由康生派人授意写成的，目的是“在北大点火，往上搞”。大字报对中共北京市委和北大党委提出的在运动中要“加强领导，坚守岗位”、“群众起来了，要引导到正确的道路上去”，“坚持讲道理”，“从理论上驳倒他们”等要求横加指责，硬说这是“压制群众革命”的清规戒律，“是十足的反对党中央，反对毛泽东思想的修正主义路线”。他们号召“一切革命的知识分子，是战斗的时候了”，“打破修正主义的种种控制和一切阴谋诡计，坚决、彻底、干净、全部地消灭一切牛鬼蛇神，一切赫鲁晓夫式的反革命修正主义分子”。大字报贴出后，当即受到北京大学广大师生员工的强烈反对。在半天内就贴出一千多张驳斥的大字报，许多人并找到写大字报的人进行辩论。当然，也有极少数人是支持的。

康生背着在北京主持中央工作的刘少奇和邓小平，将这张大字报的印件送给当时还在南方的毛泽东。6 月 1 日，毛泽东在一份《文化革命简报》上批示：“此文可由新华社全文广播，在全国各报刊发表，十分必要。北京大学这个反动堡垒从此可以开始打破。”毛泽东还从杭州打电话给康生、陈伯达通知此事。当天，新华社全文广播了聂元梓等人的大字报。这充分表明，这份大字报符合毛泽东发动“文化大革命”的需要。

与此同时，毛泽东还采取了其他不同寻常的措施。经毛泽东批准，陈伯达于 5 月 31 日率领工作组到人民日报社夺权，由他们“掌握报纸的每天版面，同时指导新华社和广播电台的对外新闻”。陈伯达率领的工作组到后第二天(6 月 1 日)，《人民日报》就发表一篇题为《横扫一切牛鬼蛇神》的社论。这篇社论按照林彪 5 月 18 日讲话的调子，强调“剥削阶级的枪杆子被缴械了，印把子被人民夺过来了，但是他们脑袋里的反动思想还存在着”，“他们是不死心的”，“解放十六年来思想文化战线上的连续不断的斗争，直到这次大大小小的‘三家村’反党反社会主义黑线的被揭露，就是一场复辟和反复辟的斗争”。社论号召：“把所谓资产阶级的‘专家’、‘学者’、‘权威’、‘祖师爷’打得落花流水，使他们威风扫地。”

6 月 2 日，《人民日报》全文刊载聂元梓等人的大字报，同时发表了《欢呼北大的一张大字报》的评论员文章。这篇由王力、关锋起草署名评论员的文章，诬指北京大学是“反党反社会主义的顽固堡垒”，北大的党委是“假共产党”、“修正主义的党”，号召“把他们打倒，把他们的黑帮、黑组织、黑纪律彻底摧毁”，“不管他们有多高的职位，多老的资格”。同日，经毛泽东同意，改组后的中共北京市委派以张承先①为组长的工作组进驻北京大学，“代行党委

① 张承先为改组后的中共北京市委书记，根据市委决定并经毛泽东批准派往北京大学任工作组组长。

的职权”，对“社会主义文化大革命进行领导”。

6月4日，《人民日报》公布了中共中央关于改组北京市委的决定：由中共中央华北局第一书记李雪峰任市委第一书记，调中共吉林省委第一书记吴德任市委第二书记。对堂堂首都的党的委员会进行改组，而且迅即在报刊、电台广播中公开宣布，这在建国以来还是头一次。上述一系列非常措施，迅速在全国范围引起了强烈的反响。自发到北京大学看大字报、学习、“取经”者，日达数万人，交通为之阻塞。

派工作组问题之争

青年学生出于对党和毛泽东的信赖，首先响应号召，效法北京大学聂元梓等人的榜样，起来“造修正主义的反”。高等和中等学校的学生率先行动，贴大字报，开批判会，并使运动从首都和大城市很快在各地展开。中共基层党委首当其冲，普遍成为“造反”的目标，不能进行正常的领导工作。许多学校、机关、工厂的负责人被加以各种罪名遭到揭发、批判和斗争，发生了学校停课，工厂停产等严重的混乱现象。一些基层单位纷纷要求上级派人加强领导。

当时，毛泽东不在北京，中共中央在刘少奇、邓小平主持下，依照多年来解决基层问题的通常做法和毛泽东批准向人民日报社、北京大学派出工作组的先例，决定向北京市大、中学校派出工作组，领导“文化大革命”。许多省、市也起而效仿，相继向大专院校和部分中学派出工作组。

采取派工作组领导运动这种传统的做法，目的显然是希望保持党对运动的领导，试图消除许多基层单位已经出现的混乱现象。但是，由于发动“文化大革命”本身是错误的，目的也是含混不清的；各单位群众对中共中央和毛泽东开展“文化大革命”的意图理解不同，对本单位领导的看法和所持的态度也不同。所以，从运动一开始，就分成了"造反派"（通常是少数派）和"保守派"（通常是多数派），并且展开了颇为激烈的斗争。工作组派到各单位之后，不可能完全超脱于两派斗争之外，必然会同一部分群众和某些基层组织发生许多难以处理的矛盾。加以江青、康生一伙有意煽动和挑唆，以致发生越来越多的轰赶工作组的事件，结果工作组不仅未能扭转越来越严重的混乱局面，反而将自己置于矛盾焦点的困难地位。

为了解决已经出现的问题，并使混乱局面得到一定控制，中共中央在刘少奇主持下，于 6 月 3 日召开的常委扩大会议上作出了八条指示，规定要"内外有别"、"注意保密"、"大字报不要上街"、"不要搞示威游行"、"不要搞大规模声讨会"、"不要包围'黑帮'住宅"、"不准打人和侮辱人"等要求。中央八条指示的传达和贯彻，得到了大多数群众和青年学生的拥护和支持，但却遭到"少数派"以各种形式进行抵制，因而在一些学校发生了激烈对抗的事件。

南京大学校长兼党委书记匡亚明，由于批评了某些学生的过火行动，被撤销了一切职务，并被戴上所谓"镇压革命群众运动的反革命事件"的大帽子。6 月 16 日，《人民日报》报道了这件事，并发表题为《放手发动群众，彻底打倒反革命黑帮》的社论。社论说："这场文化大革命，对于那些被资产阶级代表人物篡夺了领导权的部门和单位来说，是一个夺权的斗争，是一个变资产阶级专政为无产阶级专政的斗争。"社论认为："运动刚刚开始，群众还没有发动起来，他们就刮阴风，造谣言，制造混乱，转移目标，设下重重障碍，束缚群众手脚。"社论号召："必须采取彻底革命的办法，必须把一切牛鬼蛇神统统揪出来，把他们斗臭、斗垮、斗倒。"在陈伯达主持下发表的这篇社论的精神，同中央的八条指示显然是相对立的，反映出在指导这场运动中存在两种截然不同的方针。

在这种形势下，北京大学发生的“六·一八”事件产生了较大的影响。6 月 18 日，北京大学一些人趁工作组集中开会的机会，大肆活动，设立所谓“斗鬼台”，乱揪乱斗 40 多人，其中有党团干部和教师、学生。斗争时，发生了抹黑脸、戴高帽、罚跪、扭打、侮辱妇女的现象。工作组闻讯后立即出动加以制止，工作组组长向全校发表广播讲话，并关闭校门，进行整顿。工作组在向中央反映这一事件的简报中说，这是有害于革命运动的行为，发生的事件本身就是一场复杂的阶级斗争，要严防坏人破坏，号召学生不要上阶级敌人的当。工作组还要求左派组织起来，维护无产阶级的革命秩序。要斗争什么人必须经过工作组批准。根据刘少奇的意见，中共中央于 6 月 20 日转发了这份简报，并加按语说：“中央认为北大工作组处理乱斗现象的办法，是正确的，及时的。各单位如果发生这种现象，都可以参照北大的办法处理。”一个多月后，这份简报被撤销，并成为刘少奇的一条罪状。

各地各单位的工作组比较认真地贯彻执行中共中央“八条指示”和批发的北京大学简报精神，在一定程度上制止了乱揪乱斗的现象，使已经出现的混乱局面略有克服。但是，这种做法却引起了少数造反派的极端不满。认为工作组推行了修正主义路线，压制了他们的革命造反精神，是镇压革命的反动行为，从而加剧了工作组同“造反派”的对立。在江青、康生一伙的支持和挑动下，不少学校发生轰赶工作组的事件。为了坚持工作，一部分工作组曾经不适当地采取了所谓“排除干扰”的某些措施。有些单位批斗了一些带头“造反”、轰赶工作组的人，并加以“反党分子”、“假左派”、“右派学生”等罪名。当时，对于这一类措施，党内党外都有赞成和不赞成的不同看法。江青、康生一伙却对此大加渲染，诬之为“镇压群众”、“白色恐怖”、“反对革命”，力图给工作组加上弥天的罪名。

7 月 18 日，毛泽东在当时报刊大肆宣扬的“畅游长江”后，从武汉回到北京。25日,他在接见中央文革小组成员并有各大区第一书记参加的会上说:"我到北京一个星期,前四天倾向于保张承先的,后来不赞成了。"这表明毛泽东对派工作组的看法还是有一个变化过程的。显然,这中间江青、康生一伙所作的汇报和提供的材料对毛泽东有极大的影响。更带根本性的原因,是他相信"天下大乱,达到天下大治"。他认为此时北京的"文化大革命"搞得"冷冷清清"。他指责工作组"起坏作用,阻碍运动"。他提出"不要工作组,要由革命师生自己搞革命"。根据毛泽东的指示,北京市委于7月28日发出《关于撤销各大专学校工作组的决定》。并于29日在人民大会堂召开万人大会,当众宣布了这一决定。市委书记李雪峰在宣读中共北京市委28日决定的同时,根据中央指示宣布大中学校放假半年闹革命。刘少奇、周恩来、邓小平均出席了这次大会并讲了话。刘少奇在讲话中说:"至于怎样进行无产阶级文化大革命,你们不大清楚,不大知道,你们问我们,我老实回答你们,我也不晓得。我想党中央许多其他同志、工作组的成员也不晓得。"①邓小平则说是"老革命碰到了新问题"。党中央的最高层领导人,在上万的群众面前作这样的表露,这种做法应该说是很不寻常的。毛泽东在大会结束前走上主席台,环台一周向群众招手致意。这次大会的录音,会后分发到各省市播放,各地工作组相继撤销。此后,加给工作组的罪名逐步升级,被指责为犯了方向、路线错误,派出工作组被指责为"实际上是站在资产阶级立场上,反对无产阶级革命"。

党内关于派工作组的争论,实际上是对进行"文化大革命"的目的和方法的争论。只有实现文化革命才能成为完全的社会主义国家,这是列宁早在十月革命后不久就提出来的。1958年,毛泽东明确提出要进行五个革命,其中就有文化革命。刘少奇在中

---

① 转引自《中国共产党执政四十年》,第275页。

共八大二次会议上，还对必须进行文化革命问题，作了论述。因此，对于要搞文化革命大家都是赞成的。但是，无论是列宁还是我们党提出的文化革命，都是指扫除文盲，提高人民群众的文化素质，以及发展教育、科学和文化卫生事业等方面。像当时那样的离开党组织领导去大搞群众运动，在一片大混乱中能否达到文化革命的目的，很多人是有不同看法的。特别是对于当时出现的“乱”的看法，存在很大分歧。

对“乱”的不同看法

党中央绝大多数同志对运动中已经出现的动乱怀着忧虑，希望能保持党对运动的领导，要求对猛烈发展的运动有一定的约束，派工作组就是出于这种考虑的一种措施。刘少奇在 6 月 21 日召开的中央常委扩大会上说：在运动中，党团生活不过了，组织涣散了，这个要恢复。烂掉的党委，工作组可以代行党委职权。他 8 月 1 日在八届十一中全会上还谈到，陈伯达自 6 月中旬以后曾三次提出不派工作组或撤出工作组，中央“讨论时，多数同志还是要工作组，我也发言要工作组”，“当时我曾考虑，这样大的运动，北京各院校部分组织已经瘫痪了，怕中断了党的领导不好”。而且，当时党中央绝大多数同志是把“文化大革命”同“四清运动”衔接起来看的，而“四清运动”就是由上级派出工作队，有步骤、有计划、有领导地进行的。毛泽东于 6 月 12 日在杭州召开的中央常委扩大会议上也是说：文化革命是一个政治斗争、阶级斗争，包括清思想、清政治、清组织、清经济，也是把“文化大革命”同“四清”相衔接的。

毛泽东的基本想法是“不怕乱”。他先是同意派工作组的，最早派出的工作组是经过他同意和批准的。而到 6 月中旬，他在杭州召开的一次中央常委扩大会上又说，现在不忙派工作组去学校,让他们大乱一场,不怕乱。可是这时大批工作组已经派出去了,立即撤回势必加剧动乱,这是党中央绝大多数同志最为忧虑的。而毛泽东的主张的改变,是同他对“乱”的看法直接相关。他在7月8日给江青的信中,谈到他对“乱”的看法和对“文化大革命”的一些想法。他认为,“天下大乱,达到天下大治”,“现在的任务是要在全党全国基本上(不可能全部)打倒右派,而且在七、八年以后还要有一次横扫牛鬼蛇神的运动,尔后还要有多次扫除”,“这次文化大革命,就是一次认真的演习”。毛泽东的这个关于在全党全国基本上打倒所谓右派的想法,同他后来提出要“公开地、全面地、由下而上地发动广大群众来揭发我们的黑暗面”的号召,在总的方面是一致的。这事实上就是要打倒被他认为是已经走上了修正主义道路的党和国家的大多数领导干部。为了达到这样的目的,毛泽东认为已经不能采取通常的做法,也不能依靠党的各级组织,而只能直接依靠广大群众,造成天下大乱的形势,使大大小小的修正主义分子无所逃遁,方能达到天下大治的目标。所以他赞美乱,鼓吹乱,支持乱。可是在当时,中共中央绝大多数领导人并不知道他的这些想法。像前面说到的在7月29日召开的“北京市大专学校和中等学校师生文化革命积极分子大会”上,邓小平、周恩来在先后讲话中,都说这是“老革命遇到了新问题”。刘少奇更公开说:“至于怎样进行无产阶级文化大革命”,“我也不晓得”。国家主席、党中央副主席、总书记都不知道在全国范围开展的一场政治运动要怎样进行和要达到什么目的,这是个人专断下形成的反常现象,也反映了“文化大革命”的一种特点。

林彪、江青、康生等人则是唯恐天下不乱。他们利用了毛泽东的错误判断和主张,蓄意把“文化大革命”的错误推向极端,煽惑不明真象的学生、青年工人和青年干部,冲击党的各级领导机关,制造社会动乱,妄图实现“乱中夺权”。林彪在8月8日接见中央文革小组的讲话中,公然声称这场“文化大革命”就是要“弄得天翻地覆，轰轰烈烈，大风大浪，大搅大闹，这半年就要闹得资产阶级睡不着觉，无产阶级也睡不着觉”。

对于“文化大革命”中的“乱”，当时解释为乱是乱了敌人，锻炼了群众。在八届十一中全会上，一位大区的领导同志在检讨派工作组的错误时说：“我们派工作组，就是怕乱。主席不是讲了嘛，大部分的领导权不在我们手里，我们怕什么乱！”这也是对“不怕乱”的一种解释。而事实上，在人民民主专政的国家里，政权为人民所掌握，发生动乱只能是乱了人民对国家的治理，造成各方面工作的破坏和损失，使经过多年努力建设起来的社会秩序和良好规章制度被摧毁，这是实践已经充分证明了的道理。

三、“炮打司令部”和批判“资反路线”

八届十一中全会召开

广大党员干部，包括高级干部对“文化大革命”的不同认识和许多做法的抵触和不理解，统统被毛泽东看作是“阻力”。这使他感到有必要进一步明确制定在全国范围开展“文化大革命”的正式决定，排除所谓“运动阻力”，使“文化大革命”之火在全国燃得更旺。为此，他在回京前临时决定召开中国共产党中央委员会全体会议。

在经过短暂的仓促准备之后，1966年8月1日至12日，在毛泽东主持下，中共八届十一中全会于北京召开。出席全会的中央委员和候补中央委员共141人（有26名中委和候补中委被“决定”不参加会议，13名中委、候补中委请假）。各中央局和各省、市、自治区党委的负责人，中央文革小组的成员，中央有关部门的负责人，首都高等学校“革命师生”的代表共47人列席了会议。北京大学的聂元梓也以“革命师生”代表的名义，参加了中共中央全会。会期原定为5天，议程共四项：一、通过关于无产阶级文化大革命的决定；二、讨论和批准十中全会以来中央在国内、国际问题上的重大措施；三、通过会议公报；四、补行批准5月中央政治局扩大会议关于中央一些人事变动决定的手续。

8月1日，刘少奇在大会上报告了八届十中全会以来党中央在国内国际问题上的重大措施，并对派工作组问题承担了主要责任。毛泽东插话，指责工作组"起了一个镇压群众、阻碍群众的作用"，"百分之九十以上的工作组都是干尽了坏事"。这次会议是在开始出现全国性动乱，许多领导干部已经受到冲击和围攻的情况下突然召开的。与会者对会议的内容心中无数，加以听到毛泽东对工作组的严厉指责，更使会议的气氛异常紧张。

在以后两天的大会和小组会上，担任中央一些部委和各大区负责工作的中央委员在发言中，都没有就如何开展"文化大革命"提出系统的意见或建议，而是纷纷作检讨，检查自己"跟不上形势"，"跟不上主席"，"犯了方向、路线错误"，等等。

在8月4日举行的中央常委扩大会议上，毛泽东对派工作组提出更加严厉的指责。他说："这是镇压，是恐怖，这个恐怖来自中央。"他认为派工作组是"明明白白站在资产阶级方面反对无产阶级"，并且公然说："牛鬼蛇神，在座的就有"。他宣布："今天大会不开了，开小组会好了。把这里讲的传给大家，你们分别去参加。"这个会议突出地表明，在中央常委会议上，已经完全不能平等地讨论问题，毛泽东的"左"倾错误的个人领导实际上取代了党中央的集体领导，一切听命于一个人。

"炮打司令部"的"大字报"

按照全会原定议程，8月5日要通过关于无产阶级文化大革命的决定，然后闭幕。但是，由于毛泽东在8月4日中央常委扩大会议上发表了十分尖锐的讲话，由于他还酝酿着更加重大的决策，全会日程推延了。

8月5日，毛泽东写了《炮打司令部——我的一张大字报》，指责自6月上旬派工作组以来的“五十多天里，从中央到地方的某些领导同志……站在反动的资产阶级立场上，实行资产阶级专政，将无产阶级轰轰烈烈的文化大革命运动打下去。”并且说：“联系到1962年的右倾和1964年形‘左’而实右的错误倾向，岂不是可以发人深醒的吗?”这张大字报上虽然没有直接点名，但从内容看，被指为资产阶级司令部首领并需炮打的人是谁，是明白无误的。这张大字报原稿是毛泽东随手用铅笔写在一张1966年6月2日的《北京日报》边空上的，经誊清后，由他修改并加标题，于8月7日印发全会。这张大字报的发表，改变了中央全会的议程和方向，开始了对刘少奇和邓小平的揭发批判，造成了极其严重的恶果。以派工作组为直接依据，而追溯到1962年以来中共中央在工作指导方针上的分歧，提出在毛泽东为首的党中央之外，另有一个以刘少奇为首的资产阶级司令部，号召炮打这个司令部，这完全不能令人信服。而恰恰是这张“大字报”，如《人民日报》社论所说“吹响了无产阶级文化大革命进军的号角”。8月17日，这张“大字报”作为“中央文件”下发，传达到县团级。经过红卫兵辗转传抄散播，迅速传遍全国。“炮打”、“炮轰”中央各党政部门和各省市各级领导机关的浪潮由此喧腾翻滚而起。事实上，经过“文化大革命”揭发批判十年之久，也没有能够证明存在一个以刘少奇为首的资产阶级司令部。另外，一位中央负责人突然给另一位中央负责人写“大字报”这种方式，也是不可取的。

《十六条》的主要内容

全会于8月8日通过了《关于无产阶级文化大革命的决定》

(即《十六条》)。这是继《五一六通知》以后,关于"文化大革命"的又一个充满"左"倾错误的纲领性文件。

关于"文化大革命"的对象,《十六条》规定:"这次运动的重点,是整党内那些走资本主义道路的当权派。"文件没有也不可能对"走资派"这样的非科学概念提出明确的判别标准,因而具有很大的任意性,必不可免地把斗争目标普遍地引向党的各级领导干部,造成敌我关系上的混淆。以主观虚构的假想敌人为运动的重点和攻击对象,这是《十六条》的一个根本性错误。

关于"文化大革命"的依靠力量,《十六条》规定:"党的领导要善于发现左派,发展和壮大左派队伍,坚决依靠革命的左派。"文件还提出要"彻底孤立最反动的右派,争取中间派"。但是,文件同样没有能够提出明确的划分左派、中派、右派的标准。这种划分派别的不确定性,给了林彪、江青、康生一伙很大方便,使他们可以任意封赠左派桂冠,也可以滥用右派帽子整人,从而加剧了群众中已经发生的分裂和派别斗争。在闭幕会议上毛泽东说:"我看是党外有党,党内有派,从来都是如此,这是正常现象。"后来又提出"对派性要作阶级分析"的论断。把派别和派性合法化,这是"文化大革命"中派性斗争愈演愈烈的一个重要原因。

关于进行"文化大革命"的方法,《十六条》一再强调要"'敢'字当头",提倡"充分运用大字报、大辩论这些形式进行大鸣大放",公开号召"不要怕出乱子","不能那样雅致,那样文质彬彬,那样温良恭俭让"。由中共中央的正式决定对大字报等不适宜方法和助长自发性过火斗争要求的再次肯定,在群众中已经出现乱打乱斗的情况下,起了火上浇油的作用,使运动很快失去控制,民主和法制遭到更无顾忌的肆意践踏。

关于"文化大革命"的领导,《十六条》虽然有"在以毛泽东同志为首的党中央领导下","党中央对各级党委的要求,就是坚持正确的领导"等字句,但是没有相应的具体的条文规定,这就为

“踢开党委闹革命”留下了通道。

在讨论《十六条》草案的预备会议上，由于周恩来、陶铸和其他同志的努力，删掉了原稿中的“黑帮”、“黑线”一类的提法，同时增加了一些限制性的政策规定，如“正确处理人民内部矛盾”，“要用文斗，不用武斗”，“团结百分之九十五以上的干部，团结百分之九十五以上的群众”等。这些规定是在会议过程中经过一些同志的努力争取而添加上去的。但是以后的实践证明，这些只是附带提到的软弱无力的规定，由于它们是同如上所述的鼓励用大民主的方法向所谓走资派造反的主体规定互相矛盾的，所以对于“文化大革命”的恶性发展，并没有产生多大的约束力。

由中央文革小组负责起草，经毛泽东审定的《十六条》，对于运动的对象、依靠力量、方法、领导等根本性问题都作了有严重错误的分析和规定。但是，由于参加会议的绝大多数同志，既缺乏必要的思想准备，又没有正常而平静地参加讨论审议的可能，在这种不正常的情况下，这份根本错误的决定获得了全会的通过。《十六条》的通过表明，中共中央正式确认了“文化大革命”的全局性的“左”倾错误指导方针，完成了进行“文化大革命”的法定程序。

中央机构改组和全会公报

全会的最后一天，8 月 12 日，根据毛泽东的提议临时增加了一项议程：改选中央政治局常委。根据毛泽东提出的候选人名单，改选结果，政治局常委由原来的 7 人扩大为 11 人。即：毛泽东、林彪、周恩来、陶铸、陈伯达、邓小平、康生、刘少奇、朱德、李富春、陈云。林彪的名次排列在紧接毛泽东之后，成为接班人。刘少奇则由第二位降到第八位，实际上被废除了接班人的资格。陈伯达、康生进入政治局常委会。全会没有改选主席、副主席，而会后在任何文件上刘少奇、周恩来、朱德、陈云的副主席职务都不再提及，被不明不白地取消了。而林彪仍被称为中共中央副主席，而且是唯一的副主席。会议补选陶铸、陈伯达、康生、徐向前、聂荣臻、叶剑英为中央政治局委员，李雪峰、宋任穷、谢富治为中央政治局候补委员，补选谢富治、刘宁一为中央书记处书记。递补杨得志、韦国清、罗贵波、张经武、谢觉哉、叶飞为中央委员。毛泽东在闭幕会上说："这回组织有些改变，政治局委员、政治局候补委员、书记处书记、常委的调整，就保证了中央这个决定以及公报的实行。"

全会公报号召："更高地举起毛泽东思想的伟大红旗，团结一切可以团结的人们，克服从反革命修正主义和'左'右倾机会主义诸方面来的阻力，克服困难，克服缺点，克服错误，克服党内和社会上的阴暗面，把无产阶级文化大革命进行到底。"

通过八届十一中全会，完成了正式的组织手续，"文化大革命"就强加给全党全国了。会后，刘少奇、邓小平和其他一些中央领导人相继受到审查和批判。全会调整后的中共中央机构并没有正常运转。只有中央文化革命小组在毛泽东个人的直接领导下，发挥越来越大的作用。"文化大革命"就是在这种特定的历史条件下全面开展起来的。

红卫兵充当急先锋

毛泽东点燃"文化大革命"之火的一个重大措施，就是支持青年学生，让他们成为到全国各地去"煽文化大革命之风，点文化大革命之火"的急先锋。

早在 6 月初，北京的一些中学就出现了红卫兵组织。当时，对于发展这样的组织是否适当，在学校中和社会上都有争议，因而没有得到发展。为了得到领袖的支持，清华大学附属中学的红卫兵写信给毛泽东，并送上他们写的《论无产阶级革命造反精神万岁》的两张大字报①。这份“左”倾激进而幼稚的大字报，意外地获得了毛泽东的支持。8 月 1 日，毛泽东给清华大学附属中学红卫兵一封信，热烈支持他们“说明对反动派造反有理”的大字报，并且说：“不论在北京，在全国，在文化大革命运动中，凡是同你们采取同样革命态度的人们，我们一律给予热烈的支持。”这封信作为八届十一中全会文件印发，并且很快传遍全国。对于青年学生，《十六条》赞扬他们是“勇敢的闯将”，肯定“他们的革命大方向始终是正确的”。这些过分的评价，特别是毛泽东的信，对鼓动大批青年起来“造反”起了巨大作用。

8 月 18 日，毛泽东身着军装，佩戴红卫兵袖章，在天安门城楼上接见了来自全国各地的百万群众和红卫兵，表示对红卫兵运动的坚决支持。林彪在接见大会上作了煽动性的讲话。他宣称：“这次无产阶级文化大革命，最高司令是我们毛主席。毛主席是统帅。”“毛主席提出的无产阶级文化大革命，是共产主义运动中的伟大创举，是社会主义革命的伟大创举！”“这次是大战役，是对资产阶级和一切剥削阶级思想的总攻击。”他说：“我们坚决地支持你们敢闯、敢干、敢革命、敢造反的无产阶级革命精神！”他号召“要打倒走资本主义道路的当权派，要打倒资产阶级反动权威，要打倒一切资产阶级保皇派，要反对形形色色的压制革命的行为，要打倒一切牛鬼蛇神”，“彻底打倒，打垮，使他们威风扫地，永世不得翻身！”此后，红卫兵运动在全国城乡各地迅猛发展，势如

---

① 在清华大学附中红卫兵的大字报中说：“革命就是造反，毛泽东思想的灵魂就是造反。”“不造反就是百分之一百的修正主义。”“修正主义统治学校十七年了，现在不反，更待何时？”“我们既然要造反，就由不得你们了！我们就是要把火药味搞得浓浓的。爆破筒、手榴弹一起投过去，来一场大搏斗，大厮杀。什么‘人情’呀，什么‘面子’呀，都滚一边去！”“我们就是要抡大棒，显神通，施法力，把旧世界打个天翻地覆，打个人仰马翻，打个落花流水，打得乱乱的，越乱越好！”

燎原。

伴随着红卫兵运动而兴起的，是全国大串连。“大串连这一直是毛主席极力支持的，并且主张把这种群众的革命行动大大推广。”[①]9月5日，中共中央、国务院发出《关于组织外地高等学校革命学生、中等学校革命学生代表和革命教职工代表来北京参观文化大革命运动的通知》，由国家提供交通费和生活补助费。全国各地学生蜂拥而上，奔赴北京，而北京的学生则趁机散向各地，这样就开始了数以千万人计的全国性的大串连。截至11月下旬为止，毛泽东在北京先后8次接见了1100多万师生和红卫兵。在大串连期间，全国交通异常拥挤，各大中城市社会秩序紊乱，直接影响了生产建设和人民生活。这是全国大动乱的前奏。

红卫兵运动的内容最初主要是破“四旧”（即所谓旧思想，旧文化，旧风俗，旧习惯）。8月18日毛泽东接见红卫兵以后，在林彪、江青等人煽动下，北京和全国各地红卫兵由校园“杀向社会”，“走上街头”，张贴大字报，散发传单，发表演说，并采取了不少过火行为。一部分红卫兵对他们认定的“阶级敌人”实行揪斗、体罚、抄家；对他们认定的“封、资、修事物”实行砸烂；很多老字号的店铺和街道的名称，都被改成“东风”、“反修”、“红卫”一类千篇一律的名字。当时，教育界、学术界、新闻界、文艺界、出版界几乎所有的领导干部都被当作“黑帮”、“走资派”、“反革命修正主义分子”受到批斗和抄家；大批社会科学家、文学家、艺术家、自然科学家、医学家和著名的教授、编辑、记者等，都被当作“反动学术权威”、“反革命修正主义分子”受到批斗和抄家；许多共产党员、共青团员、干部、教师、劳动模范被当作“保皇派”、“牛鬼蛇神”、“黑爪牙”来批斗。甚至一部分学习好的学生，也被当作“修正主义苗子”而受到孤立和打击。一部分红卫兵在“破四旧”的名义下，焚

① 引自陈伯达1966年10月在毛泽东主持召开的中央工作会议上的讲话。

烧和捣毁他们抄到的中外古典名著、珍贵文物字画。据不完全统计,北京市到1966年9月底,被抄家的达32600多户。上海市仅从8月23日到9月8日半个月间被抄家的达84200多户。天津市被抄家的有12000多户。全国各地的许多古代庙宇、祠堂、牌坊等著名建筑和历史文化遗产遭到破坏。如北京市1958年确定保护的文物古迹6843处中,就有4922处遭到破坏。甚至被列为全国重点保护文物的许多古迹,如山东曲阜的有二千年历史的孔庙和孔林,也受到红卫兵的破坏。只有很少数受到特殊保护的地方例外。

红卫兵的这些活动,不可能不引起社会的反感和反对。在一些地方,红卫兵同工人、农民以至解放军战士发生冲突。为此,中共中央接连发出通知,严禁出动警察和武装部队镇压学生运动。9月11日,《人民日报》根据毛泽东一个批示的精神,发表题为《工农群众和革命学生在毛泽东思想旗帜下团结起来》的社论,肯定了学生运动的“大方向始终没有错,这是运动的主流”。社论说:“我们工人农民,要擦亮眼睛,提高警惕,决不允许任何人,以任何借口,用任何形式,来挑动工农斗学生。”社论号召工人农民和革命学生团结起来,同呼吸,共命运,共同战斗。在这样的倡导和支持下,红卫兵运动越发狂热,随后就发展为全国范围的“炮打”当地各级党政领导机关,以围困、进驻、揪斗等方式,使很多地方和单位的党政领导机构普遍受到严重冲击,难以正常工作。党的基层组织除人民解放军野战部队外,都停止了活动,广大党员被停止了组织生活。

“文化大革命”初期卷入红卫兵运动的大多数人,是出于对毛泽东和党的信赖,响应“造修正主义的反”的号召,怀着“捍卫红色江山永不改变颜色”的一片赤诚。但是,由于年轻、缺乏社会经验和政治上的幼稚,在林彪、江青等的煽动下,往往表现出狂热和盲动。但除极少数极端分子外,红卫兵们并不赞成运动中的许多极左做法，也不赞成对党的各级领导干部进行残酷斗争。在后来的实践中，他们经历了不同的曲折道路，提高了觉悟，逐步对“文化大革命”发生怀疑，从积极参加而消极观望，一部分人进而采取抵制、反对的态度，并因此遭到了程度不同的打击。一些投机分子、野心分子、阴谋分子则是直接或间接地接受林彪、江青等的指使，趁机兴风作浪，作恶多端。红卫兵运动是“文化大革命”的特殊社会历史条件的产物，它的兴起又加剧了“文化大革命”的破坏性，给党、国家和人民，也给青年人本身造成了巨大的伤害。

红卫兵运动中出现的各种破坏社会秩序、践踏民主法制的做法，引起了广大干部、群众的不满和不同程度的抵制。红卫兵组织中间也由于认识和行动的分歧而不断发生分裂和改组。例如北京的红卫兵，就由一个统一的组织分裂出第二司令部，后来又出现第三司令部。他们各自争取一派群众组织，展开了各种形式的有时是很激烈的辩论和争斗。这里既包含有对“文化大革命”的性质和方法的某些认识分歧，又包含对某些领导干部评价的分歧，也有的只是派性在作怪。这期间发生一起一部分中学红卫兵质问和反对中央文革的著名事件，这便是“联动事件”。

所谓“联动”，是“首都红卫兵联合行动委员会”的简称。“联动”的组织者是北大附中、清华附中、石油学院附中、八一学校等海淀区十几所中学红卫兵的负责人。这些十六七岁的青年人，在“文化大革命”开始时，也曾以真诚的激情投入过运动，甚至有狂热过分的举动。然而几个月运动的实际发展，使他们逐渐产生了很多疑问，激情逐渐降温。他们不能理解，为什么上至国家主席、中共中央总书记和一批战功赫赫的老帅、老将，下至各地区、各单位的负责人，包括他们自己的父母在内，一夜之间都变成了“黑帮”、“走资派”、“三反分子”？难道一个领导中国人民推翻三座大山的光荣、伟大、正确的党，在毛主席之下，就只有中央文革等少数几个人才是正确的吗？曾几何时，这些受到毛泽东肯定和支持的最早造反的红卫兵自己也成了“黑帮子弟”、“狗崽子”。这样残酷的现实促使他们思索，并大胆地向江青等人提出质疑。1966 年 11 月 27 日，他们在北大附中集会，分析形势，研究对策，酝酿成立组织。12 月 5 日，正式发布“首都红卫兵联合行动委员会今日宣告成立”的宣言。“联动”发展很快，在很短时间里就联合了北京几百所中学的红卫兵，还联络了上海、沈阳、南京、武汉、长沙等地的一批志同道合者。他们成群结队骑自行车穿过京城，高呼口号，张贴标语。“反对乱揪革命老前辈”、“中央文革某些人不要太狂了”、“中央文革把我们逼上梁山，我们不得不反”等大标语贴在十分引人注目的地方。12 月 26 日，“联动”在北京展览馆剧场召开数千人的大会，会上宣读了一份“坚决批判中央文革某些人近几天发表的反毛泽东思想的讲话”的传单，引起了轰动。

“联动”的一系列行动触怒了中央文革，遭到了残酷的打击和镇压。江青等人一方面指使蒯大富、聂元梓等人率大学红卫兵冲击“联动”的集会，批斗“联动”的负责人；另一方面，由谢富治下令派出公安干警以“联动骨干分子”为名拘捕了一批青年人和高干子弟。当时被投入监狱的多达 139 人。此事后来被周恩来察觉，报告了毛泽东。1967 年 4 月 22 日，毛泽东亲自下令释放了所有被关押的“联动分子”。“联动”作为“文化大革命”初期的一种群众组织不复存在了，但是，它也从一个侧面反映出“文化大革命”从一开始就存在抵制和反对的力量。

批判所谓“资反路线”

干部群众对“文化大革命”的不满和抵制，红卫兵运动的分裂和互斗，一些地方的工农群众起来保卫中国共产党的地方委员会，并和冲击党委的红卫兵发生冲突。这些信息的反馈，并没有使“文化大革命”的发动者和领导者去重新审思“文化大革命”的正确性与合理性，反而使他们更加坚信敌情严重，必须突出阶级斗争和两条道路斗争。并把上述现象一概归结为走资派活动的表现，硬说是他们在“挑动群众斗群众”。为此而构想出一个新的罪名，即“资产阶级反动路线”。

10 月 1 日，由林彪在中华人民共和国成立十七周年庆祝大会上公开抛出这个新罪名。他说：“以毛主席为代表的无产阶级革命路线，同资产阶级反对革命路线的斗争还在继续。”10 月 2 日出版的《红旗》杂志 1966 年 13 期社论更明确地说：“有些地方，有些单位，两条路线的斗争还是很尖锐、很复杂的。有极少数人采取新的形式欺骗群众，对抗十六条，顽固地坚持资产阶级反动路线，极力采取挑动群众斗群众的形式，去达到他们的目的。”社论强调：“要不要批判资产阶级反动路线，是能不能贯彻执行文化革命的十六条，能不能正确进行广泛的斗批改的关键。”并号召“对资产阶级反动路线，必须彻底批判”。由此，一场批判“资产阶级反动路线”的风暴又顷刻刮遍全国。

党的基层组织和党的干部被指责为执行了“资产阶级反动路线”，成为受批判的主要对象。10 月 5 日，中央军委和人民解放军总政治部根据林彪提议发出紧急指示，在这份经中央文革修改并经毛泽东审定批准的文件中，宣布取消“军队院校的文化大革命运动在撤出工作组后由院校党委领导的规定”，并说：“必须把那些束缚群众运动的框框统统取消”。

10 月 6 日，在北京工人体育场举行了有北京市和全国各地来京的 10 万人参加的“向资产阶级反动路线猛烈开火誓师大会”。张春桥在大会上宣读了军委、总政的紧急指示。党中央把这一紧急指示转发全党，并加批语要求全党“坚决贯彻执行”。这一紧急指示助长了正在红卫兵和其他造反派组织中恶性膨胀起来的无政府主义倾向，为把党组织的领导排除于“文化大革命”之外的所谓“踢开党委闹革命”提供了正式的文件依据。在紧急指示的冲击下，全国掀起了“造党支部反”的浪潮。党的各级地方和基层组织负责人普遍受到批斗，党的日常工作陷于停顿。由《紧急指示》而合法化的“踢开党委闹革命”，正是“文化大革命”成为一场长时间大内乱的症结所在。

十月中央工作会议

1966 年 10 月 9 日至 28 日，根据毛泽东的提议，中共中央在北京召开工作会议。各中央局、各省、市、自治区党委的负责人出席了会议。

为什么要召开这次中央工作会议呢？毛泽东在 25 日的大会上解释说，这次会议“就是要总结一下经验，做政治思想工作”，解决“思想不通”的问题。他说：“文化大革命这个火是我放起来的。时间很仓促，只几个月……不那么通，有抵触，这是可以理解的，是自然的。”他慰勉大家：“路线错误，改了就是了。谁人要打倒你们呀？我是不要打倒你们的，我看红卫兵也不一定要打倒你们。”也许从毛泽东的主观上说，他确实只想打倒刘少奇等少数人，而不是要打倒大多数干部。但是，既然已经确定了错误的方针、错误的对象，采取了错误的方法，那么出现大多数领导干部被冲击、被打倒的局面，就是不可避免的。因此，毛泽东的这个讲话，并没有产生什么实际效果也就很自然了。

陈伯达在会上作了《无产阶级文化大革命中的两条路线》的报告。他竭力为“文化大革命”的种种倒行逆施辩解。他说：“伟大的红卫兵运动震动了整个社会，而且震动了全世界。红卫兵运动的战果辉煌。可以无愧地说，整个文化革命运动，比巴黎公社，比十月革命，比中国历来几次大革命的群众运动，都来得更深刻，更汹涌澎湃。这是国际上更高阶段的无产阶级革命运动。”他把混淆敌我、颠倒是非的种种做法，说成是“先进的变成落后，落后的变成先进。这类情况，在我们文化大革命中，深刻地表现出来了”，“历史的阶级斗争的确是这样：原来站在革命方面的一些人，被敌人威胁利诱，潜移默化，就站在同革命对立的方面去了”。他明确宣称：“提出错误路线的，是错误路线的代表人，即刘少奇和邓小平两位同志，他们要负主要责任。”“刘、邓的错误路线有它的社会基础，这个社会基础主要是资产阶级。错误路线在党内有一定市场，因为党内有一小撮走资本主义道路的当权派，还有相当一批世界观没有改造或没有改造好的糊涂人。”他把派工作组领导运动，把广大干部对“文化大革命”的不满和抵制，斥为“资产阶级反动路线”；把否定党的领导，助长自发性的“群众自己教育自己，自己解放自己”的主张，歌颂为“无产阶级革命路线”。陈伯达说，区分两条路线的标志，“是对群众的态度”，“压制群众，打击革命积极分子的路线，是资产阶级反动路线”。妄图以此为“资产阶级反动路线”这个不科学、不合逻辑的罪名提供理论依据。他还阴险地宣扬什么“长江后浪推前浪，世上新人赶旧人”，妄图煽惑群众起来赶走“旧人”，即打倒老干部。

林彪在会上的讲话中，极力宣扬“文化大革命”的必要性和重大意义。说什么“这个运动在世界上树立了史无前例的榜样”，“如果我们不抓紧文化革命，不把无产阶级文化大革命进行到底，那我们中途也要变颜色”，因此，搞“文化大革命”“是我们的幸运，也是极其光荣的伟大任务”。他还鼓吹“革命的群众运动，它天然是合理的”。以此为已经发生的种种破坏法制、侵犯人权、妨碍生产、扰乱秩序的那些恶劣行为作辩护。他还说这只是“一点小乱”，“主流是好的”，要敢字当头，不要怕乱。他指名攻击刘少奇、邓小平执行了一条“压制群众，反对革命的路线”，并且说：“在一个短时期内，刘、邓的这条路线是取得了一个差不多统治的地位，全国照他们的这条路线执行嘛。”旨在把斗争的锋芒，更明确地指向刘少奇、邓小平和全国各级党的委员会。

林彪、陈伯达在中央工作会议上的讲话，经毛泽东批示："印成小本，大量发行，每个支部，每个红卫兵小队，至少有一本。"这就更加助长了无政府主义思潮的泛滥，掀起了全国性的批判所谓资产阶级反动路线的浪潮。

由于"彻底批判资产阶级反动路线"是毛泽东提出的，有"副统帅"在北京天安门上的公开号召，《红旗》杂志发表社论加以论证，又经中共中央召开的工作会议予以肯定和强调，红卫兵狂热地到处"点火"和"炮打"，批判运动的范围迅速扩大。批判"资产阶级反动路线"的狂风不仅在大中城市刮起，而且席卷了全国工交企业和广大农村。

企业和农村的普遍卷入

按照中共中央原定部署，"文化大革命"的重点是文教部门和党政领导机关。工交企业和农村的"文化大革命"，要和四清运动结合起来，有领导地、有计划地、分期分批地进行。为此，中共中央和国务院自7月至9月曾多次发出有关通知和规定。如7月2日《中共中央、国务院关于工业交通企业和基本建设单位如何开展文化大革命运动的通知》，要求这些单位的"文化大革命"，"要和四清运动结合起来，按照《二十三条》的规定，按照各地原来确定的部署，分期分批地有领导有计划地进行"，不要一哄而起，要"做到革命和生产建设双胜利"。9月14日《中共中央关于县以下农村文化大革命的规定》，要求"县以下各级的文化大革命，仍按原'四清'的部署结合进行"。"秋收大忙时，应集中力量搞好秋收秋种和秋购，'四清'运动可以暂时停下来"。并规定，"北京和外地的学生、红卫兵，除省、地另有布置外，均不到县以下各级机关和社、队去串连"等。表现了周恩来等人对经济工作受冲击的担心和力求"革命和生产"双胜利的主观意愿。但是，在"批判资产阶级反动路线”的冲击下，这些通知和规定完全失去了效力，整个工农业生产战线开始陷入混乱状态。

11月16日，根据中共中央指示，国家基本建设委员会主任谷牧和石油工业部部长余秋里主持召开5部、7市（冶金、水电、铁道、化工、机械，京、沪、津、沈、哈、汉、穗）及各大区有关负责人参加的工业交通座谈会，讨论工交企业如何开展“文化大革命”的问题。参加座谈的同志在发言中，对工交战线十七年的成绩作了充分肯定，指出由于生产不能中断，工交企业“文化大革命”的做法应与文教部门、党政领导机关有所区别；主张“文化大革命”仍应分期分批进行，反对全面铺开；不赞成在工人中建立联合造反组织和在单位间进行串连；要求采取措施，正确处理好革命和生产的关系。这次座谈会开了20天。大家对中央文革起草的，主张在工交企业全面开展“文化大革命”的指示草案，“批判得体无完肤，一无是处”。这是一场试图限制“文化大革命”范围的斗争。

12月4日至6日，林彪主持召开中共中央政治局扩大会议，听取谷牧关于工交座谈会的情况汇报，讨论通过由中央文革起草的，主张“文化大革命”在工交企业全面铺开的《关于抓革命、促生产的十条规定》（简称《工业十条》）。工业交通座谈会上多数同志的正确主张，遭到了林彪、江青一伙的无理指责。

江青在会上指责工交战线的领导人“毫无阶级感情，给工人戴上几百斤重的石头，完全是反革命。搞了修正主义那一套玩艺儿，我看不在这场大革命里搞，没有办法”。康生武断地说：“工厂存在的问题不一定比学校存在的问题少”，“现在工厂也是没有资产阶级的资产阶级式的工厂”。张春桥攻击反映工交座谈会讨论情况的《汇报提纲》“反映了一部分走资本主义道路当权派的情绪”，“看不到工厂企业里的两条路线斗争”。林彪在总结讲话中说：“这次工交会议开了二十多天，会议开得不好，是错误的，思想很不对头。”他说：“刘、邓不是五十天的问题，而是十年、二十年的问题。工交战线受刘、邓的影响很大。”他强令工交战线“现在需要来一个一百八十度的大转弯”。会议最后一天，中央文革成员王力等对陶铸发动突然袭击。他们指责陶铸关于维护生产秩序的主张是“用生产压革命”。这是陶铸与江青等人在许多问题上意见分歧的一次公开爆发。会议通过了由中央文革修改定稿的《工业十条》。这个文件于 12 月 9 日以中共中央的名义发出，正式改变了中央原定部署，在工交企业普遍开展“文化大革命”。文件虽然规定要“坚持八小时工作制”，在业余时间进行“文化大革命”，但同时规定工人可以进行“革命串连”，可以“派代表到本市学校进行革命串连”，学生也可以到厂矿进行“革命串连”。工人“有建立革命组织的权利”。由此，“文化大革命”迅速扩大到全国工交财贸各部门，并且同大、中学校学生联结起来。这就冲击和破坏了正常的生产秩序，使工业生产开始陷入全面混乱的状态。

与此同时，“文化大革命”迅速向农村蔓延。12 月 15 日，中共中央发出《关于农村无产阶级文化大革命的指示(草案)》(简称《农村十条》)。其中规定：“把四清运动纳入文化大革命中去。”从而改变了原定的在四清运动中结合进行“文化大革命”的部署。还规定要在农村建立和发展红卫兵，开展“四大”，社队之间进行串连，“还可以组织一批学生下乡串连”。这个文件的下达，使“文化大革命”正式扩及全国广大农村。

对干部的强烈冲击

在“批判资产阶级反动路线”的猛烈冲击下，“文化大革命”横向发展，迅速扩大到工交企业、财贸部门和广大农村。《工业十条》和《农村十条》的发布，是造成全国大乱局势的一个严重步骤。在“批判资产阶级反动路线”运动中，处在生产和工作第一线的干部首当其冲，一大批自“文化大革命”开始以来尚能坚持工作的干部，又被纷纷打倒。

林彪、江青一伙是对干部实行残酷斗争、无情打击的首恶。当时闻名全国、引起很大震惊的几件突出事例是：(一)在他们的指使下，由首都红卫兵第三司令部带头，从 12 月起，在全国各地组织游行，在首都和其他城市张贴大标语，喊出打倒刘少奇、邓小平的口号。(二)他们以突然袭击的手段，把八届十一中全会以来协助周恩来处理党和国家日常工作的中共中央政治局常委、书记处常务书记、国务院副总理、中央文革小组顾问陶铸打成"中国最大的资产阶级保皇派"，并列为"第三号最大的走资派"而打倒。陶铸遭受残酷迫害，1969 年 11 月 30 日逝世于安徽省合肥市。(三)他们指使戚本禹出面唆使一些红卫兵把"文化大革命"前夕被任命为西南三线建设副总指挥的彭德怀元帅诬陷为"反革命修正主义分子"、"大军阀"，从四川省成都市绑架押解到北京，监禁起来。彭德怀遭到连续不断的批斗、折磨、殴打，造成肋骨骨折和肺部重伤，于 1974 年 11 月 29 日含冤逝世。(四)他们诬陷中共中央政治局委员、中央军委副主席贺龙元帅是"大土匪"、"大野心家"，是要搞所谓"二月兵变"[①]的"大阴谋家"，使贺龙遭到残酷迫害。虽经周恩来勉力保护终难以解脱，于 1969 年 6 月 9 日在"隔离审查"中含冤逝世。此外，他们还把朱德诬蔑为大军阀，要求打倒他。并煽动红卫兵冲击了许多著名民主人士。

---

① "二月兵变"，是林彪、康生等人为打倒贺龙、彭真而捏造的谣言。事实是，1966 年 2 月，根据中央军委指示，北京军区从外地调一个团加强北京卫戍区。因一时缺乏营房，曾派人到北京大学、人民大学等处借房，后并未进住。"文化大革命"发生后，北大一名团干部对此发生怀疑，写了一篇大字报题为《触目惊心的二月兵变》，并被传抄，引起强烈反应。此事被康生抓住，他 7 月 27 日在北京师范大学讲话时说："北京市彭真这个大黑帮，他们策划政变……策划在北大、人大，每个学校驻一营军队，这是千真万确的……这件事含有极大的阴谋。"藉以煽动群众。后来，康生又说："贺龙私自调动军队搞二月兵变"等等。林彪对此也极力加以利用。1980 年中央为贺龙平反时明确指出："二月兵变"纯系谣言。

周恩来在极其困难的处境下，设法取得毛泽东的同意，尽力保护了一批被揪斗的老干部和著名的民主党派人士、专家学者①。但是，他的努力并不可能从根本上改变"文化大革命"对干部的摧残。"文化大革命"既经发动起来，它就必不可免地带着巨大的破坏力量，继续恶性发展。

① 周恩来 1966 年 8 月 30 日拟定并经毛泽东同意的应予保护的干部名单，包括：宋庆龄、郭沫若、章士钊、程潜、何香凝、傅作义、张治中、邵力子、蒋光鼐、蔡廷锴、沙千里、张奚若、李宗仁等。(1)副委员长、人大常委、副主席，(2)部长、副部长，(3)政副，(4)国副，(5)各民主党派负责人，(6)两高。见《周恩来选集》下卷，人民出版社 1980 年版，第 450—451 页。

第三章

以全面夺权为特征的“文化大革命”高潮

人民日报

毛主席语录

建立三结合的革命委员会，大批判，清理阶级队伍，整党，精简机构、改革不合理的规章制度、下放科室人员，工厂里的斗、批、改，大体经历这么几个阶段。

毛泽东思想的伟大胜利！ 毛主席革命路线的伟大胜利！

亿万军民最热烈欢呼全国山河一片红
决心紧跟毛主席完成斗批改伟大任务

广大军民说：全国（除台湾省外）各省、市、自治区革委会全部成立，显示了战无不胜的毛泽东思想的无比威力，宣告了中国赫鲁晓夫反革命阴谋的彻底破产，宣告了美帝、苏修反革命谣言的彻底破产，宣告了帝、修、反在中国实现“和平演变”痴心妄想的彻底破产。他们决心在毛主席的无产阶级司令部的领导下，发扬彻底革命精神，夺取文化大革命的全面胜利，让毛泽东思想的阳光把祖国山河照耀得更红更红经过几个月的“炮打司令部”和“彻底批判资产阶级反动路线”，经历了狂热群众运动的围攻、“火烧”、“炮轰”、砸烂、打倒，国务院各部委和省、市、县各级党政机关普遍陷于瘫痪或半瘫痪状态。各级负责人大都被揪斗关押，不能理事；机关工作无人办理；正常的工作、生产秩序已濒于崩溃状态。很显然，这种无政府的混乱状态是很难长时间维持的，“文化大革命”已经到了严重关头。

这种情况，毛泽东已觉察到了。在1966年12月26日毛泽东的生日家宴上，他估计1967年将是“全国全面开展阶级斗争的一年”。这就是说，毛泽东准备以进一步加强和深化阶级斗争的方针，去解决面临的困难局面。他还说：“上海的形势大有希望。”表示寄希望于上海为全国作出解脱困境的榜样。

1967年1月1日，《人民日报》、《红旗》杂志发表题为《把无产阶级文化大革命进行到底》的社论。按照毛泽东的意图，社论宣布“一九六七年将是全国全面展开阶级斗争的一年”，号召“向党内一小撮走资本主义道路的当权派和社会上的牛鬼蛇神，展开总攻击”。社论本文虽然没有使用“夺权”的字眼，但从全文的内容看，所谓“总攻击”的实质，正是“夺权”。

早在《五一六通知》中，就已经提出要清洗混进党里、政府里、军队里和文化领域的各界里的资产阶级代表人物，“夺取在这些文化领域中的领导权”。《十六条》中再次明确提出：“要撤换那些走资本主义道路的当权派，把那里的领导权夺回到无产阶级革命派手中。”因此，全面夺权是“文化大革命”发展的必然结果。这篇号召“展开总攻击”的元旦社论，无异是发布全面夺权的动员令。而由中央文革小组成员张春桥、姚文元直接指挥的上海的所谓“一月革命”，则为全国的造反派全面夺权树立了一块样板。

一、"上海一月风暴" 夺权之风迅速刮遍全国

工总司成立后的几次严重事件

由于上海在政治经济上所处的重要地位，林彪、江青一伙对上海的"文化大革命"都十分重视。江青、康生曾指派聂元梓等人到上海活动，煽动青年"炮轰"上海市委，但没能达到搞垮市委的目的。1966年11月9日，在首都红卫兵三司驻沪联络站等造反派的支持下，以上海国营十七棉纺厂保卫科干事王洪文等为首的"上海工人革命造反总司令部"（简称"工总司"）召开大会宣告成立。成立宣言中提出"我们要夺权"。会后举行游行示威，并到上海市委，要求承认他们为"革命群众组织"。当遭到市委拒绝后，他们便以赴北京上告为由，强行登上火车北上，被阻在上海郊区的安亭火车站。王洪文指挥卧轨拦车，阻断沪宁铁路交通达30多小时。这就是轰动一时的"安亭事件"。

安亭事件发生后，中共上海市委及时向中共中央作了汇报。当时中央文革小组组长陈伯达曾经打电话，要中共华东局和上海市委坚持中央关于不允许成立跨行业工人组织的规定，不承认工总司是合法的革命群众组织。张春桥当时也同意陈伯达的意见。上海市委据此，一方面不承认工总司的要求，一方面派人到安亭，送去衣服、食品，派人做思想工作，动员工人回厂抓革命、促生产。事件本来可能不要太多时间就可以妥善解决。可是，11月12日，张春桥奉中央文革之命飞到上海后，情况却突然变化。他撇开中共上海市委，签字同意王洪文等提出的五项要求①，承认王洪文等

---

① 张春桥签字同意的上海工总司五条是：（1）承认工总司是革命的合法群众组织；（2）承认11月9日的大会和工人上京告状是革命行动；（3）安亭事件所造成的后果由华东局和上海市委负完全责任；（4）曹荻秋必须向群众作出公开检讨；（5）对工总司今后的活动提供各方面的方便。

制造事端是“革命行动”，并要上海市市长公开检查错误。张春桥这一做法可以说是一箭三雕：一是强加给中共上海市委以顽固推行资产阶级反动路线，镇压群众的罪名；二是扶植了反中共上海市委的力量，使工总司成为搞乱上海的主力；三是收罗了以王洪文为首的一批帮派势力，以为己用。

工总司的成立，开了一个恶劣的先例。从此，上海出现了红卫兵之外的各种名目的群众组织。这些组织大搞揪斗、抄家、游行、集会、刑讯逼供等等，各级党政领导干部普遍受到冲击迫害，使上海的局势进一步恶化。12 月上旬，发生了持续 8 天 8 夜的围攻解放日报社事件①。12 月 30 日，在张春桥支持下，王洪文等又制造了有十多万人参加的武斗流血事件（即“康平路事件”②）。这次大武斗，既以捏造的“炮打中央文革”的罪名，打垮了另一派最大的工人组织赤卫队，使上海市成了工总司一派的天下；又由于武斗的地点就是中共上海市委书记处所在地，而进一步打击了市

① 解放日报社事件起因于上海市大专院校红卫兵革命委员会（简称红革会）对中共上海市委机关报《解放日报》的批判。红革会在《红卫兵战报》上刊登一篇文章，题为《〈解放日报〉是上海市委推行资产阶级反动路线的忠实工具》，并无理要求把这份小报同《解放日报》同时发行，以便“消毒”。当遭到拒绝后，1966 年 12 月 1 日，数千红卫兵进驻解放日报社，使报纸无法出版发行。这一行动受到上海工人组织“赤卫队”的反对，但受到工总司的支持。这一斗争持续 8 天 8 夜，以中共上海市委接受红革会条件而结束。

② 1966 年 12 月 23 日，赤卫队召开批判大会，迫使中共上海市委书记曹荻秋承认他们的要求。25 日，工总司又开会批判市委领导，强迫曹荻秋废除对赤卫队条件的承认，并宣布赤卫队是“保皇组织”，致使矛盾激化。28 日晚，赤卫队调集万余人包围了位于康平路的中共上海市委书记处，要找曹荻秋算账。张春桥在北京得知这一情况后，立即打电话给他的妻子，让她传话给工总司：“赤卫队去造曹荻秋的反，上海的造反派为什么看着不动？希望上海的造反派想想这件事的后果。如果曹荻秋投降了……桃子就被赤卫队摘去了。想办法告诉工人造反派，赶紧动员人去康平路，对赤卫队搞政治攻势。”王洪文等人遵照张春桥的指示，立即设立前线指挥部并迅速大批调人。到 29 日晚，调集到康平路的工总司成员已达 10 万人，被包围的赤卫队员不足 3 万人。这时，又在张春桥的授意下，由其妻出面制造了赤卫队抄他的家，“反对中央文革”的罪名。30 日凌晨 2 时，工总司向赤卫队发起攻击，打伤 91 人。晨 7 时，赤卫队全部投降。工总司乘胜在全市捣毁了赤卫队的组织，彻底打垮了对立面，在全国开了大规模武斗的先例。

委的威信。事后,张春桥得意地说:"我们打电话叫造反派赶快参加战斗。这次较量是个转折点。这一仗一打,市委瘫痪了,垮了,讲话没有人听了。""康平路事件"是全国大规模武斗的开端。这些连续发生的严重事件,使上海经济生活和社会秩序陷于极度混乱。

张、姚回上海指挥夺权

中共上海市委的瘫痪和社会生活的极度混乱,使江青一伙认为夺权的条件已经具备,用张春桥的话说,"桃子已经熟了"。于是,1967 年 1 月 4 日,张春桥、姚文元以"中央文革小组调查员"的名义从北京回到上海,紧急策划夺权。就在这一天,上海《文汇报》的造反派夺了报社的权,并发表了夺权宣言。第二天,《解放日报》的造反派也夺了权,声明不再是中共上海市委的机关报。1 月 5 日,张春桥向工总司等造反派组织的头头们说:"当前的基本问题是把领导权从走资派手里夺回来,希望革命造反派把要害部门控制起来。"1 月 6 日,以上海市工总司为首的 32 个"造反派"组织的名义,召开了"打倒市委大会"。中共中央华东局、中共上海市委、市人委的主要负责人陈丕显、曹荻秋、魏文伯等被揪到会场接受批斗,并将全市几百名局级以上干部揪到会场陪斗。大会发出三项通令:宣布不再承认曹荻秋为上海市市长;勒令陈丕显交代所谓"反革命罪行";要求中共中央彻底改组上海市委。这次大会的口号和发言稿都是事先经过张春桥、姚文元审定的。

这次大会以后,上海市委、市人委的所有机构被迫停止办公。1 月 8 日,在张春桥、姚文元指挥下,成立"上海市抓革命促生产火线指挥部",成为全市生产的实际领导机构。张春桥称之为"经济苏维埃"。随后又成立"无产阶级文化大革命保卫委员会",取代公安司法机构。他们还企图用上海市"造反组织联络站",取代中共上海市委。这样,全市领导权力实际上落到了张春桥、姚文元、王洪文等人手中。

上海的夺权并不是一帆风顺的。其他造反派组织并不满意于工总司在张、姚支持下独掌大权的局面。因此,在1月6日打倒市委大会后的一个月的时间里,其他组织曾经发动过四次全市性的夺权,但都被张春桥等人搞垮。由此激发的上海市红卫兵革命委员会(简称红革会)于1月28日"炮打张春桥"的活动,也由于中央文革小组发出"特急电",公开支持张春桥,而遭到残酷镇压。在打垮了这些不听话的组织之后,才于2月5日正式成立了上海人民公社①。张春桥出任主任,姚文元、王洪文等人任副主任,形成符合"文化大革命"需要的新的权力机构。这就是张春桥等人吹嘘为可以比美于巴黎公社革命的上海"一月革命"。

毛泽东对上海夺权的支持

上海"一月革命"得到了毛泽东的肯定。1月8日,他在一个会上谈到上海《文汇报》、《解放日报》夺权的问题时说:"这是一个阶级推翻一个阶级,这是一场大革命"。"两个报纸夺权,这是全国性的问题。我们要支持他们造反"。"上海革命力量起来,全国就有希望。它不能不影响整个华东,影响全国各省市"。1月10日,毛泽东又在一个批示中,要求中央文革小组"替中央、国务院和中央军委起草一个致上海各革命造反派团体的贺电,指出他们的方针、行动是正确的,号召全国党、政、军、民学习上海的经验,一致行动起来"。

这份贺电于1月11日以中共中央、国务院、中央军委、中央

① 取名上海人民公社,本是张春桥想投毛泽东之所好。但毛泽东另有考虑。2月12日,他把张春桥、姚文元召到北京谈话,建议上海改称革命委员会。2月24日,上海人民公社开会通过,改名为上海市革命委员会。公社名称存在20天。

文革小组的联合名义发出。把中央文革小组同中共中央、国务院、中央军委并列,这是第一次。这就大大提高了中央文革小组的地位。贺电中说:“你们提出的方针和采取的行动,是完全正确的。”“你们这一系列的革命行动,为全国工人阶级和劳动人民,为一切革命群众,树立了光辉的榜样。”以中央名义正式作出的这种肯定和赞扬,大大提高了上海“一月革命”的地位,扩大了这场夺权风暴的影响。

1 月 16 日《人民日报》发表《红旗》杂志评论员文章《无产阶级革命派联合起来》,对所谓上海经验加以集中提炼说:“这些经验集中到一点,就是,无产阶级革命派联合起来,向党内一小撮走资本主义道路的当权派夺权,把上海市的政治、经济、文化的大权,牢牢地掌握在自己的手里。”并说:这是毛泽东“在新形势下所采取的又一个伟大的战略措施,这个措施将推动全国的无产阶级文化大革命来一个新的飞跃”。文章明确肯定上海“创造了在无产阶级专政条件下,从党内一小撮走资本主义道路当权派手里夺权的经验,他们提供了正确的方针、政策、组织形式和斗争方法”。号召全国党政军民各界学习上海经验。1 月 22 日,《人民日报》又发表题为《无产阶级革命派大联合,夺走资本主义道路当权派的权!》的社论。社论说:“一场无产阶级革命造反派大联合展开夺权斗争的伟大革命风暴,在我们伟大领袖毛主席的伟大号召下,正以排山倒海之势,雷霆万钧之力,席卷全中国,震动全世界。”社论肯定“无产阶级文化大革命,从一开始就是一场夺权斗争”。社论说:“革命群众要掌握自己的命运,千条万条,归根结底,就是要自己掌握印把子!有了权,就有了一切;没有权,就没有一切。千重要,万重要,掌握大权最重要。”所以,“真正的革命左派,看的是夺权,想的是夺权,干的还是夺权!”社论号召“自下而上地夺权”,“展开全国全面的夺权斗争”。

为了推动全面夺权顺利实现,毛泽东批准了一系列非常措施。1967 年 1 月 13 日，中共中央、国务院颁布了《关于在无产阶级文化大革命中加强公安工作的若干规定》(即“公安六条”)。《规定》要求公安机关，“保障大鸣、大放、大字报、大辩论、大串连的正常进行”;“保护革命群众和革命群众组织，保护左派”，以“适应无产阶级文化大革命形势发展的需要”。其中特别规定，凡是“攻击诬蔑伟大领袖毛主席和他的亲密战友林彪同志的，都是现行反革命行为，应当依法惩办”。这个规定在执行中，实际上扩展到凡是对江青、康生、陈伯达这几个所谓无产阶级司令部成员表示不满的，便是“炮打无产阶级司令部”，都要以现行反革命治罪。这些高压手段，确实在一定程度上束缚了广大群众的手脚，减少了夺权的阻力，同时成为“文化大革命”中造成大量冤假错案的一个重要原因。

人民解放军奉命支左

1 月 23 日，根据毛泽东的一个批示，中共中央、国务院、中央军委、中央文革小组发出《关于人民解放军坚决支持革命左派群众的决定》。这个文件改变了“文化大革命”开始阶段要求人民解放军不要介入地方运动的规定。《决定》说:“在毛主席的领导下，无产阶级文化大革命开始了一个新的阶段。这个新阶段的主要特点，就是无产阶级革命派大联合，向党内一小撮走资本主义道路当权派和坚持资产阶级反动路线的顽固分子手里夺权。”“在这场伟大的无产阶级向资产阶级的夺权斗争中，人民解放军必须坚决站在无产阶级革命派一边，坚决支持和援助无产阶级革命左派。”因此，要求部队“积极支持广大革命左派群众的夺权斗争。凡是真正的无产阶级左派要求军队去援助他们，军队都应当派出部队积极支持他们”。

人民解放军不仅是当时全国唯一保持组织系统并具有强大

战斗力的重要力量，而且由于中国革命是依靠武装斗争取得胜利的，人民解放军历来在全国各族人民中有很高的威望，受到广大群众的尊重。它的介入，不能不对“文化大革命”的发展进程产生重大的影响。军队的支持，常常是夺权能否成功的决定性因素。这里应指明一点：解放军的支左，主要是政治性的，而不是军事性的。

此后，随着形势发展的需要，又给军队增加了新的任务。2月19日，毛泽东在北京卫戍区的两个报告上作了关于高等院校、中学和党政军民机关实行军训的批示。把提高大、中学生和机关干部的政治素质（当时突出强调的是林彪提出的“四个第一”①），加强组织纪律性的任务，交给了军队。鉴于很多地方的造反派在夺权后不会管理经济，工农业生产问题甚多，又给军队增加了这方面的任务。3月3日，毛泽东在一份《军委收电》上批示：“军队不但要协同地方管农业，对工业也要管。”对于一些领导已经瘫痪，但又不能像地方一样实行夺权的中央机关和不便夺权的电台、机要、档案、粮仓、金库以及监狱等部门，也只能派军队干部去领导管理。为此，5月28日，中共中央发出对国务院某些部、委实行军事管制的决定。赋予解放军的上述任务，当时统称为“三支两军”（即支左、支工、支农，军管、军训）。

人民解放军先后派出280多万人执行三支两军任务。他们在“文化大革命”造成的极其困难复杂的情况下，做了大量的工作。通过这些工作，缓和了紧张局面，维护了社会秩序，保护了一

---

① 所谓“四个第一”，即第一，正确处理武器和人的关系，人是主要的；第二，正确处理各种工作和政治工作的关系，领先的应当是政治工作；第三，正确处理政治工作中事务性工作和思想工作的关系，重点应放在思想工作上；第四，正确处理思想工作中书本思想和活思想的关系，重要的是掌握活的思想。“这就是说，人的因素第一，政治工作第一，思想工作第一，活的思想第一。这是我军政治思想工作的方向，也是整个军队建设的方向”（中共中央军委扩大会议《关于加强军队政治思想工作的决议》，1960年10月20日）。

批干部，减少了工农业生产和人民生命财产的损失。但是，交给军队这些任务总的前提和指导思想，是为了维护和发展“文化大革命”。

三支两军的核心是支左。而军队奉命支持的“真正的无产阶级革命左派”，正是执行“文化大革命”极左路线最积极、最坚决的一部分人。支左就是支派。当时虽然提出要“一碗水端平”的口号，但实际上根本不可能做到。而且，在“文化大革命”中形成的两大派，不论这一派或那一派，在总体上都是错误的，都是“文化大革命”特殊历史条件的产物，又都是为错误的“文化大革命”服务的。虽有某些具体分歧，但并无性质上的根本差别。

军训和军管的指导思想在当时的条件下，不可能不是极左的。在支工、支农中，解放军指战员做了大量工作，但更多地则是支持当地的“左派”掌权，通过他们去抓工农业生产和维持社会生活运转。

因此，三支两军在总体上是以“无产阶级专政下继续革命的理论”为指导，为“文化大革命”的一整套极左的方针、路线、政策和方法服务的，执行了不少错误的东西。特别是林彪、江青一类野心家、阴谋家的插手、干扰、破坏，使三支两军工作中产生了许多缺点错误，带来了一些严重的消极后果。既造成了军队和地方、军队内部的一些隔阂，又影响了部队本身的思想、作风和组织建设，损害了人民军队在广大群众中的声誉。通过三支两军，军队全面参与了地方工作，直接卷入地方的派性斗争，在一段时间内，加剧了“文化大革命”的恶性发展，使地方和军队都受到损害。这些对人民解放军“三支两军”的评价都是后话，为了叙述的方便而写在这里。从 1967 年 1 月当时的形势看，人民解放军的支左，对于把夺权斗争推向全国，对于几个省市夺权的成功，都是起了重要的甚至是决定性的作用。

夺权之风刮遍全国

在上海“一月革命”的带动，特别是毛泽东公开表态并采取一系列特殊措施的积极支持下，全国各地造反派闻风而动，使夺权之风迅速刮遍全国。

首先迅速行动起来的夺权省份是山西省。八届中共中央委员、山西省委负责人之一的刘格平，在北京得到康生的指示之后，连夜赶回太原市，组织起“山西省革命造反总指挥部”。1967 年 1 月 12 日，发出第一号通告，宣布自即日起接管山西省委对文化大革命的一切领导权。这次夺权得到了山西省军区和全国农业劳动模范、大寨大队负责人陈永贵的支持。1 月25 日，《人民日报》发表社论《山西省无产阶级文化大革命的伟大胜利》，肯定了这次夺权。社论说：“山西省委内革命的领导干部，为全国革命的领导干部作出了良好的榜样。山西省军区的人民解放军部队，为全国人民解放军指战员树立了鲜红的旗帜。山西省革命造反派夺权斗争的大方向，是完全正确的。”山西省夺权早，但夺权后矛盾不少，以致两个多月后的 3 月 18 日，省革委会才正式成立。刘格平当了主任，陈永贵等当了副主任。

接着行动起来的是山东省，带头造反的是原青岛市副市长王效禹。此人同康生之子张子石（当时在青岛市工作）相勾结，通过张子石得到康生“要立即夺权”的指示后马上行动。1 月 22 日，夺了青岛市的党政大权。接着又率众到济南，得到了人民解放军驻山东地区部队的支持，夺了中共山东省委和省人委的权，于 2 月 3 日建立起山东省革命委员会。3 月 2 日，《人民日报》发表社论：《革命的“三结合”是夺权斗争胜利的保证》。社论说：“山东的经验充分说明：只有革命的‘三结合’，才能及时识破阶级敌人的各种阴谋诡计，实现军民配合，粉碎他们的假夺权、反夺权的罪恶活动。”所谓“革命的三结合”，按照这篇社论的说法，即：“广大的革命群众和革命群众组织，是夺权斗争的基础”；“长期坚持以毛主席为代表的无产阶级革命路线的领导干部，对于夺权斗争的胜利起了重大作用”；“人民解放军是无产阶级革命派最强大的靠山”。从此，“三结合”就成为建立革命委员会的一条基本经验。

第三个是贵州省。率领夺权的叫李再含，是省军区的副政委。“文化大革命”开始不久，他就同江青等人挂上了钩。上边有人支持，他就起而造反，并组织“贵州省无产阶级革命造反总指挥部”。1月25日，这个总指挥部发表通告，宣布接管中共贵州省委、省人委和中共贵阳市委、市人委，“一切权力归无产阶级革命造反派”。2月1日，《人民日报》发表社论《西南的春雷》，“欢呼毛泽东思想在贵州省的伟大胜利”。并说：“这个胜利，将引起连锁反应，使西南地区的无产阶级革命派在夺权斗争中乘风破浪地前进。”

第四个是黑龙江省。原中共黑龙江省委第一书记、八届中共中央候补委员潘复生，得到由毛泽东的侄儿毛远新等为骨干的著名造反派哈尔滨军事工程学院红色造反团的支持，1月31日召开誓师大会，夺了中共黑龙江省委、省人委的权，宣布全省的临时权力机构——红色造反者革命委员会诞生，一切权力归革命委员会。黑龙江省的夺权虽然并不在最先，但在省、市、自治区一级夺权后建立的机构中，以革命委员会命名的却是第一个。因此，在当时出版的关于革命委员会的资料中，黑龙江省名列榜首。2月2日，《人民日报》发表社论，题为：《东北的新曙光》。社论说：“在毛泽东思想的光辉照耀下，黑龙江省新生了！……把走资本主义道路当权派所窃踞的党权、政权、财权、文权都夺回来了。”这就是说，除军权和外交权之外，党、政、财、文四权都是要夺的，是夺权的主要内容。社论肯定黑龙江造反派的话：“只承认社会主义时期存在阶级斗争，不承认社会主义时期尖锐复杂的夺权斗争，就不能当一个毛泽东思想红卫兵和毛主席的好战士。”并说：“把夺权斗争提高到毛泽东思想的理论水平上来，这是每个革命造反派都必须认真思考的头等大事。”这为夺权提供了理论上的依据。

由上海开端，山西、山东、贵州、黑龙江紧跟而上的一市四省的夺权，构成了1967年春全国夺权的第一个大浪潮。至于地、县和各部门、各单位的夺权，则如急速旋转的走马灯，这一派夺了权，另一派又夺过去。夺权之事几无日无之，甚至一日数起。夺权斗争使两派之间的矛盾大大激化了，派仗乃至武斗恶性发展，全国出现了更大的动乱局面。

夺权的性质和后果

从上海开始的这种全国性的全面夺权，曾被宣称为“文化大革命”的新阶段而受到当时报刊的高度赞扬。上海《文汇报》“欢呼上海人民公社诞生”的社论，题目就叫做《伟大的历史性的革命创举》。社论自吹自擂地说：“上海人民公社的诞生，提供了无产阶级重新夺权的重要经验”。“上海人民公社这个崭新的无产阶级专政的地方国家机构出现了，它丰富和发展了巴黎公社的经验，丰富和发展了苏维埃的经验，丰富和发展了马克思列宁主义。”“这个具有无比生命力的新生事物，必将以雷霆万钧之力，磅礴于全世界，永葆其美妙的青春。”可是，历史的风风雨雨早已剥尽了这些用华丽词句编织的外衣，无情地暴露出这种夺权的错误而荒谬的本质，证明它不过是中国社会主义政权建设过程中的一次反动。它不是对法国巴黎公社和俄国苏维埃经验的丰富和发展，而是对这些受到全世界无产阶级尊重的宝贵经验的歪曲、篡改和倒退。

总之，全面夺权是在错误路线指导下的错误行动。全面夺权的直接后果，是加剧了人民群众和干部队伍的严重分裂。出于对夺权的强烈不满，广大干部群众纷纷以各种形式，进行反夺权斗争。许多领导干部挨批挨斗，顶着压力，坚持不向“造反派”交权。与此同时，一些极端分子、社会渣滓以及大大小小的野心家，趁机伸手抢权，借机打击报复。这种错综复杂的斗争，使整个社会生活陷入极度混乱之中。

二、正气凛然的二月抗争

为忧国忧民而奋起抗争

全国范围的全面夺权狂潮造成了严重的社会动乱，导致工农业生产的进一步破坏，社会秩序的进一步混乱，人民生命财产得不到保障，生活供应也陷于困境。这样的严重局势，引起了为新中国诞生而出生入死奋战多年的老一辈革命家们的担心和忧虑。

当时发生了一系列使人愤慨的事件。中共中央政治局常委陶铸，未经中央任何会议决定就被突然打倒；功勋卓著的贺龙元帅遭到诬陷被揪斗、抄家；煤炭工业部部长、中共八届候补中央委员张霖之被红卫兵批斗、鞭打致死；中共云南省委第一书记、八届候补中央委员阎红彦因不堪造反派的围攻和陈伯达、江青的恶语咒骂而含恨自杀；很多省、市党的负责人，如上海的陈丕显、安徽的李葆华、福建的叶飞等被造反派批斗揪走，多方查问，下落不明；解放军总政治部副主任、军委文化革命小组组长刘志坚，也突然被诬为“叛徒”而打倒；甚至年高德劭、功勋盖世的人民解放军总司令朱德也被诬为“大军阀”，公开贴出“打倒”的大字报。如此等等纷至沓来的坏消息，使老一辈革命家们感到强烈震惊和愤怒。这种忧国忧民之心和对林彪、江青一伙倒行逆施的无比愤怒之情，终于导致 1967 年 1 月下旬和 2 月中旬，他们在党和军队的高层会议上对“文化大革命”的错误做法和江青等人的倒行逆施进行了强烈的批评,引发了一场激烈的对抗。当时被称为“两个大闹”,即大闹京西宾馆和大闹怀仁堂。因为2月在怀仁堂的一次斗争影响更大,故被诬为“二月逆流”。经过拨乱反正,应改称为二月正流,是一场正气凛然的二月抗争。

实际上广大共产党员和人民群众对“文化大革命”由不理解而怀疑,发展为不满、批评和抵制,这种斗争从“文化大革命”一开始就存在着,一直没有停止过,而且愈积愈深,愈演愈烈。老一辈革命家实际上是他们的代表和代言人。早在二月抗争之前,已经有多次公开的表露。例如,1966年11月8日,在北京发生了军队内部(主要是军队院校)的造反派冲击国防部的恶性事件。事后,中央军委在13日和29日,两次在北京工人体育场召开军队院校和文化、体育单位来京人员的几万人大会。会上,几位老帅都公开提出批评意见。陈毅说:“一讲黑帮,所有的都是黑帮;一讲走资本主义道路的当权派,所有的都是走资本主义道路的当权派;一讲资产阶级反动路线,所有的都是资产阶级的反动路线。这样打击面太宽、太大……否认了伟大、光荣、正确的党,否认了解放军的光荣传统”。他说自己的讲话是“泼冷水”。“泼冷水不好,有时热过了头,泼冷水擦一擦有好处。”叶剑英说:“真理就是真理,跨过真理一步,就变成了荒谬。”“有少数人,有的干部心脏病都发了,倒下了,还要抓人家斗。对这少数人我愤恨!这些人没有无产阶级感情,不是无产阶级的军人!”“他们把国防部当敌人的堡垒来冲,把解放军战士当成敌人来打,还有哪一种错误比这更错误的啊!”徐向前和贺龙也在大会上讲了话。老帅们的这些话,自然很不合造反派的口味,当场就有人递条子质问,事后又有人告状,使老帅们受到了批评。但这并不能压住他们心头日益强烈的怒火。

抗争的第一次高潮

1967 年 1 月 19 日发生的揪斗人民解放军总政治部主任萧华的事件，引发了二月抗争的第一个高潮。这天下午，中央军委召集各大军区负责人在京西宾馆开会（亦称军委碰头会），研究部队“文化大革命”的问题。应邀到会的中央文革小组负责人陈伯达和江青突然发难，大骂萧华“把部队工作引到资产阶级轨道上去了”，“看不起中央文革，不尊重中央文革”，“请四位老帅出面接见……完全是与中央文革唱对台戏”等等，并给萧华戴上“资产阶级政客”的大帽子，责令萧华当晚到他们已通知召开的工人体育场十万人大会上作检查。会后萧华刚刚到家不久，得到消息来抄家抓人的造反派已咚咚敲门。幸而叶剑英在会后立即用电话向毛泽东作了汇报，萧华及时得到“毛办”不要参加批斗大会的通知，才免遭一难。而家则被查抄，妻子被作为人质抓走。江青一伙得知毛泽东不同意批斗萧华的意见后，只得调动另一派去冲击会场，搅散了批斗大会，并强迫周恩来出面替他们“辟谣”。周恩来则按照毛泽东的交代，尽量妥善处理好这件事，强调军队一定要保持稳定。

第二天，1 月 20 日，军委碰头会在京西宾馆继续开会。已经义愤填膺、忍无可忍的元帅和将军们，知道毛泽东不赞成揪斗萧华，更壮了胆气。他们争先恐后发言，愤怒揭发中央文革小组和各地造反派迫害老干部、冲击军队以及其他各种无法无天的罪行。十天前刚刚担任改组后的全军文革小组组长的徐向前严厉质问中央文革小组：“刘志坚同志怎么会是叛徒？萧华同志怎么是资产阶级政客？”“我们带兵的人，军队的干部跟我们打过仗，难道我们还不了解吗？我们搞了一辈子军队，人民的军队，难道就叫你们几个毁掉吗？”说到激愤之处，徐帅一掌拍在茶几上，把茶杯盖震落在地。叶剑英怒不可遏,用拳头连连捶击着桌子,严正警告:谁要想搞乱军队,决不会有好结果!由于拳击过猛而致右掌骨震裂,造成骨折。这就是所谓“大闹京西宾馆”。

1月22日,毛泽东在人民大会堂接见了参加军委碰头会的军队高级将领。在接见的过程中,这些老战士又向自己的统帅汇报了“文化大革命”中发生的一些问题,特别是东海舰队司令员、著名战将陶勇夫妻的惨死,不能不对毛泽东有所触动。此后,他对中央文革在一些具体问题上的倒行逆施进行了批评。2月10日,他在政治局常委扩大会议上,批评陈伯达“一个常委打倒一个常委”;批评江青:“眼高手低,志大才疏。打倒陶铸,别人都没事,就是你们两个人干的”。

军委八条命令的颁布

徐向前、叶剑英等军委负责人综合了军委碰头会上大家的意见,经过几次商谈,陈毅、聂荣臻、刘伯承等也参加,最后商定,为了防止中央文革小组借故挑起事端,保持人民解放军的稳定,必须以中央军委名义拟出一个文件,报送毛泽东批准,迅速发往全军。1月24日,徐向前亲自到林彪家中汇报,征得林彪同意,林彪口授了九条意见。1月25日,林彪同徐向前、陈伯达、聂荣臻、叶剑英、杨成武等商讨后,拟出七条,当天报送毛泽东。毛泽东把叶剑英、陈毅、徐向前、聂荣臻四位老帅请去,对文件逐条进行研究,并提议再加上不准搞“喷气式”(指当时流行的一种叫被批斗者弯腰,双手后背的折磨人的姿势)、不准戴高帽子等规定。1月28日,毛泽东亲自批发了这个文件,即《中央军委命令》。

这个命令共八条,亦称《八条命令》。它在肯定“文化大革命”和“必须坚决支持真正的无产阶级革命派”的前提下,对人民解放军指战员作了若干限制性的规定。如“一切指战员……必须坚守岗位，不得擅离职守”；“严格区别两类矛盾。不允许用对待敌人的方法来处理人民内部矛盾，不允许无命令自由抓人，不允许任意抄家、封门，不允许体罚和变相体罚，例如，戴高帽，挂黑牌，游街，罚跪，等等”；“对于冲击军事领导机关问题，要分别对待……今后则一律不许冲击”；“军以上机关应按规定，分期分批进行文化大革命。军、师、团、营、连和军委指定的特殊单位，坚持采取正面教育的方针”等。这个命令的下发，对于保持军队的稳定起了有益的作用。但在当时“文化大革命”正迅猛发展，林彪、江青一伙又不断干扰破坏的条件下，这个命令的有益作用也只能是十分有限的，并不能阻止局势的继续恶化。

多种矛盾的积酝

日益恶化的局势，给负责党、政、军日常事务的周恩来造成了极大的困扰。周恩来对“文化大革命”的认识和理解，也不能不受到当时历史条件的限制。一开始，他也怀着真诚善良的愿望，努力从好的方面去理解“文化大革命”，但客观残酷的现实很快击灭了真诚的理想。他既不能违抗领袖亲自发动和领导的“文化大革命”，又要在大动乱中基本保证亿万人民的衣食住行和整个国家生活的起码正常运转。在这样一种难以协调的矛盾中，周恩来以一种“我不入虎穴，谁入虎穴”、“我不入地狱，谁入地狱”的心情，以其对党对人民的全部忠诚，以其超人的智慧和特有的方式，忍辱负重，苦撑危局。

在当时夺权狂潮席卷全国的情况下，鉴于张霖之、阎红彦、陶勇等人惨死的教训，保护党政军高级干部成为十分急迫的大事。针对这一情况，周恩来与李富春、陈毅、李先念、谭震林等尚能工作的副总理紧急协商后，拟定出一个名单，并取得毛泽东的批准，让廖承志、王震、余秋里、谷牧、方毅、姚依林等30多位国务院各部委的负责人，轮流住进中南海，使他们得到保护和休息。同时把宋任穷、李井泉、王任重、叶飞、江华、黄火青、王鹤寿等大区和省、市党委书记接到北京。他顶住江青等人“保护走资派”、“打击群众的革命情绪”等攻击，避开受江青等人唆使的造反派的搜索和袭击，煞费苦心地多次把这些负责人转移到可靠的地方加以保护。当然也有些省市负责人，虽然单上有名，也经过毛泽东批准，但当地造反派在江青一伙支持下，硬是揪住不放，上海的陈丕显就是一个。这件事也使老同志们很恼火。

这时，又发生了上海人民公社改名的问题。张春桥等人所以给上海夺权后的机构取名人民公社，本意是想投毛泽东之所好。因为毛泽东不仅 1958 年讲过“人民公社好”，而且几个月前还讲过北京大学聂元梓等人的大字报是“二十世纪六十年代的北京人民公社宣言”。他们自称上海人民公社，既可以自诩为“发扬巴黎公社革命先驱者的革命精神”，又可以说，“毛主席的这个天才的预见，又在上海地区实现了”①。可是，没想到毛泽东另有考虑。上海人民公社成立给毛泽东的致敬电和《文汇报》的社论，中央人民广播电台没有广播，《人民日报》也没有发表。2 月 12 日，张春桥、姚文元奉召进京，毛泽东同他们谈了话。毛泽东说，如果各省、市、自治区都学习上海叫人民公社，那国务院叫什么呢？国号改不改呢？如果改称中华人民公社，那国家主席就得叫公社主任或社长了。国号一改，就要发生外国重新承认的问题。因此，他考虑各地夺权后的新机构还是叫革命委员会。至于上海的改名问题，叫他们回去同群众商量。2 月 19 日，中共中央正式发出通知：“各省、市、自治区和各城市的政权组织形式，除对上海中央另有指示外，一般的不要采用人民公社的名称。”这无异于对张春桥

---

① 《文汇报》社论《伟人的历史性的革命创举——欢呼上海人民公社的诞生》，1967 年 2 月 6 日。

等人的一次批评。所以，在2月17日，王力等人向毛泽东汇报时，毛泽东曾说这次老同志“大闹怀仁堂”，是“借我批评文革小组的东风”。可见，怀仁堂碰头会上所以在这个时候爆发一场大斗争，和这件事也是有一定关系的。

抗争的第二次高潮

就是在这样多种因素汇总的条件下，一场大的面对面的斗争终于在党的最高层会议——中央碰头会上爆发了。当时中共中央政治局和书记处都已不能正常开会，因而由周恩来主持的有尚能工作的中央政治局委员、副总理和国务院部委一些负责人，还有中央文革小组成员参加的中央碰头会，就成为实际上的最高层会议。2月11日和16日，由周恩来主持在中南海怀仁堂召开的两次会议上，展开了针锋相对的斗争。

2月11日会议，原定的议题是研究“抓革命，促生产”问题。所以国务院主管生产工作的余秋里和谷牧也参加了。但实际上主要是围绕军队的问题展开了辩论，并涉及党的领导和其他问题。在讨论中，叶剑英指责中央文革：你们把党搞乱了，把政府搞乱了，把工厂、农村搞乱了！你们还嫌不够，还一定要把军队搞乱！这样搞，你们想干什么？徐向前激愤地拍着桌子说：军队是无产阶级专政的支柱，这样把军队乱下去，还要不要支柱啦？难道我们这些人都不行啦！要蒯大富（当时清华大学造反派井冈山兵团的头头）这类人来指挥军队吗？他再次为总政治部副主任刘志坚被诬为叛徒的事质问陈伯达，明确说：刘志坚不是叛徒。可是陈伯达却蛮横地说：刘志坚叛徒的案子已经定了，再不能改变了。老帅们对陈伯达的无理态度十分气愤。叶剑英抓住上海人民公社问题质问陈伯达：上海夺权，改名为上海人民公社，这样大的问题，涉及国家体制，不经政治局讨论，就擅自改变名称，又是想干什么？他幽默地嘲讽陈伯达说：我们不看书，不看报，也不懂什么是巴黎公社的原则。请你解释一下，什么是巴黎公社的原则。革命，能没有党的领导吗？能不要军队吗？聂荣臻还就中央文革把主要由中学生组成的首都红卫兵联合行动委员会（简称"联动"）定为反动组织，并关押了不少青年人一事提出质问。他说：你们把干部子弟和许多青少年说成是联动成员、反动保守分子，进行打击迫害，纵容另一些不明真相的青年人批斗他们，有的还关押起来，这种不教而诛的做法是极其错误的。你们不能为了要打倒老子，就揪斗孩子，株连家属。残酷迫害老干部，搞落井下石，这就是不安好心。这次会议就在争吵声中无结果而散。

16日会议上出现了更激烈的争论，而且在会议正式开始之前，斗争就已开始。在中南海怀仁堂会议室门口，谭震林碰见张春桥，就问张："陈丕显同志回来没有？"因为谭震林知道毛泽东批准进京的名单中有陈丕显，但陈却被扣在上海。出于对老战友的关心，提出这样的问题是很自然的。可是，张春桥却打官腔说：群众不答应呀。谭说，党组织可以做工作嘛。张说：党不管用了。在上海，科长以上干部统统靠边站了。谭听了十分生气，因此，在会议开始后，又严肃地提出了陈丕显等人的问题。谭震林说："陈丕显是红小鬼，他有什么问题？几个大区书记，许多省委书记有什么问题？什么群众，老是群众群众，还有党的领导哩！不要党的领导，一天到晚，老是群众自己解放自己，自己教育自己，自己搞革命。这是什么东西？这是形而上学。"他尖锐地指责张春桥一伙：你们的目的，就是要整掉老干部，你们把老干部，一个一个打光。把老干部都打光。老干部一个一个被整，四十年的革命，落得家破人亡，妻离子散。这一次，是党的历史上斗争最残酷的一次。超过历史上任何一次。

参加会议的老同志纷纷发言，对"文化大革命"的一些错误做法提出强烈批评。李先念说：我们党一贯强调大多数干部和群众是好的。现在这样搞，团结两个百分之九十五还要不要？老干部都打倒了，革命靠什么？现在是全国范围的大逼供信。他还指出，这样把老干部统统打倒的做法是从1966年《红旗》十三期社论开始的。周恩来当即问康生，这篇社论你看了吗？康生明明参与了这篇社论的写作和定稿，却当面撒谎说没有看过。周恩来气愤地说：这么大的事，为什么你不叫我们看看！

陈毅说：虽然没有人选我当老干部的代表，我也要为老干部说话。他针对林彪、江青一伙攻击诬蔑朱德、贺龙元帅的活动说，如果说，我们的解放军是在"大军阀"、"大土匪"领导下打仗的，怎么能解释人民解放战争取得的伟大胜利？他还联系到延安整风的历史，强调到底谁是反对毛主席的，以后还要看，还要历史实践证明。

叶剑英说：老干部是党和国家的宝贵财富，哪有随便打倒的道理？照这样，人身安全都不能保证，怎么做工作！

老一辈革命家正气凛然、义正词严的批评使得陈伯达、康生、张春桥等人瞠目结舌，无言以对。只有谢富治一再插话，为江青一伙辩解，说什么：江青和中央文革小组多次保谭震林，并不要打倒他；大家"不要从个人出发，要从全局出发"等。当即遭到了谭震林、李先念等的严厉驳斥。这是一次正气压倒邪气的会议。那么多的老同志在高层会议上痛快淋漓地当面斥责陈伯达、康生等人，在10年"文化大革命"中是仅有的一次。

当天晚上，陈毅又对归国的留学生代表发表了长篇讲话。他语重心长地说：你们要干革命，我们并不反对，但是，我希望你们把这个运动搞得正规一些，好一些。不要犯我们过去犯过的错误。他指出：现在有些人，作风不正派。你要上去，你就上去嘛！不要拿别人的鲜血去染红自己的顶子。他说：刘少奇的一百条罪状贴在王府井，这是泄密。八大的政治报告是政治局通过的嘛，怎么叫他一个人负责?！朱总司令是军阀，贺龙成了大土匪，这不是给我们党抹黑嘛！这样一个伟大的党，只有毛主席、林副主席、周总理、康生、陈伯达、江青是干净的？承蒙宽大，加上我们五个副总理，这样一个伟大的党，就只有这十一个人是干净的?！他愤怒地说：如果只有这十一个是干净的，我不愿当这个干净的。最后陈毅说：我们已老了，是要交班的，但是，绝不能交给野心家、两面派！不能眼睁睁看着千百万烈士用自己宝贵生命换来的革命成果付之东流。我还要看，我还要斗争！这番话，充分表达了一位老革命家赤诚而焦虑的心情。

2月16日怀仁堂会后，谭震林余怒未息，17日，又给林彪写了一封信。信中批评江青等人：“手段毒辣是党内没有见过的”。“老干部，省以上的高级干部，除了在军队的，住中南海的，几乎都挨斗了，戴了高帽，坐了飞机，身体垮了，弄得妻离子散、倾家荡产的人不少，谭启龙、江华就是如此。我们党被丑化到无以复加了”。他不指名地说江青：“真比武则天还凶。”他表示：“我想了好久，最后下决心，准备牺牲，但我决不自杀，也不叛国。但决不允许他们再如此。”这些文字，充分表现了一位老革命家为国为民不惜牺牲一切的崇高品质。但从他把信写给林彪这一点看，似乎当时他对林彪的本质尚无充分认识。结果是这封信被林彪转给了毛泽东，林彪还在这封信上写了这样的话：“谭震林最近之思想竟糊涂堕落到如此地步，完全出乎意料之外”。这件事当然也只能起火上浇油的作用。

从上述过程中可以看出，老一辈革命家同林彪、江青一伙的斗争，主要集中在三个问题上，即：(一)搞“文化大革命”要不要坚持党的领导；(二)搞“文化大革命”应该不应该把老干部统统打倒；(三)搞“文化大革命”要不要保持军队的稳定。这三个问题都是关系到党和国家命运和前途的大问题，自然也联系到对“文化大革命”的是非和评价问题。因此，分歧是带根本性质的。这是一场试图纠正“文化大革命”极左错误的尖锐斗争。

毛泽东的错误批评

康生之流在公开的会议上无词可辩，但在背后搞阴谋上却大有神通。经过密谋策划之后，张春桥、王力、姚文元三人连夜整理了《二月十六日怀仁堂会议》的材料，由江青安排他们于17日向毛泽东作了汇报。毛泽东听信了这种单方面的汇报，并明确给予支持。

毛泽东为什么采取这样的态度呢？根本问题在于如何认识和对待“文化大革命”。众所周知，“文化大革命”是毛泽东亲自发动和领导的，他始终认为这是他对马克思主义的重大发展，是防修反修的重大战略措施，而且始终认为群众运动的主流是好的，大方向是正确的。因此，他可以允许对“文化大革命”中的某些过火行动加以纠正，但绝不允许任何人从整体上否定“文化大革命”。这些老同志的发言，虽然没有直接否定“文化大革命”，但一些提法已远远超出纠正个别过火行动的范围。如说这“是党的历史上斗争最残酷的一次，超过历史上任何一次”，“现在是全国范围内的大逼供信”等提法，都直接关系到对“文化大革命”的整体评价的问题，很显然，这是毛泽东所不能容忍的。

与此相联系的，是对待中央文革小组的态度问题。中央文革小组是在毛泽东直接领导下发动和指挥“文化大革命”的机构，被当作不可缺少的重要助手。因此，毛泽东一直对它采取扶植的态度。对于老同志们严厉地批评中央文革小组，毛泽东也是不能容忍的。

还有一点，就是陈毅在发言中提到延安整风的话，被康生作了歪曲的挑拨性的汇报，引起毛泽东的反感。延安整风运动是对王明“左”倾机会主义的一次总清算。正是经过这场联系党内路线是非，认真阅读领会马克思主义基本著作的学习运动，才使全党在毛泽东思想的基础上，达到空前的团结和统一，保证了中国民主革命的胜利。当然,延安整风运动也发生过偏向和错误。因此,康生诬蔑陈毅否定延安整风运动,毛泽东就很生气地说,难道要再请王明来吗?这样,在周恩来还没有来得及汇报之前,江青等已恶人先告状,使毛泽东从片面汇报中作出了错误的判断。

2月19日凌晨,毛泽东召集部分政治局委员开会。会上,毛泽东对几位老帅和副总理进行了十分严厉的批评,指责他们大闹怀仁堂的矛头是指向他本人以及林彪、中央文革,是为"刘、邓黑司令部"的复辟鸣锣开道,是为王明、张国焘翻案。按照康生的说法,这是"发了无产阶级的震怒"。毛泽东还责令谭震林、陈毅、徐向前三位政治局委员请假检讨。

根据毛泽东的指示,从2月25日到3月18日,在怀仁堂召开七次所谓"政治生活会"。会上,江青、康生、陈伯达、谢富治等人强词夺理,无限上纲,给这些老同志扣了一大堆帽子,什么"反对毛主席的革命路线","反对无产阶级文化大革命","保护一小撮走资派","否定延安整风","要复辟资本主义",是"二月逆流",是"有纲领、有组织、有计划的反革命事件"等。这些老同志被迫在会上作检讨,周恩来也作了自我批评。此后,原由国务院副总理和有关负责人和中央文革部分成员组成的、处理党和国家大事的中央碰头会消失,由中央文革碰头会取代,仍由周恩来主持。所以,当3月18日这种无理的批斗会告一段落时,陈毅曾激愤而感慨地说:"四十年前,我参加游行反对北洋军阀,差点被打死,今天又挨斗,'三一八'是最黑暗的日子。"①

---

① 转引自铁竹伟:《霜重色愈浓》,见《历史在这里沉思》第1集,华夏出版社1986年版,第261页。"三一八",系指1926年3月18日,为抗议日本军舰帮助奉系军阀部队进攻大沽口的冯玉祥国民军,中共北方区委和国民党北京市党部组织2000多人到北洋政府的国务院示威。执政段祺瑞下令开枪镇压。打死示威群众47人,重伤155人,轻伤难以计数。史称"三一八惨案"。陈毅在这里说"三一八是最黑暗的日子",既指历史,又指现实,是双关语。

掀起反击所谓“二月逆流”的浪潮

根据毛泽东的指示，对几位副总理、军委副主席的批判本来是限制在中央内部的小范围内。可是，林彪、江青一伙却千方百计地把这场斗争捅到社会上去。恰好这时，他们利用一份材料获得了毛泽东的一个批示。2月25日，中央文革小组编印的《快报》刊载了一篇该报派往天津记者写的名为《北京政法公社在天津小站支持了谁?》的材料。这个小站，就是陈伯达曾去蹲点搞“四清”，并总结出当地党政组织已被阶级敌人腐蚀篡夺，需要组织夺权的经验的地方。这份材料认为：“一月二十六日，北京政法公社燎原长征队在天津小站公社籍子地大队，支持以四清运动下台干部为背景的‘燎原红色战斗队’，抢走大队的大印，从此牛鬼蛇神纷纷出笼，实行反攻倒算。”陈伯达在材料上批：“这是一个闹资本主义复辟的例子。”他特意将这份材料送毛泽东阅。毛泽东批示：“从上至下各级都有这种反革命复辟的现象，值得注意。”林彪、江青一伙接过这份批示，立即采取移花接木的办法，加以渲染、歪曲、扩大，通过大张旗鼓地宣传“最高指示”、“首长讲话”、“接见革命群众”等方式，扩大到全国各地，似乎这个指示就是针对“大闹怀仁堂”的老同志们。这就为“反复辟”找到了“最高指示”作依据，于3月间开始掀起所谓“反击全国自上而下的复辟逆流”的浪潮。

他们首先集中火力攻击谭震林。当时在北京农业展览馆中正好有一个学大寨的展览。山西省昔阳县的大寨大队是全国农业模范单位(对于大寨经验的演变及其是非，这里暂且不论)，“农业学大寨”是毛泽东亲自发出的号召，这个展览就是为了贯彻毛泽东的这个指示的。但因为这个展览是当时主管农业的副总理谭震林批准的，这就被作为攻击的靶子。

先是康生到展览会场上装模作样地审查一番，然后煞有介事地说："这个展览有问题啊，最大的问题是不突出毛泽东思想!"这在当时可是一个不得了的大罪名。同时，戚本禹又按照江青的指示，找北京师范大学造反派井冈山的头头谭厚兰作了布置。于是，3 月 8 日，谭厚兰率 1000 多名学生冲击并占领了整个展览馆，喊出"打倒谭震林"的口号。

3 月 9 日，陈伯达在军委召开的部队军以上干部会上作报告，提出要迎头痛击复辟资本主义的逆流。

3 月 10 日，王力、关锋、戚本禹和谢富治到农展馆，对谭厚兰等人进行慰问，同他们一起高呼"打倒谭震林"、"反击二月逆流"等口号。

3 月 14 日，在林彪、江青一伙的煽动指挥下，首都举行十万人的示威游行。高呼"反击二月逆流"，"用鲜血和生命保卫中央文革"，并要打倒谭震林、陈毅、叶剑英、李富春、李先念、徐向前、聂荣臻七位副总理和军委副主席。

3 月 20 日，中央文革小组在审查电影《毛主席是我们心中的红太阳》时，下令剪掉了陈毅的镜头。

3 月 27 日，他们又策划召开了"首都无产阶级革命派坚决粉碎'二月逆流'的新反扑，誓死保卫毛主席誓师大会"。

北京的这些活动迅速影响全国，各地造反派起而仿行，出现了更大规模的打击迫害党和国家各级领导干部、冲击党政军领导机关的浪潮，使全国全面夺权斗争发展得更加剧烈。这是林彪、江青集团在"文化大革命"中，将毛泽东的错误推向极端的一个实例。此后，中央政治局停止活动，中央文革小组实际上取代了中央政治局和中央书记处。

林彪“三二〇”讲话和浪潮的暂息

就在这场斗争激烈展开的时候，3 月 20 日，林彪在人民解放军军以上干部会议上发表了长篇讲话。他讲了三个问题：一是阶级、阶级斗争、阶级观点问题；二是主流、支流问题；三是军队支持地方问题。他利用了毛泽东“以阶级斗争为纲”的“左”倾错误理论，为“文化大革命”作了系统的辩护。他说，“文化大革命”是一场非常严肃、非常深刻的阶级斗争。他诬蔑“有些老干部，进到社会主义时期，没有跟得上，没有变成社会主义革命的战士，而是停留在旧的民主革命阶段。有些就蜕化变质，变成资本主义分子，变成新的资本主义分子”。他说，“文化大革命”“这一个斗争胜败，是决定中国向何处去，决定中国的命运，也决定影响整个人类的命运。”他不允许人们批评“文化大革命”造成的混乱，极力为“乱”唱赞歌。他说：“这次的乱有两种。一种是主要的方面，是把敌人、把走资本主义道路的当权派、党内的资产阶级的头头，社会上面的资产阶级的头头，把他们打得落花流水，把他们打乱了。这样的乱，是无产阶级文化大革命的胜利，是很好的事情。”他不顾事实地夸张说：“可以说这场阶级斗争中，我们是打了大胜仗，得了大胜利，中国人民大胜利，人类的大胜利。必须要有这样的一个总的看法。”据此，他说出了一句当时流传颇广而今则成为笑柄的“名言”：“文化大革命”的“损失是最小、最小、最小，而得到的成绩是最大、最大、最大。”这个讲话，实际上成为林彪、江青一伙掀起“反击二月逆流”活动的理论纲领。

4 月 7 日，中共中央发出《关于播放林彪同志讲话录音的通知》。通知说：“伟大领袖毛主席指示，林彪副主席一九六七年三月二十日讲话的录音，应向中国人民解放军全军人员和全国红卫兵播放。”通知对林彪讲话给了很高的评价，认为它“是一个极其重要的马克思列宁主义、毛泽东思想的报告，对于指导当前的无产阶级文化大革命运动，指导人民解放军正确的介入地方的无产阶级文化大革命，推动无产阶级革命派在两条路线斗争中进一步取得胜利，具有非常重大的意义”。4 月 24 日，又把这份讲话的整理稿，由中共中央办公厅正式印发全国。

因此，林彪这份得到毛泽东支持和批准的讲话，事实上就成为当时对这场斗争的一份官方总结，为人们认识和评价这一事件规定了不得违反的准绳。但是，毛泽东对林彪、江青一伙的支持又是有限度的，他并不赞成把这些老一辈革命家统统打倒。正如邓小平所说：“谁不听他的话，他就想整一下，但是整到甚么程度，他还是有考虑的。”①

毛泽东不满意老帅和副总理们对“文化大革命”和中央文革小组的激烈批评，但并不想打倒他们。所以，4 月 30 日晚上，毛泽东把周恩来、李富春、陈毅、叶剑英、聂荣臻、徐向前、谭震林、李先念、余秋里、谷牧等人请到自己家里，开了一个“团结会”，并批准这些同志五一节上天安门看焰火。当时，一位领导人是否能参加较大的集会，名字能否公开见报和广播，被认为是一种信号。因此，当中央人民广播电台播发了这条消息，《人民日报》也发表了上天安门观焰火的名单后，林彪、江青一伙掀起的“反击二月逆流”的浪潮，不得不暂时平息下来。但是，这场斗争并没有就此结束。毛泽东对此事件的看法，后来也随着形势的发展逐渐有了改变。

三、在“抓叛徒”声中刘少奇冤案铸成

批判资产阶级反动路线和全面夺权的开展，已经使绝大多数党政领导干部被批斗、打倒、关“牛棚”或靠边站，各级党政机关瘫

---

① 《邓小平文选》第 2 卷，第 301 页。

痪，社会秩序混乱，生产急剧下降。反击所谓“复辟逆流”的运动，进一步加剧了全国的大混乱。但是，林彪、江青一伙并不以此为满足。他们把毛泽东通过“天下大乱”达到“天下大治”的主观臆想推向极端，寻找各种由头，不断地乱上加乱。从 1967 年 3、4 月份陆续展开，齐头并进的“抓叛徒”活动和“革命大批判运动”，在制造“天下大乱”的过程中起了重要作用。

所谓“抓叛徒”的风波

“抓叛徒”活动于 1967 年 3 月 16 日中共中央印发《关于薄一波、刘澜涛、安子文、杨献珍等人的自首叛变问题的初步调查》后正式开始。这个文件以中共中央名义加了按语，给一大批经过敌人法庭和牢狱考验，并为革命建立了功勋的老同志加上了“叛徒”的罪名。并说：“这些叛徒长期隐藏在党内，窃据了中央和地方党、政领导机关的重要职位。揭露这个叛徒集团，是无产阶级文化大革命的伟大胜利，是毛泽东思想的伟大胜利”。并号召全党引起“极大的警惕”。其实，这是康生、江青、陈伯达等人蓄谋已久的阴谋。因为他们知道，仅仅是“执行资产阶级反动路线”的罪名，不足以彻底打倒这批老同志，并置于“永世不得翻身”的境地。因此，早在“文化大革命”开始不久，他们就唆使红卫兵追查干部的历史问题，搜集捏造各种伪证，栽赃陷害。

1966 年 8 月，康生就指使某红卫兵组织去查当年北平的旧报纸，说从那里能查出一大批叛徒。根据康生的指示，天津南开大学“揪叛徒战斗队”“发现”了有一个由 61 人组成的叛徒集团。康生得到了这个材料后，就迫不及待地诬陷八届中央政治局候补委员、国务院副总理薄一波等人，“有叛变行为”。9 月 16 日，康生给毛泽东写信说：“我长期怀疑少奇同志要安子文、薄一波等人‘自首出狱’的决定”，“这一决定是完全错误的，是一个反共的决定”，

“是‘坚定反共’的叛党行为”。

其他“中央文革”的成员们也一齐出动，大造舆论。1967 年 1 月，戚本禹对解放军总政文工团的部分人说：“红卫兵小将查出了安子文（中共八届中委，中共中央组织部部长）叛党，这些变节分子叛党的最大组织者就是刘少奇”。2 月，关锋对参加军训的解放军代表说：“这些人是自首分子，是叛徒”。3 月中央批示下达后，他们更煞有介事地大肆宣扬。江青在 4 月召开的军委扩大会议上说：“小将们的这个功勋可大啦！”“要是没有他们，怎能搞出那个叛徒集团来啊？有六十几个人，他们都占了重要的领导岗位。”康生则上纲上线地说：“北京这六十几个人，只是刘少奇的叛党组织路线、招降纳叛的组织路线的一个例子。”话里埋下了更大的杀机。

事实真相是和他们的诬陷完全不同的。在 1936 年日本发动全面侵华战争的前夕，面对全国抗日救亡运动高涨的形势，中共中央北方局为了开展工作，迫切需要解决缺乏干部的问题。同时，在何梅协定①之后，国民党政府宪兵团退出北平的情况下，也有了营救的可能。因此，在刘少奇主持下，北方局作出了要关押在北平军人反省分院的一批党员履行敌人规定的手续出狱的决定，并报告了中共中央。当时党中央总负责人张闻天征得党中央其他领导同志的同意，批准了这个决定。薄一波等人于 1936 年 8 月至 1937 年 3 月，分 9 批履行了北平当局规定的手续出狱。这是执行党组织的指示。对此，中共中央早就进行过多次审查，对他们的这段历史是知道的。特别是在 1945 年中共第七次全国代表大会上，经过代表资格审查委员会的正式审查，作了这段历史清楚的结论。康生当时是代表资格审查委员会的成员，对此也是

---

① 1935 年 6 月初，国民党在北平的军事长官何应钦和华北日军司令梅津美治郎间的协定，其中规定国民党中央军撤出平、津和河北省。

一清二楚的。

因此，当“文化大革命”开始后又重新提出这一问题时，1966年11月24日，周恩来接到西北局关于红卫兵追查刘澜涛（八届中央委员、中共中央西北局第一书记）出狱问题给中央的请示报告后，曾给毛泽东写信说：这一“案件牵连人甚多，而当时确为少奇同志代表中央所决定，七大、八大又均已审查过，故中央必须承认知道此事”。毛泽东阅后批：“照办”。周恩来当即以中共中央名义给西北局回电，指出：“他们揭发的刘澜涛同志出狱的问题，中央是知道的。如果他们有新的材料，可派代表送来中央查处。”时隔二日，中共吉林省委于26日急电中央，报告红卫兵揭发省委第一书记赵林为“叛徒”的问题，中共中央又以同样内容的电报给予回答。30日，周恩来又亲自打电报给吉林的红卫兵，重申：“他们揭发赵林同志出狱的问题，中央是知道的。”并希望他们“不要在群众大会上公布和追查，也不要散发传单，涂写标语”。

但是，江青、康生等人依然故意将这件事加以歪曲，继续煽动群众肆意扩大事端。在林彪、江青一伙的煽动下，各地的“抓叛徒”群众组织和各种各样的专案组，把干部中已有正确审查结论的历史问题，又统统翻腾出来，甚至无中生有，栽赃陷害，制造了一大批冤假错案。他们诬称有一条所谓“刘少奇叛徒集团的组织路线”，由此制造了“新疆叛徒集团”、“东北叛徒集团”、“南方叛徒集团”等等重大冤案，使成千上万的干部遭到残酷迫害，不少人被弄得妻离子散，家破人亡。

“伍豪启事”事件的由来

在“抓叛徒”活动最猖獗的时候，竟连周恩来都不能幸免。1967年5月17日，江青给林彪、周恩来、康生写了一封信，声称“查到一个反共启事，为首的是伍豪（周××）”，并附上三十年代国民党报刊上发表的所谓《伍豪等脱离共产党启事》的抄件，妄图诬陷、攻击周恩来。事实上，这一启事完全是国民党特务机关一手伪造的。周恩来既不知情，而且当时根本不在上海。

事情的经过是，1931 年 4 月，在中共中央负责情报保卫工作的中央政治局候补委员顾顺章被捕叛变，中共中央面临严重危险。有赖于我地下工作者冒险及时送出消息和周恩来等机智地采取紧急措施，中共中央及时转移，方转危为安。同年 6 月，中共中央总书记向忠发又被捕叛变。这一次危机又由于周恩来的妥善处理，而挫败了国民党特务机关的阴谋。恼羞成怒的国民党特务机关，先是“悬赏通缉”周恩来；在失败之后，又不惜使用造谣方法，由中统特务张冲、黄凯合谋伪造了《伍豪等二百四十三人脱离共产党启事》，于 1932 年 2 月刊登在《申报》、《新闻报》上。而在这之前两个多月，周恩来已离开上海，当时已在江西苏区首府瑞金。

为了消除这件事的影响，在上海的临时中央立即采取了反击措施，通过申报馆刊登了机智的广告，散发了《反对国民党的无耻谣言》的传单，地下党报《实报》专门发表了辟谣文章。中央苏区也以中华苏维埃中央政府主席毛泽东的名义发表布告，指出：“事实上伍豪同志正在苏维埃中央政府担任军委会的职务，不但绝对没有脱离共产党的事实，而且更不会发表那个启事里的荒谬的反动的言论，这显然是屠杀工农兵而出卖中国于帝国主义的国民党徒的造谣诬蔑。”

可是 30 多年以后，这种早已弄清了的国民党特务机关的无耻伎俩，却又被江青拾起来，作为企图打倒周恩来的一件武器。为了揭穿江青的阴谋，周恩来于 5 月 19 日给毛泽东写信，并附了有关历史材料。信中说：“所谓‘伍豪等启事’，就是一九三二年二月十八日的伪造启事”，“伪造启事和通过申报馆设法的处置，均在我到江西后发生的”。但是，到 1967 年底，又有人写信给毛泽东，反映此事。毛泽东于1968年1月16日批示："此事早已弄清，是国民党造谣诬蔑。"从而使江青等的阴谋未能得逞。

在"抓叛徒"的旗号下，许多过去在敌人统治下英勇斗争，功绩卓著的共产党员；许多冒着生命危险，为党作了特殊贡献的党外人士，统统被安上"叛徒"、"特务"等罪名遭受迫害，有些惨遭摧残致死。林彪、江青一伙煽动"抓叛徒"，是他们制造各种名目，借以打倒党的各级领导干部，为篡党夺权扫清道路的一个重大步骤。

对刘少奇的批判和诬陷

林彪、江青打击迫害干部的最大一个目标是彻底打倒刘少奇，千方百计地要置刘少奇于死地。主要是采取了两种办法，一是秘密地设立专案制造伪证，极力把刘少奇打成特务、叛徒；一是公开地发动了一场针对刘少奇的所谓"革命大批判运动"。二者是互相配合，同时进行的。

1967年3月，康生利用北京航空学院红旗战斗队等6个组织搜集的诬陷刘少奇的材料，给中共中央写了一份报告。声称他已掌握确凿材料，证明刘少奇在历史上有问题，被捕叛变过，建议对刘少奇进行专案审查。这个报告3月21日经中共中央常委会批准，决定把刘少奇被捕问题交"王光美专案组"调查。在江青、康生、谢富治等人控制下，这个专案组实际上就成为"刘少奇、王光美专案组"。

专案审查开始，报刊批判同时升级。1967年4月1日，《人民日报》发表了戚本禹的《爱国主义还是卖国主义?》一文。这篇经毛泽东审阅修改的文章，用"党内最大的走资本主义道路的当权派"代替刘少奇的名字，给刘少奇加上了"帝国主义、封建主义、反动资产阶级的代言人"、"帝国主义买办"、"帝国主义、封建主义反革命宣传的应声虫”等罪名，说刘少奇是“假革命、反革命”，是“睡在我们身边的赫鲁晓夫”。接着，中央各报刊发表社论，号召开展“革命大批判”，彻底批判“中国的赫鲁晓夫”。据刘平平等的回忆文章说，刘少奇看到戚本禹的文章时，“气愤已极，把报纸狠狠一摔，对我们说：这篇文章有许多假话，我什么时候说过那个电影（指《清宫秘史》）是爱国主义的？什么时候说过当‘红色买办’？不符合事实，是栽赃！党内斗争从来没有这么不严肃过。”“如果这些人无所畏惧，光明正大，可以辩论嘛！在中央委员会辩论，在人民群众中辩论嘛！”①这种合理要求在当时已不可能实现。虽然刘少奇名义上还是国家主席、中共中央政治局常委，但已没有发言为自己申辩的权利。连他 4 月 7 日答辩的大字报，在中南海只贴出几小时就被撕得粉碎。这就是所谓的“大民主”。

5 月 8 日，《红旗》、《人民日报》发表了《〈修养〉的要害是背叛无产阶级专政》一文。这篇经中央政治局常委扩大会议讨论通过的编辑部文章，采取断章取义、无限上纲的手法，利用刘少奇在书中引用列宁一句话时，略去了与所论问题并无直接联系的“无产阶级专政”等一小段话②这一微不足道的事例，扣上了吓人的大帽子。文章说：“《修养》一书是党内最大的走资本主义道路当权派的代表作。这本书，是反马克思列宁主义、反毛泽东思想的大毒草。它流毒全国，流毒全世界。对它必须进行彻底的批判。”“它的要害，就是背叛了马克思列宁主义的无产阶级专政学说。”而背

---

① 《历史在这里沉思》第 1 集，第 16、17 页。

② 列宁的原话是：“资产阶级的反抗，因为自己被推翻（哪怕是在一个国家内）而凶猛十倍。它的强大不仅在于国际资本的力量，不仅在于它的各种国际联系牢固有力，而且还在于习惯的力量，小生产的力量。因为，可惜现在世界上还有很多很多小生产，而小生产是经常地、每日每时地、自发地和大批地产生着资本主义和资产阶级的。由于这一切原因，（无产阶级专政是必要的，而且）不经过持久的、顽强的、殊死的战斗，即不经过坚持不懈、纪律严格、坚忍不拔和意志统一的战斗，便不能战胜资产阶级”。刘少奇引用时未引括号内的话。

叛了无产阶级专政学说，“就是完全地、彻底地背叛了马克思列宁主义，就是完全地、彻底地背叛了无产阶级的革命事业”。这样，《论共产党员的修养》这部著名的对党的建设理论作出杰出贡献的马克思主义著作，一夜之间就变成了最坏的反革命的“大毒草”。

随后，全国报刊发表了大量批判文章，对刘少奇等进行批判。据粗略的统计，从 5 月至 9 月，各报批判《论共产党员的修养》的主要文章，即达 150 多篇。各种小报、大字报的批判文章，更是不可计数。这些大批判文章，颠倒是非，混淆黑白，把许多马克思主义基本原理，党的组织生活准则，判断是非的通常标准都当作修正主义加以批判，进一步搅乱了人们的思想，助长了各种假马克思主义和无政府主义思潮的泛滥。

这里有一个人们长期困惑不解的问题：《论共产党员的修养》一书，1939 年出版于延安，1942 年整风运动中，曾被列入全体党员必读的 22 个文件之一，难道毛泽东当时没有看过吗？康生在 1967 年曾讲毛泽东没有看过，但这是不能令人信服的。毛泽东在 1970 年同美国记者斯诺谈话中，也承认他看过老版，不过他说：“黑《修养》不触及帝国主义、封建主义、国民党。”“当个共产党不夺取政权干啥啊?！所以他是混进共产党里的反动分子。”康生当时也传达过毛泽东这样一段话：“刘少奇的这本书是欺人之谈。革命的根本问题是政权问题，在这本小册子中只谈个人修养，个人道德，根本不谈夺取政权问题。离开了政治，离开了阶级斗争，自然就会陷入唯心主义泥坑。”两段话从内容上看是一致的。所以合理的解释只能是，毛泽东本人的观点后来有了改变，误解了《论共产党员的修养》一书的原意。从极左的角度看问题，马克思主义会变成修正主义，唯物主义也会被看作唯心主义。这也是一个值得吸取的教训。

林彪、江青一伙在发动“革命大批判”的同时，加紧了对刘少奇等党和国家领导人的人身迫害活动。早在1966年12月,在康生、江青、谢富治等人的直接控制和指挥下,就成立了以审查刘少奇夫人为名的“王光美专案组”。采取各种手段企图首先把王光美打成美国特务,然后再诬陷刘少奇为美国战略特务。1967年3月以后,设立“刘少奇专案组”,开始进行更大规模的迫害、诬陷活动。他们随意捕人,刑讯逼供,制造刘少奇是“叛徒、内奸、工贼”的伪证。7月,江青、康生、陈伯达擅自决定批斗刘少奇,并由戚本禹于7月18日组织召开“批斗刘少奇”大会,进行抄家,从此即剥夺了刘少奇的行动自由。8月5日,以庆祝毛泽东所写《炮打司令部》大字报一周年为名,又在中南海批斗刘少奇、邓小平、陶铸夫妇。七八月间,康生、谢富治、戚本禹等煽动数以万计的人们,组织所谓“揪刘火线”,围困中共中央所在地北京中南海,冲击国务院。

在北京发生的这类围困、冲击党和国家的最高领导机关,揪斗党和国家领导人等严重事件的浪潮,迅速蔓延全国。大批判的打击面越来越广,揪斗干部的手段越来越狠。派性斗争由“大字报战”、“标语口号战”发展到真枪实弹的武斗。使用的武器从原始的棍棒刀矛直到现代化的机枪大炮。对干部群众的人身迫害从“戴高帽”、“喷气式”等形式,发展到采用各种酷刑,摧残人身、侮辱人格。广大干部和群众对党和国家的命运忧心忡忡,并以不同形式对“左”倾错误进行抵制和斗争。

武汉“七二〇”事件

1967年7月20日,在武汉发生了广大军民反对所谓中央代表谢富治、王力的事件(即“七二〇”事件),这是积酝已久的矛盾的一场爆发。早在1967年春所谓“反击全国自上而下的复辟逆流”中,林彪、江青一伙就把武汉军区作为打击重点之一。林彪在一次讲话中说,对武汉军区不放心,“拿他们没有办法”。江青也说,“要冲一冲武汉军区”。中央文革认定武汉军区领导在“支左”中犯了“路线错误”,煽动群众揪斗武汉军区领导人。在林彪、江青一伙的挑唆下,武汉地区群众组织分成以“百万雄师”和“工总”为首的两大派,派性斗争激化,武斗规模越来越大。全市党政机关瘫痪,工厂大部停工,交通被阻断,社会生活十分困难和紊乱。

为了解决武汉问题,原定要两大派群众组织各选派代表到北京去汇报。后因毛泽东要巡视大江南北,并要在武汉横渡长江,改为两派代表不去北京,问题就地解决。7 月 14 日,周恩来、毛泽东先后到武汉。同日,谢富治、王力等从重庆到武汉,以中央代表名义,协助解决武汉问题。毛泽东在同武汉军区领导人谈话时说:“你们想一想,一个工厂这一派是革命的,那一派就不革命,你们相信吗?”“在工人阶级内部,没有根本的利害冲突。”根据毛泽东的指示,周恩来召集武汉军区领导和驻军师以上支左单位负责人,接连四天开会,听取汇报,研究解决问题的方案,谢富治、王力一直参加会议。周恩来在 18 日下午作总结时,根据毛泽东的意见,认为军区支左犯了方向路线错误,要求军区司令员陈再道、政委钟汉华主动作检查,给工人总部平反,尽快释放工人总部的头头朱鸿霞。要军区对两派都支持,把部队同志的思想工作做好,也要把另一派群众组织“百万雄师”的工作做好。然后再逐步协商解决问题。这些话表达了中央要求武汉军区对两派群众组织都支持,促使他们联合的方针。

但是,谢富治、王力等背地里四出活动,继续支一派、压一派,使一派兴高采烈,另一派强烈愤慨。18 日晚,周恩来回京。谢富治、王力在送走周恩来之后,马上驱车去“工总”派的据点,公开接受和佩带该派的袖章。宣称:“中央文革坚定不移地支持你们。你们受压抑、受打击的现象是不允许存在的,要把这种现象翻过来。”王力还说,“工总”是革命左派,是“钢铁的无产阶级革命派”,“百万雄师”是保守组织。19 日,“工总”派群众组织用高音喇叭和广播车,到处播放王力的讲话录音,引起"百万雄师"等群众组织的极大愤怒,终于引发了"七二〇"事件。

7月20日晨,一部分军民冲进王力等居住的东湖客舍(他们不知道毛泽东也住在该处),把王力揪到武汉军区大院进行质问和批判。数以十万计的军民涌上街头游行示威。周恩来在得知这一消息后,立即飞返武汉,采取措施把王力解脱出来。毛泽东也于21日凌晨转往上海。22日,谢富治、王力飞回北京。

林彪、江青立即抓住这件事大做文章,诬蔑为"彻头彻尾的反革命事件"。22日晚,林彪亲自出马主持会议决定:①以中央名义调陈再道、钟汉华等进京;②起草文件通知全国;③召开百万人大会。这三条都被迅速执行。23日,以中央文革名义发出"紧急通知",要求各地三军联合行动,武装游行,声讨"七二〇"事件。24日,陈再道等人奉命飞到北京接受批斗。25日,在天安门广场开了百万人大会,王力、谢富治成了英雄,武汉百万军民成了"反革命"。林彪对江青等人说:"现在他们给我们出了题目,我们要抓住大作文章。"

根据中央文革指示,北京的这次大会被以最快的速度拍成纪录片《北京支持你们》,在全国放映。《人民日报》、《解放军报》声讨"七二〇"事件的文章、社论、评论连篇累牍,形成一场大规模的舆论围剿。武汉军民遭到空前的迫害,武汉独立师被打成"叛军",被撤销番号,很多人被武装押赴农场劳动。据中共湖北省委在10年后为这一事件给中央的报告中说:在这一事件中被打伤、打残和致死的干部、军人、群众多达18.4万人。其中仅武汉市就被打伤打残6.6万多人,打死600多人。徐向前、徐海东等也被诬为"黑后台",被抄家,后果极其严重。

"七二〇"事件是广大军民抵制极左错误的斗争,也是武汉地区两派群众组织派性斗争激化的表现。这种斗争由于林彪、江青一伙的插手而加剧。全国各地的派别组织和派性斗争都是"文化大革命”的畸形产物。今天客观地总结历史经验，应该承认，在“文化大革命”中的所谓造反派和保守派两大派，从指导思想上说，都是奉行“无产阶级专政下继续革命的理论”，为“一个阶级推翻一个阶级”的错误方针服务的。在“文化大革命”的所谓“夺权阶段”，两派都积极参与了夺权，并力图使本派掌权，为此而相互进行不断升级的派性斗争直至武斗；两派都争相打倒所谓“党内走资本主义道路的当权派”，并且都采取了各种粗暴的方式方法。因此，从总体上看，两派群众组织都是错误的，无论支持哪一派，也都是错误的。即使在某些时间、某些问题上这一派或那一派有正确的方面，这都是次要的。然而，武汉“七二〇”事件后，林彪、江青一伙利用自己的权势为所欲为，把拥有号称百万人的一派群众组织打成“反革命组织”，把武汉军区所辖独立师打成“叛军”，残酷地镇压武汉广大军民抵制“左”倾错误的斗争，这才是十足的罪恶暴行。

全面内战天下大乱

“七二〇”事件后，林彪、江青一伙更加肆无忌惮地煽动打倒一切、全面内战。7月22日，江青在对河南一派群众组织的代表讲话时，公然提出“文攻武卫”的口号。她要求造反派，“你们的自卫武器不能放下”，以煽动武斗。次日，上海《文汇报》发表“文攻武卫”的口号，广为宣传。7月25日，林彪提出“彻底砸烂总政阎王殿”。与此同时，早在1967年1月就由江青等人拟定并经林彪批示“完全同意”的“坚决打倒军内一小撮走资本主义道路当权派”的口号，也利用“七二〇”事件的时机，在报刊上大肆宣传，以致全国掀起冲击军事机关的浪潮。8月上旬，在南京、常州、长春、沈阳、重庆、长沙等地接连发生大规模武斗事件。8月4日，王洪文组织、指挥了3万多人围攻上海柴油机厂的武斗，关押和打伤、打残650人。这类武斗流血事件层出不穷，祸及全国。

在这人民生命财产毫无保障的情况下，8月7日，主管政法工作的谢富治发表讲话。他不是要求公安、司法、检察机关执行自己的职责，保障人民的民主权利，反而别有用心地发出"砸烂公检法"的号召。他说："大多数公、检、法机关都是死保当地走资本主义道路的当权派，镇压革命群众"，"不把旧机器彻底打碎，要转变过来是困难的"。这样就使公、检、法处于自身难保的地位，失去了制止混乱的功能。

8月9日，林彪发表一次讲话，在当时影响颇大。他首先肯定对武汉"七二〇"事件的处理，称"武汉事件是很坏的事情，现在变成很好的事情，对全国各地区的文化大革命有很大的推动，教育意义很大"。他说："我们发动文化大革命靠两个条件：一是靠毛泽东思想和毛主席的崇高威望；再是靠解放军的力量。"这里林彪根本不提共产党，反而把解放军的作用估量得十分高。他不顾已经天下大乱的事实，继续鼓吹乱。他认为："表面看来很乱，乱是把反动路线搞乱了，把反动阶级搞乱了……这个乱是必要的，正常的。"他公开表态支持他的亲信干将邱会作、李作鹏、吴法宪等，说："坏人斗好人，好人挨了整，邱会作同志被总后当权派中的一小撮坏人搞了一个多月，几乎被整死。海军的李作鹏、王宏坤、张秀川也是被整。吴法宪同志也是这样。过去你们吃了苦头，现在尝了甜头。"林彪提出了一个念起来颇为咬口但含义十分明白的矛头指向老革命的荒谬口号："现在的革命是革我们原来革过的命的命"。他鼓吹"要建立新的国家机器"。这样包含着许多重大错误的一篇讲话，却被以中共中央文件的权威形式发向全国。中共中央的按语认为："这篇讲话，运用伟大的毛泽东思想的武器，对当前无产阶级文化大革命运动作了非常精辟的分析，并且对今后文化大革命的领导问题作了重要的指示。"要求各地"认真学习，切实执行"。这对当时混乱不堪的局势，更起到火上浇油的作用。在武斗成风、社会秩序极度混乱的情况下，许多地区连续发生抢银行、抢仓库、劫车船、冲监狱等恶性案件。在全面内战中，人民生命财产和国家财产遭到难以估量的损失。

“文化大革命”极左思潮的影响远远不限于国内，在我驻外使领馆和留学生中，也发生了重大影响，以致不断出现涉外事件。例如，我驻某国使馆造反派，在大街上散发“造反有理”的传单，东道国提出抗议。去某国援建的工程技术人员中的造反派，要在工地上竖立一块“社会主义一定要代替资本主义”的巨幅标语，与警方发生冲突，造成流血事件。我留欧学生在莫斯科红场高呼打倒修正主义等口号，同苏军警发生严重冲突。我国与印尼、蒙古、缅甸等国的关系也急骤恶化。

在这急需加强外交工作领导的时候，外交部部长陈毅却遭到造反派不断升级的批斗围攻，周恩来多次出面干涉也无济于事。8 月 7 日，从武汉回来以英雄自诩的王力，在接见外交部造反派时发表了肆无忌惮的狂妄讲话，公开煽动和支持夺外交大权，以致发生封闭外交部党委、砸烂外交部政治部、以外交部名义向外滥发指示等事件。8 月 22 日又发生火烧英国驻华代办处的严重事件。严重损害我国外交声誉，使我国外交工作陷入建国以来从未有过的空前混乱之中。毛泽东后来同斯诺谈话时也承认：“外交部就闹得一塌糊涂。有一个半月失去了掌握。”“1967 年 7 月和 8 月，两个月不行了，天下大乱了。”

毛泽东视察三大区

1967 年 7 月至 9 月，毛泽东视察了华北、中南和华东地区，沿途调查了“文化大革命”的情况，在不同场合作了多次谈话。毛泽东从他“左”的观点和一贯坚持的论断出发，继续肯定：“全国的无产阶级文化大革命形势大好，不是小好。整个形势比以往任何时候都好。""有些地方前一段好像很乱，其实那是乱了敌人，锻炼了群众。"在"文化大革命"发展过程中最混乱的这一段时间，对形势作出这样的估计，显然与实际相去甚远。这既反映了毛泽东当时已经很难了解到客观的真实情况，同时也反映他对乱的独特看法，以及所谓"从天下大乱达到天下大治"的主观意愿。但是，过于混乱，以致"失去掌握"的局面，也使毛泽东感到不利于实现他所期求"文化大革命"达到的目标。因此，他在谈话中号召"各地革命组织实现革命的大联合"。他说："在工人阶级内部，没有根本的利害冲突。在无产阶级专政下的工人阶级内部，更没有理由一定要分裂成为势不两立的两大派组织。""只要两派都是革命的群众组织，就要在革命的原则下实现革命的大联合。"在谈到干部问题时他说："绝大多数的干部都是好的，不好的只是极少数"。"对党内走资本主义道路的当权派，是要整的，但是，他们是一小撮。""要扩大教育面，缩小打击面"，"要允许干部犯错误，允许干部改正错误"。并强调说："正确地对待干部，是实行革命三结合，巩固革命大联合，搞好本单位斗、批、改的关键问题，一定要解决好。"他提出"对红卫兵要进行教育"，告诫造反派的头头和红卫兵"现在正是他们有可能犯错误的时候"。毛泽东谈话的纪要于10月7日由中共中央转发全国，这对于解放一批干部、促进各派联合、抑制混乱局面继续恶化，起了一定的积极作用。

为了扭转严重动乱局面，毛泽东还批准采取一系列具体措施。8月底，周恩来将王力的"八七讲话"记录交杨成武带到上海给毛泽东，并反映外交部夺权的严重情况。经毛泽东指示，对中央文革小组成员王力、关锋实行隔离审查。翌年1月，对戚本禹实行隔离审查。王、关、戚是"文化大革命"初期著名的"左"派，是制造动乱的"前线指挥"。对他们的隔离审查，在一定程度上抑制了某些活动最嚣张的造反派，有利于混乱的减少。9月5日，毛泽东批准发布《关于不准抢夺人民解放军武器、装备和各种军用物资的命令》。9 月 13 日，发出《关于严禁抢夺国家物资商品，冲击仓库，确保国家财产安全的通知》。在这期间，毛泽东还作出决定，对一些最乱的省市和部门实行军管。他还批准发出多项布告、通令等，以维护社会秩序，保护交通运输，制止武斗蔓延。这些措施在一定时间都收到一些效果，但不可能从根本上改变“文化大革命”必然伴随的动乱局面。

学校复课和工宣队进驻

当时，为了稳定局势采取的一项应急措施，是宣布“大、中、小学复课闹革命”。“文化大革命”开始后，全国学校即“停课闹革命”。大批青年学生在极左思潮影响下，积极参与了社会各方面的夺权活动和派性斗争，并起了先锋、骨干作用。有些著名学校的某些群众组织，成了当地派性斗争的指挥和联络中心。因此，要稳定局势必先稳定学生。1967 年 9 月 23 日，毛泽东批准由中共中央、国务院、中央军委、中央文革小组联合发出的《关于在外地串连学生和在京上访人员立即返回原单位的紧急通知》。《通知》规定，北京和各地设立的招待外来串连学生和其他人员的机构，“9 月 28 日前全部撤销，各有关单位再不负责招待”。外出学生和其他人员“立即无条件地全部返回原地”。1967 年 10 月 14 日，中共中央、国务院、中央军委、中央文革发出《关于大、中、小学复课闹革命的通知》，要求“全国各地大学、中学、小学一律立即开学”，“一边进行教学，一边进行改革”。由于当时动乱局面正在发展，相当多的学生仍散在社会没有返校，学校的干部和教师也普遍因受到批判和审查，不能恢复正常工作，因而这一通知实际上难以普遍执行。很多大学、中学迟迟复不了课。学校秩序混乱，武斗仍然在蔓延。

1968 年 7 月 27 日，根据毛泽东的指示，北京 60 多个工厂，组成3万多人的"首都工人毛泽东思想宣传队",开进当时派性斗争激烈的清华大学,整顿秩序,制止武斗。在一度发生对抗之后,工人控制了全校的局势。这被认为是一项成功的经验。

8月25日,中共中央、国务院、中央军委、中央文革发出《关于派工人宣传队进学校的通知》。通知要求"各地应该仿照北京的办法,把大中城市的大、中、小学校逐步管起来","以优秀的产业工人为主体,配合人民解放军战士,组成毛泽东思想宣传队,分批分期,进入各学校","帮助、促进那里还没有实现革命大联合的两派革命群众组织在毛泽东思想的基础上,实行革命的大联合,有武斗的地方,坚决制止武斗"。8月26日,《人民日报》登载经毛泽东修改审定的姚文元文章《工人阶级必须领导一切》。文章传达了毛泽东的意见:"凡是知识分子成堆的地方,不论是学校,还是别的单位,都应有工人、解放军开进去,打破知识分子独霸的一统天下,占领那些大大小小的独立王国。""工人宣传队要在学校中长期留下去,参加学校中全部斗、批、改任务,并且永远领导学校。在农村,则应由工人阶级的最可靠的同盟军——贫下中农管理学校。"于是,各地纷纷派遣"工宣队"、"军宣队"进驻大、中、小各类学校。不久,这种办法,又扩大到除军管以外的各级党政机关和企事业单位。

工、军宣队实际上也是另一种形式的工作队。工、军宣队的进驻,对于制止武斗,稳定局势,起了某些积极作用,这是不应否定的。但是,这种办法本身,却是难以肯定的。从指导思想上说,它是建立在把知识分子排除在工人阶级之外,当成改造对象的基础之上。因而"知识分子成堆",不是当作文化结构高的优势,而被视为资产阶级复辟的势力,必须掺进工人和解放军。从形势估量上看,是把新中国的学校,错看作是"知识分子独霸的一统天下",因而决定派工人和解放军去"打破"。特别是由于工、军宣队是在"文化大革命"错误指导方针下进行工作的,它本身也存在对进驻单位情况不明、成员素质参差不齐等弱点，工作中不可能不犯各种错误。至于把工宣队领导（在农村是贫下中农管理）学校永久化，则是完全悖于常理，是外行领导内行错误观点的扩大和引申，已被实践证明是根本行不通的。

知识青年上山下乡

“复课闹革命”需要解决的一个问题是，自“文化大革命”开始后，由于大学不招生，工厂不招工，商业和其他服务行业也处于停滞状态，整个社会缺乏容纳岗位，致使当时的1000多万初、高中毕业生无法安排。这些毕业生不离开学校，必然影响到招收新生的工作。面对这项急迫需要解决的任务，也出于对知识分子情况的“左”的估量，1968年12月，毛泽东发出号召：“知识青年到农村去，接受贫下中农的再教育，很有必要。要说服城里干部和其他人，把自己初中、高中、大学毕业的子女，送到乡下去”。这个号召发出后，各地立即掀起了知识青年上山下乡的高潮。“文化大革命”期间上山下乡的知识青年人数共达1600多万。

知识青年上山下乡的工作从50年代就开始组织过，它是中共中央根据我国人口多、底子薄、经济不发达、就业困难，而农村很广阔又缺少文化知识的国情，探索解决城镇知识青年就业问题并提高农村文化的一种试验性的措施。但是，1968年底开始的大规模动员城镇知识青年上山下乡运动，已经不仅仅是为了解决就业问题，而主要是对建国以来教育状况作出了错误的估计。“接受贫下中农的再教育”被强调到绝对化的程度，使这一本来主要是解决就业问题的上山下乡，变成了“反修防修”的政治运动。“滚一身泥巴，炼一颗红心”成了当时风行一时的口号。

广大知识青年在农村和边疆，经受了锻炼，为开发、振兴祖国的内地和不发达地区作出了贡献。这些是应该给予肯定的。但是，这些并不是“文化大革命”的成绩，而是广大知识青年在逆境中奋斗的成果。还应该指出，“文化大革命”中进行的动员知识青年上山下乡运动中的政策、措施、方法都存在严重错误。在下乡的政策上搞“一刀切”，不区别各个地区、各个对象的具体情况，中学毕业生一律要下乡，就连城镇人口很少的西藏也不例外；在动员方式上偏重行政手段，有的地方甚至搞强制、压服；在下乡地点的选择上，片面强调越是困难的地方越是要去，使有些地区的知识青年在生产上和生活上产生了严重困难。在对下乡知识青年的使用和管理上，过分强调接受“再教育”，使青年们在政治上受到压抑，并且既学不到科学知识，也难于发挥自己的聪明才智，学业荒疏，身无专长，影响发展。这些错误的做法，带来了许多不幸的后果。

“文化大革命”时期，国家和企业、事业单位为安置知识青年上山下乡所支出的经费超过 100 亿元。实践证明，这种以下乡插队为主要形式的，采取政治运动方式的知识青年上山下乡，对国家，对农民，对知识青年都是不利的。

随着工人、解放军宣传队的进驻和领导学校，随后又进行了大规模的知识青年上山下乡运动，原来喧嚣如潮、不可一世的各种红卫兵组织，无法再进行活动。红卫兵也因完成了它对发动和推行“文化大革命”的价值，而名存实亡了。

毛泽东采取的一系列措施，对于纠正具体工作中的一些过火的错误行动，起了一定的制止和控制作用。从 1968 年秋冬以后，天下大乱、全面内战的局面逐步有所缓解。但在“文化大革命”的错误运动继续坚持进行的条件下，矛盾仍在继续发展，不断发生新的斗争和事件。

林彪、江青制造“杨、余、傅”事件

1968年3月，林彪、江青亲自下手，制造了“杨、余、傅事件”。他们诬陷在人民解放军担任重要职务的杨成武、余立金、傅崇碧“阴谋夺取空军大权”、“武装冲击中央文革”，并且罗织罪名，说杨、余、傅“为‘二月逆流’翻案”，是“二月逆流”的“新反扑”。根据这些莫须有的罪名，骗得毛泽东的同意，在叶剑英、徐向前、聂荣臻等几位军委副主席事前毫无所知的情况下，1968年3月22日，中共中央、国务院、中央军委、中央文革发出命令：撤销杨成武的人民解放军代总参谋长、中央军委常委、中央军委副秘书长、总参党委第一书记等职务；撤销余立金的空军政治委员、空军党委第二书记等职务，并加以“叛徒”罪名，逮捕法办；撤销傅崇碧的北京卫戍区司令员职务。同日发出命令：任命原广州军区司令员黄永胜为人民解放军总参谋长，人民解放军副总参谋长温玉成兼北京卫戍区司令员。

3月24日，在北京人民大会堂召开了人民解放军各总部、国防科委、国防工办、各军兵种、军事院校以及其他单位的团以上干部一万余人的大会。毛泽东亲自到会接见，周恩来、陈伯达、康生、江青等人出席，会上由林彪作了所谓“极其重要的指示”。林彪宣布了中央22日的决定，并作了歪曲事实、强词夺理的解释。他说：“最近从空军里发生了杨成武同余立金勾结要篡夺空军的领导权，要打倒吴法宪。杨成武与傅崇碧勾结要打倒谢富治。杨成武的个人野心，还想排挤许世友，排挤韩先楚，排挤黄永胜以及与他的地位不相上下的人”。“第一，他是不对的；第二，他是少数。而其他的是多数，其他的是对的。所以，权衡两个方面，我们只有采取不是打倒别人，就是把他打倒的做法。”在党内斗争中、并且在万人大会上公开这样宣讲，是前所未有的。但是，因为这种怪论是出于副统帅之口，虽然不符合毛泽东讲的反潮流精神，还是被奉为金科玉律，无人敢提出半点不同意见。

林彪在讲话中，借口批判杨、余、傅所谓“对中央文革是不忠诚的”，公开地吹捧江青。说她是“我们党内女同志中间很杰出的同志，也是我们党内干部中间很杰出的一个干部……文化革命中间树立了许多丰功伟绩”等等。林彪的妻子叶群趁机振臂高呼：“江青同志是杰出的无产阶级革命家！”“誓死保卫江青同志！”林彪的死党吴法宪也高呼：“誓死保卫江青同志！向江青同志学习！向江青同志致敬！”而江青也回报以：“谁反对毛主席、林副主席就打倒谁！”江青的“金棍子”姚文元也及时紧跟地高呼：“谁反对毛主席就打倒谁！谁反对林副主席就打倒谁！”一时口号声此起彼伏，演出了一场林彪、江青两个集团互相吹捧的闹剧。

3月25日，中央军委办事组宣布改组。军委办事组是在“文化大革命”的特殊条件下设立的一个负责军委日常工作的机构，成立于1967年8月。最初的成员为吴法宪、叶群、邱会作、张秀川。同年9月，根据周恩来的提议，中央决定，由杨成武任军委办事组组长，吴法宪任副组长，成员又增加了李作鹏。办事组对军委常委负责。这次改组后，由黄永胜任组长，吴法宪仍任副组长，成员为叶群、李作鹏、邱会作等，使林彪集团完全控制了军委办事组。不久，根据毛泽东的意见，决定中央军委常委不再开会，军委办事组实际上取代了军委常委。

3月27日，中央文革在工人体育场召开了“彻底粉碎‘二月逆流’新反扑，夺取无产阶级文化大革命全面胜利誓师大会”。江青在大会上宣布说：杨成武搞小山头，背后搞阴谋，招降纳叛。康生说：杨成武是一个资产阶级野心家、阴谋家，是两面派，两面三刀，口是心非，口蜜腹剑。陈伯达则摆出一副理论家的面孔，把这次事件作为“文化大革命”以来阶级斗争的第五个回合，似乎反映了阶级斗争发展的客观规律。所谓“五个回合”是：第一个回合打倒彭、罗、陆、杨；第二个回合，打倒刘、邓、陶；第三个回合，击退去年的“二月逆流”；第四回合是击退所谓“刘、邓、陶的小爪牙”王力、关锋、戚本禹；第五回合，就是揭露杨、余、傅的反革命阴谋，把他们打倒。这五次所谓斗争的性质和情况完全不同，却说成都是阶级斗争的回合，真是不伦不类的概括，但当时却骗了许多不明真相的群众。

现在事情已经非常清楚，所谓“杨、余、傅事件”，是林彪、江青互相勾结，精心策划，进一步篡夺军权的一个重大步骤，是“文化大革命”期间的一件重大冤案。毛泽东后来在一封信上批示：“此案处理可能有错，当时听了林彪一面之词。”

“杨、余、傅事件”后，林彪、江青一伙乘机煽动挖“黑后台”，进一步打击叶剑英、徐向前、聂荣臻等军委领导人，从而控制了军委很大一部分权力。同时，报刊上连续发表社论，反复号召全国“坚决反对右倾机会主义，右倾分裂主义，右倾投降主义，粉碎右倾翻案风”；在派性泛滥，武斗成风的情况下，公然提出“对派性要进行阶级分析”，鼓吹“维护和增强无产阶级革命派的派性”。

林彪、江青一伙制造的“杨、余、傅事件”，实际上形成了一场声势很大的“反右倾”运动，从而更加助长了极左思潮的泛滥。并使在天下大乱局势逐渐缓解和社会秩序有所恢复的过程中，又卷起了一场逆向的巨浪，增加一次大反复。

在这“文化大革命”最混乱的夺权阶段，党的地方和基层组织被打乱，生产秩序遭到严重破坏，社会生活陷入紊乱状态。全面夺权使中国人民付出惨重的代价。仅从工农业总产值的指数看，1967 年比上年下降 9.6％，1968 年比上年再降 4.2％。政治上、思想上遭受的破坏，人民生命财产的损失，更是无法估计。

同时也应看到，在那混乱的岁月里，广大党员没有放弃作为一个共产党员的职责。许多党的干部被游街，被批斗，被审查，只要未被“罢官”，他们就不顾困难，领导周围群众，坚持工作和生产，尽力维护社会生活的运行。广大工程技术人员和工人，在党长期教育下，以国家和人民的利益为重，用积极工作的实际行动，抵制"文化大革命"的错误。因此，在1967年和1968年两年中，生产虽然下降，但一些重要的建设和科研项目并未停止。例如，1967年6月17日，我国第一颗氢弹爆炸成功。1968年10月30日，我国自行设计和施工的南京长江大桥建成通车。这样一些重大工程技术项目取得的成就，显示了广大干部和群众在艰难困苦中的奋斗精神。广大农民也仍在极其艰苦的条件下辛勤耕耘，给全国人民提供粮食和其他农副产品。

四、"全国山河一片红"和缺员甚多的中共中央全会

1968年9月5日，西藏、新疆两个自治区的革命委员会同时成立。自1967年1月上海夺权到这时，经历了20个月错综复杂的斗争，全国(除台湾外)29个省、市、自治区先后成立了革命委员会。这标志着"文化大革命"的夺权任务已经基本完成，实现了所谓"全国山河一片红"。

省级革委会建立简况

各省、市、自治区革命委员会的简况，当时出版的一本题为《革命委员会好》的书中，曾有一份简表，现略加修改抄录于下：

全国各省、市、自治区革命委员会成立简况

次序	地 区	成立时间	革委会主要负责人
1	黑龙江省	1967.1.31	潘复生、汪家道
2	山东省	1967.2.3	王效禹、杨得志、韩金海

续表

次序	地 区	成立时间	革委会主要负责人
3	上海市	1967.2.5	张春桥、姚文元、王洪文
4	贵州省	1967.2.14	李再含、张　明、李　立
5	山西省	1967.3.8	刘格平、张日清、陈永贵
6	北京市	1967.4.20	谢富治、吴　德、聂元梓
7	青海省	1967.8.12	刘贤权、张江霖、达　洛
8	内蒙古自治区	1967.11.1	滕海清、吴　涛、高锦明
9	天津市	1967.12.6	解学恭、萧思明、郑三生
10	江西省	1968.1.5	程世清、杨栋梁、万里浪
11	甘肃省	1968.1.24	冼恒汉、张　忠、胡继宗
12	河南省	1968.1.27	刘建勋、王　新、纪登奎、耿起昌
13	河北省	1968.2.3	李雪峰、刘子厚、马　辉、耿长锁
14	湖北省	1968.2.5	曾思玉、刘　丰、张体学
15	广东省	1968.2.21	黄永胜、孔石泉、陈　郁
16	吉林省	1968.3.6	王淮湘、阮泊生、郑季翘
17	江苏省	1968.3.23	许世友、吴大胜、杨广立、彭　冲
18	浙江省	1968.3.24	南　萍、陈励耘、熊应堂、赖可可
19	湖南省	1968.4.8	黎　原、龙书金、华国锋、章伯森
20	宁夏回族自治区	1968.4.10	康健民、张怀礼、徐洪学
21	安徽省	1968.4.18	李德生、廖成美、宋佩璋
22	陕西省	1968.5.1	李瑞山、黄经耀、胡　炜

续表

次序	地 区	成立时间	革委会主要负责人
23	辽宁省	1968.5.10	陈锡联、李伯秋、王　良、毛远新
24	四川省	1968.5.31	张国华、梁兴初、刘结挺、张西挺
25	云南省	1968.8.13	谭甫仁、周　兴、陈　康、段思英
26	福建省	1968.8.14	韩先楚、皮定钧、蓝荣玉
27	广西壮族自治区	1968.8.26	韦国清、欧致富、安平生
28	西　藏自治区	1968.9.5	曾雍雅、任　荣、巴　桑
29	新疆维吾尔自治区	1968.9.5	龙书金、赛福鼎

革委会建立费时的原因

建立省、市、自治区一级革命委员会为什么需要经历20个月之久呢？这是由“文化大革命”的特殊条件下，夺权的特殊性所决定的。

首先是夺权的对象难以确定。当时宣称的对象是所谓党内走资本主义道路的当权派。如前所述，这个对象是没有确定内涵的，带有很大的主观随意性。因此，这一派可以说某领导人是走资派，要打倒；而另一派却可宣称同一领导人是革命干部，要结合。争论不休，难以统一，甚至导致派仗和武斗。

其次是“三结合”难以实现。毛泽东曾说：“革命委员会的基本经验有三条：一条是有革命干部的代表，一条是有军队的代表，一条是有革命群众的代表，实现了革命的三结合。”确定谁是“革命干部的代表”颇不易，确定谁是“革命群众的代表”更难。当时数量众多、名称各异的群众组织，纷纷自称为无产阶级革命造反派，“唯我独革”之风气甚浓，都要“以我为核心”，由自己作为革命群众组织的代表参加革命委员会。常常为了某个组织有几名革命委员会委员，是否参加常委，是否当副主任而争论不休，达不成协议，以致造成武斗和反复夺权。军队的代表，确定容易一些，但也存在野战军和地方军区，这一部队与那一部队的矛盾。

再加上地区性的特殊矛盾，历史遗留的问题和积怨，某些地区存在的民族矛盾和宗教矛盾等。而是否参加革委会，在其中居何种地位，又是利益攸关的大事，如此等等。这种种矛盾就使一些省、市、自治区虽然宣称夺了权，却迟迟难以建成革命委员会。有的地方虽然建立了革命委员会，但内部争夺仍持续不休。这些说明，“三结合”的基本经验并不是成功的。

如何评价革命委员会

为了庆祝所谓“全国山河一片红”，9 月 7 日，《人民日报》和《解放军报》联合发表社论：《无产阶级文化大革命的全面胜利万岁！》，社论说：“全国山河一片红，这极其壮丽的一幕，是夺取文化大革命全面胜利进程中的重大事件，它标志着整个运动已在全国范围内进入了斗、批、改的阶段。”“把被他们篡夺了的那一部分党、政、财、文大权夺回到无产阶级手中，这是一场资产阶级企图复辟和无产阶级反复辟的严重斗争，是无产阶级革命的继续，是无产阶级反对资产阶级和一切剥削阶级的一场政治大革命。”“全国各省、市、自治区革命委员会的全部成立，显示了战无不胜的毛泽东思想掌握了亿万革命群众的无比威力，大大加强了无产阶级专政，大大丰富和发展了马克思列宁主义。”这样的一些评价，很显然是一种不符合实际的吹捧叫好，是经不起历史实践检验的。今天需要对革命委员会的性质和作用重新作出评价。

夺权后建立起来的新政权机构革命委员会，并不是“具有无比生命力的新生事物”，而只不过是在特殊历史条件产生的不正常的缺少生命力的临时性的畸形机构。它起码有以下三个带根本性质的缺陷：

一曰名不正。革命委员会是国际上通用的一个名称，通常是指一个先进阶级或进步集团起来推翻反动阶级或落后集团的统治后建立的临时政权机构，它标志着社会的进步，起码也是朝代的更迭。而中国的“文化大革命”则不然。社会主义的中国已经基本上消灭了阶级，没有占统治地位需要推翻的剥削阶级，根本不存在“一个阶级推翻一个阶级”的问题；所谓向走资派夺权，历史实践也早已证明不过是堂吉诃德式的同风车作战，因为“走资派”这种要重点打击的对象，也是根本不存在的。“文化大革命”进行了 10 年多，也没有判定出一个“走资派”。因而，这种夺权只不过是一些共产党员率领一些群众向另一些共产党员夺权。夺权之后，仍是中华人民共和国的地方政权，不发生改朝换代的问题。夺权之后的领导力量仍是中国共产党，不发生改换领导的问题。夺权之后，政权的性质也没有改变，仍然是人民民主专政。因此，革谁的命成了一个难以说清楚的问题，革命委员会的名称自然就名不正、言不顺了。至于一个学校、工厂、商店的机构也称为革命委员会，更是把政权机构同商业、教育、经济等不同性质的机构混为一谈。其名称之荒谬是无须多说的。

二曰任务不对。人民民主专政具有政治的和经济的两种职能。随着我国社会主义改造的完成和剥削阶级的基本消灭，政权中镇压剥削阶级反抗的政治职能逐渐减弱，当然还存在防御国内外敌人进攻、保卫人民政权的职能，而组织社会主义建设的经济职能逐渐加强。发展生产力成为中国共产党和全国人民的中心任务，也是政权的中心任务。这点本来是在 1956 年中共第八次全国代表大会决议中就已阐明了的，可惜后来走了曲折的路。而革命委员会则反其道而行之。它的主要任务是搞阶级斗争，巩固无产阶级专政。也就是毛泽东在中共第九次全国代表大会上提出的要求："团结起来，为了一个目标，就是巩固无产阶级专政，要落实到每个工厂、农村、机关、学校。""巩固无产阶级专政"就其完整意义上来说，本来是包括发展生产力以巩固无产阶级专政的经济基础在内的。按照革命导师的教导，这还应该是无产阶级夺得政权之后放在首位的任务。可惜的是，当时毛泽东所强调的巩固无产阶级专政的主要任务是"把上层建筑包括教育、文艺、新闻、卫生等各个文化领域中的革命进行到底"；是"进一步批判刘少奇的反革命修正主义，肃清其余毒"；是"在全国范围内完成斗、批、改各个阶段的任务"。而实践已经证明，这样做的结果同"巩固无产阶级专政"的目标是南辕北辙的。从这个意义上可以说，革命委员会是贯彻以阶级斗争为纲的"左"倾错误路线的工具。很显然，这样的任务既不符合广大人民的意愿和需要，也是违反社会主义社会发展的客观规律的。

三曰体制不好。革命委员会的组织原则是"实行一元化的领导"，党政合一，两块牌子，一个机构。可以说是战争年代形成的一元化领导体制的极端发展。如果说一元化的领导体制在那时的历史条件下，有利于统一指挥、集中各方面的力量，保证革命战争的胜利，起了有益作用的话，那么建国以后，特别是随着工作中心向经济建设方面转移，已经不再适应需要。按照历史发展的潮流，本来是应该向着党政分开的方向发展，可是革命委员会却反其道而行之，把党政机构合而为一。历史实践已经证明，这种逆历史潮流而动的东西，是不可能有生命力的。后来革命委员会的被取消，正是历史的必然。

尽管建立的是畸形的内部矛盾甚多而效率不高的政权机构，但有了统一的权力机构总比无政府状态的天下大乱是一个前进。省、市、自治区革命委员会的建立，有利于稳定"文化大革命"所造成的既定格局,也为酝酿已久的召开党的中央全会和第九次全国代表大会创造了一个不可缺少的条件。

恢复和重建党的准备

中国共产党是领导革命事业的核心力量,没有党的领导就不可能有全国各族人民的大团结。这既是革命历史经验的总结,也是中国近现代历史发展的客观反映。虽然由于毛泽东认为中国共产党进城之后不那么好了,而发动亿万群众“踢开党委”,打乱了党的各级组织,停止广大党员的组织生活,造成了“天下大乱”的局面。然而要遂成他主观设想的“天下大治”,还是不能不依靠党组织的力量。因此,党组织必须重建,但又不是恢复“文化大革命”前党组织的那种状况的问题,就成为毛泽东探索和思考的重大问题之一。为了恢复和重建党的组织,也就必须召开党的中央全会和全国代表大会。

早在“文化大革命”开始不久的八届十一中全会闭幕式上,毛泽东就提出了筹备和召开党的第九次全国代表大会的问题。他在讲话中一开头就说:“关于第九次大会的问题,恐怕要准备一下。第九次大会什么时候召集的问题,要准备一下。”1967年秋,他委托张春桥、姚文元就召开九大的问题在上海作调查。姚文元在上海召开了一些座谈会,收集了一些意见,写成调查报告。报告借口群众意见,提出在九大召开前先修改党史,搞一个适合需要的“党内两条路线斗争历史的材料”。并说,1945年中共六届七中全会通过的《关于若干历史问题的决议》已经不能用了,因为那个决议中肯定了刘少奇。中共中央于10月21日向全国发出《关于征询“九大”问题意见的通知》,附发了姚文元的报告。此后,全国各地以各种形式进行了征询对九大意见的工作。

中央文革小组实际上成为筹备召开九大的领导机构。1967

年11月5日，毛泽东在同中央文革小组成员谈话中，提出就各地关于召开九大问题的反映材料，“综合一下，通报各地”，以利于继续征求意见。11月27日，中共中央、中央文革发出《关于对征询召开“九大”的意见的通报》。这份通报以群众意见的形式实际上向全国通告了中央文革小组的意见。通报说：“九大的最根本任务，就是要以毛泽东思想为指针，总结‘八大’以来我国社会主义革命和社会主义建设的经验，总结这次无产阶级文化大革命的经验”，“修改党章，整顿和纯洁党的组织，选举无限忠于毛主席、忠于毛泽东思想、忠于毛主席无产阶级革命路线的中央委员会”。“要大力宣传林副主席是毛主席的亲密战友，是毛主席的接班人，并写入九大的报告和决议中”。要“把隐藏在党内的叛徒、特务、自首分子和反革命修正主义分子统统清除出去，以根绝隐患”。代表产生的方法，“采取自上而下，上下结合，内外结合，各方协商的方法产生”等等。表露了林彪、江青一伙企图借九大的召开，排挤老一辈革命家，而自己夺取更大的权力的野心。12月16日，中共中央、中央文革小组又发出《关于进行修改党纲党章工作的通知》，通报了上海开展“群众性的修改党纲党章的运动”的经验，要求各地“参照上海的经验，组织党纲党章修改小组和群众性的讨论”。此后，各地开展的修改党章工作，虽然层层组织了修改小组，从表面上看似有广大群众参加讨论，而实际上中央文革发出的《通报》，早已成为不可逾越的准则。群众的所谓讨论、修改，不过是在既定的框子中，作一点文字的修饰而已。

对刘少奇的荒唐指控

召开九大的一项主要准备工作，是“解决刘少奇的问题”。早在1966年12月18日就成立了专案组，在江青、康生、谢富治等人的直接控制和指挥下，对刘少奇进行秘密审查。他们一方面采取弄虚作假、断章取义、逼供信等恶劣手段，拼凑虚构的、牵强附会的材料，伪造证据，报送中央；另一方面，又扣压了解真相的人提供的反映历史真相的证词和被迫提供伪证的人多次更正的材料。经过多方策划，费尽心机，终于在 1968 年 9 月，提出了一份所谓《关于叛徒、内奸、工贼刘少奇罪行的审查报告》，预定在八届十二中全会上讨论通过。这份审查报告指控刘少奇在 1925 年、1927 年和 1929 年 3 次“被捕叛变，投降敌人，充当内奸、工贼”，这完全是歪曲事实的诬陷。

1925 年冬，刘少奇在长沙被捕是事实，但根本不存在私自从上海潜逃和投敌叛变的问题。刘少奇回长沙是因病回家休养，当时是完全公开的。在长沙被军阀赵恒惕逮捕后，全国总工会、各地学联等群众组织团体和国民党第二次全国代表大会等，纷纷致电谴责赵恒惕，要求释放。此外，还有亲友同乡等进行营救。在外有各界压力，内有上层疏通、联名具保的情况下，赵恒惕不得不将刘少奇释放。刘少奇从长沙到广州后，受到中华全国总工会的隆重欢迎。全总负责人邓中夏在欢迎会上称赞刘少奇是“工人阶级最勇敢的战士”。可是，江青等人却置这些确凿事实于不顾，仅凭一名在押犯 1952 年的一段说刘少奇接受过赵恒惕送的“四书五经”的笔供，竟引申出刘少奇是奉赵恒惕旨意，“重新钻入党内”。如此推论，实属荒唐。

所谓 1927 年当内奸一事，证据只是丁觉群的供词。丁在 1927 年时曾任汉口特别市国民党党部执委兼工人部长，1928 年被捕后脱离共产党。1967 年夏，他被监押起来，专案组逼他写诬陷刘少奇的伪证。他开始说：刘“在省工会工作，我在市党部工作，除了工作接触以外，没有特殊关系”。但后来在压力下写了伪证。第二天又写了否定材料，声明“这些都是假的”，“为了批倒批臭刘少奇，我这个文件是打破事实的框框写的”。但这种“打破事实框框”的伪造，却被收入《审查报告》，居然成为最重要的证据。

1929年刘少奇在中共满洲省委书记任内，确曾被捕过。但因为坚决斗争，身分又未暴露，法院只得以证据不足而取保释放。此事当时省委曾有报告给中共中央，刘少奇也从不曾隐瞒过。可是，江青一伙却逼使当时任中共满洲省委组织部长、与刘少奇同时被捕的孟用潜写了伪证。虽然孟用潜在被关押期间写了20多次申诉材料，要求推翻伪证，但一律不准上报，《审查报告》中只选用了伪证。栽赃陷害、置人死地的意图是昭然若揭的。而且在整个审查过程中，刘少奇被完全剥夺了申辩的权利。林彪、江青一伙蓄意对刘少奇进行政治陷害和人身迫害，并把一大批党政军领导干部诬陷为"刘少奇的代理人"统统打倒。目的之一，显然是为他们在将要召开的九大上，在中央委员会选举中"吸收一批，清洗一批"制造口实。

缺员甚多的中央全会

刘少奇是中国共产党的主要领导人之一，虽然八届十一中全会后中央副主席的职务被不明不白地取消了，而且被非法关押，剥夺了一切权利，但他名义上仍是中央政治局常委，要彻底打倒总要经过适当的组织形式，完成必要的手续，并且必须在党的第九次全国代表大会之前完成。为此，1968年10月13日至31日，毛泽东在北京主持召开了中共八届扩大的十二中全会。这次会议是在许多中央委员被剥夺了出席会议的权利，一些中央委员刚从被非法关押的地点——当时俗称的"牛棚"中放出来出席会议，一些中央委员在会上继续遭受诬陷性批判的极不正常的情况下进行的。

会议召开前的7月21日，康生亲笔写了一封给江青的绝密信。信中说："送上你要的名单"。康生开列的这份名单中，中共第八届中央委员、候补中央委员193人(其中28人已去世)，有88

人被分别诬陷为“特务”、“叛徒”、“里通外国分子”、“反党分子”，因而不能参加会议。另有一些中央委员还被造反派扣压批斗，未能出席。在此情况下，第八届中央委员97人中，除十一中全会以来去世10人外，能参加这次会议的只有40人。开会时，因不够法定人数，在开幕会上宣布，“通过无产阶级司令部商定”，从候补中央委员中挑选10人为中央委员，这才刚刚过了半数。八届中央候补委员98人中，除递补为中央委员的10人外，能出席会议的只有9人。而被扩大参加这次会议的中央文革小组成员、军委办事组成员，各省、市、自治区革命委员会和各大军区主要负责人、中央直属机关人员达74人，占会议成员总数133人的57%还多。这些人不仅同中央委员一样有表决权，而且一些人还被指定为组长、副组长，领导中央委员。如王洪文就被指定为副组长。以后还发现，从省里派来参加这次中央全会的成员中，竟有1人当时还不是共产党员。与会的非中央委员多于中央委员，非中央委员担任组长领导中央委员，这在党的历史上是绝无仅有的，也是八届十二中全会严重背离组织原则的一大怪现象。

在8月13日的开幕会上宣布，召开这次会议，就是要为召开九大做准备工作。议程共四项：讨论九大代表产生的原则和方法；讨论修改党章草案；讲一讲国内国际形势；讨论通过关于刘少奇的专案审查报告。

毛泽东在讲话中要求大家讨论一下：究竟“文化大革命”要不要搞？搞的中间是成绩占主要的，还是成绩太少，错误太多？毛泽东明确表示，他认为“这次无产阶级文化大革命，对于巩固无产阶级专政，防止资本主义复辟，建设社会主义，是完全必要的，是非常及时的”。

林彪、江青一伙借着讨论毛泽东提出的“文化大革命”评价问题，在分组讨论一开始时，就组织围攻所谓“二月逆流”参加者的陈毅、叶剑英、李富春、李先念、徐向前、聂荣臻等（谭震林被取消参加会议的权利)和所谓“一贯右倾”的朱德、陈云、邓子恢。林彪在会上宣称:“二月逆流”是“十一中全会以来发生的一次最严重的反党事件”,是“资本主义复辟的预演”。江青、康生等把“反毛主席”、“否定延安整风”、“为王明路线翻案”、“乱军”、“搞修正主义”等罪名强加到受批判的老同志头上,迫使他们一次又一次地交代和检讨。这种无限上纲、以势压人的诬陷性的批判,给会议造成了极度紧张的气氛。

全会在当时中共中央的领导人已明确赞同专案组的审查意见和党内生活处于极不正常的状况之下,错误地批准了《关于叛徒、内奸、工贼刘少奇罪行的审查报告》,并通过决议,宣布“把刘少奇永远开除出党,撤销其党内外的一切职务,并继续清算刘少奇及其同伙叛党叛国的罪行”。虽然有一些老同志在讨论中表示了怀疑,但在压力下没有能够坚持。只有中央委员陈少敏在表决时没有举手。上述调查报告和附件,于 11 月下旬以中共中央文件发至全党,口头传达到群众。这就最终铸成了全国最大的冤案。根据最高人民法院 1980 年 9 月前的统计,仅仅因刘少奇冤案受株连被定为反革命判刑的案件,就达 2.6 万多件,祸及 2.8 万多人。由此在各种不同层次上遭到批判斗争的人,则难以计数。刘少奇于 1969 年 10 月 17 日被押往开封,11 月 12 日含冤病逝,终年 71 岁。

全会通过了《关于九次代表大会代表产生的决定》,规定代表产生的原则,是“充分民主协商,高度集中”。这就为把传统的民主选举原则撇开,广泛采用指定代表的方法提供了依据。全会还通过了《关于〈中国共产党章程(草案)〉的决定》。全会通过的公报说:“经过无产阶级文化大革命的风暴,已经从思想上、政治上、组织上为召开党的第九次全国代表大会,准备了充分的条件。全会决定在适当的时候召开中国共产党的第九次全国代表大会。”

对所谓"黑六论"的批判

八届十二中全会从组织上解决了"刘少奇的问题",并通过全会公报而昭告于世,因此,在报刊上也就不再使用哑谜式的"中国赫鲁晓夫"的代称,而直呼其名。会后,又广泛展开了"肃清刘少奇等党内最大的一小撮走资派的反革命修正主义的思想"的"革命大批判"。目的显然是要通过对刘少奇大规模的、公开的、指名的批判,进一步把"刘少奇及其代理人"搞臭,更加广泛地宣扬"文化大革命"的一整套"左"倾错误思想。

还在会议期间,《人民日报》于 1968 年 10 月 16 日转载《红旗》杂志社论《吸收无产阶级的新鲜血液》,号召批判所谓刘少奇推行的"六论"(即所谓"阶级斗争熄灭论"、"驯服工具论"、"群众落后论"、"入党做官论"、"党内和平论"、"公私溶化论")。这场"革命大批判"的许多文章是林彪、江青、康生等人组织、授意写成的。其特点是断章取义、随意引申、捏造事实、歪曲历史,以"左"倾思想批判正确的思想。

他们所批判的"阶级斗争熄灭论",实际上是以阶级斗争扩大化、绝对化的错误观点,批判马克思主义关于生产资料私有制的社会主义改造完成后,剥削阶级作为阶级已经不存在,阶级斗争已经不是社会政治生活的主要内容的正确论断。而这些论断是中共第八次全国代表大会肯定过的,也是在一段时间里,许多中央领导同志,包括毛泽东本人都讲过的,并非刘少奇一人之独创。

所谓"驯服工具论",是针对刘少奇的一次讲话。尽管共产党员要作党的驯服工具这一提法是否科学和准确可以研究,但当时的批判实际上是以否定党的领导的无政府主义观点和"造反有理"的片面口号,批判服从党的领导、执行党的政策、遵守党的纪律、听从党的调配、勤勤恳恳为党工作的党性原则。也批判了加强党员的组织性和纪律性的正确方针。

所谓“群众落后论”，并非是刘少奇的原话，而是对刘少奇某些话加以断章摘取后的歪曲概括。而当时的批判实际上是以“群众运动天然合理”、“群众自己解放自己，自己教育自己”等自发论，批判在群众工作中，应加强党的领导，抓紧思想教育，提高群众觉悟等正确原则和成功经验。

他们批判所谓“入党做官论”，刘少奇本人从来没有这样说过，完全是歪曲和捏造。实际上是借此丑化广大党员，攻击党的积极分子，歪曲党的性质。

他们所批判的“党内和平论”，是从“左”的方面对刘少奇所总结的正确对待党内斗争经验的错误批判。实际上是以残酷斗争无情打击的斗争哲学，批判马克思主义关于既主张党内开展积极的思想斗争，又承认在坚持原则基础上必要的和平与妥协，以维护党的团结的正确态度，以及不要把党内一切分歧和斗争都归结为两个阶级、两条路线斗争的正确观点。

他们所批判的“公私溶化论”，实际上是以所谓狠斗“私”字一闪念、“灵魂深处爆发革命”等空洞口号和否定个人物质利益的极左观点，批判刘少奇所正确阐述的马克思主义关于个人利益和集体利益统一的原理。

这种混淆是非的“革命大批判”，歪曲了马克思主义的基本原理和社会主义的基本原则，否定了党的一系列正确的方针、政策，抹煞了建国以来党领导全国人民所取得的成就，破坏了党的优良传统和作风，造成了政治上、理论上、思想上各方面极大的混乱。

第四章

稳定“文化大革命”格局的努力和林彪事件

毛泽东在 1968 年 10 月 13 日党的八届十二中全会开幕会上的讲话中，曾提出一个问题：现在都讲把“文化大革命”进行到底，究竟什么叫到底？他的回答是：估计大概要三年，到明年夏天差不多了。这就是说，在造反派的全面夺权已经取得决定性胜利的前提下，毛泽东已经在考虑如何结束“文化大革命”。而召开党的第九次全国代表大会，发挥党的最高组织形式的权威，重建党的各级组织，运用广大党员和各级党组织的力量，在稳定“文化大革命”造成的既定格局的基础上，去夺取新的更大胜利，无疑被毛泽东认为是最适宜的措施。党的九大正是在这一思想指导下召开的。但是，“树欲静而风不止”，“文化大革命”的错误之火既然已经熊熊燃烧起来，就不是那么容易止熄的。特别是林彪、江青两个借“文化大革命”之势而窃得巨大权力的反党阴谋集团，更是不愿意“文化大革命”到此结束的。因而在新的形势下，又出现了新的一轮斗争。

一、“造反派”胜利的中共九大

九大前的国内外环境

各省、市、自治区革命委员会的建立，缓解了天下大乱的局势，创造了相对安定一些的环境；中共八届十二中全会又进一步做了组织方面的准备；中共中央全会后，各地纷纷协商产生了出席中共全国代表大会的代表。这样，召开第九次全国代表大会的条件就基本上具备了。

中共九大召开前的国际环境还是相当严峻的。从 1965 年开始，由于美军增兵越南南方，连续轰炸越南北方，在中国南大门剧烈燃烧的战火，虽然受越南军民 1968 年新春大捷迫使美总统约翰逊要求和谈，并于 1969 年 1 月开始了两国四方（美国、越南民主共和国、越南南方民族解放阵线、越南共和国〈西贡〉)的巴黎和谈的影响,而有减弱的趋势。但是,当时战火尚未平息,驻在越南南方的美军仍多达 54 万人,还有 6 万多名帮凶军队和近百万的南越伪军。中国的南大门并不太平。

而在北方,中苏关系很紧张。两国边防部队武装对峙,边境冲突以致流血事件时有发生。据我国政府统计,自 1964 年 10 月 15 日至 1969 年 3 月 15 日的 53 个月里,在中苏两国的边境发生的各种事件竟达 4189 起之多。特别是,正当党的九大召开前夕,1969 年 3 月在中苏边境东部地区黑龙江省的珍宝岛,接连发生两国正规军武装冲突,动用大炮、坦克的严重流血事件。这是自中苏两国建交以来从未有过的重大事件,我国外交部接连三次向苏联政府提出强烈抗议。珍宝岛事件不仅引起我国党和政府高级领导人的高度重视和警惕,对于广大的党员和群众也产生严重的心理冲击。

上述事件,加重了党内存在的认为世界大战不可避免而且日益紧迫这种对国际形势的"左"的估计。3 月 15 日,毛泽东在中央文革碰头会上着重谈了准备打仗的问题。准备打仗,不仅成为九大的重要内容之一,而且被规定为指导方针,对全国各项工作产生重大影响。如稍后即开始进行的全国性的深挖洞(即挖防空洞和防空壕)、建设人民防空工程活动,许多大中城市疏散人口,把过多的资金投入三线建设等,造成了人力物力的巨大浪费,这都是在战争迫在眉睫的估计下发生的。

不正常的九大代表构成

1969 年 4 月 1 日至 24 日,中国共产党在北京召开了第九次全国代表大会。出席大会的代表共 1512 人,代表党员 2200 万人。

当时，全国各省、市、自治区党委尚未建立，大多数党员还没有恢复组织生活，出席大会的代表是按照所谓“充分民主协商，高度集中”的原则，听取“群众的意见”之后“推选”出来的。当时的所谓集中，就是中央集中到中央文革，地方集中到各级革命委员会。而所谓群众意见。主要是听取各造反派群众组织的意见，再加上林彪、江青等人有意地指定自己的一些亲信骨干要有关地方和部门提名，这样“推选”出来的九大代表自然主要是革委会的负责人、“造反派”的头头和支左的解放军。这就使参加中共九大的人从组织成分上说是一次“造反派”占优势的大会。有些“造反派”还不是中共党员怎么办？就突击入党。这些代表中，有的是确定为九大代表后才补办入党手续的，有的是在来北京的列车上突击入党的，有的甚至根本没有履行入党手续就当了代表。这反映了九大本身的组织严重不纯。

大会的议程共三项，即：林彪代表党中央作政治报告；修改中国共产党章程；选举党的中央委员会。

这次代表大会的开法与八大不同。事先没有公布开会的时间，不邀请外宾，也不准记者自由采访。代表们到京后，不准外出，不准打电话。开会时秘密进入会场。一直到大会秘书处4月1日公报发表，中共党员和全国各族人民才知道九大已经召开了。这种做法在执政的各国共产党的历史上是绝无仅有的。

4月1日下午5时，九大第一次全体会议开始，毛泽东主持大会开幕式并讲了话。他概要地回顾了党成立以来历次代表大会的情况，并说：“我希望我们的大会，能够开得好，能够开成一个团结的大会，胜利的大会。”

大会先通过主席团名单，并推举大会主席。这时发生了一个值得玩味的小插曲：毛泽东突然说：“我推举林彪同志当主席。”林彪马上惊慌地站起来大声说：“伟大领袖毛主席当主席。”毛泽东又说：“林彪同志当主席，我当副主席，好不好？”林彪连连摆手说：

“不好，不好，毛主席当主席，大家同意请举手。”于是，全场立即举起手来。毛泽东看见大家举手，就同意当主席，并提议林彪当副主席，周恩来当秘书长，会上一致通过。接着，林彪代表党中央作政治报告。

全面肯定“文化大革命”的九大政治报告

这个报告以“无产阶级专政下继续革命的理论”为核心，论述了“文化大革命的准备”、“文化大革命的过程”，在全面肯定了“文化大革命”的所谓成绩和经验的基础上，提出了“‘认真搞好斗、批、改’，把上层建筑领域中的社会主义革命进行到底”等任务。

政治报告在分析“文化大革命的准备”时，断章取义地摘引列宁关于过渡时期阶级斗争的几条论述，用来证明在整个社会主义历史阶段，始终存在着阶级、阶级矛盾和阶级斗争，存在着资本主义复辟的危险性。这就混淆了从资本主义到社会主义的过渡时期同完成社会主义改造后已确立社会主义基本制度的社会，以及整个社会主义社会的历史阶段的原则界限。按理应如列宁所说：“我们从马克思和恩格斯的所有著作中清楚地知道，他们是把有阶级的时期和已经没有阶级的时期非常严格地区别开来的。”①但九大政治报告却把反映过渡时期阶级矛盾和阶级斗争的论断，原封不动地搬到社会主义社会，作为发动一次比一次激烈的政治运动的理论依据，证明“文化大革命”是完全必要的，是非常及时的，这样的论断从实践到理论都是错误的。

政治报告用很大篇幅，对中共党史作了歪曲性的叙述，为发动“文化大革命”制造历史根据。党的历史内容是非常丰富的，包括党领导中国人民进行革命和建设，以及党自身的建设等方面。

---

① 《列宁全集》第32卷，人民出版社1965年版，第237页。

而政治报告却把全部党史归结为“就是毛主席的马克思列宁主义路线，同党内右的和‘左’的机会主义路线斗争的历史”。政治报告诬蔑刘少奇“是走资本主义道路当权派的总代表。他有一条妄图在中国复辟资本主义，使中国变成帝国主义、修正主义殖民地的政治路线，又有一条为他的反革命政治路线服务的组织路线”。并且说，是“毛主席最早察觉了刘少奇一伙的反革命阴谋的危险性”。以此证明，“文化大革命”的发生，“是存在于社会主义社会中的两个阶级、两条道路、两条路线长期尖锐斗争的必然结果”。对党史作这样荒唐的歪曲和篡改是经不起实践检验的。后来在1980年3月举行的中共十一届五中全会已经庄严通过决议，在全国范围内为刘少奇彻底平反。“文化大革命”发生和持续十年的原因，在中共十一届六中全会通过的《中国共产党中央委员会关于建国以来党的若干历史问题的决议》中，已经作出科学的结论。

九大政治报告无视社会主义阶段的最根本的任务就是发展生产力这一客观规律，不顾广大人民当时经济生活贫困、政治生活动荡不安的状况，而把“认真搞好斗、批、改”确定为全党的中心任务，并要求“把活学活用毛泽东思想，放在各项工作的首位”。报告中只有很小的篇幅谈到“抓革命，促生产”的问题，而这一段的中心又是强调突出政治。报告说：“政治是经济的集中表现，不搞上层建筑的革命，不发动广大工农群众，不批判修正主义路线，不把一小撮叛徒、特务、走资派、反革命分子揭露出来，不巩固无产阶级的领导权，怎么可能进一步巩固社会主义的经济基础，进一步发展社会主义的生产力呢?”除了这样极左的错误空论之外，报告中没有一处谈到如何发展生产力，如何制定经济发展战略、计划和方针等。对于党应该怎样去领导和组织社会主义经济建设和文化建设也一字未提。似乎只要所谓的革命抓好了，生产就自然会上去了，经济计划就自然会超额完成了。实践早已证明，这是根本不可能的。这样的革命越是“狠抓”，对生产的破坏就越大。

政治报告第一次把在社会主义阶段的任何时候、任何情况下都要以阶级斗争为中心的错误指导思想，正式规定为“我党在整个社会主义历史阶段的基本路线”。在这种“左”倾错误指导方针下确定的任务，完全脱离了中国的客观实际，违背了全党全国人民的要求和愿望。

九大党章中的错误

大会通过了《中国共产党章程》。这个新党章同样是在“无产阶级专政下继续革命的理论”指导下形成的，包含许多“左”的错误观点。如肯定了社会主义历史阶段“始终存在着阶级、阶级矛盾和阶级斗争”的“左”倾论断；肯定“文化大革命”“是在社会主义条件下，无产阶级反对资产阶级和一切剥削阶级的政治大革命”。还把“打倒以美国为首的帝国主义，打倒以苏修叛徒集团为中心的现代修正主义，打倒各国反动派”写入党章的总纲，这也是党的历史上任何一次党章上都没有的。

在党章的总纲中，对作为党的行动指南的毛泽东思想作了不正确的表述。毛泽东思想是马克思列宁主义在中国的运用和发展，是被实践证明了的关于中国革命和建设的正确的理论原则和经验总结，是中国共产党集体智慧的结晶。而这次大会通过的党章写道：“毛泽东思想是在帝国主义走向全面崩溃、社会主义走向全世界胜利的时代的马克思列宁主义”。这就抹煞了毛泽东思想的本质特征，对毛泽东思想的历史地位作了主观臆断的夸大。九大党章还把毛泽东思想的形成和发展，完全归功于毛泽东一个人，党中央的集体领导，党的其他卓越领导人的重大作用被全部否定。

九大党章明文写上党的领袖是毛泽东和毛泽东的接班人是林彪的内容，背离了历史唯物主义的基本原理，违反了党的民主集中制原则。列宁说得很清楚，无产阶级政党的领袖不是一个人,而是一批人组成的一个集体。他们是经过实践的考验,最有威望、最有影响、最有经验的人们。他们受到广大党员的信任,被推选出来担任最重要的职务,并对全党的工作实行集体领导的。党的领袖们既不能保证终身任职,更不能由一个人指定自己的接班人。“一个领导人,自己选择自己的接班人,是沿用了一种封建主义的做法”①。而九大党章却在总纲中规定中国共产党“以毛泽东同志为领袖”,并且规定“林彪同志是毛泽东同志的亲密战友和接班人”。赞扬他“一贯高举毛泽东思想伟大红旗,最忠诚、最坚定地执行和捍卫毛泽东同志的无产阶级革命路线”。这种做法,是同无产阶级先锋队的性质根本不相容的。两年后林彪的叛逃,正是历史对这种错误做法的无情嘲弄。

九大党章还取消了有关党员的权利的规定,使广大一般党员只有义务而没有权利。马克思主义认为,不应该有不尽义务的权利,同样,也不应该有没有权利的义务。九大党章的这种规定,使党员无法行使自己的合法权利,同时又可以使极少数人成为享有各种权利而不尽任何义务的特殊党员。林彪、江青、康生之流就是这种特殊党员。把广大党员在党内应享的权利取消掉,必然使党蒙上一层浓厚的专制主义色彩,使党的建设遭受严重损害。

九大的选举和会议特色

大会选举了第九届中央委员会。4 月 15 日,大会主席团秘书处发出关于九届中央委员和候补中央委员的选举办法。其中规定,毛泽东和林彪为“当然候选人”;参加中央文革碰头会的成员和军委办事组的成员②为“一致通过的候选人”。还规定,原八届

---

① 《邓小平文选》第 2 卷,第 347 页。

② 列入这一类名单的人有:周恩来、陈伯达、康生、江青、张春桥、姚文元、谢富治、黄永胜、吴法宪、叶群、汪东兴、李作鹏、邱会作、温玉成。

中央委员和候补中央委员提名为九届候选人的,限定为53人。九大代表的特殊构成和中央委员选举办法中这些违反民主原则的错误规定,都是为了从组织上保证"文化大革命"既定政治格局的稳定。九大主席台的座位排列十分有特点,毛泽东居中,左边是以林彪、康生、江青为首的所谓"新文革"的成员,而右边则是以周恩来为首的所谓"旧政府"的成员,对照鲜明,意味深长。

4月24日进行大会选举,当选的170名中央委员和109名候补中央委员中,原八届中央委员和候补中央委员仅占19%。许多功勋卓著、久经考验的革命家被排斥在外。相反,林彪、江青帮派体系中的相当一批骨干和亲信,还有各地造反派的头头,如王洪文、王秀珍、刘结挺、王效禹、聂元梓等这种所谓"火箭式"的干部被大量塞进了党的中央委员会。

九大从始至终是在强烈的个人崇拜和"左"倾狂热的气氛中进行的。会议的基调是"大赞大颂大批"。赞颂的对象首先是毛泽东。很多代表说:"能够和伟大领袖毛主席坐在一起讨论国家大事,这是毛主席对我们的最大信任,是我们的最大幸福"。代表们的最大要求是两条:一是多见到伟大领袖毛主席,多听他的"伟大声音";二是"敬请伟大领袖毛主席"同大家合影。其次,是赞颂林彪和他的报告。什么"马克思列宁主义的光辉文献","划时代的伟大报告","向共产主义前进的伟大纲领"等。再次,是赞颂江青和"样板戏"。大批的对象,首当其冲的是刘少奇和所谓"刘少奇反革命修正主义路线"。其次,一批参加过所谓"二月逆流"和"一贯右倾"的老同志,在大会和小组会上也又一次受到错误的批判。在20多天的会议过程中,始终看不到认真地研究讨论问题的现象,更听不到任何不同意见。

九大通过的政治报告和党章,使"文化大革命"的错误理论和错误实践合法化,并加强了林彪、江青集团在中共中央的地位。九大在思想上、政治上和组织上的指导方针都是错误的。

九届一中全会选出的中央领导机构

4月28日，在北京举行了九届一中全会。毛泽东主持会议并讲了话。对于党面临的任务，他说："社会主义革命还要继续。这个革命，还有些事没有做完，现在还要继续做，比如讲斗、批、改。过若干年，也许又要进行革命。"联系到在中共八届十二中全会上，毛泽东曾说过：现在不是都讲要把文化大革命进行到底吗？究竟什么叫到底呀？我们估计大概要三年，到明年夏季就差不多了。似乎有在九大后，"文化大革命"将逐渐收缩以至结束的意思，不过讲得十分含糊，同他布置的继续搞斗、批、改也不完全协调。他要求大家研究工厂里的问题。他武断地说："看来，无产阶级文化大革命不搞是不行的，我们这个基础不稳固。据我观察，不讲全体，也不讲绝大多数，恐怕是相当大的一个多数的工厂里头，领导权不在真正的马克思主义者、不在工人群众手里。"他号召大家"团结起来，为了一个目标，就是巩固无产阶级专政，要落实到每个工厂、农村、机关、学校"。这番话以后被江青、张春桥等发展成"全面专政论"的依据之一。

全会选举了中央机构。选举的结果是：中央委员会主席毛泽东，副主席林彪；中央政治局常务委员会委员毛泽东、林彪、（以下按姓氏笔画为序）陈伯达、周恩来、康生。中央政治局委员毛泽东、林彪、（以下按姓氏笔画为序）叶群、叶剑英、刘伯承、江青、朱德、许世友、陈伯达、陈锡联、李先念、李作鹏、吴法宪、张春桥、邱会作、周恩来、姚文元、康生、黄永胜、董必武、谢富治；中央政治局候补委员纪登奎、李雪峰、李德生、汪东兴。在新选出的中央政治局委员中，林彪、江青集团的主要骨干和亲信占半数以上，使他们在中央领导机构中掌握了更大的权力。

通过九大和九届一中全会，林彪、江青两个集团虽然部分实现了他们篡党夺权的野心，但他们的野心是没有止境的。“文化大革命”并没有像毛泽东主观预计的那样趋向结束，出现“天下大治”的局面。反而由于林彪、江青两个集团在中央和地方取得了更多的控制权力，以及他们之间日益加剧的互相争夺，而使“文化大革命”继续沿着错误的轨道滑行。社会秩序和生产秩序不仅不能趋向正常，反而继续紊乱，使党和人民遭到更多的灾难。

二、“斗、批、改”引发新混乱

“斗、批、改”成为中心任务

九大以后，按照毛泽东提出的任务，“斗、批、改”运动在全国全面展开。

“斗、批、改”最初是作为“文化大革命”的目的提出来的。八届十一中全会通过的《十六条》中的第一条规定：“在当前，我们的目的是斗垮走资本主义道路的当权派，批判资产阶级的反动学术‘权威’，批判资产阶级和一切剥削阶级的意识形态，改革教育，改革文艺，改革一切不适应社会主义经济基础的上层建筑，以利于巩固和发展社会主义制度。”这一段话，以后就被简称为“斗、批、改”。广泛地使用简化语言，什么“三忠于”、“四无限”、“四个伟大”、“三两斗争”①等，是“文化大革命”时期思想僵化、语言刻板化

---

① “三忠于”即：“忠于毛主席，忠于毛泽东思想，忠于毛主席的无产阶级革命路线”。

“四无限”即：对于毛主席要“无限热爱、无限信仰、无限崇拜、无限忠诚”。

“四个伟大”即：“伟大的导师、伟大的领袖、伟大的统帅、伟大的舵手”。是林彪鼓吹对毛泽东个人崇拜的一个题词。

“三两斗争”即：无产阶级与资产阶级两个阶级，社会主义与资本主义两条道路，毛主席的无产阶级革命路线与反革命修正主义两条路线之间的斗争。

的一个特征。

当大批"资反路线"、全面夺权把"文化大革命"推向高潮时，由于派别林立、武斗频繁，在"天下大乱"的情况下，"斗、批、改"是无从谈起的。到了1968年9月5日，西藏、新疆两个自治区的革命委员会成立，全国各省、市、自治区都建立了革命委员会之后，《人民日报》、《解放军报》于9月7日发表《无产阶级文化大革命的全面胜利万岁！》的社论中强调提出运动进入了"斗、批、改"阶段。社论说："全国山河一片红，这极其壮丽的一幕，是夺取文化大革命全面胜利进程中的重大事件，它标志着整个运动已在全国范围内进入了斗、批、改的阶段。"原在《十六条》中作为"文化大革命"目的的"斗、批、改"，此时又成为阶段性的重要任务，并赋予了新的内容。这篇社论传达了毛泽东的意见："建立三结合的革命委员会，大批判，清理阶级队伍，整党，精简机构、改革不合理的规章制度、下放科室人员，工厂里的斗、批、改，大体经历这么几个阶段。"这就把"斗、批、改"具体化了。虽然意见本身是针对工厂说的，但社论中已明确指出："毛主席的最新指示，反映了无产阶级文化大革命发展到斗、批、改阶段的客观规律，集中地表现了工人阶级和广大革命群众的迫切要求，明确地指出了各级革命委员会的中心任务。"

既然是"明确地指出"的"中心任务"，当然各级党、政、军、民、学各方面都要贯彻执行。可以看出，把"斗、批、改"这样具体化，反映了毛泽东试图通过"斗、批、改"，以达到他"天下大治"的设想，也包含着结束"文化大革命"的意向。

但是，"斗、批、改"本身就是"左"倾方针的产物，又是贯彻"左"倾方针的手段。旨在通过"斗、批、改"，"把各个单位的领导权，掌握在真正的马克思主义者手里"，这显然是没有可能实现的。因此，随着"斗、批、改"运动的发展，"文化大革命"的动乱并没有消除或者得到缓解，矛盾反而越来越多，引起和助长动乱的因素更加深刻。

内容错误、方法粗暴的大批判

在进行“斗、批、改”的各项工作中，一再强调要“大批判开路”。这种大批判的特征，是不顾事实，不讲道理，不容分辩，捕风捉影，断章取义，无限上纲。

从内容上说，不仅蛮横武断地否定“文化大革命”前17年的重大成就和一系列政策法令、工作条例、规章制度等，硬说那些都是“修正主义、资本主义的货色”，而且把生产活动是最基本的实践活动的马克思主义观点，把无产阶级夺取政权后应以发展生产力为主要任务的马克思主义论断，把反对只抓政治运动忽视生产的正确主张，称为“唯生产力论”，横加批判。

在经济工作方面，把加强经济核算、提高企业利润的各种措施，统统说成是“利润挂帅”；把兼顾国家、集体、个人三者利益和关心群众物质生活当作“物质刺激”而戴上修正主义帽子；把学习外国先进技术和管理经验当作是“洋奴哲学”、“崇洋媚外”。

在教育科学工作方面，把教师努力提高教学质量，学生努力学习科学文化知识，科技人员钻研业务，当作是“智育第一”，“白专道路”而横加批判。

在文化艺术方面，把解放前30年代的革命文艺和建国以来的文艺工作和文艺作品，几乎全部说成是“封、资、修大毒草”等等。

大批判的直接后果是，动摇了人们对共产党、共产主义的信念，助长了无政府主义思潮，给生产、科研、教育、文化各个领域带来巨大的破坏，造成了百花凋零、万马齐喑、思想被禁锢的局面。

矛盾甚多缺乏活力的革委会

“建立三结合的革命委员会”是要求在各省、市、自治区建立了革命委员会之后，还要在地、县、乡以及各个工厂、学校、公社、商店等基层单位，普遍建立革命委员会。

“革命委员会”是作为一种特殊条件下的政权机构的组织形式而建立的。它本身就具有很大的局限性和不可避免的缺陷。工厂、商店等是经济组织，学校是教育机构，不分清机构的性质，普遍建立革命委员会，显然是不恰当的。它助长了强制权力的滥用，使冤假错案极端扩大化。

毛泽东说：“革命委员会的基本经验有三条：一条是有革命干部的代表，一条是有军队的代表，一条是有革命群众的代表，实现了革命的三结合。”从上到下建立各级革命委员会，在主观上是为了巩固和发展所谓“全国山河一片红”的局面，改变四分五裂的混乱状态，以实现“革命的大联合”，稳定“文化大革命”的既成格局。然而在当时，各地都是派别组织林立，各派都自诩为“真正的无产阶级革命派”，“老造反”、“贡献大”，理当在革命委员会中占有更多更重要的席位。为此，互相极力贬低和打击对方，争权夺利的派性斗争十分激烈；人们对本地区、本单位革命干部和革命委员会成员的看法普遍存在巨大而深刻的分歧，某人在这派口中是“革命领导干部”，而在另一派眼中则是“地地道道的走资派”；一派说革命委员会“好得很”，另一派则说“好个屁”！以致被称为“好派”和“屁派”。类似现象不一而足。加上林彪、江青一伙及其追随者的把持和操纵，勉强成立起来的各级革命委员会，大抵只具形式上的联合。实际上则或是一派掌权，压制多数，矛盾和斗争更为严重；或是两派、几派分权，互相掣肘，争权夺利的纠纷更趋复杂。个别地区甚至出现“踢得好、支得对，一年两个革委会”

的局面。

上述情况表明，被称之为“文化大革命”新生事物的革命委员会，既不符合客观需要，也没有生命力。

冤假错案剧增的清理阶级队伍

“清理阶级队伍”是要求把所谓混入革命队伍里的叛徒、特务、走资派以及地主、富农、资本家、反革命分子、坏分子、右派分子等清理出来，做到“阶级阵线分明”。从原则上说，要求阶级阵线分明并不错。但在剥削阶级已基本消灭，政治运动接连不断，阶级斗争已十分过火的情况下，再搞一次全国性的清理阶级队伍，实在很难说是必要的。

毛泽东说：“清理阶级队伍，一是要抓紧，二是要注意政策。”他还重申“一个不杀，大部不抓”的政策规定，并且要求“过细地做工作”。但是，由于“文化大革命”全局性方针的错误，对于何谓“阶级敌人”没有明确的规定，带有很大的主观随意性。加上林彪、江青一伙散布和助长的极左思潮的影响和派性的干扰，夸大了敌情，混淆了敌我。又由于破坏了最基本的民主和法制，人权没有保证，司法监察机构被砸烂，各种名目的组织都可以任意揪斗、关押、审讯被他们认为是“阶级敌人”的人。加以刑讯逼供的野蛮方法盛行，因而造成了打击一大片、冤假错案遍于域中的严重后果。

“文化大革命”期间，仅中央、国家机关副部长以上和地方副省长以上的高级干部，被立案审查的即占总人数的75%左右。大批在全国解放后积极执行党的路线、方针和政策，在工作中做出了成绩的同志，被诬为“走资本主义道路的当权派”、“反革命修正主义分子”；许多在曲折的历史进程中，背叛了反动阶级和反革命阵营，并在革命实践中为人民事业作出了贡献的同志，被错定为

“历史反革命”、“特务分子”;许多历史上曾经被捕、被俘,经过多次审查,早已作了正确结论的同志,又被重新审查,被错定为“自首变节分子”、“叛徒”;在过去严重的白色恐怖下坚持革命战斗,并作出过重要贡献的某些地区的地下党组织,竟被整个打成“叛徒集团”、“假共产党”、“叛徒窝子”;许多由于对“文化大革命”不满,进行了抵制,对中共中央、毛泽东提出了意见的同志,被认为是“恶毒攻击”而定为“现行反革命”,加以批斗、殴打、虐待以至判刑。大批干部无辜受到迫害,有些被关进监狱,甚至被迫害致死,并且株连到他们的家属和亲友。个别地区甚至出现大错案,如“内人党”冤案中,遭到迫害、诬陷的内蒙古干部和群众达 34.6 万人,其中 1.6 万余人被迫害致死。

在审查中,滥用专政手段,大搞逼供信,制造了数以百万计的冤假错案。加上他们的亲属和有各种社会联系的人,全国被株连的群众多达 1 亿人,确是史无前例。这场毫无客观需要的“清理阶级队伍”,使大批干部和群众的身心受到严重伤害,不仅没有做到“纯洁组织”,“划清阶级阵线”,反而给革命的基本阶级队伍造成极大的损害和混乱。

方针错误、遗患甚多的整党建党

“整党建党”是对被“文化大革命”冲击而停止过组织生活三年之久的党员和党组织进行的整顿和重建。

整党建党的指导思想是毛泽东 1967 年 10 月在青海省党的核心小组报告上的一个批示。即所谓“五十字建党大纲”:“党组织应是无产阶级先进分子所组成,应能领导无产阶级和革命群众对于阶级敌人进行战斗的朝气蓬勃的先锋队组织。”这 50 个字被称为“确定了整党建党的政治方向”。而毛泽东另一条“吐故纳新”的指示,即:“一个无产阶级的党也要吐故纳新,才能朝气蓬勃。不清除废料,不吸收新鲜血液,党就没有朝气。”则被称为“讲出了党内矛盾的辩证法”。当时要求全党以这两个批示为“最根本的原则”,“用毛泽东思想整顿、恢复、重建党的组织”。这样的指导思想同样是“左”的,不符合实际的。

在剥削阶级已经基本上不存在,阶级斗争已经成为残余形态的社会主义社会的条件下,把“对于阶级敌人进行战斗”作为建党的唯一宗旨和要求,而对生产建设和正确处理人民内部矛盾等重大任务只字不提,这显然是不符合国情的。以此作为“无产阶级先进分子”的标准,也是不恰当的,实际上降低了党员标准。

在“整党建党”中,还要求“虚心听取无产阶级革命造反派的意见”,党员都要进行“斗私批修”,党组织要“吐故纳新”。所谓“吐故”,按照文件和社论的说法,就是要“把证据确凿的叛徒、特务、一切反革命分子、顽固不化的走资派、阶级异己分子、蜕化变质分子坚决清除出党”。上述各种“分子”,除“顽固不化的走资派”纯属虚构外,其他的如果真是“证据确凿”,当然不能留在党内。不幸的是,在“文化大革命”中,“证据确凿”往往可以任意解释和编造。因而就为林彪、江青一伙以至某些“造反派”打击陷害干部和党员,大开方便之门。他们利用这一条,错误地不许一部分党员恢复组织生活,错误地开除一部分党员的党籍。所谓“纳新”,文件讲得很明白,就是要把那些“在无产阶级文化大革命中冲杀出来的、忠于毛主席的无产阶级革命造反派”吸收入党。根据当时的一篇报道,上海市工交战线党组织从党的九大到 1973 年 6 月共吸收新党员 33600 多名,“都是在无产阶级文化大革命中和批修整风运动中涌现出来的先进分子”。北京市各条战线党组织,从“文化大革命”以来发展了 6 万多名新党员,也“都是无产阶级文化大革命和批修整风运动中涌现出来的先进分子”①。按

① 《人民日报》1973 年 7 月 1 日。

照这些要求，许多派头头，有野心、搞阴谋的分子，打砸抢分子涌入党内，造成了党组织的严重不纯。

按照“文化大革命”要求进行的“整党建党”，其结果是使党在政治上、思想上、组织上受到一次大破坏。但是，也应当看到，通过“整党建党”，各省、市、自治区陆续召开党的代表大会，建立了党的委员会、然后又逐步建立了各地方和各单位党的各级组织，先后恢复了大多数党员特别是许多老党员的组织生活，这对以后抵制和反对各种破坏活动、稳定局势也是有一些积极作用的。

毫无章法的改革规章制度

“改革不合理的规章制度”是要求按“破字当头，立也就在其中了”的精神，对建国以来不断总结正反两方面经验所制定的各种规章制度，实行“大破大立”。

江青一伙甚至提出了“跟前十七年对着干”的荒谬口号，煽动否定一切。特别是对于 60 年代初制定的一系列工作条例，诸如《工业七十条》、《商业四十条》、《手工业三十条》、《高教六十条》、《科技十四条》、《文艺八条》等已经被实践证明其中许多规定是正确的，起过积极作用的条例，统统被当作是“修正主义”、“复辟资本主义”的“黑条例”，进行批判和否定。

对于各企业事业单位多年来为了保证工作和生产有秩序、有效率地进行而建立起来的许多规章制度，也统统被当作束缚群众手脚的条条框框，是所谓修正主义的“管卡压”，而被“彻底砸烂”。

这种完全否定建国以来经验的“大破”，当然不可能带来“大立”，以致在工作和生产中无章可循，造成了极大的混乱、损失和破坏。

弊端甚多的精简下放

“精简机构，下放科室人员”这项要求从原则上看并没有错。但其前提应该是转变职能，下放权力。

在“文化大革命”中，权力高度集中，政权职能并没有任何转变的情况下，这项要求的贯彻，实际上只是简单的、形式主义的减人简事。例如，国务院原有机构为90个部委级单位，1970年6月决定精简为27个部委级单位；原有机关工作人员53748人，只规定编制9710人，仅占原有人员的18%，其余人员统统精简下放。这种大破大砍的办法，使工作已经很困难的国务院，遭到更为严重的削弱。但原有任务并未精简仍需完成，只好增设各种临时机构，采取各种名目调借人员，其结果是机构、人员并没有真正精简。基层单位也是照此办理。这种“革命措施”曾广为宣传，造成压力，助长了许多基层单位搞明减暗不减，弄虚作假、形式主义的歪风。

在“精简下放”的名义下，把大批干部、教师、科学工作者、文艺工作者、新闻出版工作者、工程技术人员等等，送到“五七干校”去劳动，接受所谓“贫下中农的再教育”。使许多国家急需的有用人才，精力和时间付诸东流。由于极左思潮的影响和派性的支配，这种下放干部的办法，往往成为排除异己、惩罚干部、摧残知识分子的措施。

结果，这次精简下放，既花费了国家的大量财力和物力，又使成百万干部经受了一场磨难。不仅没有真正精简机构，提高效率，反而造成各方面工作上的损失和许多不良后果。

不成功的教育革命

在这个“斗、批、改阶段”，还进行了所谓“教育革命”。

自“文化大革命”开始后，高等学校停止招生、“停课闹革命”已长达4年之久。根据毛泽东1968年7月21日在一份调查报告上的批语：“大学还是要办的，我这里主要说的是理工科大学还要办，但学制要缩短，教育要革命，要无产阶级政治挂帅，走上海机床厂从工人中培养技术人员的道路。要从有实践经验的工人农民中间选拔学生，到学校学几年以后，又回到生产实践中去。”北京大学、清华大学提出《关于招生（试点）的请示报告》，于1970年6月27日经中共中央批准试行。

文件把高等学校历来实行的统一考试、择优录取的招生办法诬为“修正主义的招生考试制度”，明令废除，而规定“实行群众推荐、领导批准和学校复审相结合的办法”，招收所谓“工农兵学员”。学制缩短为2至3年。课程设置为：“以毛主席著作为基本教材的政治课；实行教学、科研、生产三结合的业务课；以备战为内容的军事体育课。文、理、工各科都要参加生产劳动”。在教学工作中，还确定工农兵学员学习期间的任务，是所谓“上大学、管大学、用毛泽东思想改造大学”。

对高等教育进行合理的改革当然是需要的，但这种在“左”的思想指导下的“教学改革”，实践证明不仅不能达到原来预想的“反修防修”、培养又红又专的革命接班人的目的，反而给大学教育事业带来巨大的损害。其主要的恶果是：总结多年经验而形成的各种规章制度都被破坏了，致使大专院校长期处于混乱状态；教师被置于受改造的地位，很难在教学中发挥主导作用，正常的师生关系遭到破坏；学员入学时文化基础参差不齐，文化课程大量减少，教学质量严重下降；由于取消考试，改为“群众推荐，领导批准”，这就为采取各种不正当手段跨入高等学府大开方便之门，致使“走后门”上大学成风，严重地败坏了社会风气。

为了适应高等学校恢复招生的形势和贯彻“左”倾指导方针的需要，1971 年 4 月 15 日至 7 月 31 日，在北京召开了全国教育工作会议。参加会议的有中央各部门主管教育工作的同志和大专院校的代表共 630 余人。经过长达 100 多天的报告、学习和讨论，会议通过了张春桥、姚文元修改定稿，并经毛泽东同意的《全国教育工作会议纪要》。

在这个《纪要》中，对“文化大革命”前的全国教育工作强加罪名，全盘否定。宣称建国后 17 年“毛主席的无产阶级教育路线基本上没有得到贯彻执行，教育制度，教学方针和方法几乎全是旧的一套”，“资产阶级专了无产阶级的政”；大多数教师的“世界观基本上是资产阶级的”。这种完全背离实际情况的“两个估计”，长时期成为广大知识分子的精神枷锁。《纪要》充分肯定和赞扬“工农兵学员上大学，管大学，用毛泽东思想改造大学”的错误做法，宣称“工农兵学员是教育革命的生力军”，并作了若干“左”的规定。《纪要》成为“文化大革命”中办大学的指导文件，产生了严重的恶劣影响。

经过如上所述的“教育革命”，不仅严重挫伤了广大教育工作者和教师的积极性，而且影响所及，在社会上和中、小学中，广泛产生了“读书无用”、“读书吃亏”等错误观念。中、小学生普遍不用功读书，学校秩序持续混乱，使我国教育事业遭到巨大破坏。“文化大革命”错误指导方针下的“停课闹革命”和“教育革命”，其最严重的后果，是贻误了一代青少年的教育和成长；并造成我国科技队伍和各方面人才的青黄不接、后继乏人，拉大了同世界先进水平的差距。

无中生有的清查“五一六”

在进行“斗、批、改”的同时，还开展了大规模的“清查‘五·一六’反革命阴谋集团”运动。

所谓“五一六”反革命集团，原指北京一度存在的一个名为“首都五·一六红卫兵团”的人数很少的极左小组织。他们利用1967年5月《五一六通知》在报刊上公开发表的机会，打着贯彻这一通知的旗号，建立秘密组织，进行秘密活动，散发题为《揪出二月黑风的总后台——周恩来》、《周恩来之流的要害是背叛五·一六通知》、《周恩来是毛泽东主义的可耻叛徒》等反动传单和标语，并将这种传单和标语张贴在北京一些繁华市区。

北京广大群众对这些人攻击周恩来的丑恶行径表示极大愤慨，纷纷自发进行反击，要求严惩这批“歹徒”。毛泽东在1967年9月8日《人民日报》发表的姚文元的《评陶铸的两本书》一文中加了一段话，指出“五一六”的组织者和操纵者，是一个“用貌似极左而实质极右的口号，刮起‘怀疑一切’的妖风”，“炮打无产阶级司令部”的“搞阴谋的反革命集团”，应予彻底揭露。没有用多少时间，这个反动组织就被清查出来，为首的分子被公安机关逮捕，问题基本上解决。

可是，林彪、江青一伙接过清查“五一六”的口号，极力夸大这个反动小组织的力量和活动，任意扩大范围，千方百计地混淆和转移清查目标，以达到他们不可告人的目的。

1968年中共中央成立清查“五一六”专案领导小组时，陈伯达毛遂自荐任组长，谢富治、吴法宪为领导小组成员。他们一方面大肆鼓吹查组织、追表格，强迫“坦白交代”，以制造扩大化；另一方面，又借机把许多反对“中央文革”，反对林彪、江青一伙的干部、群众打成“五一六”分子。由于所谓“五一六分子”的标准，就是毛泽东提出的两条:“一个是要破坏和分裂我们的伟大领袖毛主席为首的党中央的领导;一个是要破坏和分裂无产阶级专政的支柱——伟大的人民解放军”。这两条从原则上讲并不错,因为“破坏和分裂”党中央和人民解放军难道还不反动、还不要打倒吗?但是,第一,什么是“破坏和分裂”并没有准确的界定;第二,以毛主席为首的党中央包括哪些人,反对某些元帅和将军是否算“分裂”解放军?也没有明确的规定。因而这两条带有很大的随意性,可以给予完全不同的解释。因此,有些地方或单位的两派组织乘机互相攻击,互指对方为“五一六分子”;也有恢复工作的领导干部或军队支左人员,把他们认为是攻击周恩来,反对党中央,反对解放军的极左狂热造反派,当作“五一六分子”加以打击,情况颇为复杂。在所谓“红色恐怖”下,有的单位三分之一以上的人都被打成“五一六”分子,甚至负责清查工作的专案人员也被咬为“五一六分子”。大批干部和群众在身体和精神上遭到严重摧残。

1970年3月27日,中共中央发出《关于清查“五·一六”反革命阴谋集团的通知》。这个通知要求纠正扩大化倾向,制止搞逼、供、信和采用体罚或变相体罚的手段,并提出“要扩大教育面,缩小打击面”。但是,通知又提出:“国内外阶级敌人同我们的斗争是很复杂的,反革命秘密组织决不是只有一个‘五·一六’。”实际上是促使人们去抓更多的“反革命秘密组织”。这个通知还错误地把遭到诬陷打击的人民解放军高级将领萧华、杨成武、余立金、傅崇碧等,同原中央文革成员,帮助林彪、江青一伙干了很多坏事,当时已被隔离审查的王力、关锋、戚本禹等混在一起,都说成是“五一六”阴谋集团的操纵者。

后来的发展更具有讽刺性。九届二中全会之后,身为专案组组长的陈伯达,竟被列为“五一六”反革命集团的操纵者。“九一三”事件之后,林彪也被名列操纵者的首位。中央五一六专案组办公室的主任也自杀身亡。如此混乱不堪的“清查”，自然难以进行下去，只好不了了之。这种随意制造出来的“阶级斗争”，使数以百万计的干部和群众，经受了一场莫名其妙的痛苦和灾难。

经济工作的得失

九大后的一段时间，全国政治形势相对稳定，经济工作取得一些进展，但也发生了一些大的失误。

1969 年基本上刹住了前两年生产下降的趋势，经济开始回升。这一年，工农业生产总值比 1968 年增长23.8%。这样高的增长幅度，显然是带有恢复的性质。

1970 年的经济发展较快，不仅比上年有较大幅度增长，而且达到和超过了 1966 年的水平。这一年，工农业总产值比上年增长 25.7%。其中，工业增长 30.6%，农业增长 11.5%。一些重大工程项目和科技项目取得了成就。1970 年 4 月 24 日，我国成功地发射了第一颗人造地球卫星，标志着我国在宇航技术的研究方面取得了历史性的突破。1970 年 7 月 1 日，全长 1083 公里的成昆铁路建成通车。这条铁路蜿蜒于地质构造复杂多变的崇山峻岭，桥梁和隧道占线路总长度的 40%，工程十分艰巨。同月，全长 816 公里的焦枝铁路，经河南、湖北两省 86 万多民工、3 万多铁路专业队伍日夜奋战，仅用 9 个月时间即告建成。1970 年上半年，全国有 1000 多万人投入基本建设战线，完成投资额比上年增长 76%。经济建设取得的成就，表明广大干部和群众，以国家和人民的利益为重，竭力抵制和克服“文化大革命”的严重干扰，为社会主义建设事业作出贡献。也说明搞经济建设是大势所趋，民心所向。

在这期间，由于“左”倾方针的影响，经济工作又出现了一次大的失误。

1970年2月15日至21日，国务院召开全国计划工作会议，拟定了1970年国民经济计划和第四个五年计划纲要(草案)。由中央正式召开计划会议，制定5年计划，说明经济工作又开始受到重视。有人抓，比无人管要强，有生产计划比停工停产无疑是一个进步。但由于指导思想不当，却又产生新的问题。

会议遵照中共九大关于帝国主义战争不可避免性和"战争引起革命"、"革命制止战争"的国际形势总原则；关于要准备打仗，"准备他们大打，准备他们早打。准备他们打常规战争，也准备他们打核大战"的方针，提出了"以阶级斗争为纲，狠抓战备，促进国民经济的新飞跃"的口号，把"集中力量建设大三线战略后方"，作为"四五"计划的重点。这样的建设战略重点的确定，显然是不妥当的。

按照林彪提出的"用打仗的观点观察一切，检查一切，落实一切"的要求，会议规定，1970年比1969年工业总产值增长17%；基本建设投资增长46%，这些投资主要用于军事工业和为军工配套的项目。

在会议拟定的第四个五年计划纲要(草案)中，为了显示"文化大革命"对促生产的积极效应，提出了不少脱离实际的高指标。如，根据毛泽东关于经过4个五年计划"可以有三千五百万吨至四千万吨钢"的设想，规划提出1975年产钢3500万吨至4000万吨(比1970年要增长106%至135%)，生产能力达到4000万吨以上；要求到1975年按农业人口平均每人达到一亩高产稳产田，耕作机械化程度达到40%至50%，等等。

第四个五年计划纲要(草案)虽然以后没有正式下达，但对经济工作产生了很大影响。为了实现那些高指标，人们习惯的不是提高科学技术水平，提高劳动生产率的方法，而是增资增人的老办法。结果1970年以后大幅度扩大基本建设规模，大量增加职工，导致1971年底出现"三个突破"，即职工人数突破5000万人、工资总额突破300亿元和粮食销量突破800亿斤。资金投放和物资消耗增加过多，造成市场供应紧张，产品质量明显下降，各种事故增多。历史上急于求成造成的各种弊端和恶果又开始显现。面对这种情况，又不得不再次调整。大量精减吃商品粮的职工和城镇人口，在群众中造成困难，引起不满。由于基本建设规模过大，积累占国民收入的比重由1969年的23.2%陡升到1970年的32.9%，挤了人民的正常消费。这次新的冒进，使国民经济各部门的比例关系失调以及积累与消费的比例失调的状况更加严重。

综上可见，九大后在全国范围进行的“斗、批、改”，由于指导方针的错误，不仅没有达到“争取更大胜利”的目标，反而引发一系列新的矛盾，造成各方面工作的混乱和损失。“斗、批、改”运动因林彪事件的发生而中断，以后也实际上没有再继续进行下去。

三、庐山上的风云突变

九大以后，毛泽东认为党的重建问题已经解决，转而把考虑重点放在政府的重建方面。因为在当时，宪法和法制被破坏，依法选举的国家主席被迫害致死，政府机构残缺不全，效能不高，社会秩序十分混乱。这种状况是任何现代国家都难以长期容忍和维持的。而要按照“文化大革命”所形成的格局重建政府，修改宪法和召开第四届全国人民代表大会就成为当务之急。

1970年3月8日，毛泽东向中共中央提出召开第四届全国人民代表大会和修改宪法的意见，同时提出改变国家体制、不设国家主席的建议。3月17日至20日，中共中央在北京召开工作会议，讨论召开四届人大和修改宪法的问题。会上多数人赞同毛泽东关于改变国家体制、不设国家主席的建议，也有些人仍希望毛泽东重新担任国家主席。会后，中央开始进行修改宪法和召开四届人大的准备工作。中央政治局成立了宪法工作小组，成员是：康生、张春桥、吴法宪、李作鹏、纪登奎。

修改宪法中的明争暗斗

林彪集团把召开四届人大看成是一次重要的“权力再分配”，认为这是夺取更多权力的好机会。

这个集团本来就是以个人野心和宗派主义为基础，在“文化大革命”开始后逐步形成的。由于林彪在“文化大革命”初期就居于“副统帅”的地位，得到了军队中一些高级将领的主动投靠，又利用“支左”，介入地方“文化大革命”的机会，使这个集团的权势发展很快，经过九大和九届一中全会达到了顶峰。这时，林彪的“接班人”地位已正式写入党章；林彪集团的主要成员黄永胜、吴法宪、叶群、李作鹏、邱会作等都进入了中央政治局；还有一批骨干和党羽进入了党的中央委员会。黄永胜担任了军委办事组组长、总参谋长，吴法宪、李作鹏、邱会作都担任副总参谋长和军委办事组成员，叶群也是军委办事组成员，并实际上控制了军委办事组。他们通过军委办事组这一特殊机构，实际上掌握了很大一部分军权。随着林彪集团权势的扩大，他们的野心也恶性膨胀。

与林彪集团平行发展，通过九大也取得了更大权力的还有江青集团。原来在党内没有什么地位的江青、张春桥、姚文元都一跃而当了中共中央政治局委员，康生成为中央政治局常委，王洪文等人也进入了党的中央委员会。本来他们在“文化大革命”初期还要请林彪这位“尊神”保护，现在似乎已经成为势均力敌的对手。

而且，林彪等人还意识到江青集团势力的发展有可能超过自己，林彪的“接班人”地位会发生变化。以上这些情况，加上对林彪身体健康状况的考虑，促使林彪集团妄图提前“接班”，为此进行了许多阴谋活动。

九大以后至九届二中全会期间，林彪集团的“接班”阴谋活动，主要是采取“和平过渡”的办法进行的。他们阴谋凭借在组织上占有的优势，利用召开四届人大和修改宪法的时机，实现由林彪担任国家主席的野心，以作为“接班”的第一步。他们采取的策略是：表面上拥护毛泽东担任国家主席，赞颂毛泽东的个人天才，以骗取毛泽东的信任，扩大自己的影响。而在实际上把毛泽东架空，由他们掌握实权。

4月11日，林彪不顾中央工作会议上多数人的意见和毛泽东本人的意见，再次提出要设国家主席，并建议毛泽东担任国家主席。他说什么“这样做对党内、党外，国内、国外人民的心理状态适合”。次日，毛泽东批示：“我不能再作此事，此议不妥。”在此前后的半年内，毛泽东六次讲过不设国家主席和他不担任国家主席的话。最后一次是在6月中旬的中央政治局常委会上，他愤慨地说：“谁要当国家主席，就可以加上”。他还引用三国的故事说：孙权劝曹操当皇帝。曹操说：孙权是要把他放在火炉上烤。我劝你们不要把我当曹操，你们也不要做孙权。历史的比喻可能不尽恰当，不过却鲜明地表示了毛泽东不当国家主席的坚决态度和对劝进的反感。

但是，林彪却违反他自己倡导的对毛主席的话“理解的要执行，不理解的也要执行”的“名言”，为权欲所驱使继续坚持要设国家主席。5月中旬，他同吴法宪谈话时仍然强调，不设国家主席，国家就没有个头。林彪要吴法宪和李作鹏在宪法工作小组会议上，提出在宪法中写上“国家主席”一章。设不设国家主席这本是可以研究讨论的问题，不能因为毛泽东讲了不设，别人就不能有不同的意见。但林彪等人考虑这个问题完全是另有图谋。7月间，叶群私下对吴法宪说过：“不设国家主席，林彪怎么办，往哪里摆？”李作鹏则公开向别人说：林彪担任国家主席“较合适，因为他既是副统帅，又是接班人”。显然，林彪是自己要当国家主席。

林彪集团这种露骨地抢夺最高权力的活动，使他们同本是互相勾结、狼狈为奸的江青集团之间的矛盾逐步尖锐起来。在审定宪法修改草案的工作会议上，他们之间的矛盾开始表面化。1970年8月13日的宪法工作小组会上和8月14日的政治局会议上，吴法宪同康生、张春桥发生了激烈的争论。吴法宪主张在宪法中要写上“毛泽东思想是全国一切工作的指导方针”；在表达毛泽东发展了马克思、列宁主义前面要加上“天才地、全面地、创造性地”三个副词，而康生、张春桥则反对。以致吴法宪在会上叫嚷，“要防止有人利用毛主席的伟大谦虚，贬低毛泽东思想”。

从表面上看，这似乎只是一种表述方式之争，而且是纯理论性的。不懂理论的吴法宪，却敢于在这样的问题上，向号称马克思主义理论家的康生、张春桥挑战，似乎有点不可思议。但实际上，这不过是林彪、江青两个集团的明争暗斗，借题发挥。因为吴法宪清楚地知道，三个副词是林彪一贯坚持的。他也知道删掉三个副词的是毛泽东本人，并不是康生、张春桥。这种争论的实质，是要争夺党政的最高领导权，而表现形式却是对毛泽东思想的提法。这种表里不一、曲曲折折的斗争，是“文化大革命”时期政治斗争的一个特殊而值得玩味的怪现象。

在林彪、江青两个集团公开展开争斗的时刻，性喜投机而又由于受到江青等压制怀恨在心的陈伯达，错误地估量了形势，公开倒向林彪集团一边。他对吴法宪的发言表示赞同，并且吹捧吴法宪“能坚持原则，风格很高”。这些情况表明，在九届二中全会前夕，林彪、江青两个集团之间的争夺迅速激化，酝酿着一场大的较量。

九届二中全会上的交锋

1970年8月23日，中共九届二中全会在庐山召开。到会中央委员和候补中央委员253人，毛泽东主持会议。周恩来宣布经过常委商定的会议议程是：讨论修改宪法问题；国民经济计划问题;战备问题。

会议一开始,林彪就在全体会议上抢先发表讲话。他强调宪法草案的特点是,“肯定毛主席的伟大领袖、无产阶级专政元首、最高统帅的这种地位”,“用宪法的形式把这些固定下来非常好,非常好!可以说是宪法的灵魂”。林彪在这里使用“无产阶级专政元首”的提法,显然是改换另一种用语,表达他仍然坚持设国家主席的主张。林彪在讲话中,反复称颂毛泽东的功绩,批驳实际上并无人公开主张的认为毛泽东对马列主义没有发展的观点,并且强调说:“毛泽东是天才,我还是坚持这个观点。”林彪的这些话明确地表达了他们的基本主张:政治方面是坚持设国家主席,理论方面是坚持天才论。这篇讲话,对于林彪集团的成员来说,无异是一个向江青集团发难的信号。

在这次会上,康生代表宪法工作小组,介绍了毛泽东对修改宪法的历次指示和修改宪法的过程,对各地提出的修改宪法意见采纳情况作了说明。在当晚召开的政治局会议上,吴法宪提议全会次日再听林彪讲话的录音,学习、讨论林彪的讲话,获得会议同意。

8 月 24 日下午,在讨论林彪讲话的分组会上,陈伯达、叶群、吴法宪、李作鹏、邱会作等按照事先的秘密串连和约定,分别在华北组、中南组、西南组、西北组发言,并宣讲一份由陈伯达选编的题为《恩格斯、列宁、毛主席关于称天才的几段语录》的材料。他们在发言中,按照林彪讲话的主旨,抓住设国家主席和称天才两个问题,不指名,但是用大家都明白的语言,攻击张春桥,亦即攻击江青集团。

陈伯达在华北组会议上发言,引用了林彪的三段话,以证明他们所说的“林副主席经常说,毛主席是当代最伟大的天才,是当代无产阶级最伟大的天才”的正确性。他意含讥讽地说:“有的人说世界上根本没有天才,但是他认为他自己是天才”。他说:“我看这种否认天才的人无非是历史的蠢材”。他武断地说:“按照列宁的说法,否认天才,就是否认领袖,就是否认无产阶级专政”。陈伯达这些话带有很大的煽动性,当即有些人跟着起哄,会场的气氛很紧张。

华北组当晚抢先发出“第二号简报”,编为全会“第六号简报”。简报写道:“大家热烈拥护林副主席昨天发表的非常重要、非常好、语重心长的讲话。认为林副主席讲话,对这次九届二中全会具有极大的指导意义”。听了陈伯达、汪东兴的发言①,“知道了我们党内,竟有人妄图否认我们伟大领袖毛主席是当代最伟大的天才,表示了最大、最强烈的愤慨”。对于这种人,“应该揪出来示众,应该开除党籍,应该斗倒批臭,应该千刀万剐,全党共诛之,全国共讨之”。对于应在宪法中恢复国家主席一章的建议,“大家热烈鼓掌,衷心赞成这个建议”。这份煽动性很大的简报,在各组引起强烈反响。

在当时极左思潮猖獗和个人崇拜浓厚存在的条件下,人们缺乏应有的辨别能力,一部分高级干部也不例外。加上带头发难的是几个中央政治局常委和委员,又事先秘密串连了一些中央委员响应支持,造成声势,这样就一时蒙蔽了参加会议的大多数成员。有些人用激烈而粗暴的语言表示极大愤慨,要求把这种人揪出来,从而造成了一场混乱。

8月25日上午,江青、张春桥、姚文元到毛泽东处告状。同日

---

① 汪东兴在《忆庐山九届二中全会》一文中说:“陈伯达在华北组煽动性的发言,使不明真相的人都激动起来。陈伯达讲完后,其他一些同志发言都建议在新宪法中恢复设国家主席一章,赞成毛主席当国家主席。我在会上也发了言。我当时没有识破陈伯达的阴谋,在发言中,表示拥护林彪的讲话,还说中央办公厅机关和八三四一部队在讨论修改宪法时,热烈希望毛主席当国家主席,林副主席当国家副主席,建议在宪法中恢复‘国家主席’一章。这是中央办公厅机关和八三四一部队的愿望,也是我个人的愿望。当时,我的情绪比较激动,把毛主席向中央提出的在宪法中不设国家主席的建议忘得一干二净了。”(《当代中国史研究》1994年第3期)

下午，毛泽东主持召开政治局常委扩大会议，决定全会分组会议立即停止讨论林彪讲话，收回华北组“第二号简报”，责令陈伯达检讨。会议因此即告中断。

31 日，毛泽东写了《我的一点意见》，点名批评陈伯达。他说：“这个材料（指《恩格斯、列宁、毛泽东关于称天才的几段语录》）是陈伯达同志搞的，欺骗了不少同志。”他联系历史，指出：“我跟陈伯达这位天才理论家之间，共事三十多年，在一些重大问题上就从来没有配合过，更不去说很好的配合。”这些话的分量是很重的。他指责陈伯达“采取突然袭击，煽风点火，唯恐天下不乱，大有炸平庐山，停止地球转动之势”。毛泽东强调：“是英雄创造历史，还是奴隶们创造历史，人的知识（才能也属于知识范畴）是先天就有的，还是后天才有的，是唯心论的先验论，还是唯物论的反映论，我们只能站在马列主义的立场上，而决不能跟陈伯达的谣言和诡辩混在一起……不要上号称懂得马克思，而实际上根本不懂马克思那样一些人的当。”全会同意毛泽东的意见，转入揭发和批判陈伯达。在 24 日分组会上同陈伯达互相配合、煽风点火的吴法宪等，也受到了批评。在分组会上表示过同意陈伯达意见的人，纷纷进行自我批评。当时，毛泽东对林彪本人是采取了保护的态度，没有指名批评林彪。

全会于 9 月 6 日恢复了原定议程，基本上通过了《中华人民共和国宪法修改草案》；决定向全国人大常务委员会建议，进行必要的筹备工作，在适当的时候召开四届人大；批准了国务院关于全国计划会议和 1970 年国民经济计划的报告；批准了中央军委关于加强战备工作的报告。会上以中共中央的名义宣布对陈伯达进行审查。全会于当日闭幕。

全会闭幕前夕，9 月 5 日晚，林彪和叶群亲自到江青住处拜访她，表示歉意与和解。6 日晚，叶群又率黄永胜、吴法宪、李作鹏、邱会作到江青住处，登门道歉。表演了一场面和心恨的闹剧。

九届二中全会对于林彪集团的发展到覆亡是一个转折点。一是林彪妄想当国家主席，用“和平过渡”的办法篡权的阴谋活动遭到挫败。二是在同江青集团较量中，由于毛泽东明确支持江青等人，点名批判陈伯达，不同意林彪鼓吹的天才论，而使林彪集团遭到了沉重打击。此后，不甘心失败的林彪集团，转而准备采取武装政变的方式，妄图用暴力夺取最高领导权，从而走上了加速覆灭的道路。

毛泽东在会后的种种措施

九届二中全会闭幕了，但是毛泽东并不认为会议上的这场斗争已经结束，也不想仅限于对陈伯达的揭发批判，而是采取各种办法限制和削弱林彪集团的势力。这些办法，毛泽东后来自已概括为：“抛石头”（即写批示发下去），“掺砂子”（往林彪控制的机构里面派人），“挖墙角”（瓦解林彪控制的军事力量）。

按照毛泽东在九届二中全会闭幕会上所谈的意见，中共中央于 1970 年 11 月 6 日发出《关于高级干部学习问题的通知》，要求“党的高级干部，不管工作多忙，都要挤时间，读一些马、列的书，区别真假马、列主义”。当时规定要学习的是马克思、恩格斯和列宁的六本著作和毛泽东的五篇著作。即：《共产党宣言》、《哥达纲领批判》、《法兰西内战》（选读）、《反杜林论》（选读）、《唯物主义和经验批判主义》（选读）、《国家与革命》（选读）。毛泽东的著作是：《实践论》、《矛盾论》、《关于正确处理人民内部矛盾的问题》、《在中国共产党全国宣传工作会议上的讲话》、《人的正确思想是从哪里来的?》。从当时的领导意图看，学习马列六本书的目的主要是为了配合“批陈整风”。但在久已不学马列，只读《毛主席语录》的情况下，提倡党的高级干部学马列，总是一件有益的事情，而且会发生比较长远的影响。

同日，中共中央作出《关于成立中央组织宣传组的决定》。在中央政治局领导下，设立中央组织宣传组。康生担任组长，江青、张春桥、姚文元、纪登奎、李德生为组员。组织宣传组管辖中央组织部、中央党校、人民日报社、红旗杂志社、新华总社、中央广播事业局、光明日报社、中央编译局的工作，还管辖工、青、妇中央一级机构和它们的五七干校。原中共中央宣传部和中共中央政治研究室均撤销，所遗事务亦由该组管理。由于康生自九届二中全会后称病不出，李德生后来调去沈阳，中央组织宣传大权逐步落到江青、张春桥、姚文元手中。

11 月 16 日，中共中央发出《关于传达陈伯达反党问题的指示》，指出“陈伯达采取了突然袭击，煽风点火，制造谣言，欺骗同志的恶劣手段，进行分裂党的活动”，陈伯达是“假马克思主义者、阴谋家、野心家”；号召“了解他的情况和问题的同志，进行检举和揭发”。中央作出部署，首先在党的领导机关开展“批陈整风”运动，然后逐级发展到全党，并根据运动的要求，采取了一些组织措施。

12 月 16 日，毛泽东在华北某野战军部队《关于检举揭发陈伯达反党罪行的报告》上批示，要北京军区党委开会，“讨论为何听任陈伯达乱跑乱说，他在北京军区没有职务，中央也没有委任他解决北京军区所属的军政问题，是何原因陈伯达成了北京军区及华北地区的太上皇?”陈伯达在军队中影响很小，他到军队去视察也不过是奉命行事。毛泽东对他活动的严重性估计如此之高，作出如此严厉的批评，显然包含着对军队，特别是对北京军区领导干部的不信任和批评指责。

中央政治局于 12 月 18 日晚开会，传达和讨论了毛泽东的批示，决定由周恩来主持，于 12 月 22 日召开华北会议。到会的有北京军区机关和部队，河北、山西、内蒙等省军区负责人共 340 多人。1 月 9 日后，被毛泽东批评为“不要学军委座谈会，开了一个月,还根本不批陈"的参加中央军委座谈会的 143 人,也被并入华北会议,进一步揭发批判陈伯达的罪行。同时,也揭发、批判了北京军区司令员郑维山和政委李雪峰的所谓"严重错误"(关于郑维山、李雪峰一事应属错案,十一届三中全会后中共中央已批发文件作了改正)。1971 年 1 月 24 日,周恩来根据毛泽东的意见,代表中共中央在华北会议上讲话,系统揭露了陈伯达的罪行,并宣布中央关于改组北京军区的决定。免去郑维山和李雪峰的职务,任命李德生为北京军区司令员,谢富治任第一政委,纪登奎任第二政委。李雪峰不仅被免去河北省革委会主任、中共河北省委书记的职务,后来还被错定为林彪反党集团主要成员,被开除党籍(1982 年已平反并恢复党籍)。这在当时曾被称为"挖墙角"。1 月下旬华北会议结束后,中共各级领导机构逐步开展了"批陈整风"运动。

在"批陈整风"中,毛泽东作了许多批示,点名批评林彪集团的主要成员,并间接地对林彪有所批评。

1970 年 10 月 15 日,毛泽东在叶群的检讨信上批注:"一个倾向掩盖着另一个倾向。九大胜利,当上了中央委员,不得了了,要上天了,把九大路线抛到九霄云外,反九大的陈伯达路线在一些同志中占上风了。"在这里,毛泽东含蓄地把由林彪、陈伯达主持起草,在江青、康生、张春桥等鼓噪反对下,经毛泽东予以否定的一份九大政治报告草稿,称为"反九大的陈伯达路线"。这里边的原委是:九大政治报告的起草工作,原来毛泽东是指定林彪、陈伯达主持的。初稿拿到中央文革讨论时,江青一伙提出否定意见。张春桥并讥之为"一个唯生产力论的报告"。实际上那份报告草稿,也是通篇谈论"无产阶级专政下继续革命",只是对经济工作多讲了几段。草稿被否定后,毛泽东另指派康生、张春桥、姚文元主持起草九大政治报告。这份报告草稿,又被陈伯达讥之为"运动就是一切,目的是没有的"。毛泽东至此翻出老账,指责"反九大的陈伯达路线”，显然包含着对林彪的批评。

12月18日，毛泽东会见美国友好人士埃德加·斯诺。在谈到个人崇拜问题时，他一方面认为在过去发动“文化大革命”的时候“需要一点个人崇拜”，同时又说：“现在就不同了，崇拜得过分了，搞许多形式主义。如什么‘四个伟大’（伟大导师，伟大领袖，伟大统帅，伟大舵手），讨嫌！”“四个伟大”是受到广泛宣传而尽人皆知的林彪的一个题词。说它“讨嫌”，显然是针对林彪而言的。

1971年4月7日，根据毛泽东的意见，中共中央派中央政治局候补委员、北京军区第二政委纪登奎，副总参谋长张才千参加军委办事组，对林彪集团把持的军委办事组“掺沙子”。这些措施，都是旨在削弱林彪集团的权势，表明毛泽东对林彪的信任，已从根本上发生了变化。

从1971年4月15日开始，中共中央召开“批陈整风”汇报会议。中央、地方和部队的负责人共99人参加。黄永胜、吴法宪、叶群、李作鹏、邱会作等人迫于形势，在会上作了检讨，表示要改正错误。4月29日，周恩来代表党中央在总结讲话中指出，黄、吴、叶、李、邱等人在政治上犯了方向路线错误，在组织上犯了宗派主义错误，希望他们认真改正错误，实现自己的申明。同日，中共中央发出《关于把批陈整风运动推向纵深发展的通知》，向全体党员传达陈伯达的问题，把运动扩大到全国基层单位。

四、林彪集团的覆灭

毛泽东和中共中央的上述一系列措施，进一步打乱了林彪集团的阵脚，使他们陷入更加被动的境地。林彪眼见自己的接班人地位岌岌可危，反党集团濒于瓦解，决心铤而走险，策动武装政变。

林彪集团策划武装政变

早在1969年10月，林彪就指使当时的空军司令员吴法宪任命其当兵刚两年多一点的儿子林立果为空军司令部办公室副主任兼作战部副部长。吴法宪还私自授予林立果指挥、调动空军的权力，以便让林彪通过林立果亲自掌握这个“机动能力强”的军种。林立果的这种破格升迁，被群众讥讽为：“一年兵，二年党，三年副部长”。在九届二中全会上遭到挫败后，林彪就对吴法宪说：“我们这些人搞文的不行，搞武的行。”1970年10月，林立果秘密组织空军的某些人员作为武装政变的骨干力量，代号为“联合舰队”。他们在北京、上海和广州建立秘密据点，进行联络，私藏枪支、弹药、电台、窃听器以及党和国家的机密文件。他们还在广州、上海组织“战斗小分队”、“教导队”，对精心挑选的成员进行特种训练。

1971年2月，林彪、叶群和林立果在苏州密谋后，由林立果于3月在上海召集“联合舰队”的主要成员会商，制定了武装政变计划，代号为《“571工程”纪要》。这个纪要分为“可能性”、“必要性”、“基本条件”、“时机”、“力量”等9个部分。站在反革命集团的立场上，分析了形势，规定了实施要点、口号和策略，提出要在“军事上先发制人”，阴谋利用“上层集会一网打尽”，或者“利用特种手段如轰炸、543（一种导弹代号）、车祸、暗杀、绑架、城市游击小分队”，发动武装政变，“夺取全国政权”，或制造“割据局面”。

接着，林立果又在上海召开有驻上海空×军政委王维国、驻杭州空×军政委陈励耘、南京军区空军副司令周建平、原南京军区空军政委江腾蛟参加的四人秘密会议。在“用枪杆子保卫林副主席”的反动口号下，确定了进行反革命政变的指挥班子。林彪集团的反革命政变计划，紧锣密鼓地暗中加紧进行。

毛泽东的防范措施

正当林彪一伙积极准备，酝酿发动一场尖锐斗争的时候，党中央和毛泽东也警惕地采取了一些防范措施。1971年8月中旬，根据毛泽东的指示，周恩来和张春桥、黄永胜、纪登奎去北戴河林彪住地，向他汇报了全国情况，并通知他中共中央已决定国庆节前召开九届三中全会，然后召开第四届全国人民代表大会。林彪当面表示“坚决拥护主席的指示”，实际上却十分不安。因为三中全会可能要解决接班人问题，而到四届人大，林彪可能连副总理、国防部长也当不成了。因此，他背地里一方面派人四处打探消息，一方面加紧了武装政变的准备。

1971年8月中旬至9月12日，毛泽东去南方巡视。在武汉、长沙和南昌，分别召集湖北、河南、湖南、广东、广西、江西、江苏、福建等地党政负责人，进行了多次谈话。毛泽东着重谈了中共九届二中全会上的斗争，明确指出这场斗争并没有结束。他指名批评了林彪、黄永胜、吴法宪、叶群、李作鹏、邱会作等人。他说：“他们先搞隐瞒，后搞突然袭击，五个常委瞒着三个”，“我看他们的突然袭击，地下活动，是有计划、有组织、有纲领的”。他指出：“有人急于想当国家主席，要分裂党，急于夺权”。“这次庐山会议，又是两个司令部的斗争”。他还指出：“庐山这件事，还没有完，还没有解决”。林彪对这件事“当然要负一些责任”。毛泽东这样尖锐地提出林彪的问题，表明他不仅不再把林彪视为“接班人”，而且认为林彪已充当了反对他自己的另一个司令部的头头。被接见的各地党政军负责人都是中共中央委员会成员，所以谈话实际上是为即将召开的九届三中全会作思想酝酿和准备。

林彪决心发动政变

林彪一伙十分焦急地打探毛泽东讲话的内容。9月6日，李作鹏利用陪同外国军事代表团到武汉的机会，从武汉军区政委刘丰处了解到毛泽东在武汉谈话的内容。一回北京就紧急地向黄永胜、叶群作了密报。同时，林立果也通过广州军区空军参谋长顾同舟得到毛泽东在长沙大体相同的谈话内容。当时住在北戴河的林彪、叶群和匆忙赶来的林立果研究了毛泽东谈话的内容，认为“与其束手待毙，不如破釜沉舟”，决定对在旅途中的毛泽东采取谋杀行动，进而发动武装政变。7日，林立果向“联合舰队”下达了进入“一级战备”的命令。8日，林彪下达了“盼照立果、宇驰（即周宇驰，当时是空军司令部办公室处长、“联合舰队”参谋长）同志传达的命令办”的手令。林立果带着这份手令赶到北京，进行了具体部署。他们密谋在上海与苏州之间的一个叫硕放的小火车站附近用爆破铁路桥梁、地面攻击、飞机轰炸等手段摧毁毛泽东乘坐的专车，置毛泽东于死地。同时，林彪等还作了带领亲信骨干，南逃广州，另立中央的准备。

9月3日，毛泽东从南昌到了杭州，计划在杭州住到9月下旬。当他了解到一些可疑的情况后，立即引起警惕。9月8日晚，毛泽东下令将他乘坐的专列趁夜转移出杭州，使人摸不清他的行止。9月10日下午，毛泽东突然决定调回专列，离开杭州；当晚抵达上海，在专列上住宿。11日上午，毛泽东就在专列上办公，并在车上会见了上海市和南京军区的一些负责人。当日下午，毛泽东突然下令列车立即出发，要求铁路全线绿灯，沿途昼夜不停，直驶北京。12日中午，列车到达北京丰台，毛泽东下令停车，并召集北京军区和北京市委负责人到列车上谈话，了解北京地区的形势并作了适当部署。他再次谈九届二中全会问题和路线斗争问题。

下午4时多，毛泽东换乘汽车回到中南海。毛泽东高度的政治警惕性和所采取的机智措施，使林彪集团的谋杀计划无法实现而破产。

林彪仓皇出逃丧命异国

9月11日晚，林立果得到毛泽东已离开上海的密报。12日，林立果按照林彪等的决定，指挥"联合舰队"骨干，仓皇准备飞机，拟定名单，妄图于13日晨会同林彪反革命集团的核心成员南逃广州，另立中央，实行割据。林立果于12日晚8时，私调专机（三叉戟型、256号）飞抵山海关机场，立即乘车赴北戴河与林彪、叶群会合。

9月12日晚，周恩来在人民大会堂主持讨论将在四届人大会议上作的《政府工作报告》草稿。10时30分，周恩来接到中央警卫局的电话报告说："林彪的女儿林立衡反映，林立果傍晚乘一架三叉戟飞机到了山海关。叶群、林立果要挟持林彪乘飞机叛国出逃。"周恩来立即下令要空军司令员吴法宪追查擅自调飞机到山海关机场的事，并要飞机马上飞回来。吴法宪汇报说，他已查问过，确有一架飞机到了山海关，是改装后试飞，但出了故障，飞不回来了。周恩来告诉吴法宪，飞机修好马上飞回来，但不准带任何人回北京。同时指示吴法宪立即在北京西郊机场查明情况，并派中央警卫局负责人寸步不离地协助吴工作。对此事放心不下，周恩来又打电话给海军政委李作鹏，让他向山海关的海军机场下达命令：三叉戟专机起飞要有周恩来、黄永胜、吴法宪、李作鹏四个人一起下命令才有效。李作鹏立即敏感地想到林彪那里可能出了事情，因而有意篡改了周恩来的命令，改为：四个人中有一人指示放飞才能飞。晚11点半，周恩来接到叶群打来一个奇怪的电话，说："林彪同志想动一动。"周问："是空中动还是地面动？"叶答："空中动。"周又故意问："你们调了飞机没有？"叶答："没有调。"林彪等本意是要制造假情况，迷惑党中央，但反而弄巧成拙，引起了更大的警觉。

林彪、叶群、林立果感到南逃阴谋已经败露，不顾北戴河住地警卫部队的拦阻，迅速乘汽车狂奔至山海关海军机场，登上256专机，并于9月13日凌晨不顾地面拦阻和机组缺员而强行起飞外逃。

得到飞机强行起飞的报告后，周恩来立即到中南海向毛泽东报告。并向全国下达了"任何飞机不准起飞"的禁飞令。当林彪乘坐的飞机明显要飞向国外的时候，毛泽东决定不要拦截。1点55分，专机飞越国界进入蒙古人民共和国。事后得知，途经蒙古温都尔汗附近时，飞机因燃油告罄不得不迫降时在地面烧毁，林彪、叶群、林立果等人全部死亡[①]。"联合舰队"的其他骨干分子有的畏罪自杀，有的被拘捕。一场反革命武装政变阴谋被彻底粉碎。

林彪事件的教训

像林彪这样在中国共产党内身居高位的人，竟然组织集团，阴谋夺取最高权力，策动反革命武装政变，谋害党的领袖，这样的事件是极其严重的。它的被迅速而顺利地粉碎，说明党心、民心和军心，都是不赞成、不允许这种事情发生的。即使像林彪那样声势赫赫，经营多年，又网罗了一批党羽，在军队中有很大权势的人，一旦丑恶面目充分暴露，也就立即众叛亲离，顷刻瓦解。林彪集团的被粉碎是党和人民的一个胜利。

---

① 关于林彪等人死于蒙古温都尔汗一事，不仅我方驻蒙古大使馆人员亲到现场，作了仔细的察看，并拍了大量照片；而且苏联情报部门还派专家挖棺查骨，作过牙齿鉴定。死者确为林彪无疑。西方有人散布林彪等人未在机上的流言，是完全不可信的。

但是,这种事情之所以会发生,究其根源却是"文化大革命"推翻一系列基本原则的结果。在已经进行了5年的"文化大革命"中,民主集中制和集体领导原则被彻底破坏,中国共产党的各级组织涣散以至完全瘫痪,党的领导作用被严重削弱,实事求是的原则被抛弃,民主和法制被践踏,拉帮结派、争权夺利公开化、合法化,整个国家陷于严重混乱。这些就造成了林彪集团能够产生和发展,能够横行无忌,敢于铤而走险的条件。从这一惊心动魄的事件中,人们清楚地看到,鼓吹个人崇拜最力的林彪竟然阴谋杀害党的主席,用党章肯定下来的接班人竟然叛国出逃,新擢升的5名政治局委员参与阴谋夺权活动,等等。这些令人震惊的事实,促使人们不能不进行严肃的思考:"文化大革命"是不是必要的?"无产阶级专政下继续革命的理论"对不对?"文化大革命"能不能"反修防修"、"保证红色江山不变色"?它给党和国家带来的究竟是什么效果?等等。九一三事件的发生,促使更广大的干部和群众从个人崇拜的狂热中觉醒,加深了对"文化大革命"的怀疑和不满,客观上宣告了"文化大革命"的理论和实践的失败,成为10年"文化大革命"历史发展的一个转折点。

第五章

“批林整风”和“批林批孔”

林彪集团的覆灭,“客观上宣告了‘文化大革命’的理论和实践的失败”[①]。同时,也在客观上提供了一次历史转机,使得有可能纠正“文化大革命”的极左错误,从而把整个中国导向正常的发展轨道。以周恩来为代表的中国共产党内的健康力量,在当时特殊而复杂的历史条件下,尽最大努力去抓住这个历史转机,使之朝着有利于中国社会主义事业的方向发展。可惜,由于毛泽东未能充分领悟林彪事件的教训,继续迷误和坚持“左”倾路线,而使这一历史转机被丧失。加以江青集团由于竞争对手的灭亡而攫取到更多的权力,野心更加膨胀。他们不断地制造风波,挑起事端,向党和政府的最高权力发动一次又一次的冲击。这样,就使全国各族人民在全局性的“文化大革命”“左”倾错误笼罩下,依然走着曲折崎岖的道路,继续遭受着痛苦和灾难。

一、“批林整风”和周恩来纠“左”的努力

“批林整风”的开展

林彪事件是一件十分严重而又有广泛影响的重大政治事件,但是由于毛泽东在周恩来协助下,采取了正确的方针和适当的措施,最大限度地消除和减少这一严重事件所造成的震动。不仅国内局势平稳,顺利地进行了国庆活动,也没有影响美总统特使基辛格的秘密访华后中美关系缓和[②]的进程。

---

① 《中国共产党中央委员会关于建国以来党的若干历史问题的决议》。

② 1970年10月,美国总统尼克松请巴基斯坦总统叶海亚·汗在访华时转告,美国准备改善两国之间的关系。1971年4月,中国通过巴基斯坦渠道照会美国,表示欢迎美总统或特使访华。7月,经过精心安排,美总统特使基辛格秘密访华。周恩来7月9日至11日与基辛格秘密会谈,达成协议。16日双方同时发表公报,宣布尼克松总统将于1972年5月前访华。从而打开中美关系的大门,并给世界政治带来巨大影响。

1971年9月18日，中共中央发出《关于林彪叛国出逃的通知》，向全国的省部级以上高级干部传达了林彪事件。9月24日，中共中央作出决定，令林彪集团的主要成员、身居军队要职的黄永胜、吴法宪、李作鹏、邱会作离职反省，彻底交代。10月3日，中共中央发出通知：撤销军委办事组、成立军委办公会议。军委办公会议由军委副主席叶剑英主持，成员为叶剑英、谢富治、张春桥、李先念、李德生、纪登奎、汪东兴、陈士榘、张才千、刘贤权共10人，在中央军委领导下负责军委日常工作。从而顺利地解决了被林彪集团篡夺的那部分军权。

同日，中共中央发出通知，宣布成立负责彻底审查林彪集团问题的中央专案组。专案组由周恩来、康生、江青、张春桥、姚文元、纪登奎、李德生、汪东兴、吴德、吴忠10人组成，下设工作机构，由纪登奎、汪东兴负责进行日常工作。

像副统帅叛逃这样大事是不可能长期保密的。所以在进行上列工作的基础上，国庆节后，10月24日，中共中央发出通知，将林彪叛党叛国事件向全国普遍传达。全党全军和全国各族人民对林彪事件的发生感到极大震惊，对他们的反革命罪行表示极大义愤，对中共中央所采取的各项措施表示坚决拥护。从1971年12月起，中共中央陆续批发了“关于粉碎林彪集团反革命政变斗争”的三批材料，在全国全面开展“批林整风”运动，动员群众揭发批判林彪集团的罪行，清查与林彪集团阴谋活动有关的人和事。很多老同志写了揭发林彪的材料。

“批林整风”的主要内容按当时的规定是：对林彪一伙阴谋抢班夺权，制定《“571”工程纪要》，策划谋杀毛泽东发动反革命武装政变和叛国外逃的罪行进行揭发批判；同时，揭发批判他们的反革命两面派行为和宣扬的“天才论”等唯心史观和形而上学。结合批林，除了学习马列的6本书外，当时还下发了毛泽东在庐山写的《我的一点意见》和1966年7月8日毛泽东写给江青的一封信，要求大家认真学习，提高识别真假马克思主义的能力。

“批林整风”运动的开展，对于动员群众揭发批判林彪一伙的罪行，提高对“左”倾错误危害性的认识，给“左”倾狂热降温，促进冷静思考，并能够较多地注意经济工作，使国内的政治经济形势有一定程度的好转等方面，有一定的积极作用。但由于这场运动是在肯定“文化大革命”的前提下进行的，指导思想仍然是“左”的，又有江青等人的干扰破坏，作用有限，问题不少。

毛泽东虽然从林彪事件中吸取了某些教训，在一定限度内调整了某些政策，但是，他没有从根本上总结经验教训，没有认识到“文化大革命”的全局性错误，没有能够把握住这个转折关头毅然宣告结束这场“大革命”。相反地，毛泽东依然是从阶级和阶级斗争那一套“左”的观点去分析和判断林彪事件。他认为林彪是代表地主资本家，要复辟资本主义，林彪事件是激烈阶级斗争的表现，是中国共产党历史上的“第十次路线斗争”。认为林彪集团代表某一阶级缺乏充分的根据。他们实际上是一伙以夺取最高权力为目标的野心家、阴谋家集团。他们本身从来没有公开提出过任何一项独立的政治主张，因而也很难说是什么路线斗争。他们所以能嚣张一时，恰恰是利用了毛泽东亲自发动和领导的“文化大革命”全局性严重“左”倾错误。毛泽东不承认这一客观事实，依然在全局上坚持“左”的错误方针，并且仍然让江青一伙在党和国家政治生活中起十分重要的作用。这就不能不延长和加深“文化大革命”对国家和人民所造成的灾难。

粉碎林彪反革命集团的武装政变阴谋后，周恩来在毛泽东支持下主持中央党政日常工作。他为纠正“左”倾错误作了极大努力，使各方面工作有了转机。

“解放”和任用一批老干部

“文化大革命”中，林彪、江青两个集团疯狂地打击和迫害老干部，冤假错案遍及全国。周恩来从“文化大革命”一开始，就费尽心血，采取各种方式保护大批党内外干部。林彪事件的发生，也促使毛泽东重新考虑某些事情，并改变了对一些老同志的态度。1971 年 11 月 14 日，他在接见参加成都地区座谈会的人员时，当着叶剑英的面对大家说：“你们再不要讲他‘二月逆流’了。‘二月逆流’是什么性质？是他们对付林彪、陈伯达、王关戚”。这就为所谓“二月逆流”的大错案平反奠定了基础（中共中央正式作出为“二月逆流”平反的决定，是在粉碎“四人帮”之后）。被迫害而不准参加九大的谭震林，也在周恩来的关照下回到北京并恢复了工作。

1972 年 1 月 10 日，毛泽东参加了陈毅的追悼会。毛泽东在建国后亲自参加某人追悼会的事是比较罕见的。特别是在“文化大革命”中，出席像陈毅这样屡遭批判的老同志的追悼会，更不寻常。这件事经过新华社和《人民日报》的正式渠道布告全国，产生了巨大影响。

追悼会上，毛泽东在同陈毅的夫人张茜谈话时说，陈毅是个好人，是个好同志，要是林彪的阴谋搞成了，是要把我们这些老人都搞掉的。在这次谈话中，毛泽东还讲了邓小平同刘少奇是有区别的。这些话传出去后，起了积极的影响。周恩来致悼词，肯定了陈毅一生对革命事业作出的重大贡献，为陈毅恢复了名誉。

周恩来抓住时机，从全局上推动解放干部的工作。1972 年 4 月间，他指示人民日报社起草一篇阐述党的干部政策的社论，并亲自审阅。这篇题为《惩前毖后，治病救人》的社论于 4 月 24 日在《人民日报》发表。社论指出，“对一切犯错误的同志不论老干部、新干部，党内的同志、党外的同志，都要按照‘团结——批评——团结’的公式，采取教育为主的方针。”正确执行党的干部政策，必须排除“左”右干扰。在干部问题上，不能搞山头主义、宗派主义。社论特别提出，经过长期革命斗争锻炼的老干部，是党的宝贵财富。这本是客观事实，但“文化大革命”后久已不提。这篇社论在当时影响很大，有力地推动了“解放”干部的工作，使大批老干部和专家、教授等，从关押、审查、批斗的状态中解脱出来，重新走上工作岗位，许多同志并担任了各级领导工作。

12月，毛泽东根据一位领导干部家属反映的情况，批评监狱实行“法西斯式的审查方式”，要求“一律废除”并“请总理办”。周恩来立即指示公安部会同北京卫戍区彻底清查北京监狱待遇问题，并要他们当着在押“犯人”公开宣布废除法西斯式的审查方式和不准对“犯人”虐待、殴打，“如有犯者，当依法惩治，更容许犯人控诉”。[①] 这虽然不是从根本上解决干部问题的办法，但确实在一定程度上限制和减轻了江青一伙对干部的迫害。

由于上述一系列工作，在这个期间，恢复了一些负责干部的名誉，并把一大批下放劳动和“靠边站”（当时对一批既定不出明确罪名，但又不给任用、不准工作的干部的特定名称）的原党政军各部门负责人重新安置到领导岗位。其中最突出而有重大影响的，是1973年3月10日，中共中央根据毛泽东的一个批示作出决定，恢复邓小平的组织生活和国务院副总理职务。毛泽东1972年8月14日在8月3日邓小平来信上作了重要批示。他虽然仍认为邓小平“所犯错误是严重的。但应与刘少奇加以区别”。毛泽东肯定邓小平“在中央苏区是挨整的……是所谓毛派的头子”。“他没有历史问题”。“他协助刘伯承同志打仗是得力的有战功”。“他没有屈服于苏修”等。根据这个批示，周恩来主持中共中央政

① 《周恩来选集》下卷，第457页。

治局会议，经过积极努力才产生了恢复邓小平组织生活和国务院副总理职务的决定，使邓小平又重新出现在中国的政治舞台上。

努力扭转国民经济下降局面

在周恩来主持中央日常工作的这段时间内，他为扭转国民经济遭受严重破坏的局面作了很大努力。他指出："不能违背科学，……有些人要把一切制度砸烂，这是极左思潮。""改革不合理的规章制度，合理的还是要保留，一概取消是不符合毛泽东思想的，是不尊重科学的。"①

1971 年 10 月 5 日，周恩来在听取国家计委汇报全国计划会议情况时指出，现在我们的企业管理乱得很，要整顿。随后，国务院主持起草了《1972 年全国计划会议纪要》，提出了整顿企业的措施，明确规定企业要恢复和健全岗位责任制、考勤制度、技术操作规程、质量检验制度、设备管理和维修制、安全生产制、经济核算制等 7 项制度；强调企业要抓产量、品种、质量、原材料燃料动力消耗、劳动生产率、成本、利润等 7 项指标。这些本是建国后积累多年经验规定的行之有效的企业管理措施，也是任何经济部门所不可缺少的必要制度，但在几年的"文化大革命"中，几乎全部被破坏，造成企业管理严重混乱、生产连续下降的局面。因此，要扭转经济工作的局面，必须从建立和恢复这些基本规章制度做起。

1972 年初，周恩来发现了由于"1970 年大膨胀"所造成的"三个突破"的问题。他在 1972 年全国计划会议上指出，职工人数突破了 5000 万人，工资总额突破了 300 亿元，粮食销售量突破了 800 亿斤，这三个突破对国民经济各方面带来一系列的问题，不注意解决，就会犯错误。他还说："应把九大以来林彪一伙破坏经济

---

① 《周恩来选集》下卷，第 462 页。

计划的情况编个材料，供大家批判。一定要批透，把破坏性后果消除掉。”①根据周恩来的意见，国家计委起草了《关于坚持统一计划，加强经济管理的规定》，提交1973年初召开的全国计划会议讨论。

这个文件草稿从纠正生产建设上存在的极左思潮和无政府主义出发，规定了10条不得违反的纪律。这些规定旨在纠正乱上基本建设项目，随意增加职工等现象，消除林彪一伙破坏国家计划，叫嚷“我说的就是计划”、“打仗就是比例”等恶劣行径对经济工作所造成的影响。文件提交1973年全国计划会议讨论时，28个省、市、自治区赞成，唯有上海反对。张春桥说这是“拿多数压我们，我坚决反对，我们是光荣的孤立”。他强令把文件收回。

1972年和1973年两次全国计划会议的两个文件草稿，由于张春桥的阻挠，都没有作为正式文件下发。但是，通过讨论和代表们回去传达，它对实际工作还是产生了积极的作用。主要是调整了第四个五年计划纲要（修正草案）中的若干过高指标，特别是把1975年的钢产量指标，从3500—4000万吨降到3000万吨；加强了基本建设项目的管理，控制了任意上项目和扩大规模；加强了劳动工资管理，重申劳动工资大权在中央，防止任意招工和违反政策随意调工资。这样，就使“三个突破”得到了有效的控制，使失衡的各种比例关系得到了一定程度的调整，保证了整个国民经济的恢复和增长。1972年工业比上年增长6.6%，1973年比上年增长9.5%。

值得提出的是，1972年我国又恢复了中断多年的成套设备和新技术的引进工作。1973年经毛泽东、周恩来批准，我国从国外引进共43亿美元的成套设备和单机（加上后来的追加项目，共达51.4亿美元）。其中包括13套大化肥、4套大化纤、3套石油化

---

① 《周恩来选集》下卷，第464页。

工、43 套综合采煤机组、3 个大电站、1.7 米轧机及透平发动机、斯贝发电机等。这些引进项目到 1979 年底陆续建成投产。不仅扩大了我国的工业生产能力，而且有利于提高我国工业的现代化生产技术水平。

调整农村收益分配

在农村工作方面，也着手纠正一些“左”的弊端。1971 年 12 月 26 日，中共中央发出关于农村人民公社分配问题的指示。针对当时农村在极左思潮影响下，普遍存在劳动计酬上的平均主义严重，多劳不能多得；经营单一落后，很少现金收入；分配不能兑现，农民收入减少，生活水平下降等挫伤农民生产积极性的状况，提出解决措施。文件重申：“必须兼顾国家利益、集体利益和个人利益，认真落实党的有关政策，搞好农村人民公社的分配工作。”要求各地要从实际出发，总结当地好的经验，坚持那些为群众所欢迎的简便易行的办法；强调农业要全面发展，不能把党的政策允许的多种经营当作资本主义去批判；规定了有利于集体增产、个人增收、减轻农民负担和使分配兑现的一些具体政策。这个指示受到农村广大干部和群众的欢迎，在一定程度上调动了农民的生产积极性。1972 年由于有 6.1 亿多亩庄稼遭受严重自然灾害，这一年农业总产量没有增产，到 1973 年农业总产就比上年增长 8.4%。

外交方面的重大进展

在对外工作方面，这个期间取得了突破性的重大进展。“文化大革命”开始以后，林彪、江青一伙煽动极左思潮，制造了一系列重大的涉外事件，严重损害了我国的声誉和对外关系。在“文化大革命”的前 5 年，整个对外关系处于停滞和倒退的状态。九大后，根据毛泽东和周恩来的决策，我国政府采取了一系列措施，改善和发展对外关系，特别是同美国、日本和西欧国家的关系。

1971 年 10 月 25 日，联合国大会第 26 届会议以压倒多数票通过恢复中华人民共和国在联合国的合法席位。1972 年 2 月 21 日，应中国政府邀请，美国总统尼克松来中国访问到达北京。2 月 27 日，中美两国发表上海联合公报，宣布两国在对抗 20 多年之后，开始走向和解与关系正常化。中国在联合国合法地位的恢复和中美关系的缓和，为中国对外关系大发展创造了良好条件。1972 年 9 月 25 日，日本国内阁总理大臣田中角荣应周恩来邀请访问中国。9 月 29 日，中日两国宣布结束战争状态，正式恢复邦交。

从基辛格秘密访华到 1972 年底共 27 个月的时间里，还有加拿大、意大利、奥地利、土耳其、伊朗、墨西哥、联邦德国、澳大利亚、新西兰等总共 41 个国家同我国建立或恢复了外交关系。差不多相当于从 1949—1969 年 20 年间同我国建立外交关系国家的总和(20 年建交国家为 47 个)。英国和荷兰亦由于同台湾断绝了外交关系，而使代表机构从代办级升格为大使级。这些情况说明，我国在外交上获得了重大成功。

国际关系的改善，为我国开展对外经济技术交流，发展对外贸易，创造了有利的条件。毛泽东、周恩来在对外关系上的重大决策，开始打破了长期以来西方封锁和我们自己闭关锁国的不正常状态，为开辟新的外交格局奠定了基础。

利用 1973 年三八妇女节的机会，周恩来在人民大会堂举行隆重的招待会，邀请了在华的外国专家和家属出席。会上，周恩来严厉地批判了林彪、陈伯达、王力等对外事工作的破坏干扰，对被错误批斗或被迫离开中国的外国专家表示真诚的歉意，并欢迎他们重回中国工作。一位英国女专家曾感情激动地回忆起这次会议。她说："在数百名客人面前，总理代表中国共产党和中国政府，对于延误落实毛泽东主席关于对待外国专家的指示，公开向全体外国专家表示道歉"。"一个微贱的英国陶瓷工和烧饭女工的女儿，接受强大中国的总理的道歉，请想象一下我当时的感受吧。"[①]这对挽回对外关系上的不良影响，纠正极左错误，产生了积极的作用。

在这个期间，周恩来对文化教育、科学技术等方面的工作，也很重视，加强了领导，并提出了批判极左思潮的要求，推动这些部门的工作取得显著进展。

批判极左出现的曲折

周恩来在主持中央日常工作的这段时期，鉴于"文化大革命"中极左思潮和无政府主义所造成的危害，在揭发批判林彪反革命集团罪行的过程中，他在一些全国性的重要会议上和其他场合，多次提出必须批判极左思潮和无政府主义的问题。他指出："各单位的极左思潮都是林彪放纵起来的"，极左思潮不批透，人们就没有勇气贯彻党的正确路线。针对当时由于受"突出政治"的影响，普遍存在不敢抓生产、抓业务的情况，他在一次会议上指出：极左思潮就是搞"空洞的、抽象的、形而上学的东西，夸夸其谈，走极端"。他强调"运动与业务不能对立"，政治挂帅"就是要挂在业务上"。他鼓励各级干部理直气壮地抓生产、抓业务。极左思潮是"文化大革命"大动乱的思想基础。在当时还不具备扭转"文化大革命""左"倾错误总方针的情况下，提出并组织批判极左思潮，是可能采取的最有效的方法。周恩来正是抓住这一带根本性的问题，使当时各方面工作出现了转机。

---

① 罗斯·史密斯：《怀念周总理》，见《五洲的怀念》，第230—231页。

周恩来为清除极左思潮在各个领域的恶劣影响而作的努力，遭到江青一伙的反对。1972 年 10 月 6 日，《光明日报》发表了一篇题为《对综合大学理科教育革命的一些看法》的文章。这篇文章是当时北京大学负责人、著名物理学家周培源写的。据作者本人说，所以写这篇文章，是因为 1972 年春美籍华人物理学家杨振宁在参观北京大学和中国科学院物理所时，提出希望我们提倡一下基础物理的学习和研究。杨振宁的意见受到了毛泽东的称赞。7 月，在会见美籍华人学者时，周恩来又当面告诉陪同会见的周培源："你回去要把北大理科办好，把基础理论水平提高。这是我交给你的任务。有什么障碍要扫除，有什么钉子要拔掉"。回校传达后，他给周恩来写信，提出加强基础理论教育的三点意见。北大、清华草拟了一个在教学和科研中加强基础理论的初步意见，周恩来看了，也作了批示。正是在这样的背景下，他才写了文章。

文章本来是应《人民日报》之约写的，由于姚文元反对，才改在《光明日报》上发表。文章针对当时教育工作中存在的问题，按照周恩来的意见，强调要重视和加强自然科学基础理论的学习和研究。张春桥却指使上海《文汇报》攻击这篇文章，并派人到北京大学秘密调查这篇文章的"出笼背景"。他说："周培源有后台，不管他的后台多大多硬，就是要批！"他们批判的矛头，显然是对着周恩来的。

10 月 14 日，《人民日报》刊登三篇文章[①]，批判极左思潮和无政府主义。这些文章是人民日报社根据周恩来 8、9 月间两次批判极左思潮的讲话精神和国务院领导华国锋、李先念、余秋里 1972 年 3 月听取黑龙江省的同志汇报哈尔滨几个工厂的问题时提出要反对无政府主义的精神组织撰写的。文章发表后，立刻引

---

① 这三篇文章的标题是：《无政府主义是假马克思主义骗子的反革命工具》、《坚持无产阶级铁的纪律》和《一个阴谋家的丑史》（评无政府主义鼻祖巴枯宁的）。三篇文章构成一个整版，比较醒目。

起广泛关注。上海方面打电话向人民日报社查问文章作者是谁，文章是谁组织的，谁审定的，送给谁看过。随后，《文汇报》内部刊物以上海工人座谈的名义，指责文章是“否定文化大革命”，是“批群众”，是“大毒草”。姚文元指令在人民日报社内部开展“批邪运动”，批判“右倾回潮”[①]，以此为契机，使周恩来无法再过问人民日报社的事。人民日报社完全被张春桥、江青、姚文元所控制。

11月28日，中共中央对外联络部、外交部在《关于召开外事会议的请示报告》中提出，会议要把“彻底批判林彪反党集团煽动的极‘左’思潮和无政府主义”作为一项重要内容。周恩来作了同意的批示。江青、张春桥却针对周恩来的批示加以反对。他们分别在报告上批写什么“应批林彪卖国贼的极右”，“批林是否就是批极‘左’和无政府主义？”“批林要批得全面一些”等等。显然，批判极左思潮，触及了江青一伙蓄意鼓吹极左思潮、赖以乱党乱国的要害。

在周恩来同江青集团发生尖锐对立的时候，毛泽东错误地支持了江青、张春桥等的主张，也认为当时的任务仍然是反对“极右”，从而否定了周恩来的正确意见。1972年12月5日，人民日报社有人给毛泽东写了一封信，表示赞同周恩来关于批判极左思潮的意见，反映了张春桥、姚文元不同意批判极左思潮的问题。12月17日，毛泽东在同张春桥、姚文元谈话时说：“极左思潮少批一点吧”，“那封信我看不对。是极左？是极右。修正主义，分裂，阴谋诡计，叛党叛国”。1973年《人民日报》、《解放军报》、《红旗》杂志联合发表的《新年献词》中，按照毛泽东这个讲话的精神，强调在“批修整风”中要着重批判“刘少奇一类骗子”（在十大正式点林彪之名前一直以此为林彪的代名词）的“修正主义路线的实

① 参见余焕春：《大权旁落：“文革”中人民日报夺权纪实》，载《百年潮》2004年第12期。

质”。认为林彪一伙的反革命目的是，对内“颠覆无产阶级专政，复辟资本主义。他们妄图把毛主席领导下我党我军我国人民亲手打倒的地主资产阶级再扶植起来”。“在国内，他们要联合地、富、反、坏、右，实行地主买办资产阶级的法西斯专政。在国际，他们要投降苏修社会帝国主义，反华反共反革命。”这还不是“右得不能再右”了嘛！从此之后，就只准批林彪的“极右”，不准再批极左。谁要是再敢批“左”，那就是对林彪反革命修正主义路线的实质缺乏认识，就是搞错了“斗争的大方向”。一时批“左”成了禁区。

周恩来正确地提出了批判极左思潮的问题，这是 1967 年 2 月前后许多中央领导同志要求纠正“文化大革命”错误这一正确主张的继续。如果能坚持做下去，“文化大革命”的全局性错误是可以逐步减轻以至有所纠正的。可是由于“文化大革命”是“左”倾错误的产物，毛泽东在全局上又一直坚持“文化大革命”，因而他敏感地把批判极左同否定“文化大革命”联系起来，从而作出了不允许批极左的错误决断。

在粉碎林彪集团后的两年间，尽管江青集团进行各种干扰和破坏，但是由于周恩来在毛泽东的支持下，采取了一些正确的政策和措施；由于广大干部和群众的积极工作，努力生产；也由于广大干部和群众从“文化大革命”中已经吸取了一些经验教训，人心思治，所以，在 1972 和 1973 两年间，社会秩序、生产状况逐步好转，各方面的工作都有了转机。然而，周恩来主持的批极左及其带来的好转局面，很快遭到阻挠和破坏而中断，在所谓的批“极右”声中，使党的“左”倾错误不仅得不到有力的纠正，反而继续发展，也就使“文化大革命”的灾难继续发展下去。

二、继续九大错误的中共十大

林彪事件发生后，产生了一些急需解决的重大政治问题，例如，九大党章总纲中关于“林彪同志一贯高举毛泽东思想伟大红旗，最忠诚、最坚定地执行和捍卫毛泽东同志的无产阶级革命路线”，“林彪同志是毛泽东同志的亲密战友和接班人”的提法，已成为一个巨大的历史讽刺；九届一中全会选出的21名政治局委员中，有7名已属林彪反革命集团的首脑和骨干受到审查，缺额三分之一的中央政治局难以正常工作；由此引起的普遍疑问：九大路线是否仍是正确的？很显然，这些问题不给予回答和解决，是无法向全党和全国人民交代的，也是不利于党的领导和社会稳定的。而要解决这些重大问题，又只能是党的最高权力机构——全国代表大会才能完成。而九大党章规定：“党的全国代表大会，每五年举行一次。”因此，中共中央决定提前召开党的第十次全国代表大会。

党的十大的准备

为召开十大作准备，1973年5月20日至31日，中共中央在北京举行工作会议。会议讨论通过了《中共中央关于党的第十次全国代表大会代表产生的决定》。关于代表的条件，决定的要求主要是：“坚决贯彻执行毛主席的无产阶级革命路线，在无产阶级文化大革命中，特别是在第十次路线斗争中，经过考验锻炼表现好的，联系群众，为群众信任的；也要包括一部分犯了严重错误，作了检讨，愿意改正，并取得群众谅解的。”这就是说，要把林彪集团成员和追随林彪犯了严重错误的人从代表中排除掉，但代表的主要成分，仍应是在“文化大革命”中“经过考验表现好”的造反派；同时，也要更多地吸收一些“文化大革命”中遭到冲击和批斗的各级党政负责干部。当然有一个条件，就是要作“检讨”。这从一定意义上也可以说是在干部问题上作了某种程度的政策性调整。

决定规定的关于代表名额分配的比例中，把“革命的知识分子”列在工人、贫下中农和其他劳动人民之外，代表名额仅占总数的5%左右。反映出“文化大革命”期间对知识分子的歧视和排斥，在中国共产党员中也不例外。

会议讨论并同意经毛泽东核定的《中央政治局关于修改党章问题的请示》，决定由王洪文负责中央党章修改小组，在政治局领导下进行工作，提出《中国共产党章程草案》。

关于1973年国民经济计划问题，根据周恩来的意见，会议着重讨论了缩短基本建设战线和发挥地方积极性等问题。

按照毛泽东的意见，会议宣布“解放”谭震林、李井泉、乌兰夫等13名老干部；王洪文、华国锋、吴德列席中央政治局会议并参加政治局的工作。在这次中央工作会议之前，1972年夏，中共中央委员、湖南省委第一书记华国锋和王洪文陆续被调到中央工作。吴德是当时的中共中央委员、中共北京市委第一书记。王洪文是上海地区“造反派”的头头，九届中共中央委员，当时任上海市委书记、市革委会副主任。赋予王洪文领导党章修改的重任，说明这时王洪文已是由毛泽东选拔到中央培养的又一个接班人。

从决定提前召开十大到大会正式举行，中间只有3个月的时间，准备比较仓促。十大的代表并不是经过充分酝酿，逐级召开代表大会，选举产生的。而是通过所谓“民主协商”，由省、市、自治区和有关选举单位，召开党委扩大会议选举产生的。在代表大会之前，也没有举行中共中央全会。张春桥、姚文元成了十大文件的主要起草人。十大也没有设立代表资格审查委员会。这些都说明十大的准备工作是不充分的，比较草率的。

十大开幕前的8月20日，中共中央批准《关于林彪反党集团反革命罪行的审查报告》，决定永远开除林彪及其集团主要成员陈伯达、叶群、黄永胜、吴法宪、李作鹏、邱会作等人的党籍，撤销他们党内外的一切职务。李雪峰也被错误地列入集团主要成员，一并被开除了党籍①。同日,党中央召开了选举准备委员会全体会议。按照毛泽东的意见,王洪文担任选举准备委员会主任,周恩来、康生、叶剑英、江青、张春桥、李德生为副主任,委员共104名。周恩来竟然成了王洪文的副手,这明显地表示了毛泽东对党的十大人事安排问题的倾向。

继续坚持“文革”错误的十大政治报告

1973年8月24日至28日,中国共产党第十次全国代表大会在北京举行。毛泽东主持了这次大会。出席大会的代表共1249人,代表全国2800万党员。大会的议程有三项:(一)周恩来代表中央委员会作政治报告;(二)王洪文代表中央委员会作关于修改党章的报告,并向大会提出《中国共产党章程草案》;(三)选举中国共产党第十届中央委员会。

这次大会通过的政治报告,进一步揭露和批判了林彪反革命集团的罪行,指出“林彪及其一小撮死党是一个‘语录不离手,万岁不离口,当面说好话,背后下毒手’的反革命阴谋集团”。对林彪反革命集团的揭发和批判,对全党毕竟是一次十分有益的深刻教育。但是,报告没有深入地、具体地分析林彪事件发生的历史条件,也没有把林彪事件同“文化大革命”联系起来,总结必要的经验教训,反而肯定“九大的政治路线和组织路线都是正确的”,认为“林彪反党集团跳了出来,继续同无产阶级较量,正是国内国际激烈的阶级斗争的尖锐表现”,是证明了社会主义历史阶段始终存在阶级、阶级矛盾和阶级斗争的所谓基本路线的正确等,并且再次强调“党内两条路线斗争将长期存在,还会出现十次、二十次、三十次”,这些都表明十大仍坚持“文化大革命”“左”倾错误的

① 1982年4月1日,中共中央作出《关于恢复李雪峰同志党籍的决定》。

主要论点。

关于今后任务，报告指出："我国在经济上还是一个穷国，还是一个发展中的国家"，要求全党"贯彻执行鼓足干劲，力争上游，多快好省地建设社会主义的总路线，抓革命，促生产……切实地完成和超额完成发展国民经济的国家计划，使我国社会主义经济有一个更大的发展"。这说明对经济建设问题的重视程度比九大有所提升。但是，报告中强调的主要任务，仍是搞好阶级斗争，"巩固和发展无产阶级文化大革命的成果"。报告说："无产阶级文化大革命斗、批、改的任务，各条战线都需要继续深入。"报告把"继续搞好批林整风"列为首要任务。同时强调："要继续搞好文艺革命、教育卫生革命，做好上山下乡知识青年的工作，办好五七干校，支持社会主义的新生事物"。"向全党、全军和全国人民进行阶级斗争和路线斗争教育"等。

十大党章和新的中央委员会

在《关于修改党章的报告》中，强调这次提交大会讨论通过的"修改草案和九大党章比较，主要是充实了两条路线斗争经验的内容"。报告把"天下大乱，达到天下大治。过七八年又来一次"，认定为"客观规律"。再次宣称："还要进行多次像无产阶级文化大革命这样的政治大革命，才能不断巩固无产阶级专政，夺取社会主义事业的新胜利"。报告再次号召全党"坚持无产阶级专政下的继续革命"。

大会通过的新党章，除了把九大党章中颂扬林彪，肯定林彪为"毛泽东同志的亲密战友和接班人"之类话删掉外，基本上全部沿袭了九大党章的"左"倾错误内容。正如王洪文在报告中承认的："九大通过的党章，坚持了我们党一贯的根本原则，反映了无产阶级文化大革命的新经验，在全党、全军、全国人民的政治生活中起了积极的作用。修改草案的总纲部分,保留了九大党章关于我们党的性质、指导思想、基本纲领、基本路线等规定,结构和内容作了一些调整。条文部分改的不多。”新的内容是在总纲中加上了“全党同志要有敢于反潮流的革命精神”的新要求,在党员必须做到的五项条件中,列入“批判修正主义”,使“左”倾色彩继续保持。

“反潮流”作为一种抽象的原则加以肯定或否定,都是没有多大意义的。关键在于反对的是什么样的潮流。对于反动的逆流,革命者当然应该勇于反对,而对代表客观历史规律的正确潮流,则不仅不能反对,而且应该是这种潮流的带头者和推动者。在当时全党和全国大多数人已经从实践中逐步觉察到“文化大革命”的错误,要求批判和纠正极左思潮的情况下,毛泽东强调地提出“反潮流”,并作为“马列主义的一个原则”,其含义只能是表明,毛泽东要继续坚持“左”的一套,“顶住”大多数人代表的正确的历史潮流。

大会选出了第十届中央委员会。195 人当选为中央委员,124 人当选为候补中央委员,人数多于第九届中央委员会。一些久经考验的、“文化大革命”中备受打击迫害,不是九届中央委员的老干部,如邓小平、王稼祥、乌兰夫、李井泉、谭震林、廖承志、赵紫阳、李葆华、秦基伟等,被选为中央委员。但是,这并没有从组织上根本改变九大的错误。追随江青反革命集团的骨干分子,更多地被选进了党的中央委员会。

十届一中全会埋下新的祸根

1973 年 8 月 30 日,中国共产党第十届中央委员会举行了第一次全体会议。会议选举了党的中央机构。毛泽东当选为中央委员会主席,周恩来、王洪文、康生、叶剑英、李德生当选为中央委员会副主席。中央政治局委员是(按姓氏笔画为序):毛泽东、王洪文、韦国清、叶剑英、刘伯承、江青、朱德、许世友、华国锋、纪登奎、吴德、汪东兴、陈永贵、陈锡联、李先念、李德生、张春桥、周恩来、姚文元、康生、董必武共21人。中央政治局候补委员是:吴桂贤、苏振华、倪志福、赛福鼎。造反派头头王洪文青云直上,当了中共中央的副主席,阴谋家康生也成为中共中央副主席,张春桥成为中共中央政治局常委,这就大大加强了江青反革命集团在党中央的势力。

中共十大虽然解决了当时急需解决的一些问题,但从整体上看,仍继续了九大的"左"倾错误。十大仍然号召全党"坚持无产阶级专政下的继续革命",坚持"党在整个社会主义历史阶段的基本路线和政策",坚持"无产阶级文化大革命"。十大把毛泽东提出的"天下大乱,达到天下大治","过七八年又来一次","牛鬼蛇神自己跳出来",认定为"客观规律",并且预言"党内两条路线斗争将长期存在,还会出现十次、二十次、三十次"。在这样的"左"倾错误方针指导下,只能使"文化大革命"越拖越久,破坏性后果越来越严重。尽管毛泽东在十大召开前的一次政治局会议上再次要求:"希望这一次十大真正能开成一个团结的、胜利的大会","希望我们这次大会,大家团结起来,不搞阴谋诡计"。但坚持"文化大革命"和团结、胜利是不可能相容的。

十届一中全会以后,江青、张春桥、姚文元、王洪文在中央政治局内结成"四人帮",江青反革命集团的势力更得到加强。这就为这伙野心家、阴谋家全面篡夺党和国家最高领导权力提供了有利的条件,为十大后全国的继续动乱埋下了祸根。

三、借题发挥的"批林批孔"

中共十大以后,江青、张春桥、王洪文、姚文元等凭借他们膨胀了的权势,加紧进行全面夺取党政军领导权的阴谋活动。王洪文虽已被指定主持党中央日常工作，但他人望很低，能力薄弱，难堪此任。实际上处理中央日常工作的仍是周恩来。因此，周恩来就被江青一伙看成是夺权道路上的主要障碍，成为他们蓄意打倒的主要目标。

毛泽东把批林同批孔联系起来

中共十大虽然对“文化大革命”再一次作了充分的肯定，但是，广大干部和群众对“文化大革命”的厌倦和怀疑情绪仍然在增长。周恩来纠正“左”倾错误的努力虽然被中断，但已经显示了人民群众对纠正“左”倾错误的广泛支持。这些都引起了毛泽东对出现“复辟倒退”、出现“修正主义”的错觉和忧虑。

1973 年 7 月 4 日，毛泽东在同王洪文、张春桥谈话中，批评外交部编印的第 135 期《新情况》对世界形势的看法。毛泽东说：我常吹大动荡、大分化、大改组，而外交部忽然来一个什么大欺骗、大主宰。他还说：“结论是四句话：大事不讨论，小事天天送。此调不改动，势必搞修正。”实际上，外交方面所有的重大事情都是请示毛泽东决定的。“外交无小事”，遇事认真请示报告，正是外交部门的优点。可是却被指责为不讨论“大事”，并被加以“势必搞修正”的罪名，实在令人难以理解。这种随意性很大的指责，在一定程度上反映了毛泽东对成绩很大的外交部门莫名其妙的不满，也从一个侧面反映了他对领导外事部门工作的周恩来的不满。在谈话中，毛泽东谈了一个观点，就是认为林彪的思想根源来源于儒家，认为林彪同国民党一样，都是“尊孔反法”的。这说明在毛泽东的主观认定上，已开始把批林和批孔联系起来。

据江青在后来的一次讲话中说，毛泽东找她去，给她看了两首自己写的批孔的诗。一首是“五言绝句”：

郭老从柳退，不及柳宗元。

名曰共产党，崇拜孔二先。

一首是“七律”《读〈封建论〉呈郭老》：

劝君少骂秦始皇，焚坑事业要商量。

祖龙魂死秦犹在，孔学名高实秕糠。

百代都行秦政法，十批不是好文章。

熟读唐人封建论，莫从子厚返文王。

这里的“郭老”是指郭沫若，中国著名的历史学家，中国科学院院长。“十批”则是指郭沫若的古代史研究主要著作《十批判书》。表面上看来，似乎是毛泽东对历史学家的学术著作提出不同意见，而在当时却是为了某种政治斗争的需要。

根据毛泽东的批示，《人民日报》发表了广州中山大学教授杨荣国的文章《孔子——顽固地维护封建奴隶制的思想家》。杨荣国是代表了中国哲学史研究中长期对立的一派观点，得到了毛泽东的支持。毛泽东还在同一位外宾谈话中说：“秦始皇是中国封建社会第一个有名的皇帝，我也是秦始皇，林彪骂我是秦始皇。中国历来分两派，一派讲秦始皇好，一派讲秦始皇坏。我赞成秦始皇，不赞成孔夫子。”这些都鲜明地表示了毛泽东对孔子的态度。

江青一伙在“文化大革命”中采用的惯伎，是打着毛泽东的旗号，把毛泽东的错误推向极端，以实现他们的罪恶目的。毛泽东的这些谈话，为江青一伙再次兴风作浪，攻击周恩来，找到了依据。

10 月，江青等在他们直接控制的清华大学、北京大学发动了所谓“反击右倾回潮运动”，声称要“反击右倾复辟势力”、“反击修正主义回潮”，上揪“代表人物”，下扫“社会基础”。他们还指令清华大学、北京大学成立“大批判组”，编辑林彪与孔孟之道的材料，撰写批孔文章。他们利用九一三事件后清查林彪住所之便，在林家找到一些林彪让人摘录的儒家人物的语录，按照政治需要编辑成一份资料，取名《林彪与孔孟之道》(材料之一)。1974 年 1 月 12 日，江青、王洪文写信给毛泽东，建议把这份材料转发全国。他们谎称:“这份材料对当前继续深入批林、批孔会有很大帮助。各地也迫切需要这种简明扼要的材料”。实际上,当时广大干部和群众还不知道要开展“批林批孔”这件事,根本谈不上“迫切需要”这种材料。毛泽东批准了江青、王洪文的建议。中共中央于1月18日将这份材料作为中共中央文件的附件转发全党,“批林批孔”运动便在全国开展起来。从此,中共十大要求放在首位的“批林整风”运动,忽然变成了“批林批孔”运动。

批孔,即批判中国历史上最著名的学者、教育家,被尊为“至圣先师”的孔子。这在中国革命史上并不是第一次。著名的1919年五四运动中就提出过“打倒孔家店”的口号。毛泽东批孔也是多年一贯的。不过在以往的批判中,他对孔子的积极方面还是给予肯定的。如在党的六届六中全会报告中,毛泽东就说过:“从孔夫子到孙中山,我们应当给以总结,继承这一份珍贵遗产。”①对于孔子的学说进行批判当然是可以的,而且至今也仍有不同意见在探讨和商榷。问题是把批孔同批林彪联系起来是否适当。而且当时开展批林批孔的目标,实际上既不是林彪,也不是孔子,而是另有所图。这从当时的文件、社论和大批判文章中,已经是有迹象可察的。

开展“批林批孔”运动的目的,按照当时的说法,是因为“我们党同林彪之间围绕着反孔还是尊孔的斗争,实质上是社会主义时期前进和倒退、革命和反革命的两个阶级、两条道路的斗争”。只有深入批林批孔,“才能进一步认识无产阶级文化大革命的必要性,以巩固和发展无产阶级文化大革命的伟大成果”。② 这就是说,当时毛泽东提出要开展“批林批孔”运动的主观意图,是为了进一步肯定“文化大革命”的理论和实践,扼制群众对于“文化大

① 《毛泽东选集》第2卷,第534页。

② 《广泛深入开展批林批孔的斗争》,见《红旗》1974年第2期。

革命”的怀疑、抵制和反对，以维护和继续推行“左”倾错误方针。而“四人帮”竭力推行“批林批孔”运动，更是另有图谋。

1973年11月17日，毛泽东根据片面的汇报，召见周恩来和外交部负责人及其他有关人员，谈了他对不久前中美会谈的一些看法，并提议中央政治局开会讨论。在当晚召开的会议上，江青指责周恩来是“右倾投降主义”。根据毛泽东的意见，中央政治局于11月21日至12月初，连续开会批评周恩来和叶剑英的“错误”。会上，江青等人攻击周恩来、叶剑英“丧权辱国”、“投降主义”，声称这是“第十一次路线斗争”，诬蔑周恩来是“错误路线的头子”。

北京两次动员大会和江青的活动

1974年1月24日和25日，正值春节假期，江青不经中共中央同意，突然下令在首都体育馆接连召开中央军委机关、驻京部队和中共中央直属机关、国家机关的两次万人“批林批孔”动员大会。

江青指令她的两个助手，当时北京大学、清华大学军宣队的负责人迟群和谢静宜，在会上以介绍《林彪与孔孟之道》的编辑经过和毛泽东的指示为名，发表煽动性演说。他们大肆吹捧江青，攻击诬蔑国务院和中央军委领导人。江青、姚文元等也不时插话，一唱一和，对参加会议的周恩来、叶剑英等进行突然袭击。

在这两次大会前后，江青还以个人名义，给海军、空军、南京部队、广州部队等领导机关写信、送材料。她还派亲信给南京军区某部防化连送材料，鼓动开展“批林批孔”运动，煽动“点火放炮”、“夺权”，妄图把军队搞乱。江青还给国务院文化组、中国科学院、下乡知识青年等写信、送材料，要求把“批林批孔”运动“深入下去，开花结果”。他们这些活动的目的，显然是要制造一场新的天下大乱，以便趁乱篡权。

江青等人操纵的“批林批孔”运动的主要内容，既不是认真地批判林彪的各种罪行，也谈不上以科学的态度批判在中国长期封建社会中占统治地位的儒家思想。他们不过是利用两千多年前孔子所说的“克己复礼”，“兴灭国，继绝世，举逸民”等语句，借以影射批判所谓“修正主义逆流”、“复辟资本主义”。

在粉碎林彪反革命阴谋已经3年多，林彪的党羽已基本上揭露和清除的情况下，江青一伙竭力叫嚣“反复辟”，其用心就是借批孔影射攻击坚持纠正“左”倾错误的周恩来和在落实政策中得到解放并重新恢复工作的一批老干部，把他们诬蔑为“逸民”，以扫除他们夺权的障碍。所以，这一时期报刊上大量刊载“四人帮”御用写作班子梁效、罗思鼎、唐晓文等的文章。这些文章不批林，假批孔，以批“周公”、批“宰相”、“评法批儒”来影射攻击周恩来。

1974年2月，江青亲自出了《孔丘其人》的题目，令北大、清华“大批判组”即梁效写稿。这篇文章用画像的手法，从出身到作风、到行为特征，以至“重病在身”，露骨地影射攻击周恩来。6月14日，江青在北京人民大会堂召集御用写作班子开会。她公然声称现在党内仍“有很大的儒”，要重点批“现在的儒”。随后，江青在天津的一次谈话中，更露骨地说，“这次运动的重点是批党内的大儒”，并肆无忌惮地暗示“大儒”就是周恩来。

军队一直是“四人帮”注视的目标。他们在军队中没有任何职位，但又深知不掌握军权就难以实现篡夺最高权力的野心，因而借“批林批孔”，蓄意把军队搞乱，篡夺军权。2月8日，王洪文、张春桥在一次会议上说：人民解放军总参谋部的领导“右倾手软，右得不能再右了”；对人民解放军总政治部“可以夺权”；人民解放军总后勤部“垮得越彻底越好”。3月5日，江青、张春桥又召集军队和地方的一些人开会。江青直截了当地说，“就要整一整军队”。她亲自派人到军队“放火烧荒”，并派人夺了全军文化工作的领导权。

江青制造一系列古怪事件

在这期间，江青等人还制造了各种古怪的事件。如河南省“马振抚公社中学事件”。在豫西山区一个公社中学中有一位女学生，英语考试不会答，便在考卷上写了一首打油诗，声称“我是中国人，何必学外文”。因此而受到批评，这位小姑娘便自杀了，这当然是一件不幸的事。当地领导已对这件事作了处理。可是，江青知道这件事后，抓住大做文章。她又是哭闹，又是“控诉”，把这事说成是教师推行“修正主义教育路线”、“智育第一”的结果。并将这个事件作为“批林批孔”运动中的所谓“修正主义教育路线复辟、回潮”的典型，号召打垮“师道尊严”、反对“智育第一”，煽动青年学生对广大教师和教育工作者进行批判。她派人到河南调查，施加压力，把该中学校校长和当事的教师逮捕判刑。

“白卷英雄事件”。高考交白卷历来被看成是羞耻之事，但有一人却因交白卷，而被“四人帮”封为“英雄”。此人名叫张铁生，事情发生在辽宁。此人 1973 年参加高考，化学 6 分，物理白卷，自知录取无望，便在物理考卷背面写了一封信发泄不满。此事被当时任中共辽宁省委书记的毛远新得知，认为可以作为一块打人的“石头”，而指示《辽宁日报》把信加工删改后发表。《人民日报》以《一份发人深省的答案》为题加以转载。这样一来，张铁生就成了“反潮流英雄”，不仅被某农学院录取当了大学生，而且入党作官，成了全国人大常委。此人做了许多坏事，一直到“四人帮”垮台后，才受到应有的惩处。

“小学生日记事件”，发生在首都北京。一个小学的女孩子在日记中写了一点对老师的看法和意见，被江青的亲信谢静宜发现，说什么：“不是你和你老师之间的关系问题，这是两个阶级、两条路线的大事”。立即指令《北京日报》把日记作了摘编，并加了编者按语公开发表。接着又发表了几十篇文章和报道，把这位小学生吹捧为“反潮流”的英雄。江青一伙利用此事，煽动师生对立，批判教师，破坏学校的教育制度和教学秩序，对北京乃至全国的教育界发生了极为恶劣的影响。当时内蒙古生产建设兵团有3位年轻人不赞成对小学生日记的宣传。3人以王亚卓的署名，合写一封信给小学生日记的作者，指出她的“矛头错了”。结果这3个人在“四人帮”派遣的工作组主持下，遭到20多次大小会的批判，说他们是“资产阶级复辟势力的急先锋”，并被遣送到最艰苦的地方去劳动改造。

“蜗牛事件”。为了发展我国的电子工业，1973年国务院第四机械工业部向中央报告，准备引进彩电显像管成套设备，得到了周恩来等中央负责人批准。当时江青等人也是同意的。为此有关单位组织了技术考察团赴国外。回国时，一家生产玻壳的美国公司，送给考察团成员每人一件该公司自己生产的工艺品——玻璃蜗牛。这本是很普通的一件事，但在“批林批孔”中有一好事之徒却写小报告给江青，以有所图。江青正愁缺乏攻击周恩来领导的国务院的材料，立刻抓住此事，作为炮弹。硬说送蜗牛是侮辱我们，说我们是爬行，背上还背了一个壳壳。大骂有关部门是“卖国主义”、“洋奴”，下令要把礼品退回去，还要提抗议。一时气氛十分紧张。周恩来知道此事后，提议先由我国驻美国联络处查清事实真相和美国的风俗习惯。经调查，按当地风俗，蜗牛是节日礼品，象征幸福、吉祥，并无恶意。这样才把此事平息下来。但经江青这么一闹，从美国引进彩电显像管成套设备一事就被取消了。引进彩色显像管生产线的工作被迫推迟了几年，其他引进工作也受到很大冲击。

“《三上桃峰》事件”。《三上桃峰》是一出新编的晋剧，是山西省派到北京参加华北地区文艺调演的剧目。可是江青一伙捕风捉影地硬把“桃峰”说成是刘少奇夫人王光美在“四清”运动中蹲过点的河北省唐山地区的桃园大队，从而强加上“为刘少奇招魂”的罪名。此外，还有批判湘剧《园丁之歌》的事件等。这种对文艺作品随心所欲的政治批判，使“文化大革命”开始以来“百花凋零”的局面更加严重。

“批林批孔”的恶果和当时的某些纠正

“批林批孔”运动，使“九一三”林彪叛逃事件以后经过艰苦努力刚刚趋向稳定的政治局势，重新遭到了严重破坏。在“四人帮”的煽动指挥下，他们的帮派分子到处揪斗老干部，拉山头、打派仗。社会上又出现联络站、上访团、汇报团一类组织。一些人散布“不为错误路线生产”等口号，煽动停产停工。一些领导干部或重新被打倒，或自动离开领导岗位，或卷入支一派压一派的派性斗争中，使许多单位领导班子重新瘫痪。一些铁路交通部门，也由于派性斗争而造成压货、压船、压港、运输阻塞。“批林批孔”引起的混乱，使工业生产再次下降。据1974年1月至5月统计，煤炭产量比上年同期下降6.2%，铁路货运量比上年同期下降2.5%，钢产量比上年同期下降9.4%，化肥产量比上年同期下降3.7%。由于生产下降，影响到财政收支不平衡。1月至5月与上年同期相比，收入减少5亿元，支出增加25亿元。

毛泽东虽然坚持要把“文化大革命”进行到底，但此时他对可能引起新的大动乱的因素也极为关注，并尽量避免，因而对江青等人的这些做法并不完全同意，有的还提出了批评。2月15日，他在叶剑英写给他的信上作了批示，指出：“现在，形而上学猖獗，片面性。批林批孔，又夹着走后门，有可能冲淡批林批孔。小谢、迟群讲话[①]有缺点，不宜向下发。”毛泽东后来还批评他们说：“有

① 指迟群、谢静宜在1974年1月24、25日大会上讲话的整理稿。

意见要在政治局讨论，印成文件发下去，要以中央的名义，不要用个人的名义，比如也不要以我的名义，我是从来不送什么材料的。”毛泽东还扣发了江青等人准备在全国播放的1月25日大会的录音带。

为制止混乱局面的发展，扭转生产下降的状况，中共中央于4月10日发出通知，规定“批林批孔运动在党委统一领导下进行，不要成立战斗队一类群众组织，也不要搞跨行业、跨地区一类的串连”。7月1日中共中央发出《关于抓革命、促生产的通知》，批判了“造领导的反就是反潮流”、“不为错误路线生产”等错误言论，并指出要揭发批判停工停产的幕后操纵者。7月，根据毛泽东的意见，中共中央为杨成武、余立金、傅崇碧平反，恢复名誉，并重新安排工作。9月29日，中共中央发出通知，为贺龙平反，恢复名誉。通知指出，对贺龙的审查“是必要的”，但“一直为林彪、黄永胜、吴法宪、叶群、李作鹏等人把持。他们捏造事实，隐瞒真相，以欺骗和封锁中央，诬陷贺龙同志历史上‘通敌’和‘篡夺军权’”。经中央查证甄别，完全是颠倒历史，蓄意陷害。中央决定对贺龙同志予以平反，恢复名誉。上述各项措施都对克服“四人帮”借“批林批孔”造成的破坏和混乱产生了积极的影响。

1974年7月17日，毛泽东在中央政治局会议上当面批评了江青：“不要设两个工厂，一个叫钢铁工厂，一个叫帽子工厂，动不动就给人家戴大帽子。”“你也是难改呢！”毛泽东并当众宣布：“她并不代表我，她代表她自己。”毛泽东批评江青、张春桥、姚文元、王洪文搞帮派活动，警告他们说：“你们要注意呢，不要搞成四人小宗派呢。”从毛泽东的这些批评可以看出：一是对“批林批孔”运动加以肯定，只是担心江青等人搞的“反走后门”一类新活动，可能使“批林批孔”运动受干扰、被“冲淡”。二是对江青的态度，是在基本肯定的前提下，对某些作风、方法上的缺点加以批评。劝她批评别人时讲究方式，不要“给人戴大帽子”。“四人帮”一词是毛泽东在这时提出的，但含义是指“小宗派”，与后来当作反革命集团使用的“四人帮”，性质有根本区别。虽然如此，但在当时条件下，毛泽东能批评江青等人，总是会发生有益的影响。

中共中央政治局会议上的斗争

1974年10月11日，中共中央发出通知，决定“在最近期间召开第四届全国人民代表大会”。通知传达了毛泽东的意见：“无产阶级文化大革命，已经八年。现在，以安定为好。全党全军要团结。”看来，毛泽东主观上是把召开四届人大作为实现安定团结的一个重要条件。4年前，毛泽东也曾把召开四届人大作为实现“团结起来争取更大的胜利”的一项重要条件，结果由于林彪集团阴谋夺权而未能实现。拖延了4年，问题并未解决。

召开人大必然要讨论和决定国家领导人的安排和调整。“四人帮”意识到这是他们篡夺更多权力的机会，不顾毛泽东的批评，加紧了阴谋活动。10月4日，毛泽东提议邓小平任国务院第一副总理，江青等极为不满。在10月17日晚召开的中央政治局会议上，江青、张春桥、姚文元、王洪文经过预谋，利用所谓“风庆轮事件”，突然发难。

风庆轮是一艘国产万吨级远洋货轮。1974年奉命出航，把1万多吨大米运送到罗马尼亚，在国庆节前顺利返回上海港。这本是一件好事，可是江青一伙却用来作反面文章。他们说，国产万吨轮早就该远航，没有及早远航，是因为存在着修正主义路线造成的种种阻力。他们指责国务院同意进口船只就是“崇洋媚外”。王洪文还下令把交通部派驻在风庆轮上担任领导工作的一名干部扣留在上海，进行批斗，责令交通部严肃处理。其主要借口是这名干部拒绝把进口船只作为“崇洋媚外”、“卖国主义”加以批判，并对江青、姚文元、王洪文及其在上海的亲信表示过不满。

“四人帮”坚持要处理“风庆轮事件”，很明显，矛头是直接指向周恩来和国务院。因周恩来当时已生病住院未能出席，他们在这次会上就对邓小平发动突然袭击，要邓小平对“风庆轮事件”的处理立即表态。江青气势汹汹地问邓小平：“你是支持呢？还是反对呢？还是站在中间立场呢？”邓小平严正地回答：“这是强加于人”。“我要调查！我要调查！”张春桥站起来说：“我早就知道你要跳出来，果然跳出来了！”在“四人帮”围攻下，邓小平愤然离开会场，以示抗议。政治局会议不能继续开下去，无结果而散。

王洪文长沙告状受挫

当晚，江青、张春桥、姚文元、王洪文秘密策划，决定派王洪文到长沙向毛泽东作诬陷周恩来、邓小平的汇报。10月18日，王洪文背着中共中央政治局多数成员飞抵长沙。他向毛泽东汇报时耸人听闻地说：“北京现在大有庐山会议味道”，“我是冒着危险来的”。并且说：“周总理虽然有重病，但昼夜都忙着找人谈话，经常去总理那里的有邓小平、叶剑英、李先念等”。还说：“他们这些人在这时来往的这样频繁和四届人大的人事安排有关”。王洪文在这里讲的庐山会议是指林彪阴谋夺权的九届二中全会。他恶毒地把周恩来等的正常工作往来，比作林彪的篡权阴谋活动，企图蒙骗毛泽东。他在汇报中还大肆吹捧江青、张春桥、姚文元。其目的是想阻挠邓小平出任副总理，把周恩来撇在一边，由“四人帮”出面组阁。毛泽东当即告诫王洪文：“有意见当面谈，这么搞不好”，“你回去后要多找总理和剑英同志谈，不要跟江青搞在一起，你要注意她”。20日，毛泽东又派人转告周恩来和王洪文：总理还是总理，四届人大的筹备工作和人事安排由总理和王洪文主持，同各方面商量办理。

王洪文长沙之行没有达到“四人帮”的目的，而且受到毛泽东的批评。但是,江青等人仍然不肯罢休。11月,江青多次给毛泽东写信,企图利用自己的特殊身分和影响,尽可能多地把同伙安排到重要领导岗位。她提出让王洪文、谢静宜任全国人大副委员长,迟群当教育部长,毛远新、迟群、谢静宜、金祖敏列席政治局,作为“接班人”来培养,并以自己没有工作为名,向毛泽东伸手要官。毛泽东明确地拒绝了江青的要求,在江青11月12日的信上批示:“不要多露面;不要批文件;不要由你组阁(当后台老板)。你积怨甚多,要团结多数。至嘱。”“人贵有自知之明。又及。”毛泽东看出了江青的意图。他对替江青转达人事安排意见的人说:“江青有野心。她是想叫王洪文作委员长,她自己作党的主席。”又说:“将来她会跟所有的人闹翻。现在人家也是敷衍她。我死了以后,她会闹事。”这些话说明毛泽东对江青其人是了解的,知道她不堪大任,要她“有自知之明”。

1974年6月1日,周恩来病情加重住进医院,但他仍然坚持不懈地工作。接到毛泽东仍要他主持四届人大的指示后,12月23日,周恩来带病同王洪文一起到长沙向毛泽东汇报工作。毛泽东在23日至27日间,同他们进行了四次谈话。毛泽东再次告诫王洪文“不要搞四人帮”,“不要搞宗派,搞宗派要摔跤的”。他说:“江青有野心。你们看有没有?我看是有。”毛泽东说,他对江青提出“三不要:一不要乱批东西,二不要出风头,三不要参加组织政府(组阁)”。毛泽东说,邓小平“政治思想强,人才难得”,“小平要担任第一副总理、军委副主席和总参谋长三个职务”。

毛泽东自1974年初开始,对江青一伙进行了多次批评,重申总理还是总理,并且重新对邓小平委以重任。这些说明,当时毛泽东虽已年老病重,但头脑仍是清醒的,仍在考虑如何妥善处理党和国家大事,亲属关系在他的决断上并不占重要位置。他的上述一些做法,对于挫败“四人帮”组阁夺权的阴谋,保证四届人大的顺利召开,起了极其重要的作用。

第六章

整顿与反整顿的较量 “文化大革命”结束

1975 年 1 月到 1976 年 10 月近两年中，神州大地风云起伏，不仅政坛上出现戏剧性的巨大变化，而且人民群众进行了可歌可泣的伟大斗争，显示了经过 10 年动乱之后的中国民心所向。邓小平从重新主政，奋力整顿，到被突然打倒，不仅是他个人政治生涯中的又一个大起伏，也是“文化大革命”中极左思潮与党内健康力量的又一次，也是 10 年中最大的一次全局性较量。虽然党内健康力量从表面上看暂时失败了，但广大各族人民群众却从整顿与“批邓”的鲜明对比中，进一步提高了识别能力和觉醒程度，终于在天安门广场上发出了巨大的正义吼声。民心所向，为粉碎“四人帮”奠定了伟大的群众基础。而毛泽东逝世后，由华国锋、叶剑英等领导的十月胜利，则结束了“文化大革命”的最后行程，为中国重返正确的发展之途，创造了良好的前提。

一、邓小平主持工作与全面整顿

邓小平被委以重任

1975 年初，在不到半个月的时间里，邓小平被接连委任以党、政、军的关键性重要领导职务。这种情况不仅在建国后没有，在中国共产党领导的革命历史上也是罕见的。

首先是 1 月 5 日，根据毛泽东的提议，中共中央发出文件，任命邓小平为中共中央军委副主席兼中国人民解放军总参谋长，同时任命张春桥为中国人民解放军总政治部主任，取代了李德生的职务。

接着，在 1 月 8 日到 10 日召开的中国共产党十届二中全会上，邓小平被选举为中共中央副主席、中央政治局常务委员。

稍后，在 1 月 13 日至 17 日举行的第四届全国人民代表大会上，邓小平又被任命为排名在第一位的国务院副总理(关于这两次会议我们将在后面论及)。这些消息的公布和传播,形成一股引起震荡的巨大激流,使广大群众、党员、干部感到振奋,对社会生活稳定寄予希望,在“文化大革命”的漫漫长夜中看到了一线曙光。

为什么当时邓小平能够复出担任党和国家领导工作的重任呢?当然同他本人的卓越才能是分不开的,但主要的应该说是当时的特定历史条件决定的。首先,当时的客观形势迫切需要选择一个人来接替生病住院的周恩来的工作。周恩来是既有远见卓识,又踏实细致的难得的杰出政治家,他几乎是中国现代政治史上一个无可取代的人物。但是无情的自然规律和不治之症,迫使他长时间卧病在床。他在四届人大作报告,是从医院直接去会场,抱病坚持的。这种情况不能长时间持续下去,必须找出人来接替他。其次,毛泽东挑选过几个接班人,但都不行。林彪是写入九大党章的,但已折戟沉沙,葬身异国。九一三事件之后选了王洪文,说他当过兵、种过地、做过工,兼工农兵于一身,又是中国最大工业中心上海的工人造反派的头头,似乎是理想的人物。但实践证明,他缺才又无德,只会跟在江青后边,搞点小阴谋,不堪重任。毛泽东也考虑过要张春桥接班,但张也难孚众望。第三,毛泽东对邓小平有较全面的了解,虽然有不满意的地方,但总的评价还是好的。认为他在王明路线时是坚持正确路线被整的,没有历史问题,有战功,与所谓苏联“修正主义”斗争是坚决的,“政治思想强”、“人才难得”,在群众中有较高的威望。综合以上三点,可以说,重新任用邓小平是当时毛泽东可能作出的最佳选择,当然也是对社会主义事业最有利的选择,因此也是唯一正确的选择。这说明,毛泽东当时虽已重病在身,但头脑是清醒的,而且始终是以革命事业的大局为重的。

周恩来主持十届二中全会

1月8日到10日，中国共产党第十届中央委员会第二次全体会议在北京举行，周恩来受委托主持会议。

会议讨论了第四届全国人民代表大会的准备工作。决定将《中华人民共和国宪法修改草案》、《关于修改宪法的报告》、《政府工作报告》和全国人民代表大会常务委员会、国务院成员的候选人名单，提请全国人民代表大会讨论。

会议选举邓小平为中共中央副主席、中央政治局常务委员。李德生由于江青一伙诬蔑他“推行林彪路线”、“上了林彪的贼船”，而主动提出免去他所担任的中共中央副主席、中央政治局常委的请求，全会批准了他的请求。（1980年8月，中共中央和中央军委批转总政治部的报告，为李德生平反。）

四届人大重提经济发展蓝图

1975年1月13日至17日，第四届全国人民代表大会第一次会议在北京举行。出席这次大会的代表共2864人。大会的议程是：修改宪法；通过政府工作报告；选举和任命国家领导工作人员。

周恩来代表国务院作了《政府工作报告》。他在《报告》中，重新展示了1964年12月三届人大提出的我国国民经济发展按两步设想的蓝图：“第一步，用十五年时间，即在一九八〇年以前，建成独立的比较完整的工业体系和国民经济体系；第二步，在本世纪内，全面实现农业、工业、国防和科学技术的现代化，使我国国民经济走在世界前列。”这一宏伟奋斗目标的重新郑重提出，既反映了全国各族人民的根本愿望，又重新燃起广大群众心中的希望之火。

张春桥代表中共中央作了《关于修改宪法的报告》。这部宪法按照毛泽东的意见,取消了设国家主席的规定,但规定“中国共产党中央委员会主席统率全国武装力量”。

大会通过了修改后的《中华人民共和国宪法》和《关于修改宪法的报告》,批准了《政府工作报告》。大会选举朱德继续担任人大常委会委员长,董必武、宋庆龄等22人为副委员长。大会决定周恩来继续担任国务院总理,邓小平、张春桥、李先念、陈锡联、纪登奎、华国锋、陈永贵、吴桂贤、王震、余秋里、谷牧、孙健12人为副总理。

在四届人大批准的国务院各部的部长中,有许多经受长期考验、富有工作经验、重新出来工作的老同志,如国防部部长是叶剑英、国家计划委员会主任是余秋里、国家基本建设委员会主任是谷牧、教育部部长是周荣鑫、铁道部部长是万里、财政部部长是张劲夫、石油化学工业部部长是康世恩等。只有少数几个部为“四人帮”的党羽所控制,如文化部部长于会泳、卫生部部长刘湘屏(女)。这样,就为开展全面整顿提供了比较得力的领导工作班子。

四届人大重新提出了把我国建设成为社会主义现代化强国的宏伟目标,确定了以周恩来、邓小平为领导核心的国务院人选,极大地鼓舞了全国人民。但是,这次大会是在“文化大革命”中要求“继续普及、深入、持久地开展批林批孔运动”的条件下召开的,会上所作的报告,代表们的讨论以及通过的决议,都受到“左”倾错误的严重影响。

大会通过的宪法存在严重错误。例如,把“无产阶级专政下继续革命的理论”在宪法中完全肯定下来;把社会主义社会中一定范围内存在的阶级斗争扩大化和绝对化的论点,作为“整个社会主义历史阶段的基本路线”写入宪法;把在“文化大革命”中滥用的“大鸣、大放、大字报、大辩论”当作是“人民群众创造的社会主义革命的新形式”，并在宪法中规定“国家保障群众运用这种形式”。这些错误的条文和规定，给社会主义民主和法制带来了严重的损害。

四届人大虽然存在缺点和错误，但能够召开人民代表大会并讨论通过宪法，较之“无法无天”的大混乱总是一种进步，是向恢复社会主义正常民主秩序的前进。特别是大会确定了以周恩来、邓小平为核心的国务院领导机构，重申了党的一系列正确的经济建设方针，明确了实现四个现代化的宏伟目标，都给人民群众以鼓舞。同时也是对江青集团的沉重打击，挫败了他们组阁夺权的阴谋。

力挽危局全面整顿

四届人大第一次会议闭幕后，周恩来病情更加沉重。他勉力于2月1日召开国务院常务会议，审定各副总理的分工，并于2月2日就副总理分工问题向中共中央政治局和毛泽东提出请示报告。在这个报告中，确定邓小平主管外事工作，并在周恩来治病疗养期间，代总理主持国务院会议和呈批主要文件。这个报告得到了毛泽东的批准。这样，在毛泽东支持下，邓小平实际上主持中央的日常工作。

当时，由于“批林批孔”运动的影响，“四人帮”及其党羽到处干扰破坏，全国工业、农业、交通运输、科学技术等各方面工作都陷入严重混乱状态。邓小平不顾刚刚出来工作，又有江青一伙捣乱的困难处境，按照四届人大确定的把我国建设成为社会主义现代化强国的目标，根据毛泽东提出的学习理论、安定团结、把国民经济搞上去的指示，努力排除各种干扰，从整顿领导班子、批判和消除派性入手，大刀阔斧地对各方面工作进行整顿。

从整顿铁路入手，打通运输命脉

1975年2月10日，中共中央发出《批转一九七五年国民经济计划的通知》，要求全党“团结一切可以团结的人，调动一切积极因素，坚持抓革命、促生产、促工作、促战备的方针，把国民经济搞上去，当前特别要把交通运输和煤炭、钢铁生产抓上去”。

由于“四人帮”及其帮派势力的破坏，造成徐州、南京、南昌等铁路枢纽的运输长期堵塞，阻碍津浦、京广、陇海、浙赣四条铁路大干线的畅通，并影响其他铁路干线的运输，严重危及工业生产和一些城市的人民生活。为了改变这种严重的局势，中共中央于2月25日至3月8日召开了全国各省、市、自治区党委主管工业的书记会议，着重解决铁路运输问题。邓小平在会议上的讲话中指出，现在的大局是发展我国国民经济的两步设想。只敢抓革命，不敢抓生产，这是大错特错的。当前的薄弱环节是铁路。铁路运输的问题不解决，生产部署统统打乱，整个计划都会落空。解决铁路问题的办法是要加强集中统一，建立必要的规章制度，增强组织纪律性。邓小平强调指出：“现在闹派性已经严重地妨害我们的大局。要把这个问题摆到全体职工面前，要讲清楚这些大是大非问题。”这些针砭时弊、铿锵有力的讲话，既是对各地方领导人的支持，也是对他们工作的鞭策。

3月5日，中共中央发出了《关于加强铁路工作的决定》。《决定》指出：铁路运输当前仍是国民经济中一个突出的薄弱环节，不能适应生产发展的需要，不能适应加强战备的需要。因此决定对铁路实行以铁道部领导为主的管理体制，加强集中统一。同时要建立健全必要的规章制度，加强组织性纪律性，整顿铁路秩序，同各种破坏行为作斗争。对少数资产阶级派性严重，经过批评和教育仍不改正的领导干部和派头头，要及时处理。

全国铁路系统大张旗鼓地宣传了这个决定。铁道部部长万里率领工作组，会同有关省、市、自治区党委，对一些问题严重的路局进行了重点整顿，使铁路运输状况迅速好转。到4月份，堵塞严重的几个铁路局都疏通了；全国20个铁路局，除南昌局以外，都超额完成计划；全国铁路日装车平均达到53700多车，比2月份多装1万多车；煤炭日装车达到7800多车，是5年来第一次完成计划运输指标。

钢铁和其他工业的整顿

铁路的整顿，带动了整个工业，首先是钢铁工业的整顿。1975年前4个月，全国欠产钢铁195万吨，包头、武汉、鞍山、太原等大钢厂欠产严重。邓小平5月29日在钢铁工业座谈会上的讲话中指出，钢铁工业重点要解决4个问题：第一，必须建立一个坚强的领导班子。钢铁生产搞不好，关键是领导班子问题，是领导班子软、懒、散。第二，必须坚决同派性作斗争。有的人把党的事业闹得乌天黑地，你还等他觉悟，你能等得及吗？要敢字当头。对坚持闹派性的人，该调的就调，该批的就批，该斗的就斗，不能慢吞吞的，总是等待。第三，必须认真落实政策。要特别注意把受运动伤害的老工人、技术骨干、老劳模的积极性调动起来。第四，必须建立必要的规章制度。执行规章制度宁可要严一些，不严就建立不起来，过去有些规章制度比较繁琐，应该改革。

6月4日，中共中央发出《关于努力完成今年钢铁生产计划的批示》。《批示》指出，在中央关于加强铁路工作的决定，即九号文件发出以后，整个工业战线的形势发生了显著的变化。石油工业一直是领先高速度地发展着，近两个月煤炭生产也上去了，铁路运输也上去了，都达到或超过了国家计划指标。钢铁工业虽然也有进步，但上升缓慢，至今还没有改变月月欠产的状况。因此，要求各省、市、自治区党委必须加强对钢铁工业的领导。领导状况一改变，马上就见到效果。6月份，钢的平均日产量达到72400吨，超过全年计划平均日产水平，开始补还欠产。

经过几个月的整顿，经济形势开始明显好转。7月17日中共中央转发的国务院《关于今年上半年工业生产情况的报告》指出："三月以来，工业生产和交通运输一个月比一个月好。原油、原煤、发电量、化肥、水泥、内燃机、纸及纸板、铁路货运量等，五、六月份创造了历史上月产的最高水平。军工生产情况也比较好。"1975年全国工农业总产值比上年增长11.9%。其中，工业增长15.1%，农业增长4.6%。生产情况迅速好转，反映了整顿工作是卓有成效的。当然，存在问题还很多，成效只是初步的。

军队整顿的重点是"肿、散、骄、奢、惰"

军队的整顿是全面整顿的一个重要方面。军队整顿问题，邓小平提出最早。1月25日，在他就任总参谋长后首次召开的总参机关团以上干部会的讲话中，就明确指出："我们这个军队有好传统……可是从一九五九年林彪主管军队工作起，特别是在他主管的后期，军队被搞得相当乱"。"所以毛泽东同志提出军队要整顿"。"总参谋部、总政治部、总后勤部的责任更大，三个总部本身首先要整顿。"[①]2月5日，中共中央发出通知，取消军委办公会议，成立中共中央军委常委会，作为处理军委日常工作的办事机构。军委常委会由叶剑英主持，成员有王洪文、邓小平、张春桥、刘伯承、陈锡联、汪东兴、苏振华、徐向前、聂荣臻、粟裕等11人。在毛泽东、党中央领导下处理军委日常工作。

6月24日至7月15日，中央军委召开扩大会议。这次会议

① 《邓小平文选》第2卷，第1页。

以毛泽东提出的“军队要统一”、“军队要整顿”为主题，讨论解决军队的整顿问题，即改正不正之风和压缩军队定额、调整编制体制、安排超编干部的问题。

邓小平于7月14日在会上作了重要讲话。他分析了军队的状况，指出军队要解决“肿、散、骄、奢、惰”的问题。要抓编制，抓装备，还要抓战略。他说：“战略要研究的问题，不仅是作战问题，还包括训练。要把训练放在战略问题的一个重要位置上。”他指出：“在步骤上，我建议首先自上而下地调整好各级领导班子。”“选人要选得对，要好好了解。”他说：“我们解决地方问题，包括企业单位的问题，就是首先解决领导班子”。当然，整顿决不只是解决这一个问题。邓小平说：“军队整顿当中，还要加强干部学习，增强党性，反对派性，加强纪律性，发扬艰苦奋斗的传统作风。”①

叶剑英在总结讲话中指出：“搞好精简整编和军队的建设，关键是调整和配备好各级领导班子。”“要调整和改组那些怕字当头的软班子，干劲不足的懒班子，闹不团结的散班子。对那些搞资产阶级派性的，要限期改正。不改的，要坚决调离。”②徐向前、聂荣臻也在会上讲话，表示赞成邓、叶的意见。

这次会议及其精神在军队中的贯彻实施，对于解决“文化大革命”给部队建设带来的各种问题，消除林彪的恶劣影响，抵制“四人帮”插手军队，有着十分重要的作用。

电影《创业》引发文艺调整

文艺界不叫整顿叫调整。这次调整是由电影《创业》而引发的。《创业》是以大庆油田的开发为背景，歌颂了石油工人“头顶

---

① 《邓小平文选》第2卷，第23、20页。

② 《叶剑英同志在军委扩大会议上的总结讲话》，1975年7月15日。

青天，脚踏荒原"为祖国献石油而英勇奋斗的精神和辉煌业绩。1975年春，这部影片准备公演，但遭到江青一伙的猖狂反对。江青说"此片有严重问题"，是"为刘少奇、薄一波之流涂脂抹粉"。她指责创作人员："你们给什么人树碑立传?"下令"停止洗印影片，停止宣传，停止向国外发行"，而且要抓影片的"黑后台"。她还指使亲信给《创业》捏造了所谓"十大罪状"。

电影剧本的创作者不服，上书毛泽东。7月25日毛泽东作了批示："此片无大错，建议批准发行。不要求全责备，而且罪名有十条之多，太过分了，不利于调整党的文艺政策。"后来毛泽东又批评了当时"缺少诗歌，缺少小说，缺少散文，缺少文艺批评"的状况。确实，"八亿人民，八个样板戏"的状况，连毛泽东也感到难以容忍了。根据毛泽东的指示，中共中央批准《人民文学》、《诗刊》等杂志恢复出版，批准举行人民音乐家聂耳、冼星海的纪念演出会，对一小批被江青等污蔑为"毒草"的影片解禁放映，还出版了鲁迅著作和其他少数文艺作品。这些举措使文艺界的状况开始有所好转。但不久就因重新发动的"反击右倾翻案风"，使文艺界陷入更坏的境地。

工业二十条的起草

为了系统地解决工业整顿的问题，国务院指示国家计委起草一份文件。8月18日，国务院讨论了这份文件。在讨论中，邓小平就工业发展的有关问题，提出了一系列重要意见。他指出："确立以农业为基础、为农业服务的思想。工业支援农业，促进农业现代化，是工业的重大任务"。他明确提出"引进新技术、新设备，扩大进出口"的任务，以便"换点高、精、尖的技术和设备回来，加速工业技术改造，提高劳动生产率"。他重视"加强企业的科学研究工作。这是多快好省地发展工业的一个重要途径。”①他还对整顿企业管理秩序，抓好产品质量，恢复和健全规章制度，坚持按劳分配原则等方面，谈了指导性的看法。9 月 2 日，形成了《关于加快工业发展的若干问题》草稿（简称“工业二十条”）。

《工业二十条》规定对企业领导班子要坚决整顿，“调整那些没有得到改造的小知识分子和‘勇敢分子’当权的领导班子”，因为“这些人政治上一窍不通，生产上毫无经验，却指手画脚，一味整人，只唱高调，不干实事，动不动就给人扣上‘复旧’、‘倒退’、‘保守势力’、‘只拉车、不看路’一类帽子，压制广大干部和群众的积极性”。要“把坏人篡夺了的权力夺回来”，有些企业“坏人掌权”，“他们利用职权，胡作非为，一方面拉拢、腐蚀一部分人，培植自己的权势，另方面打击、陷害好的革命干部和工人”，“要特别警惕少数坏人利用‘造反’和‘反潮流’的名义，搞破坏活动”。《工业二十条》强调指出：“没有社会生产力的强大发展，社会主义制度是不能充分巩固的，决不能把革命统帅下搞好生产，当作‘唯生产力论’和‘业务挂帅’来批判。”并且指出：“生产管理和规章制度，什么时候都需要，一万年也需要”，“一概反对企业管理，反对规章制度，势必造成无政府状态”。《工业二十条》还指出：“我们要坚持独立自主、自力更生，反对洋奴哲学、爬行主义，但是不能夜郎自大，闭关自守，拒绝学习外国的好东西”。针对当时学习无产阶级专政理论中的一些误解，还提出：“限制资产阶级法权，决不能脱离现阶段的物质条件和精神条件，否定按劳分配，不承认必要的差别，搞平均主义。平均主义不仅现在不行，将来也是行不通的。”“对群众的生活困难，采取漠不关心的态度是根本要不得的。”

《工业二十条》是在“文化大革命”的条件下，试图纠正工业生

---

① 《邓小平文选》第 2 卷，第 28—30 页。

产中的“左”倾错误，系统整顿工业企业的一个重要文件。它旗帜鲜明，切中时弊。虽然由于“四人帮”的阻挠未能作为正式文件发下去，但是通过各种范围的讨论，仍然产生了广泛影响，对推动工业恢复和发展起了良好的作用。与此同时，国务院各有关部门也先后起草了企业管理、基本建设管理、物资管理、财政管理、物价管理、劳动管理等条例。这些条例由于同样的原因没有作为中央正式文件发出。

科技部门的整顿

工业战线的整顿，对科技工作提出了新的要求。科技部门不整顿难以适应需要。“文化大革命”以来，中国科学院及其所属的各种研究机构绝大部分长期处于瘫痪状态。1975 年 7 月，中央派胡耀邦等到科学院工作，并要求他们就科学院的整顿问题尽快向中央汇报。胡耀邦等根据邓小平意见，在调查研究的基础上，起草出《关于科技工作的几个问题》(简称“汇报提纲”)。9 月 26 日，胡耀邦等向国务院作了汇报。针对当时在极左思潮笼罩下存在的把知识分子视为专政对象，大部分科技人员不敢钻研科学技术，否定专业科技队伍的作用等不正常状况，《汇报提纲》澄清了党的科技政策，提出加强自然科学研究，整顿研究室、所领导班子的意见。

《汇报提纲》(讨论第一稿)指出：“科学技术也是生产力。科研要走在前面，推动生产向前发展。”为此，必须“充实和加强专业队伍。还必须逐步建设一批新的专业科研机构。”《汇报提纲》还正确解释和处理了一些重要的关系问题，如：“讲自力更生，又不能变成闭关自守，变成排外。”“要重视和加强理论研究工作。不能把理论研究与‘三脱离’等同起来。”“鼓励学术上不同意见的争鸣和讨论，改变学术空气不浓和简单以行政方法处理学术问题的状况。”

邓小平赞赏这个文件，并且指出，要选党性好、组织能力强的人搞后勤，解决科技人员生活中的困难，给他们创造搞好科研工作的条件。一不懂行、二不热心、三有派性的人不能再在科学院的领导班子里。邓小平还强调，要使科技事业后继有人，中心是办好教育。他尖锐地指出：“我们有个危机，可能发生在教育部门，把整个现代化水平拖住了。”①邓小平对科技、教育问题的谈话和《汇报提纲》当时也未能正式下发，但通过各种渠道传出后，使深受压抑的广大知识分子受到了鼓舞，产生了信心，看到了希望。

《论总纲》的起草

为了从思想上、理论上破除阻碍整顿的一些“左”倾错误观点，1975 年 6 月由邓小平提议成立的国务院政治研究室，根据邓小平多次讲话精神，起草了《论全党全国各项工作的总纲》(简称《论总纲》)一文，于 10 月中旬写成初稿。

《论总纲》指出：“林彪一类假马克思主义的政治骗子”，他们“打着反复辟的旗号搞复辟，把党的好干部和先进模范人物打下台，篡夺一些地方和一些单位的领导权，在这些地方和单位实行法西斯专政”，要把“他们篡夺了的领导权夺回来”。《论总纲》着重论述了政治和经济的关系，指出：“革命就是解放生产力，革命就是要促进生产力的发展。我们中国共产党人，要对革命负责，也要对生产负责”，有些人“只讲革命，不讲生产，一听到要抓好生产，搞好经济建设，就给人家戴上‘唯生产力论’的帽子”，“一个地方、一个单位的生产搞得很坏，而硬说革命搞得很好，那是骗人的鬼话”。《论总纲》还强调“不仅要关心群众的政治生活，也要关心

① 《邓小平文选》第 2 卷，第 34 页。

群众的物质生活，要在发展生产的基础上逐步改善群众的生活”。

这篇在一定程度上突破当时的“左”倾禁锢，表达了正确观点，言辞锋利的文章，由于突如其来的“反击右倾翻案风”而被迫中断写作，既没有定稿，更没有发表。只是后来作为“大毒草”受到批判时，人们才看到它，并感到文章的某些论述切中要害，痛快淋漓。

全国农业学大寨会议

1975 年秋，还召开了一次在全国有较大影响的会议，就是国务院召开的全国农业学大寨会议。共开了 1 个月零 5 天。参加会议的共有 3700 多人。会议 9 月 15 日先在大寨大队所在地山西省昔阳县开始，后在 10 月 19 日于北京结束。会议的中心议题是全国学大寨、普及大寨县以及农业机械化和整顿社队问题。

邓小平在开幕式上讲话，着重指出搞好农业的重要性。指出农业搞不好，要拉国家建设的后腿，并提出要落实农村干部政策等正确主张。他还提出了各方面工作整顿的问题。他说：“毛主席讲过，军队要整顿，地方要整顿。工业要整顿，农业要整顿，商业也要整顿，我们的文化教育也要整顿，科学技术队伍也要整顿。文艺，毛主席叫调整，实际上调整也就是整顿。”

国务院副总理、原大寨大队党支部书记陈永贵致开幕词。他说：大寨的根本经验就是“坚持党的基本路线，大批修正主义、大批资本主义、大干社会主义”。这样就把原来农业战线的先进典型变成了执行“左”倾路线的典型。他还把“大寨的道路”说成是全国农民的方向。江青也出席了会议，并发表了借评《水浒》为名攻击邓小平，咒骂中央负责人“架空毛主席”的毫无根据又“文不对题”的讲话。她还在邓小平讲话时多次插话，表示不同意见。会上各唱各的调，明显地表现了政治上的分歧。

华国锋作为主管农业的副总理主持这次会议，并作了题为《全党动员，苦战五年，为普及大寨县而奋斗》的总结报告。他说："农业学大寨，普及大寨县，是一个在无产阶级专政下继续革命、多快好省地建设社会主义农业的伟大革命群众运动。这同土地改革、农业合作化、人民公社化一样，是农村中又一次伟大的革命运动。"报告中要求到 1980 年全国有三分之一的县建成大寨县、全国基本实现农业机械化；要求省、地委在一年内把县委领导班子整顿好，省地县要派大批干部下去，三分之一、三分之一地搞好社队的整顿。报告中还规定了建成"大寨县"的 6 条标准和其他方面的具体要求。

10 月 19 日，中共中央批转了华国锋的总结报告。10 月 21 日，《人民日报》发表社论：《普及大寨县》。社论说："走社会主义道路还是走资本主义道路，始终是社会主义历史阶段农村的主要矛盾……我们要从无产阶级专政的高度认识大寨的经验"。

此后，各地区抽调上百万干部帮助社队进行整顿，大搞农田基本建设。由于所谓大寨的根本经验是"左"的，错误的，采取的方法又是不适当的大搞群众运动，大轰大嗡，一刀切。没有区别地要求一律尽快建成大寨县，按照大寨的一套去做。结果是，使得很多地区出现了在生产上脱离当地实际，片面追求粮食产量，挤掉副业和其他生产事业；在分配上抛弃按劳分配，采用大拉平的"政治工分"；大割所谓"资本主义尾巴"，强力封闭农村集市贸易；在生产关系上急于过渡等问题，使农业经济进一步受到破坏。

会议提出 5 年基本实现农业机械化的要求，主要依据是毛泽东多年前的一个设想，而根本不考虑当时农村的实际状况和农业机械工业的水平和产量，因而是不符合实际的，也是根本不可能实现的。

这次会议结束后不久，国内政治形势发生了突然的变化。因而这次会议的决议在全国范围的实际工作中并没有发生太大的影响，而农业学大寨运动在全国农村的强力推行，在政治、经济和思想方面造成的广泛影响（包括某些积极的成果和广泛的消极影响），却在相当长时间内留存在中国广大农村之中。

整顿的初步成果

在邓小平主持中央日常工作不到一年的时间里，坚持进行了卓有成效的整顿。由于以邓小平为代表的中共中央政治局和国务院许多同志的努力和斗争，由于毛泽东对邓小平工作的一定程度的支持和对“四人帮”的批评，也由于人心思治，广大干部和群众积极工作、努力生产，1975 年的形势明显好转。一些地区的武斗受到抑制，大部分地区社会秩序趋于稳定，国民经济由停滞、下降迅速转向回升。工农业总产值（按 1970 年不变价格计算），1975 年达到 4504 亿元，比 1974 年增加了 480 亿元，增长 11.9%。其中工业总产值增长 15.1%，农业总产值增长 4.6%。从主要工农业产品的产量看，粮食 5690 亿斤，比上年增长 3.3%；钢 2390 万吨，比上年增长 13.1%；原煤 4.82 亿吨，比上年增长 16.7%；原油 7706 万吨，比上年增长 18.8%；铁路货运量8.9亿吨，比上年增长12.9%。基本建设投资完成情况较好，施工大中项目有 1539 个，全部建成投产的 167 个，部分投产的 310 个，新增固定资产 250 亿元。社会商品零售额 1271 亿元，比上年增长9.2%。进出口贸易额达 147.5 亿美元，超过以往任何一年。财政收入 815.6 亿元，财政支出 820.9 亿元，财政赤字只有 5.3 亿元。这一年尽管还存在基本建设战线过长，积累率过高（33.9%），财政有赤字，职工人员增加过快等问题，但从总体看，国民经济逐渐摆脱停滞倒退的局面，又开始了新的恢复和发展，应该说这是“文化大革命”十年中经济发展较好的一年。人民群众是看实践的，实践效果的威力胜过漂亮的空话何止百倍。

二、整顿中的较量和曲折

1975 年的全面整顿是在“文化大革命”已经进行 8 年，而且仍在继续进行的特殊历史条件下实施的，因而其本身就包含着不可克服的内在矛盾。这种矛盾突出地体现在邓小平提出的整个工作的指导思想“以三项指示为纲”中。“三项指示”即毛泽东关于学习无产阶级专政理论的指示，关于“还是安定团结为好”的指示和关于“把国民经济搞上去”的指示。这三项指示确实都是毛泽东的。但就他的本意来说，只能有一个纲，即无产阶级专政的理论，因为他认为“阶级斗争是纲，其余都是目”。邓小平在当时的历史条件下，是不可能公开提出否定“以阶级斗争为纲”的“左”倾指导思想的。不仅不可能公开反对而且还要在肯定这个“左”的错误指导思想，肯定“文化大革命”的前提下，进行全面整顿工作，并逐步把工作的重点转移到经济建设上来。那么惟一可能的办法，就是既不否定“以阶级斗争为纲”，同时，又最大限度地提升经济建设工作的地位。以“三项指示”为纲的高明之处也正在这里。它既肯定学习无产阶级专政理论是纲，而且是位列第一的纲，同时，又将“把国民经济搞上去”提到了纲的地位，给予了从“文化大革命”开始以来从未有过的重视。但是，矛盾或互相对立的趋向也从一开始就深深地潜伏于其中了。以阶级斗争为纲和以经济建设为纲，两者是不可能长期并行不悖的。这样，在整个整顿过程中就不可避免地发生各种形式的较量，出现曲曲折折的斗争。在 1975 年开头 10 个月的主要较量有以下几件事：

毛泽东关于理论问题指示的下达

毛泽东提议由邓小平主持中央的日常工作，并对进行的整顿工作表示支持。但他并不是要由此而从根本上纠正“文化大革命”的错误，这就使整顿工作受到很大的局限，遭到种种特殊的困难。

毛泽东不仅在总体上一直坚持“文化大革命”，不允许任何人持怀疑或反对态度，而且不断思考，从理论上加以深化，沿着他自己的“左”的思路“不断革命”。还在邓小平主持中央日常工作前的1974年10月20日，毛泽东在会见丹麦首相保罗·哈特林时，就对中国的现状作出一种新的判断。他说：“总而言之，中国属于社会主义国家。解放前跟资本主义差不多。现在还实行八级工资制，按劳分配，货币交换，这些跟旧社会没有多少差别。所不同的是所有制变更了。”12月26日，他同周恩来等在长沙围绕四届人大问题谈话时，又谈了关于无产阶级专政的理论问题。他说：“列宁为什么说对资产阶级专政，要写文章。要告诉春桥、文元把列宁著作中好几处提到这个问题的找出来，印大字本送我。大家先读，然后写文章。要春桥写这类文章。这个问题不搞清楚，就会变修正主义。要使全国知道。”“我国现在实行的是商品制度，工资制度也不平等，有八级工资制，等等。这只能在无产阶级专政下加以限制。所以，林彪一类如上台，搞资本主义制度很容易。”他还说：“列宁说，‘小生产是经常地、每日每时地、自发地和大批地产生着资本主义和资产阶级的。’工人阶级一部分，党员一部分，也有这种情况。无产阶级中，机关工作人员中，都有发生资产阶级生活作风的。”

毛泽东这些关于理论问题的谈话，反映出他对现实的社会主义社会中存在的某些客观事物不能正确理解，同他头脑中的某些带有空想因素的“左”的社会主义模式相冲突。因而把社会主义社会初级阶段中某些必不可少的、有益的东西，错当成资本主义的东西，并对出现“资本主义复辟”的危险怀着深重的忧虑。

毛泽东在谈话中，显然把按劳分配原则中包含的等量劳动相交换原则所体现的“资产阶级权利”，误解为似乎按劳分配本身就是带有资产阶级性质的权利；把马克思在特定的抽象意义上使用的、不反映资本主义生产关系的“资产阶级权利”，同反映资本主义生产关系的本来意义上的资产阶级的权利混为一谈。从而把社会主义的按劳分配、八级工资制混同于旧社会的分配制度。这是对马克思关于资产阶级权利的论述的误解。

毛泽东还把列宁在《共产主义运动中的“左”派幼稚病》一书中对生产资料私有制社会主义改造以前，一部分从事投机活动的俄国小生产者的论断，扩大化和绝对化，并用来从总体上观察70年代我国在公有制条件下平等地从事劳动，原则上是按劳动的数量和质量领取报酬的社会主义农民。把已经集体化20年的农民仍等同于资本主义条件下的个体小生产者，这显然是对列宁关于小生产的论述的误解和教条化。

谈话中还把具有“资产阶级生活作风”的工人和干部，看作是资产阶级的势力，这显然是混淆了不同问题的性质。这也都表明毛泽东已经相当远地脱离了实际，脱离了群众，背离了他历来提倡的理论和实际相结合的原则，这是“文化大革命”发动和持续的一个重要原因。

1975年2月9日，《人民日报》发表《学好无产阶级专政的理论》的社论，传达了毛泽东关于理论问题的谈话内容。社论要求“各级党委要遵照毛主席的指示，认真抓好无产阶级专政理论的学习”，“要继续批判孔孟之道，研究儒法斗争和整个阶级斗争的历史”。

18日，中共中央发出通知，将“毛主席关于理论问题的重要指示”发到全国，在全国掀起了学习“无产阶级专政理论”运动。22日，《人民日报》发表了张春桥、姚文元奉命主持选编的《马克思、恩格斯、列宁论无产阶级专政》(简称“三十三条”)。他们断章取义地摘编的这些语录，是为了使毛泽东的“左”倾论点显得更加有理论依据，从理论上为“文化大革命”的错误辩护。这种学习，实际上等于为邓小平主政后从事的各项工作，划上不准逾越的大框框，不准越雷池一步。同时也使参加学习的广大干部、群众在思想上陷于更严重的迷误中而难于解脱。

在农村限制“资产阶级法权”的奇想

由于大肆宣传和组织学习所谓无产阶级专政理论，也引发了某些人的奇思异想。1975 年 5 月 22 日，人民解放军某军政治部一名干事给毛泽东写信。他认为，国家是按同一价格收购粮谷的，农村社队的收入，完全取决于产粮的多少。因此，自然条件好，劳动生产率高的社队，产粮多，收入高。自然条件差，劳动生产率低的社队，产粮少，收入低。他说，这“是属于形式上的平等，而实际上不平等的资产阶级法权，它是造成我国农业发展不平衡的重要原因”。他建议：“实行按自然条件好差程度和劳动生产率高低的情况，采取不同种类的征购价格。条件好的适当低些，条件差的适当高些”。

这种显然既违反价值规律又脱离实际的认识和建议，应该说是没有什么价值的。但由于提出了“均贫富”的问题，却引起了毛泽东的兴趣，把它看作是在农村“限制资产阶级法权”的一种可行的设想。他于 5 月 23 日在这封信上批示：“此件印发中央各同志研究，此事办起来甚复杂，应在几个公社试点，富队可能不高兴。富队里也有贫户，贫队里也有富户。看看结果再说。”国务院当即召集有关部门负责人进行讨论，并决定从中央机关抽调 26 名干部，组成 3 个调查组，到山西、河北各选 3 个公社进行调查研究。

经过两个多月的工作，调查组于 8 月间陆续写出调查报告，对能否根据自然条件好坏和劳动生产率高低，采取不同的粮食收购价格的问题作出了否定的回答。调查报告提出的主要理由是：第一，穷队与富队互相交叉，在有些生产大队里，有穷队，也有富队。丰年与歉年，穷富队都有变化。如果穷富队分别订价，同一地区，同一大队，势必出现几种价格，甚至要年年调价，这容易引起混乱。第二，富队之所以富，除了自然条件外，主要是自己的劳动。对富队收购价格低，对穷队收购价格高，富队可能不高兴，当穷队生产有了发展，由穷变富以后，取消高价收购，他们也会不高兴。第三，大多数穷队余粮甚少，甚至还要吃返销粮，提高给穷队的购粮价格，对他们帮助不大。调查报告所作的分析表明，企图用违背客观经济规律的平均主义办法，以求达到"限制资产阶级法权"的目的，是根本行不通的。好在毛泽东没有坚持己见，使这一建议得以搁置。这种办法实际上是奖懒罚勤，如果实行，必然对生产力造成严重破坏。

又一次想搞"穷过渡"

陈永贵看准毛泽东兴趣所在，于 1975 年 8 月 14 日给毛泽东写了一份《对农村工作的几点建议》，竭力主张人民公社的基本核算单位迅速向大队核算过渡，以解决农村的贫富不均问题。他说：昔阳县"在文化大革命开始后的第三年，全县四百一十个大队就都实行了大队核算"，"农业要大干快上，要缩小队与队之间的差别，实行大队核算是势在必行"。毛泽东于 9 月 3 日把《建议》转给当时主持中央日常工作的邓小平，并加了批语："此件请阅。请考虑一下，此件是否可以印发政治局同志，并在政治局讨论一次。"批语很委婉，而批转这个文件本身，实际上就表示了对《建议》的赞赏。

根据毛泽东的批示精神，中共中央于 1975 年 9 月 23 日至 10 月 21 日在北京召开农村工作座谈会。大体上与第一次全国农业学大寨会议平行召开。会议由纪登奎、吴德主持，中央主管农业的负责人和部分省、市、自治区党委第一书记共 17 人参加。会议集中讨论了陈永贵关于短期内将人民公社核算单位从生产队过渡到大队的问题。

座谈会一开始就出现了意见分歧。一部分与会者表示赞成陈永贵的意见，主张“从现在开始，就分期分批过渡”。对于这种急于过渡的“左”倾主张，广东省委负责人赵紫阳等在多次发言中，表示了反对的态度。赵紫阳说：“我看现在最好不要一下就大量地改变核算单位，这样容易引起波动，也巩固不下来。”他指出：“从现在开始，就分期分批过渡，这个提法值得考虑。”“说是分期分批过渡，有的不甘心落后，怕说右倾，就会一哄而起，实际上没法分期分批。如果真的分期分批搞上几年，搞这三分之一，那三分之二就会等待、观望、动荡。有的人就会不搞农田基本建设了，拖拉机也不买了，积累也不搞了，分光吃光。”他说：“我主张搞试点，宁可把准备时间拖长一点。”浙江省委负责人谭启龙说：“三级所有，队为基础，主席讲过至少三十年不变，已深入人心。如果风一吹下去，搞得不好，对群众有影响。”

在座谈会存在明显的意见分歧的情况下，1975 年 10 月 8 日，会议写出了《关于目前农村工作中若干问题的讨论意见》(送审稿)上报毛泽东。关于所有制问题，《讨论意见》仍然提出：“从现在起，可以考虑大体上在今后五年或者稍长一点时间内，基本上过渡到大队核算，以便和一九八〇年基本实现全国农业机械化的要求相适应。”至于完成过渡的实施方案，《讨论意见》不得不把分歧的意见都列出来：一种是从现在起就分期分批完成；另一种是“用三年或者稍长一点时间，集中做好准备，使条件更加成熟，并认真总结已有大队核算单位的经验，然后在一两年内分期分批完成”。后一种意见，显然是在“文化大革命”条件下所能采取的对“左”倾错误进行迂回抵制的一种拖延办法。毛泽东考虑了不同意见，没有批发这个文件。后来在农业学大寨运动中，仍然有一些地方搞向大队核算过渡，但没有形成一次全国性的浪潮，使我国农村避免了又一场可能发生的灾难。

在“文化大革命”中，采取的许多带强制性的办法，以追求工人、农民、战士、学生一个样，知识分子同工农划等号，在分配上缩小差别，“穷过渡”，等等，都带有中国农民长期追求“等贵贱、均贫富”的传统理想的遗痕。把在手工业和小农经济基础上产生的平均主义“理想”，误认作是社会主义的原则和目标，实践证明，这种主张是极端有害的。

“四人帮”鼓吹反经验主义

“四人帮”利用毛泽东提出的学习无产阶级专政理论作为旗号，抓着各种题目，贩卖他们的私货。1975年3月1日，张春桥在全军各大单位政治部主任座谈会上讲话，借谈学习理论的重要性，抓住毛泽东1959年的一段批示，鼓吹经验主义是当前的主要危险。张春桥念了毛泽东为《经验主义还是马克思主义》一书写的批语中的一段：“理论上我们过去批判了教条主义，但是没有批判经验主义。现在，主要危险是经验主义。”张春桥说：“据我看，主席的话现在仍然有效。”他说：“林彪搞经验主义”。“对经验主义的危险，恐怕还要警惕。”同日，姚文元在《红旗》杂志第3期发表《论林彪反党集团的社会基础》，以批判林彪为名，对社会主义社会的政治、经济以及人际关系进行了歪曲的描述。他把马克思表达按劳分配中等量劳动相交换原则时所使用的“资产阶级法权”，说成是“产生新的资产阶级分子的重要的经济基础”。而事实上，在社会主义按劳分配的条件下，劳动者对于生产资料的关系是平等的，取得生活资料的方式是相同的，他们之间只因提供劳动的数量和质量不同，劳动条件不同而造成收入有多少的不同。但这种差别，只是生活水平富裕程度的差别，而并不是剥削与被剥削、以致形成新的阶级的差别。把按劳分配说成是“产生新的资产阶级分子的重要的经济基础”，是对科学社会主义理论和实践的肆意歪曲。其目的在于把级别高低、工资多少，当作划分所谓“党内资产阶级”的经济标准，为他们鼓动“抓走资派”、打倒老干部制造理论依据。姚文元的文章也宣称：“现在，主要危险是经验主义。”

4月1日，张春桥发表《论对资产阶级的全面专政》。他把革命导师早已反复阐明的无产阶级专政任务的丰富内容统统加以抹杀，而歪曲为就是单一的、不区分具体情况的“在一切领域、在革命发展的一切阶段始终坚持对资产阶级的全面专政”这样一项任务。他完全不顾我国确立社会主义制度已近20年的客观实际，硬说：“我们的经济基础还不稳固，资产阶级法权在所有制方面还没有完全取消，在人们的相互关系方面还严重存在，在分配方面还占统治地位”。他根本不承认我国上层建筑的无产阶级性质，说什么“在上层建筑的各个领域，有些方面实际上仍然被资产阶级把持着，资产阶级还占着优势”。还说什么“现在，资产阶级的土围子还很多”，“无产阶级专政的铁扫帚不到，它也不会自己跑掉”。他还诬蔑当时的一些“共产党员特别是领导干部”在刮“资产”风，叫嚷要“全部地打掉资产阶级的一切土围子”。与此同时，江青也在不同场合多次叫嚷“现在我们的主要危险不是教条主义，而是经验主义”，“经验主义是修正主义的帮凶，是当前的大敌”。在“四人帮”的指挥下，全国各地许多报刊发表大量文章，反对“经验主义”，号召“破除资产阶级法权”，鼓动“打土围子”。

实际上当时生活上最腐烂奢侈的正是“四人帮”一伙。江青一人就占用40多间房子，一切都要专用精选。吃的武昌鱼要新鲜的，不能掉一片鳞，鸡蛋要当天下的，大米要一粒粒挑。姚文元一家住有125间房的一个大院，高围墙上加铁丝网，是地道的“土围子”。王洪文在上海和北京有多处住房，8部汽车，到处吃喝，动辄挥霍几万元。有一次到崇明岛，要吃猪舌头，就一下子杀掉10头猪。张春桥到南京一定要住国家元首住的房子。为进口录像设备，一次就花费 5 万美元。所以，真正刮“资产风”的正是他们自己。写文章摆出一副正人君子、马列主义理论家的面孔，不过是为了更便于陷人于罪，以达到他们的罪恶的政治目的。

“四人帮”提出反“经验主义”，是把维护党的基本原则和革命历史传统诬蔑为“经验主义”，借以攻击周恩来、邓小平等具有丰富经验的党和国家的领导人。“四人帮”提出“全面专政论”，目的是把刚刚在一定程度上获得解脱，重新担任领导工作的老干部打成“走资派”，把一切反对“左”倾错误的干部、知识分子和广大群众当作专政对象，全面地对他们实行专政。

毛泽东对“四人帮”的批评

4 月 14 日，邓小平在陪同毛泽东会见金日成后，向毛泽东表示，他不同意“经验主义是当前主要危险”的提法，得到毛泽东的赞同。4 月 23 日，毛泽东在一份报告上批示：“提法似应提反对修正主义，包括反对经验主义和教条主义。”根据毛泽东的意见，27 日，中央政治局开会批评了江青等人反“经验主义”的错误。5 月 3 日，毛泽东召集在京的中央政治局委员谈话。在谈到反“经验主义”问题时，他说：“我自己也犯了错误，春桥那篇文章（按：在报刊上公开提出反“经验主义”问题，是从姚文元的《论林彪反党集团的社会基础》一文开始），我没有看出来，只听了一遍，我是没有看，我也不能看书，讲了经验主义我放过了。”① 表示给张春桥道歉。他对江青等人强调反经验主义是主要危险作了批评：“你们只恨经验主义，不恨教条主义。”“我看批判经验主义的人，自己就是经验主义，马列主义不多。”毛泽东再次告诫他们：“不要搞四人

① 关于毛泽东话中的“不能看书”，根据毛泽东身边的工作人员说：1974 年 8 月经医学专家检查，毛泽东患“老年性白内障”，不能阅读。1975 年 8 月有一只眼睛摘除白内障手术成功，恢复视力。

帮,你们不要搞了,为什么照样搞呀? 为什么不和二百多个中央委员搞团结?”要江青等作自我批评。但是,毛泽东的基本观点是认为江青、张春桥等人反刘少奇、反林彪“有功劳”,是维护“文化大革命”的。因此他又说:“我看问题不大,不要小题大作,但有问题要讲明白,上半年解决不了,下半年解决;今年解决不了,明年解决;明年解决不了,后年解决”。根据毛泽东的意见,中央政治局于5月27日和6月3日两次召开会议,由邓小平主持,对“四人帮”进行了批评。

限于当时的特殊条件,又是在肯定江青等人“文化大革命”中“有功劳”的前提下,这种批评只能是浅层次的、十分有限的。但批评与不批评总是不一样的,特别是毛泽东亲自出面的批评效果更大一些。

毛泽东和中央政治局的批评,使“四人帮”的篡权活动稍有收敛。这在一段时间内对整顿工作的开展是有利的。

从评《水浒》中生发出政治题目

但是,“四人帮”的野心是难以遏制的,总是在寻找机会,以求一逞。1975年8月14日,毛泽东在一次同北京大学中文系的一位女教师谈话中,讲到自己对中国古典小说《水浒》的看法。他说:“《水浒》这部书,好就好在投降。做反面教材,使人民都知道投降派。《水浒》只反贪官,不反皇帝。屏晁盖于一百零八人之外。宋江投降,搞修正主义,把晁盖的聚义厅改为忠义堂,让人招安了。”这种对《水浒》的评价,与通常对《水浒》基本肯定,认为是赞颂农民起义的评价不同。尖锐地指出了书中宣扬的接受招安、维护封建皇帝的另一方面,应该说是富有启发性的。但把整部书说成是“反面教材”,说宋江“搞修正主义”,显然是不客观、不科学的。

姚文元于当天闻讯后，立即给毛泽东写信说：关于《水浒》的评论“这个问题很重要”，“对于中国共产党人、中国无产阶级、贫下中农和一切革命群众在现在和将来、在本世纪和下世纪坚持马克思主义、反对修正主义，把毛主席的革命路线坚持下去，都有重大的、深刻的意义。应当充分发挥这部‘反面教材’的作用。”他提议把毛泽东的这次谈话和他的信，“印发政治局在京同志，增发出版局、人民日报、红旗、光明日报”，以及北京和上海的“大批判”写作组，并“组织或转载评论文章”。毛泽东看了姚文元的信后批：“同意”。中共中央发出文件，转发毛泽东关于《水浒》的谈话和姚文元的信。

8 月 28 日，《红旗》杂志发表短评：《重视对〈水浒〉的评论》。短评说：“宋江的反革命道路证明：搞修正主义，必然当投降派，出卖革命，充当反动派的走狗。这是一切修正主义的特点。”“刘少奇、林彪推行修正主义路线，就是对内搞阶级投降主义，对外搞民族投降主义。从古代投降派宋江的身上，可以看到现代投降派的丑恶面目。”所以评《水浒》“有着重大的意义”。9 月 4 日，《人民日报》发表题为《开展对〈水浒〉的评论》的社论。说这次评《水浒》“是我国政治思想战线上的又一次重大斗争，是贯彻执行毛主席关于学习理论、反修防修重要指示的组成部分。”对于“反对修正主义，把毛主席的革命路线坚持下去，都有重大的、深刻的意义。”接着全国各地报刊纷纷发表文章，又掀起一个所谓“评《水浒》”的运动。把对一本古典小说的评价问题，演化成“政治思想战线上的一次重大斗争”，也是只有在“文化大革命”中才会发生的十分曲折而奇特的怪事。

江青等人借评《水浒》又生发出另一个题目。8 月下旬，江青召集自己的党羽文化部部长于会泳等人开会说：“主席对《水浒》的批示有现实意义。评论《水浒》的要害是架空晁盖，现在党内有人架空毛主席。”9 月 12 日，江青借参加全国农业学大寨会议之机，在山西省大寨大队的群众大会上大讲《水浒》问题。她说："不要以为评〈水浒〉只是一个文艺评论，同志们，不能那样讲。不是，不单纯是文艺评论，也不单纯是对历史，对当代也有现实意义。因为我们党内有十次路线斗争，今后还会有的。敌人会改头换面藏在我们党内。"她强调宋江"上山以后，马上就把晁盖架空了"，"篡夺了领导权"。她造谣说："主席对马列主义的贡献发展，有的人就胆敢删掉。这你们就可以识别了吧！你看宋江怎么样处心积虑地排斥晁盖、架空晁盖。"17日，江青在大寨召集文艺界、新闻界100多人谈话时又说："《水浒》的要害是排斥晁盖，架空晁盖，搞投降。宋江收罗了一帮子土豪劣绅，贪官污吏，占据了各重要岗位，架空晁盖。"江青反复讲"架空晁盖"，显然是诬陷邓小平要"架空毛主席"。她把四届人大后安排一些老干部到党和国家的领导岗位工作，诬蔑为"收罗土豪劣绅占据重要岗位"。江青还要求在全国农业学大寨会议上放她的讲话录音，印发她的讲话稿。毛泽东得知后很气愤，斥责江青的讲话是"放屁，文不对题"，明确指示："稿子不要发，录音不要放，讲话不要印。""四人帮"的嚣张气焰，又一次受到打击。但是，"四人帮"并不甘心。由于他们处心积虑的策划和多方面向毛泽东进言，不久之后，终于给他们抓到了再一次打倒邓小平的机会。

三、突如其来的"批邓、反击右倾翻案风"

对各方面工作进行整顿，不能不触及"文化大革命"中所实行的许多错误政策，不能不逐渐发展成为对这些错误政策的比较系统的纠正。对此，广大干部和群众是满意的、抱有很大希望的。但是，对"文化大革命"错误进行比较系统的纠正，既遭到"四人帮"的疯狂反对，也为毛泽东所不能容忍。这种深刻对立的矛盾终于在1975年11月爆发了，就是"批邓、反击右倾翻案风"。不过这场运动开始时，既没有召开正式会议讨论，也没有中央的正式文件,而是从北京市委书记到清华大学传达毛泽东的一个批示开始的,而后扩及全国。以这样方式开展一场全国性的批判运动,不能不使广大群众感到突如其来。

事情是怎样演化过来的呢?

毛泽东听信挑拨性汇报

毛泽东自经历九一三事件的沉重打击,患了重病以后,身体一直不好,病情时轻时重。但是,无论在他患病期间或休养期间,他仍然负担着决定党和国家大事的重任。1975 年下半年以后,他的病情逐渐加重,行动、说话都很困难。根据他的意见,由他的侄儿毛远新担任他和中央政治局之间的联络员。毛远新是毛泽东的大弟毛泽民之子。他原在哈尔滨军事工程学院读书,"文化大革命"中成为有名的造反派头头,以后又成为辽宁省革命委员会的负责人、中共辽宁省委书记,同江青等人的关系十分密切。这个联络员的设立,使负责中央日常工作的领导人更难于直接见到毛泽东。处于这种不仅完全脱离实际、脱离群众,而且严重脱离中央绝大多数领导人的状况,使毛泽东更加依靠毛远新等人的汇报,而很难准确地了解全面情况。正是利用了毛泽东处境的这一弱点,"四人帮"、毛远新等多次作歪曲性、挑拨性的情况反映,逐渐影响毛泽东对事物的判断,从而对毛泽东作出错误决策起了极其恶劣的作用。偌大中国万般繁杂的事务,最终要由一个重病在身几乎与世隔绝的老人作出裁决,干部领导职务终身制的弊端,在这时最直接、最尖锐地表现出来。

1975 年 9 月 28 日,毛远新向毛泽东汇报时说:"对文化大革命,有股风,似乎比七二年批极左还凶些。对文化革命怎么看,成绩是七还是错误是七,有分歧。刘少奇还要不要批了";"现在不大提了,一讲就是三项指示为纲,我不同意。阶级斗争、路线斗争是纲。其实只剩下一项指示，即生产搞上去了”。他表示：“担心中央，怕出反复”。11月2日，毛远新向毛泽东汇报时又说：“一些同志到一起总是议论文化大革命的阴暗面，发牢骚，有的把文化大革命看成一场灾难似的”；“我很注意小平同志的讲话，我感到一个问题，他很少讲文化大革命的成绩，很少提批刘少奇的修正主义路线”；“今年以来，没有听他讲过怎样学习理论，怎样批《水浒》，怎样批修正主义”。当毛泽东把清华大学刘冰等人揭发迟群的信给毛远新看时，他当即为迟群辩护，说迟群“在执行主席的教育革命路线上是比较坚决的，十个指头七个还是好的”。

毛远新的这些挑拨性的汇报，引起了毛泽东的重视。毛泽东说：“有两种态度：一是对文化大革命不满意。二是要算账，算文化大革命的账。”这就是说，这时毛泽东已从对“文化大革命”的态度问题，重新估价和衡量邓小平主持的整顿工作。他是不能容忍别人否定“文化大革命”的。10月19日，毛泽东在会见外宾后同李先念、汪东兴等谈话时说：“清华大学刘冰等人来信告迟群和小谢。我看信的动机不纯，想打倒迟群和小谢。他们信中的矛头是对着我的。”他说：“我在北京，写信为什么不直接写给我，还要经小平转”，“小平偏袒刘冰”。根据毛泽东的意见，政治局部分委员几次开会，同邓小平“讨论文化大革命问题”，对邓小平作了错误的批评，并且停止了他的大部分工作，让他“专管外事”。

毛泽东起初并不是要打倒邓小平，而且还在不同场合几次说过保护邓小平的话。从各种迹象看，他只是想通过批评，让邓小平认识“错误”，转变对“文化大革命”的态度。他还提出要邓小平主持由中央对“文化大革命”做个决议。邓小平以自己长期被隔离于运动之外，是“桃花源中人”不适合主持做决议为辞加以拒绝。此事对毛泽东触动甚大。

“反击右倾翻案风”从清华大学发端

11月3日，清华大学党委召开常委扩大会议，中共中央政治局委员、中共北京市委第一书记吴德到会传达毛泽东对刘冰等人来信的意见的主要内容。

原清华大学党委副书记刘冰等，于8月13日和10月13日先后两次给毛泽东写信，内容是反映当时清华大学党委书记迟群、副书记谢静宜工作作风和群众关系上的一些问题，主要是平时工作中专横跋扈，争权夺利，特别是迟群在党的十大上没有当选中央委员，四届人大后又没有当上部长，有严重不满情绪，公开攻击中央领导同志，造成恶劣影响等，要求中央派工作组调查解决。信件是由邓小平转交的。一个共产党员通过正当的组织手续，向党中央主席反映他们单位负责人的问题，这是完全符合党章规定的原则的，是党内生活的正常现象。而毛泽东却提出这两封信的动机不纯，是想打倒迟群、谢静宜，矛头是对着他（毛泽东）本人的；邓小平转了刘冰等的信，就被认为是偏袒和支持刘冰。这样一些断语显然是不符合事实的。

清华大学传达毛泽东的指示后，开始掀起“批邓、反击右倾翻案风”运动。先是在党委扩大会的范围内批判刘冰等人，然后，有组织地贴出铺天盖地的大字报，捕风捉影，上挂下连。积极进行整顿工作的铁道部部长万里、教育部部长周荣鑫、科学院负责人胡耀邦等无一幸免，最后上挂到邓小平。并通过参观、传送大字报、印发材料等形式，逐渐向其他大专院校及全国各地扩散。

11月下旬，中共中央根据毛泽东的意见，在北京召开了打招呼会议。参加会议的主要是党、政、军机关一些负责的老干部，共130余人。会上宣读了毛泽东审阅批准的《打招呼的讲话要点》。这个文件说：“清华大学党委副书记刘冰等人……用造谣污蔑、颠倒黑白的手段，诬告于一九六八年七月带领工人宣传队进驻清华、现任清华大学党委书记迟群、副书记谢静宜两同志，他们的矛头实际上是对着毛主席的。”“清华大学出现的问题绝不是孤立的，是当前两个阶级、两条道路、两条路线斗争的反映。这是一股右倾翻案风”；“有些人总是对这次文化大革命不满意，总是要算文化大革命的账，总是要翻案”。“毛主席指示，要向一些同志打个招呼，以免这些同志犯新的错误”。“四人帮”以清华大学为基点掀起的浪潮，虽然有相当的影响，但总是非正式的。而中共中央打招呼会的召开，表明了中央的支持和肯定，这样就使“反击右倾翻案风”运动迅速扩大到全国，从不点名到点名批判邓小平。

周恩来逝世与新的人事安排

正当中国大地上空又一次乌云翻滚的时候，在“批邓、反击右倾翻案风”的喧嚣声中，人民寄予巨大希望与重托的一颗巨星陨落了。

1976 年 1 月 8 日，中国共产党、中华人民共和国主要领导人之一，中国人民解放军创建人之一，中国杰出的革命家、政治家、军事家和外交家周恩来逝世。周恩来为争取中国人民解放事业和共产主义事业的胜利，英勇奋斗，鞠躬尽瘁，无私地贡献了自己毕生的精力。他对党和人民军队的建设，对发展统一战线，巩固各族人民的大团结，对增进中国人民与世界人民的友谊，都作出了不可磨灭的贡献，建立了不朽的功勋。在“文化大革命”中，他同林彪、江青反革命集团的破坏进行了各种形式的斗争。他在非常困难的处境中为党和国家进行许多有益的工作。他为尽量减少“文化大革命”所造成的损失，为保护大批党内外干部，作了坚持不懈的努力。他的逝世引起了全党和全国各族人民的无限悲痛。

1 月 8 日，中央组成以毛泽东为首的“周恩来同志治丧委员会”。9日,中共中央、国务院发出“隆重追悼周恩来同志”的通知。党和国家领导人以及首都各界群众代表共1万多人,向周恩来的遗体告别。15日,在人民大会堂举行有5000多人参加的周恩来追悼大会,由邓小平致悼词。这一天,全国下半旗志哀,停止一切娱乐活动。邓小平说:“周恩来同志的逝世,对于我党我军和我国人民,对于我国的社会主义革命和建设事业,对于国际反帝、反殖、反霸的事业和国际共产主义运动的事业,都是巨大的损失。”

周恩来逝世后,谁来当国务院总理,成为当时广大群众关注的焦点。按副总理的排列顺序,第一名是邓小平,但他已在“反击右倾翻案风”中处于被打倒之势,没有升任总理的可能。接下来是排名第二的张春桥,他自认为是非己莫属了,他在上海的党羽也迫不及待地在街头贴出“强烈要求张春桥当总理”的大标语。但是,毛泽东却另有考虑,他选择了排位第六的副总理华国锋任代总理。2月2日,中共中央发出通知:“经伟大领袖毛主席提议,中央政治局一致通过,由华国锋同志任国务院代总理……在叶剑英同志生病期间,由陈锡联同志负责主持中央军委的工作。”华国锋原在湖南省委工作,1971年调任国务院业务组负责人,1975年被任命为国务院副总理,是十大后的中央政治局委员。他是在当时“批邓”的特定历史条件下受命担任党政主要领导职务的。

关于为什么选择华国锋而不是张春桥任国务院代总理?至今没有看到有关毛泽东如何考虑权衡的第一手资料。一位外国传记作家曾作过这样的分析:“妄图操纵患病的毛泽东的‘四人帮’,当然不是想为华国锋这位人们不大熟悉的外地政治家掌权铺平道路。但是,他们疯狂地反对邓小平无疑有利于华国锋的晋升……华国锋的有利条件正是在于他不参加任何一派,而是长期无限忠于毛主席。”所以,“他是务实派和激进派都能接受的人”①。

① 转引自范硕:《叶剑英在1976》,中共中央党校出版社1990年版,第65页。

虽然“务实派”、“激进派”之说并不科学，但这位外国人的分析不能不说是有一定道理的。

这个通知另一个不寻常的地方是，以中共中央文件的形式，把叶剑英“生病”情况通知全党，而当时叶剑英身体健康，并无不适。显然，这是用一种变相的办法，把叶帅“挂”起来，使他不能掌握军权。这是推进“批邓、反击右倾翻案风”运动所采取的一项重大组织措施。

毛泽东讲话的传达

邓小平主持的整顿工作的成效是有目共睹的，代表了党的正确领导，深得广大干部和群众的拥护。“批邓、反击右倾翻案风”运动既违背事理，又违背人心，一开始就遇到广泛的、不同形式的抵制。

为了“帮助各省领导思想上转好弯”，根据毛泽东的意见，中共中央自2月上旬至3月上旬，分批召集各省、市、自治区和各大军区负责人会议，“继续打招呼”。会上传达了由毛远新整理的自1975年10月至1976年1月毛泽东关于“批邓、反击右倾翻案风”的多次谈话。

在这些谈话中，毛泽东一再重申“阶级斗争是纲，其余都是目”。“文化大革命是干什么的？是阶级斗争嘛。”他认为一些老同志对“文化大革命”不满，是“思想还停止在资产阶级民主革命阶段，对社会主义革命不理解，有抵触，甚至反对”。他说：这些人“作了大官了，要保护大官们的利益。他们有了好房子，有汽车，薪水高，还有服务员，比资本家还厉害”。他强调：“搞社会主义革命，不知道资产阶级在哪里，就在共产党内，党内走资本主义道路的当权派。走资派还在走”。他明确表示自己对“文化大革命”总的看法是“三七开，七分成绩，三分错误”，错误是两个，“1. 打倒一切，2. 全面内战”。但又说：“打倒一切，其中一部分打对了，如刘、林集团，一部分打错了，如许多老同志。这些人也有错误，批一下，也可以。无战争经验已经十多年了，全面内战，抢了枪，大多数是发的，打一下，也是个锻炼。”这些谈话，无论从理论方面或实际方面，都是很难令人信服的。既然承认“文化大革命”犯了“打倒一切”、“全面内战”的错误，就显然是犯了全局性的严重错误，而又说成只是三分错误，这也是说不通的。

2 月 25 日，华国锋在第二次打招呼会上说：“当前，就是要搞好批邓、批邓小平同志的修正主义错误路线，在这个总目标下把广大干部、群众团结起来……对邓小平同志的问题，可以点名批判。”3 月 3 日，中共中央印发毛泽东关于“批邓、反击右倾翻案风”的谈话和华国锋 2 月 25 日的讲话。此后，批判邓小平运动在全国报刊上闹哄哄地铺开了。

“批邓”运动的开展与恶果

“四人帮”是“批邓、反击右倾翻案风”运动最卖力气的鼓吹者和急先锋。他们趁机加紧进行夺取党和国家最高领导权的活动，首先集中攻击邓小平。

江青于 1 月 7 日在政治局发难，诬陷邓小平“在全国搞右倾翻案，复辟倒退，并且号召不怕第二次被打倒，拼老命也要干”。在中共中央召开的继续打招呼会议期间，江青于 3 月 2 日擅自召集 12 个省、自治区的负责人开会，大骂邓小平是“汉奸”、“买办资产阶级”、“国际资本家的代理人”。江青说：“邓小平……出口原料，和外国资本家订长期合同，等等。他还说过，要把杭州、苏州，还有广州，还有许多地方开放给外国人游览，吃喝玩乐，抓外汇”。这些本来是对外开放，扩大对外贸易的正确措施，可是到江青那里就成了“完全是代表买办资产阶级利益的”。她还荒谬地主张把大庆进口的美国设备拆掉，理由是“大庆是主席树立的独立自主、自力更生的先进单位……装在大庆丢中国人的脸，外国人去参观，装着美国人的设备，我说要拆掉”。江青在谈话中还不忘表露自己的政治抱负。她说：吕后和武则天是“两位封建的大的女政治家。她们比男人还厉害，而且是法家”。“有人写信给林彪说我是武则天，有人又说我是吕后，我也不胜荣幸之至”等等。与此同时，张春桥也多次诬蔑邓小平是“垄断资产阶级”，“对内搞修正主义，对外搞投降主义”。

在此期间，他们指使直接控制的写作班子在报刊上发表大量文章，对 1975 年邓小平主持的整顿工作进行全面攻击、诬蔑和否定。这方面由迟群直接指挥的“梁效”（即清华、北大两校大批判组）起了特别恶劣的作用。他们按照江青反革命集团“要一个领域，一个领域地批”和“层层揪走资派”的阴谋，先是抛出《教育革命的方向不容篡改》的反动文章，从教育界打开缺口。接着又抛出《回击科技界的右倾翻案风》、《否定文艺革命是为了复辟资本主义》等反动文章。1976 年 2 月，又发表《阶级斗争是纲，其余都是目》等反动文章，直接诬蔑邓小平是“翻案”、“复辟”的“总根子”、“总代表”、“不肯改悔的最大的走资本主义道路的当权派”等等。仅“梁效”一个御用写作班子，从 1975 年 9 月到 1976 年 10 月，就炮制了 60 多篇反动文章。其中 39 篇通过《人民日报》、《光明日报》、《北京日报》等报刊公开发表，有的还通过新华社向全国广播。他们还私自编印《邓小平言论摘录》、《邓小平言论与马列毛主席教导对照》、《邓小平与机会主义言论对照》等材料，通过各种渠道向全国散播。“梁效”和其他御用写作班子的活动，为“四人帮”大搞“批邓”尽了犬马之劳。在他们笔下，各方面工作的整顿是“右倾翻案风”，是要“复辟资本主义”；搞四个现代化是“为资产阶级重新登台作‘嫁衣裳’”，“卫星上天，红旗落地”；把发展生产力的要求和措施说成是“唯生产力论”，号召进行批判，并鼓吹

"不为错误路线生产"。这些写作班子确实不愧为颠倒是非、混淆黑白的能手。

这里需要提出的是,"四人帮"在大搞文章舆论的攻击诬蔑之时,也对很多老同志批斗围攻,极尽人身迫害之能事。他们编造了一个"老干部是'民主派','民主派'就是'走资派'"的荒唐公式。张春桥说:"在我们党内,首先在政治局内部有资产阶级,有买办资产阶级。"他们把恢复工作的老干部诬蔑为"还乡团",煽动层层揪"代理人"、"复辟派"。教育部部长周荣鑫被迫害致死,就是"四人帮"残酷迫害老干部的一个典型事例。1976年2月,迟群按照张春桥的指使,伙同"四人帮"安插在教育部的党羽,成立"教育部临时领导小组",完全剥夺了周荣鑫教育部部长的职权。接着在周荣鑫病情十分严重的情况下,强迫周每天到教育部接受批斗。4月12日,周荣鑫昏倒在批斗会上,又被无理拖延没有及时送往医院。迟迟送到医院后,又没有得到及时的抢救和正确的治疗,以致当夜含恨去世。胡耀邦、万里等也受到多次批斗和迫害。

"批邓、反击右倾翻案风"破坏了各条战线经过整顿刚刚出现的比较稳定的局势。整顿中提出的许多正确政策和采取的措施被肆意批判,一批坚决执行这些政策的领导干部受到打击,而在整顿中被撤职或调离的派性严重的人和造反派头头又被重用。一些地区的派性和武斗重新泛滥。许多地区停工停产,工业生产完不成计划。1976年1—5月份,钢欠产123万吨,化肥、棉纱等其他主要工业产品也大量欠产,影响市场少供应商品14亿元,影响财政减收20亿元,使年初全国计划会议上确定的1976年国民经济计划已经不可能完成。7月召开了全国计划工作座谈会,建议下调原定的一些主要工业产品产量指标,经中共中央政治局批准,如钢产量从2600万吨下调到2400万吨,基本建设投资比原计划减少20亿元等。但调整后的计划实际上也未能完成。1976年工农业总产值只比上年增长1.7%,大大低于计划要求的

7%—7.5%的速度。钢产量只完成2046万吨，只达到计划数的79%，低于1971年的水平。铁路货运量8.4亿吨，只完成计划数的93%。固定资产交付使用率为58.9%，比上年下降5%。全部建成的大中型项目85个，比上年少82个，是建国后投资效益最差的年份之一。这里当然有其它因素的影响，如唐山大地震，但发动"批邓、反击右倾翻案风"和"四人帮"及其党羽在各方面实际工作中的干扰破坏，毫无疑问是造成如此经济形势的主要原因。

四、悼念周恩来　天安门事件爆发

1966—1976年，十年的风风雨雨，把"文化大革命"的神圣光环消散殆尽，美好的空洞理想代替不了凄苦的生活现实，种种"伟大"的豪言壮语再也激不起人们的衷心激情。绝大多数人已经从亲身经历中逐渐认识了"文化大革命"的本质，而不再对它抱任何幻想。相反地，种种积怨、不满和愤慨却已越积越多。人民愤怒的爆发，只是时间和条件的问题了。

"批邓、反击右倾翻案风"进一步促使广大干部和群众认识到"文化大革命"的错误，更加看清了"四人帮"祸国殃民的面目。人们心中长期积聚又迅速发展起来的怀疑、不满和愤恨情绪，终于通过天安门事件迸发出来了。导火线是"四人帮"压制和反对人民悼念敬爱的周恩来总理。

"四人帮"的倒行逆施

在为周恩来治丧期间，"四人帮"与人民为敌，发出种种禁令，竭力阻挠群众悼念周恩来的活动。除了禁止群众自发的悼念活动之外，还特别控制舆论媒介，不准报道群众的哀悼之情。1月9日，周恩来逝世的第二天，新华社就向姚文元请示，怎样组织亿万人民悼念周恩来的宣传报道、发表悼念周总理的文章？姚文元的回答是："悼词尚未发表，现在不组织。悼词发表后是不是组织反应，仍应再请示"。在他的禁令下，从 9 日到 15 日追悼大会前的 6 天中，总共发了党和国家领导人与首都各界代表向周恩来遗体告别的两条消息。全国各地各族人民沉痛悼念的感人情景，在新闻报刊上竟没有丝毫反映。特别是 11 日首都百万人民扶老携幼，洒泪数十里长街，为周恩来灵车送行，新华社记者含泪写成长篇报道，竟被姚文元一刀砍掉，不准发表。江苏省《工农兵评论》编辑组写了一篇《敬爱的周总理在梅园新村》，"四人帮"竟下令把它列为"反动文章"，要追查背景[①]。这些卑劣的行径只能激起人们无比的愤恨。

1 月 14 日，正是周恩来追悼大会的前一天，《人民日报》却在头版头条上刊出一条题为《大辩论带来大变化》的专题报道，强奸民意地硬说全国人民当时最关心的是清华大学"反击右倾翻案风"的大辩论。胡说什么："革命大辩论，激发了广大群众的社会主义积极性。他们把以阶级斗争为纲搞好各项工作，看作是反击右倾翻案风的实际行动。群众的革命热情，造成了各项工作热气腾腾的局面。"如此等等。结果引起信电纷至的强烈抗议。甚至有人写信把"四人帮"安插在人民日报社的那个总编辑称为"戈培尔"(指德国法西斯的以造谣为能事的宣传部长)。

2 月 13 日，"四人帮"写作班子发表《孔丘之忧》一文，大批"忧"字。说什么"以后的孔孟之徒……同孔丘一样，他们的'忧国忧民'，完全是为了'兴灭国、继绝世、举逸民'，是地地道道的祸国殃民……妄图使人们对新生事物发生怀疑，对革命大好形势和光明前途丧失信心。"文章以挖苦的腔调说："让旧制度的'哭丧妇'抱着孔丘的骷髅去忧心如焚，呼天号地吧"。这些人把悼念周恩来的广大群众讥讽为"哭丧妇"。

---

① 《磨不灭的光辉，砍不断的思念》，见《人民日报》1977 年 1 月 6 日。

3月5日,上海《文汇报》在刊登新华社播发的沈阳部队指战员学习纪念雷锋的一篇新闻稿时,竟把周恩来关于学习雷锋的题词①删去。3月25日,《文汇报》第一版发表的一篇文章中,出现了"党内那个走资派要把被打倒的至今不肯改悔的走资派扶上台"的句子,明目张胆地攻击周恩来和邓小平。《文汇报》在"文化大革命"中长期是"四人帮"的重要舆论工具。这两篇文章刊登后,激起了广大干部和群众的愤怒。在数日之内,《文汇报》就收到抗议电话1000多次,抗议信和电报420多封。可是,张春桥等人却公开对《文汇报》表示慰问,给予嘉奖。消息传出,更加激怒了群众。

从雨花台到天安门的群众抗争

邻近上海的南京市学生和群众首先行动。3月20日和28日,南京市许多学生、工人和居民举行悼念周恩来,反对"四人帮"的游行和集会,贴出"不揪出文汇报的黑后台誓不罢休","打倒大野心家、大阴谋家张春桥"等大幅标语,并将标语刷在开往北京和上海等地列车上。3月底至4月初,杭州、郑州、西安、太原、福州等城市的广大群众,利用清明节缅怀革命先烈的传统习俗,冲破"四人帮"的阻力,举行悼念周恩来的活动。

首都人民从3月底开始,自发地汇集到天安门广场,在人民英雄纪念碑前敬献花圈、花篮,张贴传单,朗诵诗词,发表演说,表达对周恩来的悼念,痛斥"四人帮"的罪恶。很多诗词带有强烈的感情和政治内容,抒发了广大群众想言又不敢明言的内心思想。如:

---

① 周恩来的题词是:"憎爱分明的阶级立场,言行一致的革命精神,公而忘私的共产主义风格,奋不顾身的无产阶级斗志。"

神州欲变，风雨已迷天，
昏星暗月，红日当空已难显。
……
妲己想统赤县，
自称武则天。
长江日夜向东流，
聚义群雄在人间。

又如：

红心已结胜利果，
碧血再开革命花，
倘若魔怪喷毒火，
自有擒妖打鬼人。

欲悲闻鬼叫，
我哭豺狼笑。
洒泪祭雄杰，
扬眉剑出鞘。

大量的声讨檄文、战斗诗词的展示，激起人们发自内心的强烈共鸣，争相传抄，迅速流传。“四人帮”对此十分恐惧，千方百计加以阻挠压制。4月2日，以中共中央的名义发出电话通知，对南京群众的正义行动加以错误的指责。认为：“南京出现了矛头指向中央领导同志的大字报、大标语，这是分裂以毛主席为首的党中央，转移批邓大方向的政治事件。”要求各地领导机关，“要警惕别有用心的人借机扩大事态，进行捣乱、破坏。”“对这次政治事件的幕后策划人，要彻底追查。”同时，北京市各单位普遍传达姚文元关于“清明节是鬼节”、“送花圈是四旧”，不让群众去天安门广场悼念的所谓指示。但是，已经燃烧起来的群众烈火决不是那么容易被扑灭掉的。

早已忍无可忍的群众怒不可遏。有的诗词针锋相对地问道：

谁说清明是四旧？谁说清明习惯臭？
年年奠祭我先烈，今发禁令何理由！
莫道《文汇》亮鬼火，自有人民写春秋。
寄言魑魅慢猖狂，勿学林贼把命丧。

4月4日（丙辰清明节）悼念活动达到了高潮。首都和外地来京的群众不顾当时的重重禁令，到天安门广场的达到200多万人次，声势浩大，群情激愤，锋芒直指“四人帮”。

天安门事件是全国人民抗议运动的集中表现，是在党的正确领导的影响以及党提出的实现“四化”等正确主张的指引下发生的。这个运动的表现形式是悼念周恩来，反对“四人帮”，而实际上显示了人民对于“文化大革命”“左”倾错误的反对和对于以邓小平为代表的党的正确领导的拥护和支持。

对四五运动的错误镇压

4月4日晚，华国锋主持召开中共中央政治局会议（叶剑英、李先念未参加），讨论连日来天安门广场上发生的事态。华国锋等听信“四人帮”亲信所编写汇报的材料，错误地支持了“四人帮”对广大群众的诬蔑。华国锋说：“很恶毒的，一批坏人跳出来了，写的东西有的直接攻击主席，很多攻击中央。”吴德说：“看来这次是一个有计划的行动。邓小平从七四年至七五年他作了大量的舆论准备……今年出现这件事是邓小平搞了很长时间的准备形成的”，“性质是清楚的，就是反革命搞的事件”。会议决定“采取一些必要措施”，“防止挑起更大事端”。这些措施主要包括：从当晚开始清理天安门广场的花圈和标语；布置民兵和公安人员围住纪念碑，阻止群众再去送花圈和集会；调动卫戍部队“在二线准备”。毛远新将政治局会议讨论情况和决定写了书面报告，毛泽东圈阅了这份报告。

4月5日凌晨，天安门广场所有的花圈都被撤走了，诗词、挽联、条幅都不见了，一些自愿彻夜守卫花圈的群众被逮捕了，人民英雄纪念碑周围已布上3道戒备森严的封锁线。自清晨即涌向天安门广场的群众对此异常气愤。因为传闻被搜走的花圈放在人民大会堂的地下室里，上午9时至10时许，数万群众聚集在人民大会堂东门外，提出“还我花圈，还我战友”的正义要求，高呼“谁反对周总理就打倒谁”。怒不可遏的群众同一部分在天安门广场执勤的民兵、警察和战士发生了严重冲突。公安部门出动的“广播宣传车”和几辆汽车在混乱中受到损坏。下午，天安门广场东南角的“工人民兵指挥部”着火，群众和民兵、警察都有受伤的。

在首都的中心天安门广场发生的这些带暴力性质的事件，是社会主义社会的正常生活中不应该发生的。它之所以出现，一方面表示了广大群众的极端愤怒，难以容忍又无可表达，只得采取以暴力对暴力的手段；另一方面，也正是“文化大革命”破坏了社会主义民主，堵塞了一切言论渠道，使广大群众没有可能通过正常渠道表达自己意志的结果。“防民之口，甚于防川”，压制的结果总要爆发，这也是物极必反的一般规律。不过在当时，这些行为也为“四人帮”实行镇压提供了口实。江青、张春桥等当天在人民大会堂注视着事态的发展并商讨对策。

晚上6时30分，中共北京市委第一书记、市革命委员会主任吴德奉命出面发表广播讲话，他宣称“在天安门广场有坏人进行破坏捣乱，进行反革命破坏活动”，“我们要认清这一政治事件的反动性，戳穿他们的阴谋诡计”。他命令“革命群众应立即离开广场”。这个讲话在天安门广场反复播送，许多群众闻讯逐渐走散。9时30分，天安门广场所有照明设备一齐开放，1万民兵、3000警察奉命跑步进入广场。他们带着木棍包围坚持留在天安门广场的群众,并加以殴打和逮捕(先后共逮捕 388 人[①])。还有 2 万多民兵和 5 个营的卫戍部队,在附近作为预备队待命。

4 月 6 日凌晨,部分政治局委员听取中共北京市委汇报,认为天安门事件是"反革命暴乱性质",指示公安部门要"揪出司令部","不要把民兵手脚捆得太死。'小人动手,老子也动手'。"会议估计群众还会有所行动,所以又组织了 3 万民兵集中在天安门附近待命,派出 9 个营的部队在市区内"随时机动"。毛远新向毛泽东书面报告了政治局会议的决定,毛泽东表示同意。但是,这一天是平静的。在森严的戒备下,群众没有在天安门广场举行大的活动。

中共中央的两个决议

4 月 7 日,毛远新两次向毛泽东汇报情况。毛泽东同意公开发表《人民日报》记者关于天安门事件的所谓"现场报道"和 4 月 5 日晚吴德在天安门的广播讲话。经姚文元组织炮制的所谓"现场报道",诬陷广大群众悼念周恩来是"反革命活动",天安门事件是"反革命政治事件"。因为它"公开打出拥护邓小平的旗号,丧心病狂地把矛头指向伟大领袖毛主席,分裂以毛主席为首的党中央,妄图扭转当前批邓和反击右倾翻案风的大方向"。这些当时最大的罪名被扣上,真该"十恶不赦"了。毛泽东听信这些汇报,表示天安门事件的性质已经变了。要求中央政治局作出决议,登报,公开发表。他还提出以天安门事件为根据,撤销邓小平的一切职务,保留党籍,以观后效,并待以后召开的十届三中全会审议批准。

---

① 经全面复查,这 388 人中没有一个反革命分子。其中,只有 3 人犯有偷盗等罪行,需追究刑事责任。这是新华社 1978 年 11 月 18 日播发的消息。

4月7日晚，中共中央政治局开会，宣读并通过了已经准备好的两个以中共中央名义发表的决议。第一个决议的内容是："根据伟大领袖毛主席提议，中共中央政治局一致通过，华国锋同志任中国共产党中央委员会第一副主席，中华人民共和国国务院总理。"第二个决议的内容是："中共中央政治局讨论了发生在天安门广场的反革命事件和邓小平最近的表现，认为邓小平问题的性质已经变为对抗性的矛盾。根据伟大领袖毛主席提议，政治局一致通过，撤销邓小平党内外一切职务，保留党籍，以观后效。"这两个决议在政治局通过后，急如星火地于1小时后即由中央人民广播电台向全国广播。

第二天，中共中央发出电话通知，要求各省、市、自治区要立即召开规模宏大的群众大会，宣读中共中央的两个决议，并由各省、市、自治区主要负责人发表旗帜鲜明的讲话，牢牢掌握批邓斗争大方向，进一步开展反击右倾翻案风的伟大斗争。

各地奉命行事，各省、市、自治区纷纷向中央打电报，表示拥护中央的两个决议和对天安门事件的处理。各主要城市都组织了拥护中央决议，声讨邓小平的游行集会。一时之间，全国大小报刊上塞满了这类表态性的东西。同时，按照规定追查所谓"政治谣言"，逮捕天安门事件和其他类似事件的积极参与者和"幕后策划者"，许多人被拘捕或判刑。

关于天安门事件的错误决议和强制组织的群众集会和游行，既不能改变事件本身的客观性质，也完全不可能改变群众的思想认识，只是使广大干部和群众爱国爱党的感情和意志，进一步受到严重的压抑和挫伤。

天安门事件的应有评价

以天安门事件为中心的全国性抗议运动的发生不是偶然的。

恩格斯说:“任何地方发生革命震动,总是有一种社会要求为其背景”,“是人民的要求和需要的自发的不可遏止的表现”①。已经持续近10年的“文化大革命”所造成的沉重灾难,激起广大群众越来越大的憎恶,也越来越难以忍受。人们曾经把恢复党的优良传统和正确方针的强烈希望寄托于周恩来、邓小平等老一辈革命家身上,而他们却受到了极不公正的对待。“四人帮”的倒行逆施,引发了人民长期积压在心中的强烈怒火,于是在天安门事件中以民族传统的悼念形式而自发地、不可遏止地形成总爆发。

天安门事件不是与中国共产党的领导无关的纯粹自发的群众运动。虽然从整体上看,这场革命群众运动是没有任何一级党组织的统一领导的,但是许多党的基层组织直接、间接地组织和支持本单位职工参加斗争。许多共产党员、共青团员积极投入了斗争,并且成为斗争中的中坚。从这场革命群众运动表现出来的斗争目标看,是要求实现党所提出的四个现代化,反对“四人帮”祸国殃民。而实现四个现代化是周恩来代表中共中央在四届人大重申的,是以邓小平为代表的党的正确领导率领全国人民所努力争取的。广大群众是要求实现党的正确领导所制定的奋斗纲领。在天安门事件中,党的作用是在特殊的历史条件下,以特殊的形式实现的。这次抗议鲜明地表示了全国人心的向背。这为后来粉碎江青反革命集团奠定了伟大的群众基础。

五、毛泽东逝世　粉碎“四人帮”

更为猖狂的“四人帮”

天安门事件的被错误定性,广大党员和群众遭到残酷镇压,

① 《德国的革命和反革命》,见《马克思恩格斯选集》第1卷,第501页。

给“四人帮”造成一种错觉,以为他们胜利了。4月7日,江青在人民大会堂设宴款待镇压群众的“有功之臣”时,就高叫为“我们胜利了”干杯。于是,“得志更猖狂”,在“批邓”的旗号下,进一步开展野心勃勃的篡权活动。他们在报刊上连篇累牍地发表形形色色的所谓“批邓”文章。

1976年4月18日,《人民日报》发表《天安门广场事件说明了什么?》的社论,号召“把批判邓小平、反击右倾翻案风的斗争推向新高潮”。这篇社论竟从天安门事件中,论证出这一事件“进一步说明资产阶级就在共产党内”。社论说:“像邓小平这种党内不肯改悔的走资派,已经成为资产阶级的头面人物,成为同无产阶级较量,妄图在我国复辟资本主义的主要力量。”“阶级斗争的发展,从清华少数人的诬告信,到天安门广场的反革命政治事件,都有深刻的政治背景和阶级根源,其源盖出于邓小平。”如此等等。

5月18日,《人民日报》发表署名梁效的“四人帮”写作班子的文章《党内确实有资产阶级——天安门广场反革命事件剖析》,进一步论证这种荒唐的论点。姚文元在修改这篇文章时,还惟恐说得不够明白,特意加上了邓小平就是天安门事件的“总后台”的字样。他们反复鼓吹“党内资产阶级”这样一个既违背马克思主义科学原理,又完全违背实际情况的谬误概念,其目的不仅是要整倒邓小平,而且是要整倒从中央到地方的大批党政军领导干部。

在这期间,“四人帮”的亲信们一再扬言“还有穿军装,戴帽徽、领章的走资派”、“走资派不是几个人,而是一层人”等,其险恶居心昭然若揭。

天灾人祸接踵而至

1976年,不仅政治形势险恶,而且各种天灾人祸接踵而来。7月6日,中国人民解放军创始人之一,中国共产党和中华人民共和国主要领导人之一，中国杰出的革命家和军事家朱德逝世。朱德为争取中国人民解放事业和共产主义事业的胜利，英勇斗争，无私地贡献了毕生的精力，建立了不朽的功勋，受到全党全军全国人民的衷心爱戴。在“文化大革命”期间，他遭到林彪、江青反革命集团的诬陷和侮辱，幸而受到毛泽东的保护。他的逝世是全党、全军和全国人民的重大损失，全国各族人民深为悲痛和怀念。

时隔 22 天，7 月 28 日，在河北省唐山、丰南地区发生 7.8 级强烈地震，并波及天津、北京。震中地区的人民生命财产受到巨大损失，百万人口的中等工业城市唐山变为一片废墟。死伤惨重，共计死亡 242769 人，重伤 164851 人。如此强烈的地震发生在人口稠密的城市，造成如此重大伤亡，不仅在中国历史上罕见，而且在全世界也是 20 世纪最大的一次①。它自然引起中国和世界人民的强烈关注。发生地震的当天，中共中央即向灾区人民发出慰问电。随后派出以华国锋为总团长的中央慰问团赴灾区慰问受灾群众。同时，中国人民解放军和各省、市、自治区、中央有关部门，从四面八方火速组成抢险队、医疗队、建筑队等赶赴灾区抢救，大批救灾物资迅速运到受灾地区。灾区人民英勇奋斗，抗震救灾，重建家园。

在全国人民为唐山地震焦虑并积极支援救灾斗争的时刻，“四人帮”却完全是另一样的感情。他们不仅完全不关心人民的死伤疾苦，反而对救死扶伤的抗震救灾工作无理攻击。胡说什么“抹掉个唐山算得了什么”，攻击抓抗震救灾工作是“以救灾压批邓”。江青甚至无理攻击中央和河北省、唐山市的负责同志领导抗震救灾是“走资派惊慌失措”②。在他们的鼓噪下，拒绝了一切主动愿意提供的国外援助。8 月 11 日，《人民日报》发表根据姚文

① 1923 年日本东京大地震死亡 10 万人，1960 年智利大地震死亡 7000 人，唐山大地震的死亡人数是东京的 2.4 倍，智利的 35 倍。

② 《“四人帮”破坏抗震救灾十恶不赦》，见《解放军报》1976 年 11 月 12 日。

元的讲话写成的社论:《深入批邓,抗震救灾》。社论说:“党的机会主义的头子,总是妄图利用自然灾害造成的暂时困难,扭转革命方向,复辟资本主义”。此时,邓小平已被撤职。“党的机会主义头子”,显然是指当时党的主要领导人。

在此期间,江青等擅自印发《论全党全国各项工作的总纲》、《关于加快工业发展的若干问题》、《关于科技工作的几个问题》(简称《汇报提纲》)等3个由邓小平指导起草但并未发表的文件,并诬蔑为“三株大毒草”,是所谓“邓小平修正主义纲领的产物”。胡说什么《论总纲》“是邓小平复辟资本主义的政治宣言”、“翻案复辟的罪证”。《工业二十条》“是一个名为‘加快工业发展’,实为加快资本主义复辟的工业管理条例”,“推行一整套修正主义办企业路线。”《汇报提纲》“是在科技战线上推行‘三项指示为纲’修正主义纲领的产物”,是“翻文化大革命的案,算文化大革命的账,反对无产阶级在整个上层建筑领域对资产阶级实行全面专政,以达到他复辟资本主义的罪恶目的”。如此等等,横加罪名,在全国发动批判。“四人帮”与人民为敌的面目,已为广大干部和群众深恶痛绝。对所谓“三株大毒草”的批判,遭到干部、群众的广泛抵制,有的群众公开说,按这3个文件办,我们国家就好了。

毛泽东逝世“四人帮”加紧篡权

在人民寄予巨大希望的整顿被突然打断,“批邓”遭到普遍强烈抵制难以进行,社会动乱又起,而周恩来、朱德等国家栋梁又相继离去,全国出现深刻政治危机的关键时刻,9月9日,中国最主要的马克思主义革命家、战略家和理论家,中国共产党、中国人民解放军和中华人民共和国的主要缔造者和领导人毛泽东逝世。毛泽东为中国人民解放事业的胜利和社会主义事业的发展,建立了永远不可磨灭的功勋。他为世界被压迫民族的解放和人类进步事业作出了重大的贡献。毛泽东在他的晚年虽然犯了发动“文化大革命”等严重错误，但是就他的一生来看，他对中国革命的功绩远远大于他的过失。他的功绩是第一位的，错误是第二位的。毛泽东的逝世，使全党全军和全国人民沉浸在悲痛之中。

9 月 9 日，中共中央、全国人大常委会、国务院、中央军委联合发出《告全党全军全国各族人民书》。同日，宣告成立以华国锋、王洪文、叶剑英、张春桥为首的“毛泽东主席治丧委员会”。并发出公告，在人民大会堂举行吊唁 7 天，全国停止娱乐活动 10 天。9 月 18 日，在北京天安门广场举行百万人的隆重追悼大会。华国锋在大会上致悼词，表示要“将毛主席开创的无产阶级革命事业进行到底”。

毛泽东的逝世，使已经存在的深刻政治危机更加严重化和急迫化。广大干部和群众为党和国家的前途命运深为忧虑，这种忧虑是有事实根据的。“四人帮”为篡夺党和国家的最高领导权，早就积极策划夺取军权。这一图谋失败后，又策划建立全国民兵总司令部，妄图把民兵变为他们掌握的“第二武装”。这个阴谋又未能得逞，就千方百计地扩大和武装已经由他们控制的地方民兵。

还在毛泽东病重期间的 8 月下旬，“四人帮”在上海的死党就根据王洪文、张春桥的指示，突击发放武器，加紧装备上海民兵。共发枪 7.4 万多枝、炮 300 门、枪炮弹药 1000 多万发。他们还密谋策划、炮制了一个以“反击”为代号的所谓“防止反革命暴乱实施方案”，命令每天有 1 万名民兵、200 辆汽车值班待命，并组织民兵“夜间拉练”，实际上为反革命暴乱作预演。在毛泽东逝世的第二天，他们又在 20 小时内突击下发子弹 600 多万发，炮弹 1.5 万发。进行所谓“战备演习”。上海的几个头头还到民兵指挥部突击检查，部署应急力量，为发动武装叛乱作了具体准备。

毛泽东逝世后，“四人帮”加紧了夺取党和国家最高领导权的阴谋活动。9 月 11 日，王洪文撇开中共中央办公厅值班室，在中南海另设“值班室”。他盗用中共中央办公厅的名义,打电话通知各省、市、自治区,重大问题要及时向他们设立的值班室请示报告,企图切断党中央与各省、市、自治区党委的联系,由他们指挥全国。

“四人帮”还布置清华大学、北京大学、新华社等单位的一些人给江青写“效忠信”、“劝进信”。有的在信中公然提出要江青“担任中共中央主席和军委主席”,“挑起这副重担”,为江青上台造舆论。江青等还积极为自己上台作准备。江青叫天津市为她特制了一身礼服,王洪文也拍好了准备让全国悬挂的标准像,还下令文艺界拍摄“盛大的节日”等影片。

“四人帮”企图以上海为夺取中央党政领导权力的基地,他们暗地对上海的亲信作了许多布置。9 月 21 日,张春桥在北京听了上海突击发枪的情况汇报,他嘱咐来人“要注意阶级斗争的动向”。9 月 23 日,王洪文在同上海的亲信通电话时说:“斗争并未结束,党内资产阶级他们是不会甘心失败的,总有人会抬出邓小平的。”9 月 28 日,张春桥派人送口信给中共上海市委某些领导人,示意“上海有大考验,要打仗”。

万民欢庆的十月胜利

“四人帮”篡党窃国的露骨活动,使陈云、邓颖超等老一辈革命家们十分焦虑。他们大多处境困难,但仍通过各种渠道,互通信息,并向叶剑英表达解决“四人帮”问题的期望。9 月下旬,徐向前、聂荣臻派人转告叶剑英,请他赶紧拿主意,早下决心解决“四人帮”问题。华国锋、李先念、汪东兴等也多次交换意见,研究消除“四人帮”这个党和国家的痈疽的办法。9 月 21 日,华国锋到李先念住处,商讨解决“四人帮”问题,并请李代表他去找叶剑英。9 月 24 日,李先念到叶剑英寓所同他商谈对付“四人帮”的问题后,叶剑英同华国锋又当面认真磋商,形成了正确的决策。一场不可避免的严重斗争已经来临。

毛泽东逝世后,“四人帮”伪造一个“按既定方针办”的所谓毛主席临终嘱咐,在9月16日《人民日报》、《红旗》杂志、《解放军报》题为《毛主席永远活在我们心中》的社论中发表。社论说:“毛主席嘱咐我们:‘按既定方针办’。”“按既定方针办,就是按毛主席的无产阶级革命路线和各项政策办”。“永远遵循毛主席的教导,坚持以阶级斗争为纲,坚持党的基本路线,坚持无产阶级专政下的继续革命”。他们下令把“按既定方针办”作为当时的宣传中心,在报刊上占据主要版面,连篇累牍,反复宣传。他们这样做,是为了把自己打扮成毛泽东的忠实继承人,以党内“正统”自居,抬高自己,打击华国锋等中央领导人。

国庆节后,他们的活动更加露骨。10月1日,江青到清华大学讲话,她要大家警惕“还会有人要为他(指邓小平)翻案”。并说:“我也要向你们年轻人宣誓,一定要锻炼好身体,和他们斗,阶级斗争、路线斗争还长着呢。”10月3日,王洪文在北京市平谷县讲话时称:“中央出了修正主义,你们怎么办?打倒!”“今后可能出什么唐小平、王小平之类,要警惕!”“要把眼睛睁得大大的,看着修正主义。”

10月4日,“四人帮”的写作班子梁效在《光明日报》以头版头条的位置,发表《永远按毛主席的既定方针办》一文。文章说:“篡改毛主席的既定方针,就是背叛马克思主义,背叛社会主义,背叛无产阶级专政下继续革命的伟大学说”,“任何修正主义头子胆敢篡改毛主席的既定方针,是绝然没有好下场的”。这里需要补充说明一些事实:1976年4月30日晚,华国锋在陪同新西兰总理马尔登受到毛泽东接见之后,又留下来向毛泽东汇报了全国形势等问题。毛泽东当即亲笔为华国锋写了三句话,一是“慢慢来,不要招急”;二是“照过去方针办”;三是“你办事,我放心”。华国锋在中央政治局会议上传达了毛泽东的前两句话，江青等人都是在场的。但是，江青等人却把“照过去方针办”篡改为“按既定方针办”，并作为毛泽东的“嘱咐”大作文章，这就使华国锋不能不出面纠正。10 月 2 日，华国锋在外交部长乔冠华 9 月 30 日送审的《中国代表团团长在联合国大会第三十一届会议上的发言稿》上作了批示：文中引用毛主席的嘱咐我查对了一下，与毛主席亲笔写的错了三个字，毛主席写的和我在政治局传达的都是“照过去方针办”，为了避免再错传下去我把它删去了。但是，张春桥却在这个文件上批：“国锋同志的批注，建议不下达，免得引起不必要的纠纷。”江青圈阅后，划了一根线表示同意张春桥的意见。“四人帮”一方面极力阻挠下达华国锋的批示，以防伪造毛泽东临终嘱咐的骗局被揭穿；另一方面，又指使自己的御用写作班子梁效炮制和发表《永远按毛主席的既定方针办》的大文章，而且调子很高，说谁不遵照这个所谓“嘱咐”，谁就是“修正主义头子”。这自然引起人们的严重关注。这篇文章暗指当时党和国家的领导人是“修正主义头子”，并叫嚣“绝然没有好下场的”。因此，很自然地被认为是一个严重的信号，表明“四人帮”实行全面夺权已经迫在眉睫了。事后，在张春桥亲笔写的一个提纲中发现这样的话：“革命与专政。怎样革，怎样巩固政权、杀人”。证明“四人帮”确实要下毒手了。

中共中央当机立断，采取了断然措施。确定以召开常委会讨论《毛泽东选集》第五卷编辑出版问题的名义，吸收姚文元参加，对江青另行处理。华国锋亲自主持，叶剑英坐镇指挥，有关具体事宜由中央办公厅和警卫部队负责人汪东兴负责。10 月 6 日晚 8 时，华国锋、叶剑英在中南海怀仁堂主持召开政治局常委会议，执行党和人民的意志，在张春桥、王洪文、姚文元先后到达会议室后，分别宣布对他们实行隔离审查，并派人到中南海江青住所宣布执行这一决定。对“四人帮”在北京的死党，也同时采取了隔离审查的措施。不到一个半小时，不费一枪一弹，千夫所指的江青集团就被粉碎了。同时，还派人控制了中央广播电台、电视台、新华社等被"四人帮"掌握的新闻舆论机构。当晚 10 时，中共中央政治局在北京西郊玉泉山召开会议，商讨粉碎"四人帮"后党和国家的重大问题。会议于 7 日晨通过由华国锋任中共中央主席、中央军委主席的决定。

"四人帮"在上海的亲信探知江青等被隔离审查的消息后，立即召开紧急会议，实行紧急动员。他们组织了武装叛乱指挥班子，调集和部署民兵 3.35 万名，动用各种枪炮 2.7 万余件，调集车辆 225 辆，集中大量物资和食品，部署了叛乱的具体步骤，妄图发动武装叛乱。他们还准备发表告全市全国人民书，并配合发表"一点语录和赫鲁晓夫怎样上台的材料"，制造舆论。规定的口号是"还我江青、还我春桥、还我文元、还我洪文"，妄图为挽救江青反革命集团作最后挣扎。

中共中央对上海问题早有预料，及时采取了有力措施。先后将"四人帮"在上海的首要分子召到北京，并调派一批领导干部到上海控制局势。人民解放军做好了应付事变的准备。"四人帮"余党在上海策动武装叛乱，遭到上海广大干部和群众的强烈抵制，使他们的阴谋不能得逞。

10 月 14 日，中共中央公布了粉碎"四人帮"的消息。人们奔走相告，兴高采烈，大众举杯相庆，很多地方酒类销售一空，全国一片欢腾。上海人民声讨"四人帮"的怒涛席卷全市，江青集团妄图在上海发动武装叛乱的阴谋顷刻瓦解。从 10 月 21 日至 30 日，全国 29 个省、市、自治区和人民解放军各部队先后举行盛大集会和游行，坚决拥护中共中央粉碎"四人帮"的果断措施，热烈庆祝粉碎"四人帮"的重大胜利。

江青反革命集团长期与人民为敌，他们在"文化大革命"中犯下的罪行罄竹难书。粉碎"四人帮"，是全党全军全国人民的共同意志。毛泽东始终没有把党和国家的最高领导权交给“四人帮”，并对他们进行了批评和揭露，减轻了党在这场尖锐斗争中的困难。华国锋、叶剑英、李先念等在粉碎“四人帮”的斗争中起了重要作用，汪东兴也做了一些有益的工作。粉碎“四人帮”的胜利，从危难中挽救了党，挽救了中国的社会主义事业，结束了“文化大革命”这场灾难，使我们的国家进入了新的历史发展时期。

“文化大革命”是毛泽东发动和领导的，“对于‘文化大革命’这一全局性的、长时间的‘左’倾严重错误，毛泽东同志负有主要责任。但是，毛泽东同志的错误终究是一个伟大的无产阶级革命家所犯的错误。”“他在犯严重错误的时候，还多次要求全党认真学习马克思、恩格斯、列宁的著作，还始终认为自己的理论和实践是马克思主义的，是为巩固无产阶级专政所必需的，这是他的悲剧所在。”“他领导了粉碎林彪反革命集团的斗争，对江青、张春桥等人也进行过重要的批评和揭露，不让他们夺取最高领导权的野心得逞。这些都对后来我们党顺利地粉碎‘四人帮’起了重要作用”。“在‘文化大革命’中，我们党没有被摧毁并且还能维护统一，国务院和人民解放军还能进行许多必要的工作，有各族各界代表人物出席的第四届全国人民代表大会还能召开并且确定了以周恩来、邓小平同志为领导核心的国务院人选，我国社会主义制度的根基仍然保存着，社会主义经济建设还在进行，我们的国家仍然保持统一并且在国际上发挥重要影响。这些重要事实都同毛泽东同志的巨大作用分不开。”“他虽然在‘文化大革命’中犯了严重错误，但是就他的一生来看，他对中国革命的功绩远远大于他的过失。他的功绩是第一位的，错误是第二位的。”①

---

① 《中国共产党中央委员会关于建国以来党的若干历史问题的决议》。

第七章

十年浩劫后的思考

一、十年大内乱的严重恶果

毛泽东发动“文化大革命”，原来以为通过天下大乱，能够达到“天下大治”。可是事与愿违，十年“文化大革命”，使党、国家和人民遭到建国以来最严重的挫折和损失。“永远不能忘记‘文化大革命’！”这是从那场大灾难走过来的人们的共同呼声。大家都希望认真总结“文化大革命”的教训，牢牢记住，并传之子孙后代，绝不允许类似的内乱在中国大地再次发生。把这场灾难带来的损害充分展示出来，能够使人们痛定思痛，铭刻于心。但是，十年浩劫造成的恶果是多方面，如果说物质方面的损失还可以计算的话，那么对精神文化的损害，灵魂深处的创伤，即使借助于最先进的电子计算机，也是难以计算清楚的。恐怕需要经济学家、政治学家、历史学家、社会学家、哲学家等各方面的共同努力，通过相当长时间的调查研究工作，方能得到全面、准确的估量和彻底的清算。本书仅就其荦荦大端，略加评述。

（一）错误的理论及其指导下的错误实践，造成思想上的空前混乱和对马列主义信仰的严重削弱

用正确的理论指导革命的群众运动，这是共产党领导的革命运动同以前一切革命运动的重要区别之一，也是这种革命运动必然胜利的根本保证。正如毛泽东所说：“自从中国人学会了马克思列宁主义以后，中国人在精神上就由被动转为主动。”[①]中国革命的胜利也就是马克思列宁主义的胜利。

理论的作用在于它能够指导人们正确地分析形势，认清社会实际，准确地界定革命的对象和动力，制定正确的战略和策略，从而指导革命运动战胜一切艰难险阻，从失败走向胜利。而错误的理论则起完全相反的作用，必然要造成对形势的误断，敌我的混淆，是非的颠倒，结果是革命事业的严重挫折、损失和失败。作为

① 《毛泽东选集》第 4 卷，第 1516 页。

“文化大革命”指导理论的所谓“无产阶级专政下继续革命的理论”,虽然一度被赞誉为“马克思列宁主义的顶峰”、“第三个光辉的里程碑”,而实际上正是这样一种错误的革命理论造成了影响深远的严重危害。关于这个理论之所以错误,我们在前边结合历史的实际进程已作了多次分析批判,这里不再赘述。

值得提出的是,造成敌我混淆、是非颠倒的一个重要理论上的原因,是对于作为“文化大革命”头号敌人的修正主义,缺乏正确的理解和准确的界定。可以说,在20多年的时间里,对什么是修正主义(包括现代修正主义),包括党的领袖毛泽东在内,谁也没有说清楚。

毛泽东把修正主义这个概念用得很广泛、很不确定。他不仅认为修正主义就是右倾机会主义,认为中国共产党的一些领导人推行了修正主义路线,而且距今800多年北宋末年的宋江,即小说《水浒》中的农民起义领袖,也是“搞修正主义”。这样,修正主义就主要不是作为一种思想理论概念,而是作为政治概念来使用了。修正主义成了革命者的头号敌人,而对这个敌人的界定又带有很大的主观随意性。这种连主要斗争目标都是含混不清的“文化大革命”,就不可避免形成打乱仗、瞎折腾,从而酿成一场大灾难。

其实,修正主义这个概念是有特定含义的,它专指共产主义运动中,某些人从右的或“左”的方面歪曲、篡改马克思主义基本原理的那些系统的错误理论观点。如果按照这样的界说,“文化大革命”中所宣扬的一整套所谓“无产阶级专政下继续革命的理论”,倒可以说是货真价实的修正主义了。当然,我们并不赞成用一种含混的概念,去批驳另一种含混的概念。我们主张坚持马克思主义的具体问题具体分析的方法。所以,只要指出所谓“无产阶级专政下继续革命的理论”是一种“明显地脱离了作为马克思列宁主义原理和中国革命具体实践相结合的毛泽东思想的轨道”[①]的“左”倾错误理论，也就够了。

“马克思的学说所以万能，就是因为它正确。”[②]正确的理论帮助广大群众认识真理，统一思想，有共同的明确的奋斗目标，才会齐心协力，才能夺取胜利，办成大事。中国共产党经过延安整风和七大，在毛泽东思想的基础上达到了高度的团结统一，中国民主革命就势如破竹迅猛发展，就是最光辉的一个例证。而“文化大革命”在错误理论指导下是非颠倒，倒行逆施，似乎当时流行的种种独特而野蛮的做法，都是“革命行动”，都是正确的，都是为了“反修防修”所必需的。这就不能不造成人们思想上的极大混乱，于国于民造成极大的损失和伤害。而这一些错误理论又都是在“创造性地发展马克思主义”的旗号下进行的，这不能不极大地损害了马克思主义的声誉，在相当一部分人，包括一些共产党员，特别是青年人中出现了信仰危机。这种思想理论上的巨大创伤，后果十分严重，而且不是短时间内所能完全愈合的。

(二)中国共产党的组织和中华人民共和国的政权机构遭到严重削弱

“文化大革命”是在纯洁党的组织，巩固和加强无产阶级专政的名义和号召下进行的。而实践效果和宣扬的目标恰恰相反。

由于理论错误，政治界限不清楚，对象颠倒，方法乖谬，在十年动乱中，使中国共产党本身受到极大的损害。“文化大革命”期间，在基层，如北京大学的党组织被说成是“修正主义的党”。在省市，如中共北京市委被说成是“修正主义集团的巢穴”。在中央，则说成有一个“资产阶级司令部”，而全国还有一条“刘少奇的修正主义政治路线和组织路线”。总之，中国共产党的各级组织

---

① 《中国共产党中央委员会关于建国以来党的若干历史问题的决议》。

② 《列宁选集》第2卷，人民出版社1972年版，第441页。

都不行了，要“踢开党委闹革命”。因而，广大党员被长时间停止过组织生活，从支部、党委到县委、省委在长达数年的时间里基本上处于瘫痪状态，而且公然提出要重建中国共产党的号召。“文化大革命”中，党的领导只剩下所谓“毛主席的领导”、毛泽东思想的领导。而没有各级党组织去进行各项具体工作，没有广大党员起带头、骨干作用，这样的党的领导，又怎么能够实现呢！“文化大革命”酿成十年动乱的症结之一，就在于实际上取消了中国共产党的领导。

林彪、江青两集团趁火打劫，他们到处网罗为争名夺利耍弄阴谋诡计的人，以及各种社会渣滓，组成自己的帮派，以帮代党，抢权夺利。王洪文叫嚷什么“靠派不靠党”。张春桥公然宣布：“造反队就是党支部，队委就是支委，不要原来的党支部了，让造反派起党支部作用。”在毛泽东提出重建党组织之后，他们又加紧进行“突击入党”、“突击提干”，不择手段地扩充自己的势力。为了把他们的帮派骨干塞进领导班子，王洪文竟然说：“一切都要根据需要，叛徒有什么关系，就是真正的叛徒，只要江青相信就行了。”江青则说：“有问题也可以入党”，“没人介绍也要批准”。他们要突击入党的，本单位通不过，就搞什么“飞过海”，即拿到别的单位去通过和批准。被本单位群众反对通不过的人，他们就以高压手段，由上级点名，限期接收入党。基层“党的核心组”多数成员不同意接收入党的，他们就施加压力，“点名搬石头”。有的帮派骨干来不及办理“突击入党”手续，又迫不及待地要抓权，就先塞进领导班子，后办入党手续，玩弄所谓“待纳新”的花样。浙江新生反革命分子翁森鹤公然叫嚷：“要抓紧当前有利时机，充分利用我们政治上占上风的时候，尽快地磨圆（指突击入党）一批。”在这种混乱情况下，就不能不造成党组织的严重不纯。既使一批野心家、阴谋家、冒险分子、打砸抢分子混入共产党内，又使他们的代表人物能够进入各级领导班子，甚至被提拔到十分重要的领导岗位,造成极大的危害。在大混乱中还发生过一些难以思议的怪事。例如,在 1968 年 10 月召开的中共八届十二中全会,竟有一名来自石家庄国棉一厂的还没有入党的工人参加。这名工人在小组会上,竟公然指着朱德、李先念等老一辈革命家的鼻子大声呵斥。这类今天看来是难以使人相信的笑话,却是当年活生生的现实。

林彪、江青两个集团把中国共产党的各级组织搅得稀烂,并从上到下建立了他们的一套全国性的帮派体系。在他们控制的地区和单位,用帮派体系代替了党的组织,使他们为所欲为。林彪妄图建立林家父子相承的家天下,江青则效法吕雉、武则天、那拉氏,要登极做女皇。"文化大革命"反修防修的结果,使中国险些返回到了封建王朝的极端专制的统治,这是极大的历史讽刺。

国家政权在"文化大革命"中遭受到严重削弱。作为政权支柱的人民解放军被搞乱了;公安、检察、司法机关这些专政的主要工具被"彻底砸烂"了;本来就很薄弱的民主和法制荡然无存,私设公堂、刑讯逼供、随意逮捕、违法关押、任意抄家的现象极为普遍,人民生命财产失去保障;各级政权机关被诬为"旧政府"而被夺了权,社会秩序十分混乱。据当时不完全统计,1966 年 10 月 14 日以前,被指为"牛鬼蛇神"而从城市赶到农村的人数,全国共达 397400 多名。1966 年 8 月下旬至 9 月底这 40 多天,仅北京市就有 85198 人被轰回原籍,1772 人被打死,33695 户被抄家。许多地方还把非法抄家得来的部分财物,作为"红卫兵战果"在内部或公开展览,许多财物被"造反派"掠为私人所有。大批在长期革命斗争中南征北战,出生入死,为中国革命事业作出巨大贡献的老干部被揪斗、关押、刑讯,许多人被打伤、打残,甚至含着冤屈离开人世。仅一个位于北京市郊的监狱,从 1967 年到 1971 年这 4 年中,就关押了高级领导干部 500 人以上。被折磨致死的 34 人,伤残 20 多人,得精神病的 60 多人。这仅是个别零星的统计,但也可以看出问题之严重。这些血淋淋的惨痛事实，都是在“巩固无产阶级专政”和在“无产阶级专政下继续革命”的名义下发生的。

马克思主义认为，无产阶级专政对于广大人民来说，是历史上最彻底、最广泛的民主。而在“文化大革命”中，林彪却创造出“政权就是镇压之权”的“警句”，并广泛实施。广大人民在“镇压之权”下面，一切民主自由都被剥夺得精光，而且公然声称，这是无产阶级对资产阶级实行全面专政。事实很清楚，这是对无产阶级专政极大歪曲和最粗暴的糟蹋。

（三）国民经济遭到极大破坏

“文化大革命”的纲领性文件《十六条》中说：“无产阶级文化大革命是使我国生产力发展的一个强大的推动力。”实践结果恰恰相反，经过10年“文化大革命”，我国国民经济已经到了崩溃的边缘。如果按照正常年分百元投资的应增效益推算，10年间国民收入损失达5000亿元[①]。让我们举例说明这个数字所包含的内容。从中华人民共和国建立到1979年，这整整30年中建设起来的全部国营企业（包括工业、农业、建筑业、运输和邮电、商业、城市公用事业）的固定资产原值为4892.5亿元，这就是我国国营企业的全部家底。“文化大革命”10年损失的国民收入，相当于败掉了全国亿万人民经过30年辛勤劳动而积累起来的同样一份家当。

江青集团是破坏生产的元凶。他们打着“革命”的幌子，制造各种破坏生产的谬论。他们诬蔑生产力决定生产关系并最终决定社会性质的历史唯物主义基本原理，是所谓“修正主义的唯生产力论”，大肆加以批判，造成了思想上的巨大混乱。他们胡说什么“革命搞好了，生产自然也就上去了”，公然鼓动工人“不怕停产，不怕停工”。周恩来在四届人大重新提出建设四个现代化强

---

① 李先念1979年12月20日在全国计划会议上的讲话，见《三中全会以来重要文件选编》(上)，人民出版社1982年版，第290页。

国的任务，他们攻击为“资本主义化”，是“卫星上天，红旗落地”。邓小平主持中央日常工作期间对各方面工作进行整顿，使全国经济形势日趋好转，他们却鼓动工人“不为错误路线生产”，“不为资产阶级上台作嫁衣裳”；广大职工对铁路运输工作进行整顿，改变了交通梗阻的现象，他们却叫嚷“宁要社会主义的晚点，也不要修正主义的正点”。他们诬蔑按劳分配的社会主义原则是“产生资产阶级分子的经济基础”，关心群众生活是搞“物质刺激”，出口石油是“卖国主义”，引进技术设备是“崇洋媚外”，加强企业管理是搞“管、卡、压”，搞经济核算是“利润挂帅”。总之，凡是对加强我国社会主义经济建设、发展生产力有益处的各种政策和措施，他们无一不加以恶毒诬蔑和破坏。而他们所鼓吹宣扬的那些明明是破坏生产的荒谬口号，在“文化大革命”中却大行其道，并形成对生产、经济部门职工的巨大压力。广大正直的干部、工人，只能用含泪的眼睛，看着生产建设和国家财产遭受损失和破坏。即使顶着困难尽力补救于万一，也不可能扭转令人痛心的局面。

由于生产建设遭到巨大破坏，加上计划生育工作中断而致人口剧增。“文化大革命”10 年间，人民生活不仅没有提高，而且有所下降。从吃的方面看，粮食人均消费量 1966 年为 381 斤、1976 年为 383 斤，比最高的 1956 年 409 斤低 28 斤和 26 斤；食用植物油人均消费量 1966 年为 3.5 斤、1976 年为 3.2 斤，比最高的 1956 年 5.1 斤低 1.6 斤和 1.9 斤。从穿的方面看，棉布人平均消费量 1966 年为 20 尺，1976 年为 23.7 尺，比最高的 1959 年 29.2 尺低 9.2 尺和 5.5 尺，1968 年平均每人只发 9 尺布票。从住的方面看，在第一个五年计划期间住宅建设投资占非生产性投资的 9.1%，而在“文化大革命”头五年的第三个五年计划期间仅占 4%，后五年的第四个五年计划期间也只占 5.7%；人口增加很多，而住宅建设投资却大幅度下降，造成了城市居民住房十分拥挤的严重状况。在“文化大革命”10 年中，全民所有制各部门职工仅在

1971年调整过一次工资，而由于工人人数增加，从1966年到1976年职工平均工资降低了4.9%。这些都是“文化大革命”酿成的苦酒，广大人民只能在“形势大好”、“一片莺歌燕舞”的空洞喧嚣声中，怨恨而无奈地吞咽下去。

“文化大革命”造成的社会动乱，经济建设中的“左”倾错误，使国民经济受到巨大损失。同时，在“左”倾思想支配下，对国际形势和爆发战争的危险性作出过分严重的估计，片面强调经济建设为备战服务，提出了建设项目要“靠山、分散、进洞”和“边勘测、边设计、边施工”的错误方针，造成了人力、物力和财力的巨大浪费和损失。

“文化大革命”使国民经济的主要比例关系严重失调，重工业由1966年的32.7%上升到1976年的38.9%；而农业同期却由35.9%下降到30.4%；轻工业同期由31.4%下降到30.7%。在农业内部，由于过份强调以粮为纲，经济作物和林牧副渔各业受到排挤，虽然粮食产量有所增加，但整个农业收入减少，而且生态平衡遭到破坏。工农业生产同交通运输的比例关系也不相适应。工业总产量在这10年中增长1.25倍，而铁路货运周转量只增加28.2%，以致货物积压，流通不畅。经济管理体制更加混乱，经济效益全面下降，投入不断增多，产出日趋减少。按每百元积累所增加的国民收入计算，“一五”时期为35元，“三五”时期为26元，而到“四五”时期下降为16元。工业每百元资金实现利税，1966年为34.5元，到1976年下降为19.3元。从总体上看，整个国民经济已濒临崩溃的边缘。仅从这方面说，人们把“文化大革命”的10年称为十年浩劫，是一点也不为过的。

（四）科学文化事业遭到严重摧残

“文化大革命”10年，是新中国科学文化史上最黑暗的时期。在大动乱的10年间，广大知识分子和专业干部的业务被荒废。高等学校和中等专业学校的教学被长期中断，使我国少培养大学毕业生100多万，中专毕业生200万，少培养了几百万青年人才。在我国科学技术队伍的组成上，出现一个长达10年以上的空白。正在成长的青少年一代的学习被耽误，旧的文盲未扫除，新的文盲又大量产生。据1982年人口普查统计，大陆文盲和半文盲多达2.3亿人，其中很大一部分是由于“文化大革命”而增加的。许多科研单位停止工作，有些甚至被解散。加上基础科学的理论研究被扣上“三脱离”（即脱离政治、脱离生产、脱离实际）的帽子，受到歧视和打击。这就严重地损害了整个科研事业的基础和队伍。虽然这10年中在科研的某些方面也有比较突出的成就，但就整体水平说，拉大了同世界科技水平的差距，成为飞速发展的世界科技潮流的严重落伍者。

大批有成就有贡献的专家、教授被错误定为“反动学术权威”、“特务”、“反革命修正主义分子”等而遭受迫害，许多人被迫害致死。据《中华人民共和国最高人民检察院特别检察厅起诉书》中说：在教育界，仅教育部所属单位和17个省市，受诬陷、迫害的干部、教师就有14.2万多人。著名教授熊庆来、翦伯赞、何思敬、王守融、顾毓珍、李广田、饶毓泰、刘盼遂、马特等被迫害致死。在科学技术界，仅中国科学院直属单位、第七机械工业部的两个研究院和17个省市，受诬陷迫害的科学技术人员就有5.3万多人。著名地球物理学家赵九章、冶金学家叶渚沛、理论物理学家张宗燧、昆虫学家刘崇乐、植物分类学家陈焕镛、冶金陶瓷学家周仁等被迫害致死。在卫生界，仅卫生部直属14个高等医学院校674名教授、副教授中，受诬陷、迫害的就有500多人。著名病理学家胡正祥，药理学家张昌绍，胸外科专家计苏华，针灸专家陆瘦燕，著名中医叶熙春、李重人等被迫害致死。在体育界，大批干部和教练员遭受诬陷、迫害。新中国第一位乒乓球世界冠军容国团，优秀教练员、运动员傅其芳、姜永宁惨遭迫害，含冤逝去。

“文化大革命”是从所谓“文艺革命”发端的，文艺界又被江青视为自己的禁脔，因此，文艺界自然就成为“重灾区”。1966 年 4 月发出的《林彪同志委托江青同志召开的部队文艺工作座谈会纪要》中，就把文艺界定为“被一条与毛主席思想相对立的反党反社会主义黑线专了我们的政”。根据这样的罪名，在同月召开的全军创作会议上就宣布 60 多部国产影片为“大毒草”。年底，姚文元公然宣布建国后拍摄的戏曲片“都是毒草，都是影射新社会的”。几乎所有建国后创作的诗歌、小说、戏剧、美术等各种文艺作品和翻译的西方作品，全被说成是“封、资、修黑货”。这些书，书店不许卖，图书馆藏书不许外借，个人藏书也常被作为“四旧”而抄毁。通过批书、禁书、烧书等各种封建法西斯手段，肆意毁灭文化。

他们给文艺作品判定罪名的借口无奇不有。历史题材的作品是“借古讽今”，为“帝王将相树碑立传”；译介外国作品是“崇洋媚外”、“兜售资本主义、修正主义货色”；知识性、趣味性的作品是“非政治倾向”；描绘花鸟山水的作品是“宣扬封建士大夫的闲情逸致”；音乐的旋律轻松一点是“轻歌曼舞，靡靡之音”；画面色彩浓重一些是“黑山黑水，反映了作者思想的灰暗”。这样许许多多的绳索棍棒、清规戒律，使整个文艺界陷于万马齐喑、百花凋零的悲凉境地。

文艺界人士受害很深，“仅文化部及其直属单位受诬陷、迫害的就有 2600 多人。著名作家、艺术家老舍、赵树理、周信芳、盖叫天、潘天寿、应云卫、郑君里、孙维世等被迫害致死”①。

在“大破封、资、修”、“把帝王将相赶出舞台”等号召下，极大地助长和发展了文化虚无主义，导致对民族传统文化、历史名胜古迹和各种文化遗产的空前大破坏。北京一些红卫兵在江青一伙的蛊惑下冲到山东曲阜，砸毁孔庙、孔府和孔林，就是突出的例

① 《历史的审判》，群众出版社 1981 年版，第 37 页。

子。全国各地文物遭到惨重破坏，无可挽回的损失难以数计。

“文化大革命”这个名称从字面上看，似乎是要促进中国的文化教育、科学技术的发展。而这场“革命”所带来的却是文化大破坏，使我们的国家和人民，受到严重的内伤，而这种内伤的消极影响是极其深远的。

(五)社会思想和风气遭到严重毒害

“文化大革命”曾经被宣传为是一场“思想革命”，“一场触及人们灵魂的大革命”，它会带来“马列主义、毛泽东思想的大普及”。历史已经判明，“文化大革命”普及的，一是“左”倾思想，一是形式主义。

在“文化大革命”中，一整套“无产阶级专政下继续革命的理论”真正做到了年年讲、月月讲、天天讲，灌进人心。以致许多老干部、老知识分子在受到无辜迫害时，还真心诚意地检讨自己“跟不上形势”、“跟不上毛主席的伟大战略部署”、“资产阶级世界观没有得到改造”、“犯了走资派错误”，等等。他们把各种粗暴无理的批判，都包揽下来，并且紧跟“文化大革命”的潮流，往往又落得个“错上加错”，真是难以做人。直到九一三事件发生后，他们中的绝大多数人才觉醒起来，对“文化大革命”逐渐自觉地采取批判、抵制的态度。

青年人思想活跃，但缺乏知识，缺乏实践，缺乏理论，因此最容易接受“左”倾思想的灌输。他们分不清什么是社会主义，什么是资本主义；什么是无产阶级专政，什么是资产阶级专政；什么是马列主义，什么是修正主义。但是，他们要求自己成为最革命的人。结果，在盲目热情的驱使下，抱着“赴汤蹈火，在所不辞”、“以鲜血和生命保卫……”的牺牲精神，做出了许多蠢事、坏事。许多青年在“站在阶级斗争最前线”的驱使下，认为以“暴烈的行动”，狠斗“一切牛鬼蛇神”，就是最坚定的革命精神。许多青年在“一个阶级推翻一个阶级”的武斗中，在“革命不能那样温良恭俭让”

的鞭策下，付出了宝贵的生命。一些“头上长角，身上长刺”的人，被树立为青年学习的楷模。在“左”倾思潮的激荡下，无政府主义、自由主义、极端个人主义，以及玩弄权术、拉帮结派等各种歪风邪气泛滥开来。

中国共产党的优良传统遭到全面破坏。人们眼见那些开国元勋们，出生入死的老革命家们，一个个被指控为“野心家”、“阴谋家”、“老反革命”、“叛徒”、“大军阀”、“死不改悔的走资派”。仅有的几位被封为“学得最好、跟得最紧、用得最活”的伟大领袖的“助手”和“学生”，戴着“无产阶级司令部成员”的耀眼桂冠的人，不久也丑态毕现，或折戟沉沙，或被人民蔑视、斥责和唾弃。随着“文化大革命”的起伏到破产，这些人一个个终被钉在历史的耻辱柱上，遗臭万年。而这样一来，“光荣、伟大、正确”的好端端的中国共产党，一时间被“揭露”得几乎是“洪洞县内无好人”。面对这样的场景，党在群众中的威望和信誉大大下降。尤其是许多缺乏社会经验的青年人，耳闻目睹这样的眩目情景，对照在书本中、课堂里，在少先队、共青团中所受的教育，中国共产党的优良传统在他们心目中成了对不上号的虚伪说教。“文化大革命”也严重损害了中国共产党和社会主义中国在全世界人民中的威信，给国际共产主义运动抹了黑，这也是众所公认的。

表现在各个方面的形式主义，是人们思想僵化、思想空虚、不敢正视或不能冷静地认识现实。这些正是“文化大革命”中带有普遍性的思想特征。对毛泽东个人的“三忠于”、“四无限”成了衡量一个人革命化深度的尺子。那时跳“忠字舞”，唱“忠字歌”，做“语录操”①，就是无限忠诚的具体表现。什么“血往忠字上流，劲

① “忠字舞”、“忠字歌”、“语录操”，都是林彪、江青、康生等人在“文化大革命”中把对毛泽东的个人崇拜推向极端，以达到他们不可告人目的，煽起的一些封建色彩极浓的群众性活动。下文提到的“早请示”、“晚汇报”也是这种性质的，并相当普遍地带有强制性。

往忠字上使”，就是无限忠诚的誓言。胸前挂像章，家里供塑像，手捧红宝书，口念万万岁，就是无限忠诚的样板。不吃饭可以，不睡觉可以，但是一次不参加“早请示”、“晚汇报”则是犯了天大罪。学习成效就是看“语录”背了多少条，“心得”写了多少篇，“讲用”说了多少次。这样“革命的新风尚”，真是花样翻新，无奇不有。而这些形式主义的做法的实际效果，则是极大地破坏了实事求是的思想路线，在人们心灵中留下了深刻的创伤。

在“文化大革命”中，还把印制毛泽东著作、图像、像章的数量，视为普及毛泽东思想的标准和手段。据统计，仅 1967 年这一年，就出版《毛泽东选集》9100 多万部，等于“文化大革命”以前 15 年出版总数 1100 多万部的 8 倍；《毛主席语录》印了 3.69 亿册，连同以前出版的 2.59 亿册，共有 6.28 亿册；《毛主席像》印了 12.14 亿张。至 1969 年 3 月，毛泽东像章已制作了 22 亿个。当时全国 7 亿人口，平均每人 3 枚还多。这耗费了大量人力、物力、财力，助长了形式主义。

总之，“文化大革命”不是政治革命，不是文化革命，不是思想革命。一句话，它不是任何意义上的革命。它没有，也绝不可能带来任何的社会进步，只是带来了混乱、破坏和灾难。

“文化大革命”作为一种特殊的政治运动，作为中国共产党所犯的一次全局性的长时间的“左”倾严重错误，对其所造成的灾难性后果必须给予充分正视和科学准确的评价，这是任何一个研究这一段的历史的人都不能回避的重要问题。但是，社会历史发展是一个复杂的进程。在花费大量的时间和精力去从事错误的阶级斗争的同时，社会的正常生活并没有中断，既没有一天停止全部生产，更不能一日停止消费。有投入就有产出，有努力贡献也会有相应的成果，这些也是必须看到的。特别是由于广大干部和群众多年来受中国共产党的教育和影响，对社会主义事业和国家兴衰具有强烈的责任感。大多数党员凭党性办事，大多数群众凭良心办事。他们坚守岗位，坚持生产和工作，并以各种不同形式对“文化大革命”的极左错误进行了抵制和斗争，从而在一定程度上限制了它的破坏作用。亿万人民的努力和斗争，使中国大陆的经济建设事业在这段特殊的时期里仍然取得了一定的成绩。从1966年到1976年这10年间，工农业总产值按可比价格计算，平均每年增长7.1%，虽然大大低于1952年至1966年平均每年增长10%的速度，而且隐藏着危机，但总算有所增长。

国民经济取得进展的领域主要是：

1. 粮食生产保持了比较稳定的增长。这10年间，农业生产条件有了一些改善。1976年拖拉机和手扶拖拉机的产量达到7.37万台和24万台，分别相当于1965年的6.7倍和66倍。1976年农村排灌动力机械的拥有量比1965年增长4.9倍。1976年农用化肥产量达到524.4万吨，比1965年增加2倍。由于生产条件的改善，加以劳动力的大量投入，10年间，农业的平均发展速度达到3.9%。粮食产量1976年达5726亿斤，比1965年增加了1836亿斤。

2. 建设了一批技术比较先进的大型工业企业。石油工业发展较快，黑龙江省西部大庆油田形成为年产5000万吨原油的大型企业，山东胜利油田和天津大港油田也初具规模。原油产量1976年共达8700多万吨，相当于1965年的6.7倍。随着原油产量的增加，石油化学工业也得到发展。冶金工业新建了四川攀枝花钢铁厂、甘肃酒泉钢铁厂、成都无缝钢管厂、贵州铝厂等重要企业。机械工业建设了湖北第二汽车制造厂、四川德阳第二重型机器厂等一大批企业。煤炭工业建设了贵州六盘水，四川宝顶山、芙蓉山，山东兖州等大型煤矿。电力工业也有相当发展。

3. 建成一些内地铁路干线和南京长江大桥。工程艰巨，全长1085公里的成都至昆明的铁路于1971年全线交付营业。全长820公里的湘黔铁路完成了主要路段。从山西省太原，经河南省焦作、湖北省枝城，到达广西柳州的纵贯南北的铁路，也分为焦枝线、太焦线、枝柳线全面动工，后来都在1979年正式完工。南京长江大桥于1968年完工，这是一座具有世界先进水平的铁路、公路两用桥。

4. 科学技术方面取得一批重要成就。在籼型杂交水稻的育成推广、核技术（包括氢弹爆炸成功）、人造卫星、运载火箭等尖端科学技术研究和制造方面取得了丰硕成果。

以上这些建设成就，是我国广大工人、农民、知识分子辛勤劳动的结果。它决不是"文化大革命"的成果，它只能表明如果没有这10年浩劫，我国的经济建设将会快得多，建设成就也就会大得多。

二、必须彻底否定"文化大革命"

"文化大革命"既然从理论到实践都是错误的，是中国人民的一场浩劫，理所当然地应该给予彻底否定，以保证这种人为的、长期的、巨大的灾难不再在中国发生，也使世界革命人民得到有益的借鉴。对于彻底否定"文化大革命"，有些问题需要加以进一步说明和作必要的澄清。

（一）彻底否定"文化大革命"的准确含义

彻底否定"文化大革命"，是具有特定的含义的。它是指彻底否定以"文化大革命"为总题目的那一套理论、方针、方法、组织和活动，而不是说凡是在那10年中所发生的一切，都要予以否定。道理很清楚，在那10年间，中国共产党、中国政府和人民除了进行"文化大革命"外，还做了其他许多事情，包括在任何时期为了生存和发展都必须进行的生产活动和其他活动。虽然其他工作也受到"文化大革命"的严重影响，但它们本身并不具有"文化大革命"的特定内容，也不是"文化大革命"本身不可缺少的有机组成部分。那10年间，有破坏、也有建设，有错误、也有对错误的抵制、纠正，有大量坏人坏事、也不乏好人好事。这就是说，从1966—1976年的10年虽然称之为“文化大革命”时期，只是因为“文化大革命”是这10年独有的，用以同其他历史时期相区别，而绝不是说，这10年间除了“文化大革命”之外，没有做其他任何事。恰恰相反，建国后其他时期所进行的工农业生产、基本建设、教育和科研、文化和卫生以及社会消费等等人类社会维持正常生活不可缺少的一切，这10年也照样都是有的，只不过是打上了“文化大革命”的烙印罢了。因此，对“文化大革命”本身和这10年的历史是必须加以区别的。对“文化大革命”本身必须彻底否定，而对这10年的历史，对于具有复杂内容的客观历史进程，是不能简单地、笼统地全盘否定的。

但是，“文化大革命”的全部理论和实践，必须彻底否定，并要坚持不懈地清除其遗毒。这里最重要的，是清除“文化大革命”中得到大普及的“以阶级斗争为纲”，“用阶级观点观察一切、分析一切、判断一切”的不适合于社会主义社会的“左”倾思想的遗毒。“文化大革命”是“左”倾思潮长期恶性发展的产物，它又使“左”的错误达到了登峰造极的地步。“左”的错误不但系统化、理论化，形成了比较完备的一整套方针、方法，而且成为占支配地位的、全局性的错误，一直影响到全国各个角落和各条战线，延续了10年之久。这种情况在中国共产党的历史上是空前的，“左”的影响和毒害之深、之普遍、之严重，也是史无前例的。因此，需要经过长期的、上下一心的努力，才能卓有成效地清除“左”的思想遗毒。当然，对由于“文化大革命”引起信仰动摇而产生的各种右的思想，无疑也是应当防止和反对的。但决不应因此而动摇清除“左”的遗毒和影响的坚定性和注意力。思想认识是否正确，决定着人们的行为是否正确。对“文化大革命”认识不清楚，后患就不能根除，长期稳定的社会进步就得不到保证，而这是关系中国10多亿人民的前途和命运的最大问题。

(二)“文化大革命”没有反对官僚主义的积极意义

对于彻底否定“文化大革命”，还存在一些模糊认识和错误观点。举例来说，有的人看到当前社会生活中，官僚主义现象还相当多而严重，于是就想到“文化大革命”。说什么只有再来一次“文化大革命”，才能彻底扫除官僚主义。这就是对“文化大革命”认识不清楚的一种表现。

“文化大革命”绝不是能反掉官僚主义的运动，没有产生过任何反官僚主义的积极效果。“文化大革命”的两个纲领性文件，无论是《五一六通知》还是《十六条》，也都没有规定反官僚主义的任务。“文化大革命”期间发出的其他指导运动的文件，也始终没有把反官僚主义当成“文化大革命”的目标或重要任务。整个“文化大革命”从文件规定到实际行动，所要解决的任务，就是整“走资本主义道路的当权派”，批判“反动学术权威”，“炮打资产阶级司令部”，“夺走资本主义道路当权派的权”，等等。虽然“文化大革命”刚开始时，刘少奇曾设想要通过运动解决脱离群众的官僚主义问题，但这既不是“文化大革命”的指导思想，也根本没有能够付诸实践。而设想要反官僚主义的刘少奇，反而成了“文化大革命”要打倒的首要对象。“文化大革命”中被打倒的一大批党政领导干部中，没有一个主要罪名是犯官僚主义错误的。其实，如果从反官僚主义的角度看，发动“文化大革命”本身，就表现出高高在上、滥用权力、脱离实际、脱离群众意愿、不关心群众疾苦的最大的官僚主义。

用“文化大革命”的群众运动、“大民主”的方法，也反不了官僚主义。因为官僚主义是长期历史遗留下来的复杂的社会污垢，是经济文化不发达的产物，是缺乏民主和法制、高度集权、行政职责不分明、干部职务终身制等政治经济体制不完善所表现出来的一种弊端。显然，扫除官僚主义这种社会现象，需要的是提高经济文化水平，建立健全民主和法制，改革政治经济体制，而这是需要几代人的时间和巨大的努力才能完成的任务。列宁说得非常深刻。他说:“反官僚主义的斗争需要几十年时间。这是一个最艰巨的斗争。要是有人对你们说,只要采纳反官僚主义的纲领,我们马上就能摆脱官僚主义,那他准是一个爱说漂亮话的骗子。”[①]如果有人煽动用“文化大革命”一类办法反官僚主义,很可能也是“一个爱说漂亮话的骗子”。因为采用“群众运动”、“大民主”的方法去冲击官僚主义,只能引起社会动乱,破坏国家建设,大量制造冤假错案。可见,“文化大革命”同反官僚主义恰恰是背道而驰的,它没有,也不会产生反官僚主义的积极效果。当然,人们参加“文化大革命”的原因是很复杂的、多种多样的。对官僚主义者不满,想借运动整整他,也是其中一个。但不能由此而把“文化大革命”说成是反官僚主义的。

(三)“走资派”是一个混淆敌我的非科学概念

还有一种说法,认为“文化大革命”是整“走资派”,这就包括了反官僚主义的内容。把整“走资派”与反官僚主义混同,这是极大的误解。“文化大革命”的重点,的确是“整党内那些走资本主义道路的当权派”。可是,无论在“文化大革命”期间或之前,毛泽东都没对“走资派”这个概念作出过明确的解释,党和政府的文件也没有提出过判别什么是“走资派”的具体标准。因此,“文化大革命”中,党和国家,以至企事业单位的各级领导干部,绝大多数都曾经被打成了“走资派”,或是“犯了走资派错误”。而且,受打击最重的,是那些敢于抓工作,能够出主意,坚持赏罚分明的干部;那些饱食终日无所用心,办事推诿不负责任,四面讨好处世圆滑的干部,受到的冲击反而较少较轻。当时就流传着这样的气话:“多做工作犯大罪,少做工作犯小罪,不做工作不犯罪”。这是反官僚主义吗?否!这是鼓励和助长官僚主义。

---

① 《列宁全集》第 32 卷,第 41 页。

“走资派”从“文化大革命”要整的主要对象的角度说，是一个主观臆想的虚构革命对象，而从其内涵看，是一个任意性很大的非科学概念，谁也没有能够具体地讲清楚。但是，从毛泽东的某些言论中，还是可以看出他主观认定的“走资派”的某些特征。例如，1969 年 4 月，毛泽东在一次会议上说：“权实际上还在资产阶级手里，当然有共产党了，但是走资派，搞物质刺激，利润挂帅，奖金挂帅，搞了管、卡、扣、罚，管是管工人阶级。我看所有制没有解决，至少是大部分，不讲全部的话。”在这里，毛泽东认为搞“物质刺激”、“利润挂帅”、“奖金挂帅”、“管、卡、扣、罚”等的人就是“走资派”。在 1976 年发表的《毛主席重要指示》中又说：“一部分党员不想前进了，有些人后退了，反对革命了。为什么呢？作了大官了，要保护大官们的利益。他们有了好房子，有汽车，薪水高，还有服务员，比资本家还厉害。”这些话也是对“走资派”的描述，而且据此作出了“资产阶级就在共产党内”的论断。这样的分析和判断在理论上和实践上都是站不住脚的。

走社会主义道路还是走资本主义道路，这是两个根本对立的政治方向、社会发展方向，代表着截然不同的阶级利益。因此，“走资派”是一个具有强烈阶级性质的政治概念。按照马克思主义的基本原理，应该从经济关系中，特别是从生产资料占有的关系中，才能说明阶级的存在和特征，也才能提出判别和划分阶级的标准。毛泽东也确实提出了“所有制没有解决”的问题。那么我国存在的到底是什么所有制呢？可惜他没有能回答。因为我国的党政和企业的领导干部是代表人民的国家去管理公有制的产业，如果说他们是资产阶级（或如毛泽东曾一次提出但以后又不再使用的“官僚主义者阶级”），那也就会整个地否定我国的社会主义性质。这样的逻辑推论是毛泽东所不能接受的。这大概也就是不能给“走资派”下一个科学定义的根本原因。

毛泽东讲话中提出的“走资本主义道路”其他特征，如“奖金挂帅”，实际上是保护劳动者应得的物质利益，按劳动的成果发放奖金，这是社会主义按劳分配原则的体现，与走资本主义道路风马牛不相及。所谓“利润挂帅”，实际上是指要求企业实现利润，这是社会主义生产建设的一种客观需要。试问，如果社会主义企业都不赢利，没有利润，如何维持职工生活，如何积累资金扩大再生产，如何实现社会主义现代化？制定某些劳动管理制度，这是组织生产的客观要求，是任何现代化的企业都不可缺少的，怎么能说成是对工人实行“管、卡、扣、罚”。社会主义现代化企业，更要求有严格的制度和纪律。

关于社会主义企业采取什么样的管理体制或措施比较符合国情，符合实际，这是需要在实践中逐步探索，在改革中逐步臻于完善的大课题。从“左”的观念出发，把主张社会主义企业要实现利润，对工人要奖罚分明，在企业中采取某种管理体制或措施的领导人，称为“走资派”，划到资产阶级范围内去“整”，这是完全错误的。

用生活待遇来说明“走资派”的存在和特征，更是没有任何科学根据的武断。今日之中国仍然贫困落后，有汽车，住好房子的还是少数人。如果日后经济发展了，多数家庭，包括很多工人、农民都有小汽车、好房子，甚至比我们现在的“好房子”还好，那又应该怎么说呢？难道社会主义就不应该坐汽车，住好房子吗？从这种不科学的论断中，可以看到那种认为穷才是革命的，富了就会变修的，把贫穷当成社会主义特征的荒唐理论的影子。“文化大革命”中鼓动揪“走资派”，造成打击一大片，伤害了很多好人，放纵了很多坏人的恶果。可是，却没有反掉任何一种形式的官僚主义，这是已经被历史证明了的客观事实。

（四）“文化大革命”不是真正的革命群众运动

“文化大革命”曾经被称颂为“伟大的革命群众运动”。彻底否定“文化大革命”，是不是会否定了群众，否定了群众运动？这涉及一个思想方法问题。谁都知道，观察问题不能只看现象，重要的是看其实质。从表面上看，“文化大革命”确有亿万群众参加，规模很大，很是轰轰烈烈。但是，只要由表及里地具体分析，就可以看出“文化大革命”根本不是什么真正的革命的群众运动。

马克思主义认为，真正的群众运动，都“不是少数几个人活动的结果，而是人民的要求和需要的自发的不可遏止的表现”①。“文化大革命”发生时，中国人民普遍的要求和需要是什么呢？到了 1966 年，经过几年的调整，已经基本上克服了国民经济的严重困难，工农业生产出现了全面高涨的形势，人民生活也得到了一定的改善。但是，整个国家的经济仍很落后，相当一部分群众的温饱问题还没有解决，普遍地没有什么比较宽裕的生活。广大群众的迫切需要是发展经济、提高物质和文化生活。在 1964 年底到 1965 年初召开的第三届全国人民代表大会第一次会议上，周恩来在政府工作报告中宣布：调整国民经济的任务已经完成，我国国民经济将进入一个新的发展时期。并明确提出，今后要在一个不太长的历史时期内，把我国建设成为一个具有现代农业、现代工业、现代国防和现代科学技术的社会主义强国。这正是当时全国各族广大人民意愿的集中体现。

发展社会生产力，实现四个现代化，这是正确反映社会主义社会发展规律的纲领，也是中国人民根本利益之所在，是人民群众的普遍要求和迫切需要。不领导群众全力以赴地进行社会主义现代化建设，却发动群众去向所谓的“走资派”夺权，去进行“一个阶级推翻一个阶级”的“政治大革命”，显然是同中国的客观历史进程和广大群众的要求和需要背道而驰的。因此，“文化大革命”发动之初，广大干部和群众普遍感到突然，感到不理解，“保守派”成了多数派，不是没有客观原因的。违反群众要求和需要的

---

① 《马克思恩格斯选集》第 1 卷，第 501 页。

运动，根本不能称为革命的群众运动。人们把“文化大革命”的“群众运动”，称为“运动群众”，这是符合实际的，也是意味深长的。

既然如此，为什么又有那么多人投身“文化大革命”呢？从当时特定的历史条件考察，亿万群众卷入“文化大革命”，主要有以下几个原因：

1. 出于对中国共产党和毛泽东的信赖。中国人民在中国共产党和毛泽东领导下，取得了民主革命和社会主义革命的胜利，在社会主义建设中，也取得了很大成就。广大群众深信党和毛泽东的领导是英明的、正确的。他们参与“文化大革命”，并不是出于自己的切身感受和判断，而是响应领导号召。特别是当时个人崇拜盛行，“毛主席指示我照办，毛主席挥手我前进”等口号进行了持久而广泛的宣传。群众对领袖的信赖，不可能完全建立在正确清醒认识的基础上，一呼万应已成为当时社会生活的常规。

2. 从50年代后期在党内滋长的“左”倾思想，经过一个接一个政治运动的推进，到“文化大革命”前夕，已经在干部和群众中产生广泛的影响。那一套“左”的说教，已经成为大家不敢怀疑，也不敢逾越的信条和框子。这就窒息了独立思考，助长了盲从和随大流。很多人，特别是年轻人，在含义不清的“反修防修”的号召下，盲目地轻信了“修正主义导致资本主义复辟迫在眉睫”的错误判断，在“保卫红色江山永不变色”的强烈责任感的激励下，参加了“文化大革命”。

3. 由于政治思想上的强大压力。当时尖锐地提出在两条路线斗争中站在哪一边，是当革命派，还是当保皇派，这样急迫的选择问题。而且强调这是立场问题，政治方向问题，革命大节问题，甚至是革命和反革命的问题。在沉重的政治压力下，迫使人们不得不表明态度，作出抉择。

4. 林彪、江青、康生一伙野心家、阴谋家乘机蛊惑挑唆、蓄意制造动乱，煽动一些不明真相的群众，特别是青年学生和工人起来“造修正主义的反”。造成一哄而起，惟恐落后的社会潮流，使一些人身不由己地被卷入“文化大革命”的漩涡中。

由于以上各种原因的综合，形成了一种巨大的、不可抗拒的社会潮流，冲击着全国各地和社会生活的各个方面。致使“文化大革命”迅速发动起来，形成一种台风般的狂潮巨浪，使一些人想置身于运动之外而不可得。当然也有些所谓的“逍遥派”，但他们的思想并不轻松，生活也不安宁。

“文化大革命”不是广大群众的要求和需要，群众在运动中深受其害，它对中国社会历史的发展起了阻滞作用。因此，它绝不是革命的群众运动。“历史已经判明，‘文化大革命’是一场由领导者错误发动，被反革命集团利用，给党、国家和各族人民带来严重灾难的内乱。”①

（五）“四大”是对民主和法制的粗暴破坏

“文化大革命”的方法，是“大鸣”、“大放”、“大字报”、“大辩论”，即所谓“大民主”。这种“大民主”，本来是在1957年整党鸣放中，少数激进分子提出的要求。后来又被领导人抓过来，在反右派运动中用作“引蛇出洞”的方法。实践证明，这种“大民主”并不是真正发展社会主义民主的方法。但是，对于这“四大”的核心“大字报”，毛泽东当时就予以肯定。1957年7月他在一次上海干部会上的讲话中说：“大字报是好东西，我看要传下去”。后来他在《介绍一个合作社》一文中又说：“大字报是一种极其有用的新武器……应当永远使用下去。”在“文化大革命”中，大字报铺天盖地，遍及中国大陆的每一个角落。当时甚至把写大字报的多少，作为衡量一个人，一个群众组织“革命性”高不高的标准。有的人就是因为写了一张适合某种需要的大字报，被封为“响当当的造

---

① 《中国共产党中央委员会关于建国以来党的若干历史问题的决议》。

反派”，而青云直上；当然，也有人因为写了一张触怒某人的大字报，而被打成“现行反革命”，遭批斗，关牛棚，入牢狱，以至被迫害至死。大字报的功效可谓大矣！

那么，今日回头看，客观地说大字报在“文化大革命”中主要起了什么作用呢？这里仿效毛泽东批判“党八股”的办法，也为它概括为“八大罪状”：制造舆论，扩大声势；矛头向上，煽动造反；壮己声势，压制对手；断章取义，派斗利器；罗织罪名，组织围攻；揭发阴私，侮辱人格；传播流言，助长错误；泄露机密，损害国家。至于“大鸣”、“大放”、“大辩论”，在“文化大革命”中，实际上已演变为大批判、大揪斗、大体罚。这些都是极其粗暴的破坏民主、践踏民主的行为，而却冠以“大民主”的称号，实在是极大的讽刺。

民主，包括政治民主、经济民主、社会民主等方面，是一个内涵很广又有多种不同解释的概念。如一本辞典所说：“它被许多个人和团体任意用于差别很大、甚至对立的政治见解之中。”①我们是把民主在这里作为一种上层建筑来使用的。从这个角度说，民主是有阶级性的，只能从阶级属性方面作高低之分。如社会主义民主高于资本主义民主。而不能以使用方式，如范围的大小、人数的多少，而作大小之别。因此，所谓“大民主”，实际上是对马克思主义民主理论的一种歪曲。“文化大革命”成为一场大灾难，推行“大民主”的做法，也是一个重要原因。邓小平 1980 年在干部会议上的讲话中说：“现在把历史的经验总结一下，不能不承认，这个‘四大’的做法，作为一个整体来看，从来没有产生积极的作用。”②

经过实践的检验，“文化大革命”的理论——“无产阶级专政下继续革命的理论”，是完全错误的“左”倾理论；“文化大革命”的

---

① 《马克思主义、社会主义和共产主义词典》，东方出版社 1988 年版，第 429 页。

② 《邓小平文选》第 2 卷，第 257 页。

方针——“向走资本主义道路的当权派夺权”、“批判反动学术权威”，是混淆敌我的错误方针；“文化大革命”的方法——“大民主”，是制造动乱，为害人民的错误方法。这样的“大革命”，没有任何值得肯定的东西，必须加以彻底否定。

三、永不能忘的教训

毛泽东发动“文化大革命”，原来以为通过天下大乱，能够达到天下大治。可是事与愿违，10 年动乱给整个国家造成难以估计的损害。但是，从另一种角度看，“文化大革命”造成的天下大乱，把我国政治、经济、思想、文化等方面的弱点、缺陷，以及社会生活中存在的错误和弊端，充分地暴露出来，从反面给人们留下了难以忘怀的深刻印象，促使人们进行深入的思考。经历了这场灾难的人们，都从不同层次、不同角度，自觉或不自觉地总结了各自的教训。不能忘记“文化大革命”！这是一个引起广泛共鸣、强有力的呼声。在“文化大革命”中，每个人的经历不同、地位不同、角度不同，从切身经验体会到的教训也会不同。但只要抱着科学的态度，都能从中得到教益。恩格斯有一句名言：“伟大的阶级，正如伟大的民族一样，无论从哪方面学习都不如从自己所犯错误的后果中学习来得快。”①中国共产党自十一届三中全会以来的全部实践，就是郑重地对待自己所犯的错误并从自己所犯错误的后果中迅速而科学地学习了许多东西的最好证明。

从总体上看，“文化大革命”的主要教训我们认为有以下几点：

（一）认清国情是社会主义事业成败的关键

马克思主义同中国实际相结合，这是中国共产党的指导思想。这个指导思想的要求有两方面：一是要以正确的态度对待马

① 《马克思恩格斯选集》第 4 卷，人民出版社 1972 年版，第 285 页。

克思主义，既不能背离马克思主义的根本原理，也不能把某些原理当作教条，因为马克思主义是在实践中不断丰富和发展的科学；一是要在马克思主义指导下，正确地认识中国的基本国情，从而提出党在不同时期的路线、方针、政策。中国民主革命取得的胜利，从根本上说，就是两者结合得好，产生了中国共产党人集体智慧结晶的毛泽东思想，正确领导中国人民进行革命斗争的成果。而“文化大革命”的错误，从根本上说，则是相反的证明。因为“文化大革命”既是对马克思主义的误解和教条化，背离了马克思主义的精神实质，又脱离了中国的实际，导致对中国的政治状况和发展要求作出错误的判断，从而造成一场大灾难。

中国民主革命胜利后，只经过短短几年的过渡时期，就进入了社会主义初级阶段。我国生产资料私有制的社会主义改造虽然有要求过急，工作过粗，改变过快，形式也过于简单划一等缺点，但终于在国民经济一直向前发展的条件下，完成了消灭资产阶级，进入社会主义社会的历史使命。况且，过渡时期短暂，虽然会产生一些不利的因素，带来一些困难和问题，但这些前进中的困难，在正确方针指引下是完全可以克服的。中国共产党的八大对主要矛盾、主要任务作了正确的判断，并且提出了许多对经济体制加以调整的重要思想，这些都是基本上符合国情的。如果按照中共八大的基本思想贯彻下去，社会主义改造中遗留的问题并不是不能解决的。

然而，对中国国情的认识，并不是一件轻而易举的事。通向真理的道路往往是曲折而漫长的。人们对事物本质的认识，也是需要一个多次反复和正反相比较的过程。中国共产党八大后 20 多年的艰难历程，充分证明了真正认识国情之不易。毛泽东 1957 年 10 月作出“两个阶级”、“两条道路”的矛盾，仍然是国内主要矛盾的误断，并为全党所接受，这是以后长期陷入“左”倾错误并发展到“文化大单命”这种极端的埋论根源。对主要矛盾判断的失误，反映出对中国国情认识的重大失误。

毛泽东一贯倡导实事求是，从实际出发；一贯要求全党办一切事情都要适合中国国情。他以高度的概括能力和通俗的表达形式，指出中国的国情是“一穷二白”，用以点明中国经济文化的落后。这种概括是否科学而准确，自然是可以研究的。但是，作出这种概括本身，就足以证明不能说毛泽东对国情的研究不重视。遗憾的是，他没有作全面而辩证的分析，过分强调了“一穷二白”对社会主义事业有利的方面。认为国家穷，人民要求革命的热情就高；文化水平低，人们容易接受社会主义、共产主义的原则。对于“一穷二白”的不利方面，却被忽略了。事实上，穷，说明我国生产力发展水平还很低，发展国民经济，实现四个现代化的任务特别艰巨，不应该急于求成；文化水平低，但人们的头脑并非是空白，几千年封建传统文化的影响还浓厚存在，改变愚昧落后的状态，同样是十分艰巨，不能速成的。不顾这样的国情，企图依靠阶级斗争为推动力量，脱离生产水平的客观经济基础而凭空改变生产关系，急于提高公有化程度，人为地缩小工农、城乡、体力劳动和脑力劳动之间的差别，企图用这样的办法，去加速社会主义事业的发展，甚至希望很快进入共产主义社会。与此相联系，在思想建设方面，还以带有强制性的各种方式，以少数先进人物的道德境界，去要求全体社会成员。这样就不可避免地陷入某种程度的空想论。

科学社会主义同空想论的根本区别，并不在于是否口头上承认中国经济文化落后的事实。认识到经济文化的落后，只是对国情较低层次的认识。关键在于是否脚踏实地的以符合客观规律的正确方式去发展生产力。而更重要的是，如何科学而准确地把握在这样经济文化落后的国家建设社会主义的客观发展规律，并在此基础上制定出正确的路线、方针和政策。

新中国是脱胎于半殖民地半封建社会，越过资本主义充分发展阶段,经过短促的新民主主义社会而进入社会主义的。这一重大的历史特点表明:第一,中国反帝反封建的民主革命是在无产阶级领导下取得胜利的。这一客观历史进程,决定了中国可以越过对于工农大众来说是痛苦的资本主义充分发展的阶段,经过新民主主义社会而进入社会主义社会。第二,社会主义应该建立在生产高度社会化和商品经济充分发展的基础上,而中国进入社会主义社会时,并没有具备这些条件。因此,中国必须经历一个长时间的甚至上百年的社会主义初级阶段,才能向高一级的社会主义阶段发展。在革命发展问题上的空想论,就是以为可以越过社会主义初级阶段,在生产力发展和社会化、商品化很低的经济基础上,甚至是在基本上还停留在自然经济的基础上,就能够建成社会主义,以至进入共产主义。

认清国情是解决中国一切革命和建设的出发点。要正确认识国情,必须借助于马克思主义的指导,并善于不断总结实践经验,在实践中丰富和发展马克思主义。导致发生“文化大革命”的“左”倾思潮,主观上也想发展马克思主义,但是既离开中国国情,又违背马克思主义基本原理,结果是给国家和人民造成灾难,中国共产党本身也受到严重损害,这个教训是十分沉重和痛苦的。

(二)建设社会主义,必须以经济建设为中心,而绝不能以阶级斗争为纲

从指导方针的角度去考察,可以说“文化大革命”是以“阶级斗争为纲”的产物。这是一个背离客观规律的重大偏差。现在已经清楚,社会主义初级阶段的中心任务是发展生产力。中国的社会主义基本制度是适应生产力发展的,但是,由于复杂的历史原因和社会原因,社会主义的某些具体制度和贯彻根本制度的某些环节、某些方面还存在弊病,这就要求进行改革。无论是经济体制改革或是政治体制改革,都是为了发展生产力,都要围绕和服务于经济建设这个中心。因此,这样的改革是社会主义制度的自我完善和发展，绝不是“一个阶级推翻一个阶级的政治大革命”。

在国际共产主义运动中，建立了社会主义制度的国家进行政治、经济、文化体制的改革，在20世纪40年代后期和50年代中期，曾经出现过一个相当普遍的趋势。中国共产党以毛泽东为代表，在《论十大关系》、《关于正确处理人民内部矛盾的问题》等文章中，提出过“百花齐放，百家争鸣”的方针，包含着重要的、鲜明的改革内容。但是，以后由于国内和国际上一些事件的影响，偏离了已经有良好开端的正确方向。反右派运动以来，“左”倾思想急剧发展。已经基本解决了的无产阶级和资产阶级的矛盾，又被作为社会的主要矛盾加以强调，并且夸大和绝对化为整个社会主义历史阶段贯彻始终的主要矛盾。本来应作为党的主要任务和中心工作的社会主义经济建设，反而被放在次要和服从的地位。从表面上看，或从一个时期的实际效果看，似乎是对改革潮流的反动。但是，从毛泽东的思想发展和实践活动的总体看，作出这样的论断又是不够恰当的，也是缺乏充分说服力的。

毛泽东是一位具有坚强魄力，富于进取精神的革命家。他从来不满足于已经取得的成就，“不断革命”是他一贯的指导思想，“争取更大胜利”是他最喜爱的口号。特别是苏共二十大以后，传统社会主义模式的缺陷更多地暴露出来，是毛泽东最早提出解放思想、破除迷信、打破条条框框等号召。毛泽东绝不是一位保守的政治家。但是，在他的哲学思想中，过分强调了精神的反作用、上层建筑的反作用、生产关系的反作用；过分强调了“不破不立”、“破字当头，立也就在其中了”。使他倡导的改革走上了歧途。这同他缺乏对社会化大生产的现实了解和领导经济建设的经验也密切相关。“大跃进”、人民公社化运动，从一定意义上或毛泽东的主观方面说，都是试图开辟一条建设社会主义，向共产主义过渡的新途径的重大试验。后来以阶级斗争为纲，以至发动“文化大革命”，也包含着要建立一个“完美”的、“纯洁”的社会主义这样一种主观意图。不幸的是，这种种试验和意图，都没有把建设社会主义的基石，奠立在发展生产力的坚实可靠的物质基础上，反而错误地批判什么“唯生产力论”，这就不可避免地会逐渐背离历史唯物主义，而走向唯心和空想，其实践结果必然是带来灾难。是否有利于生产力的发展，这是在社会主义建设中，检验方针、政策、方法的根本标准；离开这个标准去寻求别的什么标准，都会堕入空想论。

建设社会主义不能以阶级斗争为纲，这是付出了重大代价而得来的深刻教训。在剥削阶级作为阶级已经消灭以后，再强调以阶级斗争为纲，势必把大量不属于阶级斗争范围的社会矛盾错误地视为阶级斗争，采用错误的斗争方法，使矛盾人为地激化，以至酿成像“文化大革命”那样的大灾难。当然，“由于国内的因素和国际的影响，阶级斗争还将在一定范围内长期存在，在某种条件下还有可能激化”[①]。因此，认为在社会主义初级阶段，阶级斗争已经熄灭的观点也是错误的。既然阶级斗争只是在一定范围内存在，就不能像“文化大革命”中宣传的那样，把阶级斗争放在“高于一切、大于一切、先于一切、重于一切”的地位。也不能“时时、事事、处处”去寻找“阶级斗争新动向”，更不需要搞什么“全国全面的阶级斗争”。进行一定范围的阶级斗争的方式方法，也不能再采用过去习惯的那一套大轰大嗡的政治运动，主要应该依靠和运用法制的手段。一定范围存在阶级斗争，自然在人民内部也会有它的反映或影响。值得注意的是，不能把那些反映或影响，等同于阶级斗争。因此，在人民内部，随意使用阶级分析方法，乱贴阶级的标签，采用阶级斗争的方式，都是错误的、不能允许的。

（三）必须坚持民主集中制和集体领导原则，反对任何形式的个人崇拜

“文化大革命”之所以能够发生并持续 10 年多，一个重要的

---

① 《中国共产党中央委员会关于建国以来党的若干历史问题的决议》。

原因，就是中国共产党长期没有采取有力的措施，防止个人崇拜现象滋长。加以其他因素，以致在广大党员和群众中，产生了个人崇拜狂热，破坏了民主集中制和集体领导原则，使党失去了纠正自己领袖错误的手段。

民主集中制是党的根本的组织原则。集体领导是民主集中制在党的领导工作中的一种体现。无产阶级政党，社会主义国家，需要集中的领导。但是，这种集中是民主基础上的集中。只有坚持集体领导，才能作出正确决策，贯彻正确方针，避免或减少工作中的失误，而个人崇拜正是集体领导的腐蚀剂。个人崇拜是唯心史观的一种表现。它夸大领袖个人作用，甚至把个人神化；它颠倒了个人同组织、个人同集体的关系，使领袖处于组织和集体之上；它歪曲了领袖同群众的关系，不是要领袖代表群众，忠于人民，而是要求人民忠于领袖个人。领袖成了高踞于人民群众之上的"大救星"。他的一言一行，不仅影响国家的盛衰，而且决定着亿万人民的身家性命、祸福哀乐。在个人崇拜盛行的条件下，领袖手握绝对的权威，他的每一句话，都成了人人必须遵循的"最高指示"。这是"文化大革命"中个人崇拜发展到极端的表现形式。

个人崇拜在中国有长远的封建统治的传统，其背后是不能自己代表自己的汪洋大海般的小生产的深广影响。这种传统和影响，更加上在长期革命斗争中形成的权力过分集中的政治体制，以及建国后长期对民主、法制建设的忽视，这就埋下了滋长个人崇拜狂热的祸根。当着领袖在巨大的胜利和一片赞扬声中，滋长了骄傲情绪，发展了主观主义，头脑不够冷静的时候，特别是为了某些暂时的考虑感到"需要一点个人崇拜"，加以默许甚至支持的时候，就会很快燃起个人崇拜的烈火，把不健全的民主法制连同残存的理性思考，统统烧成灰烬。

正是在这种条件下，领袖个人的重大决策失误，就会导致全局性的大灾难。林彪、江青之流正是利用这种形势，打着“举得最高、学得最好、跟得最紧、用得最活”的旗号，以“亲密战友”、“最高指示”传达人的身分，乘个人崇拜之风上升到权力的高峰，恣意横行，为非作歹，给国家和人民造成巨大的危害。

个人崇拜是经济文化不发达的产物，因此，铲除个人崇拜滋生的土壤，从根本上说，有赖于经济文化的发展。党和国家政治生活民主化的程度很低，各项制度不健全，则是个人崇拜能够发生和发展的重要条件。为了避免“文化大革命”一类历史悲剧重演，就必须进行政治体制、经济体制的改革，在大力发展社会主义社会生产力的同时，从组织上和制度上采取措施，禁止任何形式的个人崇拜。中国共产党十二大通过的党章规定：“党禁止任何形式的个人崇拜。要保证党的领导人的活动处于党和人民的监督之下，同时维护一切代表党和人民利益的领导人的威信。”把反对个人崇拜的条文写进党章，这是中国共产党历史上的第一次。表明中国共产党人接受“文化大革命”的教训是认真的，反对个人崇拜的态度是坚定的。当然，这一原则规定尚需逐步充实和建立一系列的具体法规加以保证。

（四）必须健全和发展社会主义民主与法制，决不应倡导“造反有理”、“无法无天”

在“文化大革命”中，中国本来就很薄弱的民主制度遭到空前大破坏。在“造反有理”声中，国家的根本大法——宪法成了根本不起作用的一纸具文。各项法律法令几乎被破坏无遗，执法机关被当作黑机关砸烂。国家主席和各级党政领导干部被任意揪斗、关押。打、砸、抢、抄、抓成风，公民的基本权利、人身自由和安全完全失去保障。这种“无法无天”的混乱局面，使整个国家和社会走到崩溃的边缘。从“文化大革命”这场灾难中，人们亲身经受到了社会主义民主和法制被践踏的恶果，也更深刻地认识到民主与法制密切不可分的联系，以及它对丁社会主义建设的极端重要性。正是党内民主和社会主义民主没有得到应有的实现和发展，民主没有法律化、制度化，“文化大革命”才具有发生的条件。

中国共产党领导人民经过28年的艰苦斗争，取得了全国政权，建立了性质上是人民当家作主的国家。共产党对国家生活的领导，最本质的内容就是支持人民当家作主，充分发挥亿万人的积极性和创造性，建设社会主义的新生活。而要达到这样的目标，就需要坚持不懈地建立和发展一整套完备的社会主义民主制度，使人民当家作主制度化、法律化。换句话说，就是要建立和发展社会主义民主政治。社会主义民主政治的根本要求，是保障人民享有并通过各种形式实现管理政治、经济、文化和社会事务的权力。这里具有决定意义的，是享有对国家管理的最高权力。民主就是按照通过法定程序表达的多数人的意志实行统治。多数人的意志构成了法制的基本内容。社会主义民主是社会主义法制的前提和基础，社会主义法制是社会主义民主的体现和保障。没有社会主义法制，就没有社会主义民主。

中国共产党在领导人民进行反帝反封建的民主革命过程中，曾经在党内培育和发展了比较好的民主传统，并影响了广大军民。这种民主传统虽然没有固定的法规和程序，但确已蔚然成风，因而在建国初期，对于我国政治生活民主化，曾经起到了相当重要的作用和良好的影响。建国后，在中国共产党的领导下，也曾经制定了宪法和一系列法律、法令，并把国家的“一切权力属于人民”写入宪法。社会主义民主政治的各项建设，在一段时间里，也曾经积极地、稳步地向前推进。可惜，这一推进民主的进程，被越来越发展的“左”倾思潮和阶级斗争扩大化的政治运动打断了。在“阶级斗争为纲”、“反修防修”等貌似神圣的口号下，社会主义民主政治建设遭到越来越严重的破坏。到了“文化大革命”时期，“造反有理”、“无法无天”公然成了引为荣耀、加以称颂的东西，民主法制荡然无存。

沉痛的历史教训，唤起了全国人民对于加强社会主义民主政治建设的觉醒。民主和法制的建设日益摆到应有的重要地位，这正是对历史教训所作的积极的反思的体现。当然，也应该认识到，社会主义民主政治建设是一个长期的、艰巨的任务。高度的、完善的民主和法制，同样要建立在经济、文化充分发展的基础上。公民的民主意识、民主知识和民主生活习惯的养成，是社会主义民主政治发展的必要条件。这些都是不可能一蹴而成的。只能从我国社会主义初级阶段的实际出发，通过各个方面的改革，与经济、文化建设的发展，特别是国民教育的普及相伴随而逐步协同前进。

但是，在社会主义民主政治建设中，必须使国家的宪法和法律具有任何人都必须严格遵守的不可侵犯的神圣权威，使全体公民的民主权利得到切实保证；党必须在宪法和法律的范围内活动，任何一级党组织和它的领导人都不能有超出法律之上的权力；在党纪国法面前人人平等，绝不允许有不受党纪约束的特殊党员，同样不允许有不受法律约束的特殊公民；绝不允许以任何借口破坏宪法和法律，等等。这些根本性的民主原则，是在任何时候、任何情况下都必须坚决执行的。“没有民主就没有社会主义，就没有社会主义的现代化”，“必须使民主制度化、法律化”①，这些振聋发聩的警语，就是总结“文化大革命”教训得出的论断。

（五）必须提高全党的马克思主义理论水平

“文化大革命”这场大灾难，并不是像某些人所断言的那样，证明马克思主义理论已经“过时”或“破产”。恰恰相反，它从反面教育我们，马克思主义的基本原理是不能违反的。我们所以遭到这场大灾难，从一定意义上说，是中国共产党在一个时期对理论学习和研究缺乏应有的重视和正确把握的结果，也可看作是马克

① 《邓小平文选》第2卷，第168、第146页。

思主义水平不高所受到的一种惩罚。

“文化大革命”是毛泽东发动和领导的。对于这一全局性的、长时间的“左”倾严重错误，毛泽东负有主要责任。但是，对于毛泽东提出的那一套“以阶级斗争为纲”的导致“文化大革命”发生的错误理论，当时全党是普遍接受的。也许有少数人心存疑虑，但是，党内从下到上不仅没有人公开提出质疑或系统的不同意见，而且受到极高的评价和广泛的赞扬，认为是创造性地发展了马克思主义而推崇备至。对他提出的“反修防修”，追求“纯洁”的、“完美”的社会主义目标，也很少有人怀疑其正确性。当时相当普遍的看法是，毛泽东领导我们开辟了一条建设社会主义的新道路，从而认真学习，加深理解，努力紧跟。一些“理论家”们还作了许多考证、诠释和发挥，以证明那些“左”倾理论的正确性。这本身可以说，是对全体中国共产党人理论水平的一次最实际的检验。其结果应该说，成绩是相当糟糕的。

就毛泽东本人来说，他在“文化大革命”中犯严重错误的时候，还多次要求全党认真学习马克思、恩格斯、列宁的著作，还始终认为自己的理论和实践是马克思主义的，是为巩固无产阶级专政、建设社会主义所必需的。这也是对他的马克思主义理论水平的一次有效的检验。毛泽东的错误，应该说首先是由于理论、认识上的错误，进而导致实践上的错误。把马克思、列宁的某些设想和论断加以误解或教条化，说明对待马克思主义的态度上出了问题。这是形成“文化大革命”那一套错误理论的一个重要原因。

“理论一经掌握群众，也会变成物质力量”①，是马克思的名言。社会主义从一国胜利发展到多国胜利，证明了马克思主义理论掌握群众之后产生的强大威力。“文化大革命”却从反面证明，错误的理论掌握了群众，就会变成对整个社会生活造成巨大破坏

---

① 《马克思恩格斯选集》第1卷，第9页。

的力量。十年浩劫，就是在“无产阶级专政下继续革命的理论”及其派生出来的大量错误理论观点指导下，在保卫马克思主义的纯洁性的口号下发生的。在错误理论掌握了群众的条件下，即使有少数人看出了理论指导的错误，也无力挽狂澜于既倒。这就从另一个角度证明了提高党员、干部和群众马克思主义理论水平的极端重要性。

中国共产党在进入社会主义时期，确实存在理论准备不足，对社会主义缺乏充分理论研究的弱点。中共八大坚持马克思主义同中国实际相结合的原则，提出了建设社会主义的基本方针、政策、方法和许多重要思想。但是，那些正确的或基本正确的东西，还来不及作进一步的阐发，也来不及在实践中检验和发展，就被越来越严重的“左”倾思潮打断，并逐步加以否定了。马克思主义是在实践中不断发展的科学。科学社会主义理论也必须同各国实践和时代发展相结合才能日趋完善。“在这个过程中，必然要抛弃前人囿于历史条件仍然带有空想因素的个别论断，必然要破除对马克思主义的教条式理解和附加到马克思主义名下的错误观点，必然要根据新的实践使科学社会主义理论得到新的发展。”①这是中国共产党在总结“文化大革命”的教训中，对于如何以正确态度对待马克思主义问题的新认识。

马克思主义作为科学的认识工具，它所阐明的立场、观点、方法，是永远不会过时的。马克思主义的基本原理必须坚持，但又不能把马克思主义看成是一成不变的。实践在不断向前推移，时代在前进，作为时代精神科学结晶的马克思主义当然也是要不断发展的。发展马克思主义的前提是坚持马克思主义。如果不坚持马克思主义基本原理，发展马克思主义岂不成为空话！只有在坚持中发展，在发展中坚持，才是对待马克思主义的正确态度。

---

① 《中国共产党第十三次全国代表大会文件汇编》，人民出版社 1987 年版，第 69 页。

江泽民在庆祝党成立 70 周年大会上的讲话中指出:“只有大力提高全党的马克思主义理论水平,才能在错综复杂的矛盾和斗争中驾驭全局,掌握主动权;才能更好地坚持实事求是的思想路线,避免犯‘左’的或右的错误;才能不断总结群众创造的新鲜经验,做出新的理论概括,把现代化建设和改革开放胜利地推向前进。”这段话是对提高全党马克思主义理论水平的重要性的深刻的阐述,当然也是历史经验教训的科学总结。

四、历史的补偿

作为一本“文化大革命”的简史,分析了“文化大革命”发生的原因,概述了它 10 年发展的全过程,有重点地研究了若干重要历史事件,又论述了对它的评价和应总结的主要经验教训,就可以到此止笔了。可是,写完了经验教训,我们感到意犹未尽,总好像缺点什么。缺什么呢?想来想去,上边讲的都是对“文化大革命”本身的论述,缺乏从一个更广阔、更长远的角度,来观察和评析“文化大革命”。下边,我们就试图从这个角度谈几点看法。

首先,在人类历史上任何一种新的社会制度的确立,都不可能是不经历挫折和失败而一帆风顺的。

列宁有两句话说得非常好:“难道历史上有一种新生产方式是不经过许许多多的失败、错误和毛病而一下子就确立起来的吗?农奴制度颠覆后过了半世纪,俄国农村仍有不少的农奴制残余。美国废除黑奴制度后过了半世纪,那里的黑人往往还处于半奴隶状态。”①“把世界历史设想成一帆风顺的向前发展,不会有时向后作巨大的跳跃,那是不辩证的,不科学的,在理论上不正确的。”②

---

① 《列宁选集》第 4 卷,第 14 页。

② 《列宁选集》第 2 卷,第 851 页。

世界历史的发展确实如此。让我们看看西方资本主义制度确立的历史吧。英国的资产阶级革命是开始较早、影响较大的一次革命。它始于1640年。但是，在战胜了国王以后，接着就出现了克伦威尔的独裁统治。然后是1660年旧王朝的复辟。直到1688年，资产阶级政党以政变的方式从荷兰迎来了一个带着荷兰陆海军进入英国的国王，才基本上确立了一直延续至今的君主立宪政体，使资本主义制度得到稳定。前后历时48年。再以法国为例，号称“大革命”的爆发于1789年的资产阶级革命，可以说是西方各国资产阶级革命中最彻底的一次，但引起的社会震荡也最大。革命后交织着进步与反动，共和与帝制，内战与外战，征服外国与投降外国，革命的恐怖与反革命的恐怖，一直到1875年建立起法兰西第三共和国，才使资本主义制度得到了比较稳定的发展。前后历时86年。其他各国就毋需一一列举了。

中华人民共和国从1949年建立到1966年“文化大革命”爆发，只有17年。无产阶级（通过它的政党中国共产党）担负起管理国家的重任，时间很短，准备不足，缺乏经验，不犯任何错误，不经历失败和挫折，几乎是不可能的。这并不是说，必然要犯“文化大革命”这样全局性的“左”倾严重错误。因为从人类社会发展客观规律的角度看，并不是任何国家建立起社会主义制度之后，都要搞中国这样的“文化大革命”，它并不带有历史必然性。但是，从建立一种新社会制度的艰巨性的角度看，犯错误又确实是难以避免的。何况，我们要建立的共产主义制度，较之以前的历次革命都要深刻而艰巨。资产阶级革命不过是以一种新的剥削制度代替一种旧的剥削制度，尚要经历许多失败和挫折。而我们的革命是要从根本上消灭剥削，建立一种从来没有过的最广大人民当家作主、最后实现共同富裕的理想的社会制度，怎么可能设想不经历艰难曲折而一帆风顺呢？还是列宁说得好：“工人和农民只有通过这样一些错误，才能学会建设新生活，才能学会不要资本家独立进行管理，才能给自己打通一条通过千万重障碍而到达战无不胜的社会主义的道路。”①

其次，历史的灾难通常会以历史的进步作为补偿的。

正如恩格斯指出的：“没有哪一次巨大的历史灾难不是以历史的进步为补偿的。”②这是世界历史发展的普遍规律，中国自然也不例外。“文化大革命”是一次巨大的历史灾难，党的十一届三中全会实现的伟大历史转折和其后20多年取得的举世公认的辉煌的建设成就，正体现了这种历史进步的补偿。

1976年粉碎“四人帮”后的两年，在主要的方面仍然继续坚持“文化大革命”的错误理论和口号，各方面工作处于徘徊的状态。但是，历史发展的客观趋势是不可抗拒的，亿万人民的意志和要求终究是要实现的。1978年12月召开的中共十一届三中全会的伟大历史功绩，就在于通过这次全会，从根本上冲破了长期“左”倾错误的严重束缚，端正了中国共产党的指导思想，重新确立了马克思主义的思想路线、政治路线和组织路线。这次全会在实行拨乱反正，提出改革任务，推动农村改革等方面起了巨大的历史作用。它标志着建国以来党的事业发展中具有深远意义的伟大历史转折。

这次全会坚决冲破了党的领导思想上存在教条主义和个人崇拜的束缚，重新确立了辩证唯物主义的思想路线。全会批判了“两个凡是”（即“凡是毛主席作出的决策，我们都坚决维护，凡是毛主席的指示，我们都始终不渝地遵循”）的错误方针，高度评价了关于真理标准问题的讨论。认为一个党、一个国家、一个民族，如果一切从本本出发，思想僵化，那它就不能前进，它的生机就停止了，就要亡党亡国。这样的一些认识，表现出思想路线得到端

---

① 《列宁选集》第3卷，第596页。

② 《马克思恩格斯全集》第39卷，人民出版社1977年版，第149页。

正，从而对各方面工作的发展产生了深刻而长远的影响。

党的十一届三中全会果断地停止使用“以阶级斗争为纲”的口号，作出了把工作重点转移到社会主义现代化建设上来的战略决策。经济建设从此成为全党全国不可动摇的中心任务。这反映了历史发展的规律和人民的愿望，代表了人民的根本利益。为了适应工作重点转移的要求，这次会议富有远见地提出党和国家各方面工作进行改革的历史任务。全会指出：“实现四个现代化，要求大幅度地提高生产力，也就必然要求多方面地改变同生产力发展不相适应的生产关系和上层建筑，改变一切不适应的管理方式、活动方式和思想方式，因而是一场广泛、深刻的革命。”

全会讨论并着重提出了健全社会主义民主和加强社会主义法制的任务，并决定根据中国共产党的历史经验，健全党的民主集中制，健全党规党法，严肃党纪，坚持党中央和各级党委集体领导的原则。稍后又通过了《关于党内政治生活的若干准则》，作为党内生活和全体党员必须遵守的法规。

从中共十一届三中全会的内容可以看出，这次会议是全面地、认真地纠正“文化大革命”错误的开端。随着拨乱反正工作的开展和实践是检验真理的唯一标准的观点深入人心，中国共产党人在总结建国 30 多年正反两方面经验的基础上，在研究国际经验和世界形势的基础上，开始找到一条建设有中国特色的社会主义的道路，开辟了社会主义建设的新阶段。这是马克思主义同中国实际相结合的又一次历史性飞跃。这是历史对“文化大革命”这场灾难的最大补偿。

邓小平一语道破了这种历史发展的前联后继的关系。他说：“我们正在进行改革。我们改革的内容为什么那么广泛深刻呢？因为我们有‘文化大革命’的教训”。又说：“我们实行改革开放政策，大家意见都是一致的，这一点要归‘功’于十年‘文化大革命’，这个灾难的教训太深刻了。”①

再次,历史补偿的最大成果,是找到了建设中国特色的社会主义道路。

从《共产党宣言》发表以来近一个半世纪的历史,已经充分证明,无产阶级及其政党是有能力领导人民推翻旧政权建立新政权的。但是夺取政权后如何建设社会主义的问题,虽然已经取得巨大成就和宝贵经验,但从总体上来说,在很长的时间里一直没有得到根本解决。这也是苏联解体和东欧社会主义国家发生剧变的根本原因之一。中国共产党从十一届三中全会以来,坚持把马克思列宁主义同中国具体实际相结合的正确方向,不断总结本国实践的经验,借鉴世界各国的经验教训,逐步形成了建设中国特色社会主义的理论。这个理论第一次比较系统地初步回答了中国这样的经济文化比较落后的国家如何建设社会主义、如何巩固和发展社会主义的一系列基本问题,用新的思想、观点,继承和发展了马克思主义。

建设中国特色社会主义的理论,是马克思列宁主义基本原理与当代中国实际和时代特征相结合的产物,是毛泽东思想的继承和发展,是全党全国人民集体智慧的结晶,是中国共产党和中国人民最可珍贵的精神财富。邓小平尊重实践,尊重实际,敏锐地把握时代发展的脉搏和契机,善于概括群众的经验和创造,既继承前人,又突破陈规,表现出了开辟社会主义建设新道路的巨大政治勇气和开拓马克思主义新境界的巨大理论勇气,对建设中国特色社会主义理论的创立做出了历史性的重大贡献。

这种新的理论体系和正确道路的确立,是我们的事业能够经受各种风险的考验,顺利达到目标的最可靠的保证,也是对国际共产主义运动的最宝贵的贡献。它必将在我国的政治生活、文化

① 《邓小平文选》第3卷,第264、265页。

生活和经济建设的各个方面发生长久而广泛的巨大影响。

中国人民已经从"文化大革命"这场大灾难及其造成的阴影中走出来了。实践证明,中共十一届三中全会开辟的道路是正确的。尽管在前进的道路上还会有艰难险阻,现实的社会生活也不可能"到处是莺歌燕舞",但道路已经开通,50多年正反两方面的经验已变为财富,中国社会主义事业发展的前景是无限光明的。

附　录

“文化大革命”大事记

（1966 年 5 月—1976 年 10 月）

1966 年(5—12 月)

5 月 4 日至 26 日　中共中央政治局扩大会议在北京召开。到会的有中共中央政治局委员和有关单位负责人共 76 人。会议通过的主要文件《中共中央通知》(后为区别于其他中共中央通知,称《五一六通知》),是发动“文化大革命”的纲领性文件。解决彭真、罗瑞卿、陆定一、杨尚昆的所谓问题,成为会议的主要内容。林彪在这次会议上发表了长篇讲话(即《五一八讲话》),成为会议的主调。会议还对中共中央机构负责人作了重要调动。设立了新的中央文化革命小组。这样,会议就从政治上和组织上完成了全面发动“文化大革命”的准备工作。使“左”倾方针在党中央占据了统治地位,从而成为十年全国大动乱的正式发端。

5 月 18 日　林彪在中央政治局扩大会议上发表长篇讲话,主要内容是两个方面:一是强调政变的危险,声称中共中央内部有人要搞政变、搞颠覆,以制造恐怖气氛;二是大肆颂扬毛泽东个人的天才,鼓吹个人崇拜,以便为他本人捞取政治资本。在讲话的最后,林彪发出慷慨激昂的誓言:“我们现在拥护毛主席,毛主席百年以后我们也拥护毛主席……毛主席活到那一天,九十岁,一百多岁,都是我们党的最高领袖,他的话都是我们的行动准则。

谁反对他，全党共诛之，全国共讨之。”中共中央在批示中说，这个讲话“把毛泽东思想红旗举得最高”。从而使这篇讲话在当时产生了广泛的影响。

5月24日 中央政治局扩大会议决定对彭真、罗瑞卿、陆定一、杨尚昆所谓“阴谋反党集团”问题进行专案审查。中共十一届三中全会之后，这一冤案得到彻底平反。

5月28日 中央文化革命小组成立。其人员的组成是：组长陈伯达，顾问康生，副组长江青、王任重、刘志坚、张春桥，组员有谢镗忠、尹达、王力、关锋、戚本禹、穆欣、姚文元。陶铸调北京任中央书记处常务书记后，8月2日兼任中央文化革命小组顾问。但仅半年多时间，陶铸、王任重、刘志坚、谢镗忠、尹达、穆欣等或被打倒，或被排挤。中央文革小组完全被江青一伙所控制。这个小组逐步取代中央政治局和中央书记处，成为“文化大革命”的实际指挥机构。8月底，中央通知，在陈伯达生病或外出时，由江青代理中央文化革命小组组长。

5月31日 经毛泽东批准，陈伯达率领工作组到人民日报社夺权。6月1日，《人民日报》发表社论，题目是《横扫一切牛鬼蛇神》。接着又连续发表《触及人们灵魂的大革命》、《撕掉资产阶级“自由、平等、博爱”的遮羞布》、《做无产阶级革命派，还是做资产阶级保皇派?》等，把《五一六通知》的精神捅向社会。

6月1日 晚，中央人民广播电台根据毛泽东的批示，全文播放北京大学聂元梓等人于5月25日贴出的大字报《宋硕、陆平、彭珮云在文化革命中究竟干了些什么?》。全国震动，北大校园立刻沸腾。第二天，《人民日报》发表这张大字报时，配发了评论员文章《欢呼北大的一张大字报》。这篇由王力、关锋、曹轶欧合写的评论员文章，诬蔑北京大学的党组织“不是真共产党，而是假共产党，是修正主义的党”。并号召：“把他们的黑帮、黑组织、黑纪律彻底摧毁。”

6月3日　刘少奇主持中共中央政治局常委扩大会议，制定内外有别、注意保密、大字报不要上街、不要串连、不准打人侮辱人等八条规定。会议还同意李雪峰提出的对瘫痪的学校派工作组的意见，决定派工作组到大中学校领导“文化大革命”。

6月4日　《人民日报》公布中共中央关于改组北京市委的决定。这个决定免除了北京市委第一书记彭真、第二书记刘仁等市委负责人的职务。任命华北局第一书记李雪峰兼任北京市委第一书记，吉林省委第一书记吴德调任北京市委书记，重新组成了中共北京市委的领导班子。

6月10日　毛泽东在杭州会见越南领导人胡志明，进行长时间谈心。毛泽东说：“我们都是七十以上的人了，总有一天被马克思请去。接班人究竟是谁，是伯恩斯坦、考茨基，还是赫鲁晓夫，不得而知。要准备，还来得及。总之，是一分为二，不要看现在都是喊‘万岁’的。”

6月18日　一些人在北京大学院内设立所谓斗鬼台，四处抓人，乱打乱斗。有40多名党团干部、教师、学生被戴高帽子，涂墨汁，罚跪，揪打，甚至出现污辱妇女的流氓行为。工作组闻讯立即赶到现场加以制止。当晚，工作组组长张承先向全校作了广播讲话。他说，避开工作组乱批乱斗的作法是有害于革命的行动。工作组并把这一事件的发生和处理经过，写成简报上送中央。20日，刘少奇将北京大学工作组制止乱打乱斗事件的简报转发全国，认为：“北大工作组处理乱斗现象的办法是正确的，及时的。各单位如果发生这种现象，都可参照北大的办法处理。”不少地方党委参照了北京大学工作组的办法，使乱批斗现象得到一定程度的控制。但后来转发简报这件事，被说成是“镇压学生运动”。

7月8日　毛泽东从武汉给在上海的江青写了一封信，内容深奥，文字隐晦，包括了毛泽东对整个“文化大革命”的战略设想。

7月16日　毛泽东到长江游泳，“在长江的滚滚波涛中破浪前进，畅游 1 小时零 5 分，游程 30 公里”。对这次畅游长江，当时的报刊上曾广为宣扬，《人民日报》社论的题目是《跟着毛主席在大风大浪中前进》。

7 月 18 日 《人民日报》以大字标题宣告“伟大领袖毛主席回到首都北京”。

7 月 20 日 中共中央发出通知：中央宣传部已经改组，新领导成员名单如下：陶铸任部长，陈伯达任顾问（仍挂副部长名义），常务副部长张平化，副部长张际春、雍文涛（兼国务院文办常务副主任）、熊复（兼新华社社长）、刘祖春（兼秘书长）。这次改组后的中央宣传部并没有存在多久，到 1967 年初，陶铸被打倒后，实际上就不复存在了。

7 月 25 日 毛泽东在听取汇报后，认为工作组“一不会批，二不会改”，起坏作用，阻碍运动，下令“统统驱逐之”，“不要工作组，要由革命师生自己搞革命”。

7 月 29 日 中共北京市委在人民大会堂召开大专院校和中等学校师生“文化大革命”积极分子大会，宣布了市委关于撤销工作组的决定。邓小平、周恩来在先后的讲话中，都说这是“老革命遇到了新问题”。刘少奇在讲话中说：“至于怎样进行无产阶级文化大革命，你们不大清楚，不大知道，你们问我们，我老实回答你们，我也不晓得。”毛泽东在会议结束前出现在主席台上，向群众招手致意。

8 月 1 日至 12 日 中国共产党八届十一中全会在北京举行。出席全会的中央委员和候补中央委员 141 人。各中央局和各省、市、自治区党委的负责人，中央文革小组的成员，中央有关部门的负责人，首都高等学校“革命师生”的代表共 47 人列席了会议。原定会议议程共四项：一是通过《关于无产阶级文化大革命的决定》，二是讨论和通过八届十中全会以来中央在国际、国内问题上的重大措施，三是通过会议公报，四是对五月政治局扩大会议关于中央人事变动的决定补行批准手续。会期原定 5 天。8 月 5 日，毛泽东写了《炮打司令部——我的一张大字报》，改变了会议的议程。会上对刘少奇和邓小平进行了揭发和批判。8 日，全会通过《关于无产阶级文化大革命的决定》（简称《十六条》）。这是中共中央关于“文化大革命”的第一个正式的系统的文件。根据毛泽东的提议，全会临时增加一项议程，改组了中央领导机构，选举毛泽东、林彪、周恩来、陶铸、陈伯达、邓小平、康生、刘少奇、朱德、李富春、陈云为中央政治局常务委员。林彪名列第二位，成为毛泽东的接班人。全会补选陶铸、陈伯达、康生、徐向前、聂荣臻、叶剑英为中央政治局委员，李雪峰、宋任穷、谢富治为中央政治局候补委员，谢富治、刘宁一为中央书记处书记。

8 月 1 日　毛泽东写信给反对工作组的清华大学附中红卫兵，赞扬他们的“革命造反精神”。

8 月 18 日　毛泽东等在天安门第一次接见来自全国各地的群众和红卫兵。毛泽东身穿军装，接受并佩戴了红卫兵敬献的袖章。一些红卫兵的领袖被请上天安门城楼，参加检阅。林彪在这次接见大会的讲话中，赞扬红卫兵“是文化大革命的急先锋”。号召他们：“要打倒走资本主义道路的当权派，要打倒资产阶级反动权威，要打倒一切资产阶级保皇派，要反对形形色色的压制革命的行为，要打倒一切牛鬼蛇神！”

此后，毛泽东又多次接见红卫兵。到 11 月下旬为止，共接见 8 次，参加的红卫兵和学校师生达 1100 多万人。在毛泽东的信和 8 次接见的鼓舞支持下，各地分散的、零星的造反行动，迅速统一到红卫兵这个风靡全国的组织形式下，发展成为一股席卷数千万青年的狂潮，使“文化大革命”的狂风暴雨遍及全国各个角落。

8 月下旬　在毛泽东的支持和林彪、江青等人的煽动下，红卫兵以“破四旧”（即旧思想、旧文化、旧风俗、旧习惯）为名，走出校门，“杀向社会”。他们砸毁老字号的店铺招牌，更改街道名称，任意揪斗所谓“反动学术权威”，闯入民宅查抄私人财物，焚烧古典名著，捣毁文物字画，破坏名胜古迹，造成了不可弥补的严重损失。

9月5日 中共中央、国务院发出《关于组织外地高等学校革命学生、中等学校革命学生代表和革命教职工代表来北京参观文化大革命运动的通知》。规定来京的师生“一律免费乘坐火车”，“生活补助费和交通费由国家财政开支”。此口一开，外地大专院校和中学师生纷纷奔向北京；而北京的学生倒纷纷奔赴外地，开始了全国性的大串连。参加这些串连的青年和红卫兵，自认为肩负着保卫“党不变质，国不变色”的历史重任，高喊着“誓死保卫毛主席”的口号，奔走呼号，四处冲杀，到处“煽文化大革命之风，点文化大革命之火”，成为制造天下大乱局势的一支重要力量。

10月1日 林彪在中华人民共和国成立十七周年庆祝大会讲话中提出：“在无产阶级文化大革命中，以毛主席为代表的无产阶级革命路线，同资产阶级反对革命路线的斗争还在继续。”随后发表的《红旗》杂志第十三期社论——《在毛泽东思想的大路上前进》，号召：“对资产阶级反动路线，必须彻底批判。”

10月6日 由首都红卫兵第三司令部等组织发起，在北京召开了有十万人参加的“全国在京师生向资产阶级反动路线猛烈开火誓师大会”。此后，在全国掀起批判资产阶级反动路线的巨大浪潮。

10月9日至28日 由毛泽东主持的中央工作会议在北京举行。会议以批判“资产阶级反动路线”为主题。中央文革小组组长陈伯达作题为《无产阶级文化大革命的两条路线》的报告。林彪在会上讲话，指名攻击刘少奇、邓小平执行的是“一条压制群众、反对革命的路线”。刘少奇在会上作了检讨，承认犯了方向路线错误。刘少奇的这份检查是事先送毛泽东看过的，毛作了批示“基本上写得好”。

11 月 13 日 中央军委在北京工人体育场召开军队院校和文艺单位来京人员大会。贺龙、陈毅、徐向前、聂荣臻、叶剑英 5 位老帅到会讲话。他们批评了军队院校某些造反派头头纠集一些不明真相的人冲击国防部，殴打警卫战士的事件。

11 月 29 日 在北京工人体育场召开军队院校师生代表大会，几位老帅又作重要讲话，再次批评了冲击国防部的错误。

12 月 4 日至 6 日 林彪主持召开中央政治局扩大会议，听取工交座谈会情况汇报并讨论通过《关于抓革命、促生产的十条规定》（简称《工业十条》）。林彪批评由谷牧、余秋里主持的五部（冶金、水电、铁道、化工、机械）七市（京、沪、津、沈、哈、汉、穗）负责同志参加的工交座谈会，“会议开得不好，是错误的，思想很不对头”。他说：“刘、邓不仅是五十天的问题，而是十年、二十年的问题。工交战线受刘、邓的影响很大。”他还说：这次“文化大革命”是“对全党的批判运动，批判干部的运动”。会议最后一天，中央文革王力等对陶铸发动突然袭击，指责陶铸坚持抓生产是用生产压革命。会议通过经中央文革修改定稿的《工业十条》。

12 月 9 日 中共中央发出《关于抓革命、促生产的十条规定》（草案），使“文化大革命”正式扩及全国工交财贸各部门的基层单位。

12 月 15 日 中共中央发出《关于农村无产阶级文化大革命的指示》（草案）。《指示》改变了原来的县以下各级仍按“四清”部署进行的规定，要求“把四清运动纳入文化大革命中去”。这样，“文化大革命”之火就在全国城市乡村和各种单位无一例外地全面燃烧起来。

12 月 26 日 毛泽东通知一些人参加家宴。参加者有江青、陈伯达、张春桥、王力、关锋、戚本禹、姚文元。没有通知林彪、周恩来、康生等。毛泽东发表重要讲话，并举杯祝全国全面的阶级斗争。

1967 年

1 月 1 日　《人民日报》、《红旗》杂志、《解放军报》发表社论《把无产阶级文化大革命进行到底》。社论规定 1967 年全党和全国革命群众的政治任务是:“1967 年,将是全国全面展开阶级斗争的一年。”“1967 年,将是无产阶级联合其他革命群众,向党内一小撮走资本主义道路的当权派和社会上的牛鬼蛇神,展开总攻击的一年。”

1 月 4 日　下午,江青、康生、陈伯达等利用在北京人民大会堂接见“武汉赴广州专揪王任重造反队”的机会,诬陷陶铸是“资产阶级反动路线的忠实执行者”、“中国最大的保皇派”、“背着中央文革独断专行”等等。于是,中央政治局常委、中央文革小组顾问、号称中共党内“第四号人物”的陶铸,没有经过任何会议和组织手续就被打倒了。陶铸在遭受种种迫害与折磨后,于 1969 年 11 月 30 日在合肥逝世,终年 61 岁。1978 年 12 月,中共中央为他平反昭雪,恢复名誉。

1 月 6 日　在张春桥、姚文元的策划下,以“上海工人革命造反总司令部”(简称工总司)、“上海市委机关革命造反联络站”(简称联络站)等造反派组织的名义,召开了“打倒上海市委大会”,发出三项通令:宣布不再承认曹荻秋为上海市市长;勒令上海市委第一书记陈丕显交待“反革命罪行”;要求党中央彻底改组上海市委,并强令市委、市人委机关停止工作。开创了全国夺权的先例。

1 月 8 日　毛泽东对上海《文汇报》和《解放日报》的夺权表示肯定。他说:“这是一场大革命,是一个阶级推翻一个阶级的大革命。”“上海革命力量联合起来,全国就有希望。它不能不影响整个华东,影响全国各省市”。

1 月 12 日　根据毛泽东的指示,由中央文革小组起草了给上海各造反团体的贺电，以中共中央、国务院、中央军委、中央文革的名义发表。随后《人民日报》和《红旗》杂志又发表社论和报道，对上海的夺权加以肯定，并号召各地学习上海经验。从此，“文化大革命”进入了全面夺权的新阶段。

1月13日 以中共中央、国务院名义发出《关于在无产阶级文化大革命中加强公安工作的若干规定》(即“公安六条”)。它明确规定：“攻击污蔑伟大领袖毛主席和他的亲密战友林彪同志的，都是现行反革命行为，应当依法惩办。”以后这一条又在实际上扩展到凡对江青、康生、陈伯达一伙稍有不满的也以现行反革命治罪。这个规定是造成“文化大革命”中大量冤、假、错案的重要祸源之一。

1月19日和22日 在京西宾馆召开中央军委碰头会，主要讨论军队搞不搞“四大”的问题。江青、陈伯达等人要军队发动群众，开展“四大”。康生说军队不能搞特殊。叶剑英、陈毅、徐向前、聂荣臻等坚决不同意。当谈到军队许多高级将领接连被揪斗、抄家等情况时，老帅们十分愤怒，敲桌子，推倒茶几，这就是后来所说的“大闹京西宾馆”。

1月23日 中共中央、国务院、中央军委、中央文革联名发出《关于人民解放军坚决支持革命左派群众的决定》。此后，中央又发出新的指示，把人民解放军的任务，由支左扩大为支工、支农和军管、军训；这些合起来，统称“三支两军”。动用人民解放军支持所谓“左派”，进行夺权斗争，是毛泽东推进“文化大革命”的带有战略性的重大决策。

1月28日 中央军委发出《八条命令》。

1月31日至3月8日 黑龙江(1月31日)、山东(2月3日)、上海(2月5日)、贵州(2月14日)、山西(3月8日)等五省市革命委员会成立。

2月8日 毛泽东同阿尔巴尼亚党政代表团希斯尼·卡博和

贝基尔·巴卢库谈话，比较系统地谈了他发动“文化大革命”的意图，并介绍了“文化大革命”的发展情况和问题。他说：“过去我们搞了农村的斗争，工厂的斗争，文化界的斗争，进行了社会主义教育运动，但不能解决问题，因为没有找到一种形式，一种方式，公开地、全面地、由下而上地发动广大群众来揭发我们的黑暗面。”毛泽东还批评了当时流行的“怀疑一切、打倒一切”的无政府主义思想。

2 月 11 日　在中南海怀仁堂周恩来主持召开的中央碰头会上，叶剑英和徐向前就军队“文化大革命”问题，继续对陈伯达等人进行尖锐批评。

2 月 16 日　在中央碰头会上，矛盾更激烈地爆发。会上，谭震林、陈毅、李先念、叶剑英、余秋里等对残酷整老干部、搞“百丑图”等问题提出了尖锐的批评。第二天，谭震林又写了一封信给林彪，把江青比作“武则天”，表示对江青一伙的倒行逆施已“忍无可忍”，已经“下定决心，准备牺牲，斗下去，拼下去”。这些后来被叫做“大闹怀仁堂”。张春桥、姚文元、王力在当天夜里私自核对整理了中央碰头会的记录。在与江青密谋后，由江青安排他们向毛泽东作了汇报。毛泽东听信了他们的汇报。

2 月 19 日　凌晨，毛泽东召集会议，对参加中央碰头会的谭震林等老同志作了严厉的指责。并决定谭震林、陈毅、徐向前等“请假检讨”。

2 月 25 日至 3 月 18 日　中共中央政治局召开七次生活会，对陈毅、谭震林、徐向前以及李富春、李先念、叶剑英、聂荣臻进行批评。江青、康生、陈伯达、谢富治等人歪曲事实，无限上纲，强加以“反党”、“二月逆流”等罪名，对这些中共中央政治局委员、国务院副总理和中共中央军委副主席批判。从此，中共八届十一中全会调整补选的中央政治局停止了活动，中央书记处也不再工作，完全被中央文革小组所取代。

2月26日至3月15日 中央军委在北京召开军以上干部会议。会议的中心是提高军队高级干部对“文化大革命”的认识和两条路线斗争的认识，彻底批判资产阶级反动路线，以便做好支左工作，坚决把“文化大革命”进行到底。3月23日，毛泽东接见了到会的全体同志。

3月16日 中共中央发出《关于印发薄一波、刘澜涛、安子文、杨献珍等人自首叛变材料的批示》和附件，把1936年8月至1937年3月薄一波等经组织决定先后出狱错定为“自首叛变”。此后，在全国刮起“抓叛徒”的恶风（这件错案已于1978年12月16日宣布彻底平反）。

3月20日 林彪在军以上干部会议讲话，提出“文化大革命”“这一斗争胜败，是决定中国向何处去，决定中国的命运，也决定影响整个人类的命运”。他说：“我们是打了大胜仗，得了大胜利，中国人民的大胜利，人类的大胜利。必须要有这样一个总的看法。”据此，林彪说出一句在“文化大革命”中广泛流传的“名言”：“损失是最小最小最小，而得到的成绩是最大最大最大。”他煽动要“采取主动的进攻”，“刮他10级、11级、12级台风”。

4月1日 《人民日报》发表经毛泽东审阅同意的戚本禹的《爱国主义还是卖国主义？——评反动影片〈清宫秘史〉》，以“中国赫鲁晓夫”为专用代名词对刘少奇大肆攻击。戚本禹的文章成为一个信号，在全国掀起了批判“中国赫鲁晓夫”的高潮。

4月12日至18日 在中央军委扩大会议上，林彪、江青、陈伯达、康生、张春桥等人讲话，罗织和批判所谓刘少奇、邓小平的“罪行”。

4月20日 北京市革命委员会宣告成立，主任谢富治，副主任吴德、郑维山、傅崇碧、聂元梓。周恩来代表毛泽东，林彪代表中共中央、国务院、中央军委，江青代表中央文革，到会祝贺。

5月8日 《人民日报》、《红旗》杂志发表经中央政治局常委扩大会议讨论通过的编辑部文章《“修养”的要害是背叛无产阶级专政》。中共中央在5月11日的通知中说：“希望各单位进一步深入地开展对党内最大的一小撮走资本主义道路当权派的大批判运动”。

5月17日 江青利用20世纪30年代由国民党特务机关伪造的所谓《伍豪等脱离共产党启事》诬陷、攻击周恩来。19日，周恩来写信给毛泽东，说明此事原委，并附送有关历史资料。毛泽东阅后批示，交中央文革小组各同志阅存。12月又有人为此事写信给毛泽东。1968年1月16日，毛泽东对此作了批示：“此事早已弄清，是国民党造谣污蔑”。从而使江青的阴谋未能得逞。

5月18日 《红旗》杂志和《人民日报》发表编辑部文章《伟大的历史文件》，纪念《五一六通知》发表一周年。文章说，毛泽东创造性地“解决了无产阶级专政下的革命问题”，是“马克思主义发展史上三个伟大里程碑”。

5月31日 《解放军报》发表社论：《大立毛泽东思想的绝对权威》。

6月6日 中共中央、国务院、中央军委、中央文革发出包括七项内容的通令，要求“纠正最近出现的打、砸、抢、抄、抓的歪风”。

6月17日 我国第一颗氢弹在西部地区爆炸成功。从原子弹到氢弹，美国花时七年，苏联是四年，而中国只用了两年零八个月就研制成功。

7月2日 新华社发表短评：《世界人民的大喜事——热烈欢呼〈毛主席语录〉在全世界广泛发行》。仅1967年《毛主席语录》就出版三亿五千万册。

7月3日 中共中央、国务院、中央军委、中央文革再次发出布告，提出六条措施，严禁破坏交通、抢劫军用列车、冲击解放军机关、杀伤解放军指战员等。24日，中央再次颁发布告，作出六条规定，制止部分地区的武斗事件。

7月18日 江青、康生、陈伯达，趁毛泽东离开北京之机，擅自决定组织批斗刘少奇夫妇的大会，并对刘少奇实行抄家和人身迫害。

7月20日 武汉发生群众组织“百万雄师”揪斗中央文革成员王力，数十万群众上街游行，高呼“打倒王力”的事件。林彪、江青诬蔑这次事件是“反革命政变”，说武汉军区负责人陈再道、钟汉华等是主使者，军委副主席徐向前是后台。他们不仅在王力返京时，组织了盛大的示威性欢迎，而且决定25日在天安门广场举行百万人大会。林彪、江青等亲临会场。同时，在全国大造声势，各地纷纷揪斗本地的“陈再道”，掀起冲击军事机关的浪潮。陈再道、钟汉华等被撤销武汉军区的领导职务，武汉军区独立师被打成“叛军”，被解散并撤销了番号。“百万雄师”被打成“反革命组织”、“百匪”，在湖北全省开展大规模的清查批斗。据统计，在这次清查中，被打死、打残、打伤的干部、军人、群众多达18.4万多人。仅武汉市被打死的就有600多人。1978年11月，中共中央批准湖北省委的报告，为“七二〇事件”正式平反。

7月22日 江青对河南一派群众组织的代表讲话，以所谓“文攻武卫”的口号煽动武斗。次日，上海《文汇报》公开发表“文攻武卫”的口号。从此，全国武斗急剧升级，造成“全面内战”的局面。

8月7日 谢富治在公安部的群众大会上，公开提出：“彻底砸烂公（安）、检（察）、法（院）”的口号。许多公安干警被逮捕入狱。仅公安部内，就有225名干部和工人被打成“特务”、“叛徒”、“反革命”等，其中47人被捕入狱。“文革”前的七名公安部副部长中除一名兼职副部长（汪东兴）外，其他副部长都先后被逮捕、关押，有的被迫害致死。据有关部门统计，在全国公安、检察、司法系统的干部和民警中，受打击迫害的多达3.44万多人，其中被迫害致死的1100多人，打伤致残的3600多人。北京市公安局正副局长10人，无一幸免，处级以上干部有一半被打成各种“敌人”。结果造成整个公检法机构的瘫痪，最后只能对公检法机构实行军管。

同　日　中央文革成员王力在接见外交部造反派代表时，肯定“揪陈毅大方向当然对”。在王力的唆使下，造反派砸了外交部政治部，封闭了部党委，宣称已经夺了外交大权。并擅自以外交部的名义向我驻外机构发号施令，造成一系列涉外事件。

8月9日　林彪发表讲话，提出“现在的革命是革我们原来革过的命的命”等荒谬主张，并鼓吹“要建立新的国家机构”。

8月10日　中共中央、国务院、中央军委、中央文革发布《关于派国防军维护铁路交通的命令》。

8月12日至年底　青海(8月12日)、内蒙古(11月1日)、天津(12月6日)三省、市、自治区革命委员会成立。

8月22日　所谓“首都无产阶级革命派反帝反修联络站”，以港英当局迫害我驻港新闻工作者为由，在英国代办处门前召开了声讨大会。会后造反派冲进代办处，放火烧了汽车和办公楼，造成一起严重的违法涉外事件。

8月26日　毛泽东批准周恩来的报告，对王力、关锋实行隔离审查。1968年1月，戚本禹也被隔离审查。此后，对外关系失控的情况逐步有所好转。

7月至9月　毛泽东视察华北、中南和华东，并发表多次讲话。毛泽东认为：“全国的无产阶级文化大革命形势大好，不是小好。整个形势比以往任何时候都好。”他为“乱”作辩护说：“有些地方前一段好像很乱，其实那是乱了敌人，锻炼了群众。”他号召各地革命群众组织实现革命的大联合。他说：“只要两派都是革命的群众组织，就要在革命的原则下实现革命的大联合。”毛泽东说：“绝大多数的干部都是好的，不好的只是极少数。对党内走资本主义道路的当权派，是要整的，但是，他们是一小撮。”“要扩大教育面”。他强调：“正确对待干部，是实行革命三结合，巩固革命大联合，搞好本单位斗、批、改的关键问题，一定要解决好。”毛泽东的谈话在1967年10月7日，由中共中央正式转发各地学习。它对于解放一批干部，抑制混乱局面继续恶化，起了积极作用。

9月8日 《人民日报》发表姚文元《评陶铸的两本书》一文。毛泽东在审阅此文时加写了一段话，点出“五一六反革命集团”的问题。

9月13日 中共中央国务院、中央军委、中央文革联名发出：《关于严禁抢夺国家物资商品，冲击仓库，确保国家财产的通知》。

10月1日 林彪在国庆18周年庆祝大会上讲话说，“文化大革命”已取得“决定性的胜利”；号召把“中国赫鲁晓夫”“从政治上、思想上、理论上批倒批臭，使他们永世不得翻身”。

10月14日 中共中央、国务院、中央军委、中央文革联名发出《关于大中小学复课闹革命的通知》。

10月21日 中共中央、中央文革发出《关于征询对“九大”问题意见的通知》。

10月27日 中共中央、中央文革发出《关于已经成立了革命委员会的单位恢复党的组织生活的批示》。

11月6日 《人民日报》、《红旗》杂志、《解放军报》联合发表经毛泽东审阅修改的编辑部文章：《沿着十月社会主义革命开辟的道路前进》。这篇文章首次把毛泽东发动“文化大革命”的错误论点概括成所谓“无产阶级专政下继续革命的理论”。

12月2日 中共中央、中央文革发出《关于整顿、恢复、重建党的意见和问题》。

1968 年

1 月 1 日 《人民日报》、《红旗》杂志、《解放军报》联合发表元旦社论:《迎接无产阶级文化大革命的全面胜利》。提出 1968 年的五项任务。首次公开发表了 1967 年 10 月 27 日毛泽东在一份文件中的批示:“党组织应是无产阶级先进分子所组成,应能领导无产阶级和革命群众对于阶级敌人进行战斗的朝气蓬勃的先锋队组织。”社论称它为“我们整党建党的伟大纲领”。

1 月 5 日至 3 月 20 日 中央陆续批准江西(1 月 5 日)、甘肃(1 月 23 日)、河南(1 月 25 日)、湖北(2 月 1 日)、广东(2 月 20 日)、吉林(2 月 22 日)、浙江(3 月 18 日)、江苏(3 月 20 日)等九个省的革命委员会成立。

3 月 22 日 中共中央、国务院、中央军委、中央文革发出命令,撤销杨成武的人民解放军代总参谋长、中央军委常委等职务;撤销余立金的空军政治委员等职务,并加以“叛徒”罪名,逮捕法办;撤销傅崇碧的北京卫戍区司令员职务。24 日,在北京人民大会堂召开驻京机关、部队团以上干部的万人大会。会上宣读了中央命令。林彪作长篇讲话。他列举杨成武的三条罪状是:一搞宗派主义,二搞两面派,三是写了一篇《大树特树毛主席的绝对权威》的文章。周恩来和陈伯达、康生、江青等也出席了大会,并讲了话。林彪事件发生后,毛泽东对此事的看法有了改变。杨、余、傅三人陆续解除了被监护的状态,重新担任了相应的领导工作。1979 年 3 月,中共中央正式发出文件,为“杨、余、傅事件”彻底平反。

4 月至 5 月 又有宁夏(4 月 4 日)、湖南(4 月 6 日)、安徽(4 月 14 日)、陕西(4 月 30 日)、辽宁(5 月 8 日)、四川(5 月 28 日)等六个省、自治区革命委员会成立。

5月15日 谢富治在北京市革委会全体会议上作清理阶级队伍问题的讲话。

5月25日 中共中央、中央文革转发毛泽东关于《北京新华印刷厂军管会发动群众开展对敌斗争经验》的批示的通知，要求“有步骤有领导地把清理阶级队伍这项工作做好”。

7月21日 康生在“要件即呈江青同志亲启”的绝密信中说：“送上你要的名单”。在这个名单中，中共第八届中央委员、候补中央委员193名中，有88名被分别诬陷为“特务”、“叛徒”、“里通外国分子”、“反党分子”。被列入“靠边站的尚未列入专案的”有7名，“有错误的或历史上要考察的”有29名。其中包括党和国家的领导人刘少奇、朱德、陈云、邓小平、彭真、陈毅、彭德怀、贺龙、李先念等。此后，康生等又指使中央组织部负责人编造《关于中央监委委员政治情况的报告》。把中共第八届中央监委会60名委员和候补委员中的37人，分别诬陷为“叛徒”、“特务”、“反革命修正主义分子”。编造《关于三届人大常委委员政治情况的报告》、《关于四届全国政协常委委员政治情况的报告》，把全国人大常委会委员115名中的60人和全国政协常委会委员159名中的74人分别诬陷为“叛徒”、“特务”、“反革命修正主义分子”等。

7月27日 北京60多个工厂组成3万多人的“首都工人毛泽东思想宣传队”，开进当时派性斗争激烈的清华大学，整顿秩序，制止武斗。清华井冈山的头头蒯大富下令开枪抵抗，造成流血事件。但很快工宣队就控制了整个校园。

7月28日 凌晨，毛泽东紧急召见聂元梓、蒯大富、韩爱晶、谭厚兰、王大宾等5人，对他们作了严厉批评。林彪、周恩来、陈伯达、康生、江青等在座。谈话持续五个小时。

8月5日 毛泽东把外国朋友送的芒果，转赠工宣队，报刊对此事作了大张旗鼓的报道。15日，毛泽东又接见工宣队代表，表示了支持和关怀。

8月13日至26日 云南(8月13日)、福建(8月14日)、广西(8月26日)三省、自治区革命委员会成立。

8月25日 中共中央、国务院、中央军委、中央文革联合发出《关于派工人宣传队进学校的通知》,要求“在革命委员会领导下,以优秀的产业工人为主体,配合人民解放军战士,组成毛泽东思想宣传队,分期分批进入各学校”。

8月26日 《人民日报》发表姚文元文章《工人阶级必须领导一切》,传达了毛泽东的指示:“实现无产阶级教育革命,必须有工人阶级领导,必须有工人群众参加,配合解放军战士,同学校的学生、教员、工人中决心把无产阶级教育革命进行到底的积极分子实行革命的三结合。工人宣传队要在学校中长期留下去,参加学校中全部斗、批、改任务,并且永远领导学校。在农村,则应由工人阶级的最可靠同盟者——贫下中农管理学校。”姚文元说:“凡是知识分子成堆的地方,不论是学校,还是别的单位,都应有工人、解放军开进去,打破知识分子独霸的一统天下,占领那些大大小小的独立王国。”截至8月底,首都59所大专院校全部进驻了工人毛泽东思想宣传队。此后,派遣“工宣队”、“军宣队”进驻学校的办法,逐步扩大到全国城乡。

9月5日 西藏、新疆两个自治区的革命委员会同时成立。至此,祖国大陆的29个省、市、自治区都已先后建立了革命委员会。《人民日报》和《解放军报》为此联合发表社论:《无产阶级文化大革命的全面胜利万岁!》。宣布“全国山河一片红”。

9月12日 《人民日报》、《红旗》杂志发表评论员文章《关于知识分子再教育问题》,认为“工人阶级进入文化教育阵地,工作对象主要是知识分子”。并引用毛泽东的话说:“在整个社会主义革命和社会主义建设的过程中,对知识分子的改造是一个极大的问题”。

10月5日 《人民日报》发表题为《柳河“五七”干校为机关革

命化提供了新的经验》的通讯。通讯按语中发表毛泽东的号召："广大干部下放劳动，这对干部是一种重新学习的极好机会，除老弱病残者都应这样做。在职干部也应分批下放劳动。"此后，各地纷纷办起各种形式的"五七干校"，把原党政机关干部和高等院校的教师送去劳动和学习。全国有数十万干部到农村参加体力劳动。1979年2月，国务院发出《关于停办"五七"干校有关问题的通知》。

10月13日至31日 中国共产党第八届扩大的十二中全会在北京举行。第八届中央委员97人中，除十一中全会以来去世的10人外，出席这次会议的只有40人。开会时，从候补中央委员中递补10人为中央委员，才刚过半数。八届中央候补委员出席会议的只有9人。而被扩大参加这次会议的中央文革小组成员、军委办事组成员等多达74人，占出席会议人数的57%还多。毛泽东主持会议，并就"文化大革命"问题讲了话。他明确表示："这次无产阶级文化大革命，对于巩固无产阶级专政，防止资本主义复辟，建设社会主义，是完全必要的，是非常及时的。"会议赞同了毛泽东的论断。在极不正常的情况下，全会批准在江青、康生、谢富治等人主持下，用伪证写成的《关于叛徒、内奸、工贼刘少奇罪行的审查报告》，作出了把刘少奇"永远开除出党，撤销其党内外一切职务"的决定。与会的中共中央委员陈少敏不畏高压，对这个决定，拒不表示同意。全国因此案被株连的党员和干部不计其数，仅因此而被判刑的人，就多达2.8万人。1980年2月，中共十一届五中全会正式通过决议，为刘少奇冤案彻底平反。

10月16日 《人民日报》转载《红旗》杂志第四期社论《吸收无产阶级的新鲜血液——整党工作中的一个重要问题》。这篇社论首次明确提出要批判"中国赫鲁晓夫"的"黑六论"，即"阶级斗争熄灭论"、"驯服工具论"、"群众落后论"、"入党做官论"、"党内和平论"、"公私溶化论"（即"吃小亏占大便宜"）。此后，在全国报刊上一度掀起批判所谓“黑六论”的浪潮。

11月10日 毛泽东接见外宾时说:“过去我们打了二十二年仗,这仗好打。文化大革命的仗不好打,因为敌人不很清楚。”

11月12日 《人民日报》、《红旗》杂志、《解放军报》发表社论:《认真学习两条路线斗争的历史》。社论说:“我们党的历史,就是两条路线斗争史。”“文化大革命,是以毛主席为代表的无产阶级革命路线和以刘少奇为代表的反革命修正主义路线长期斗争的大决战”。

12月22日 《人民日报》发表题为《我们也有两只手,不在城市吃闲饭!》的通讯,其中的编者按传达了毛泽东的指示:“知识青年到农村去,接受贫下中农的再教育,很有必要。要说服城里干部和其他人,把自己初中、高中、大学毕业的子女,送到乡下去,来一个动员。各地农村的同志们应当欢迎他们去。”此后,掀起了知识青年上山下乡的热潮。“文化大革命”期间,上山下乡的知识青年共1600多万人,国家和企、事业单位为安置知识青年上山下乡所支出的经费超过100亿元。

12月29日 南京长江大桥全面建成通车。大桥铁路全长6700多米,公路桥全长4500多米。这是建国以来我国自行设计和施工建造的最大的一座桥梁。

1969年

1月1日 《人民日报》、《红旗》杂志、《解放军报》的元旦社论《用毛泽东思想统帅一切》,传达了毛泽东的指示:“清理阶级队伍,一是要抓紧,二是要注意政策。”社论说:“清理阶级队伍的工作必须抓紧,因为只有做好了这项工作,把极少数隐藏的敌人挖了出来,才能使阶级阵线分明,才能使斗、批、改的各项任务得以顺利进行。”全国各地区各单位的清理阶级队伍造成大量冤假错案。例如，著名的黄梅戏表演艺术家严凤英，乒坛三杰傅其芳、姜永宁和荣国团，都在清理阶级队伍中被迫害致死。

3月2日 苏联军队侵入我国黑龙江省的珍宝岛地区，向正在执行巡逻任务的我国边防人员开枪开炮，我国边防部队被迫还击，造成严重流血事件。15日，双方军队再次发生更大规模的流血冲突。我国外交部三次向苏联政府提出强烈抗议。15日，毛泽东在中央文革碰头会上着重谈了打仗的问题。“准备打仗”后来成为中共九大的一个重要指导思想。

3月15日 毛泽东对中央文革碰头会议成员就落实政策问题谈话。他批评清理阶级队伍“抓人太多，关人太多，解放的人太少”，强调“要给出路”，“对走资派也要有区别”。

3月21日 毛泽东找中央文革碰头会议成员谈九大准备工作，并特地找陈毅、李富春、李先念、徐向前、聂荣臻参加，要他们“研究国际问题”。并提议九大报告不讲“二月逆流”。

4月1日至24日 中国共产党第九次全国代表大会在北京举行。出席大会的代表1512人，代表党员约2200万人。大会的主要议程共三项：(1)林彪代表中国共产党中央委员会作政治报告；(2)修改中国共产党章程；(3)选举党的中央委员会。九大选出中央委员和候补中央委员279人，其中原八届中委和候补中委只有53人，不到九届中委总数的1/5。林彪、江青一伙的主要成员进入了中央政治局，不少亲信和追随者进入党的中央委员会。中共九大在思想上、政治上和组织上的指导方针都是完全错误的。

4月28日 中国共产党九届一中全会在北京举行。全会选举了中央领导机构：中央委员会主席毛泽东，副主席林彪；中央政治局常务委员会委员毛泽东、林彪(以下按姓氏笔画为序)、陈伯达、周恩来、康生。中央政治局委员毛泽东、林彪(以下按姓氏笔画为序)、叶群、叶剑英、刘伯承、江青、朱德、许世友、陈伯达、陈锡联、李先念、李作鹏、吴法宪、张春桥、邱会作、周恩来、姚文元、康生、黄永胜、董必武、谢富治；中央政治局候补委员纪登奎、李雪峰、李德生、汪东兴。

6月9日　无产阶级革命家、卓越的政治家和军事家、中国人民解放军的创始人之一贺龙，在“文化大革命”中遭到诬陷，被迫害致死，终年73岁。1974年9月29日经周恩来提议，毛泽东批准，中共中央发出《关于贺龙同志恢复名誉的通知》。

6月　黄永胜等人主持的军委办事组召开座谈会。这次座谈会在“准备打仗”的口号下，按照林彪提出的“用打仗的观点，观察一切，检查一切，落实一切”的要求，提出了庞大的国防建设计划。由于盲目扩大军工生产，1969年的国防战备费比上年猛增34%。1970、1971年又继续递增15%和16%。1969年到1971年这三年，国防工业和国防科研投资在国家基本建设总投资中占的比重平均高达11%，严重影响了国民经济的正常发展。

8月27日　中央决定成立全国性的人民防空领导小组和各省、市、自治区人民防空领导小组。

8月28日　中国共产党中央委员会发布命令：边疆各省、市、自治区革命委员会，各族人民，中国人民解放军驻边疆部队全体指战员，随时准备粉碎美帝、苏修的武装挑衅，防止它们的突然袭击……充分做好反侵略战争的准备。

9月11日　苏联部长会议主席阿·尼·柯西金在参加胡志明葬礼后回国途中，在北京机场同中华人民共和国总理周恩来举行了会晤，双方同意采取措施使边境局势正常化。并确定于10月在北京恢复1964年中断了的边界问题谈判。这次两国总理会晤，对缓和当时的极度紧张的中苏关系，起了有益作用。

9月29日　中国第一台12.5万千瓦双水内冷汽轮发电机组在上海制造安装完成，并正式发电。

10月17日　空军司令员吴法宪根据林彪的意图签署命令，

提升林立果为空军司令部办公室副主任兼作战部副部长。次日下午，吴法宪向空军司令部干部宣读这一命令时说："今后空军的一切都要向林立果同志汇报，都可以由立果同志调动指挥。"（简称"两个一切"）

10月17日 林彪下达了紧急加强战备的第一号命令，要求全军进入紧急战备状态、指挥班子进入战时指挥位置等。18日，黄永胜等以"林副主席第一个号令"正式下达这个"紧急指示"，引起了各方面的极大震动。

11月12日 中华人民共和国主席、原中共中央副主席刘少奇因在"文化大革命"中遭到政治迫害和人身摧残，在开封逝世，终年71岁。

12月20日 新华社播发《六厂二校先进经验在首都普遍开花结果》。所谓六厂，即：北京针织总厂、北京新华印刷厂、北京化工三厂、北京北郊木材厂、北京二七机车车辆厂、北京南口机车车辆机械厂。二校即：清华大学、北京大学。当时称六厂二校是"活学活用毛泽东思想的典范"。

1970年

1月31日 中共中央发出《关于打击反革命破坏活动的指示》。后又于2月5日发出《关于反对贪污盗窃、投机倒把的指示》和《反对铺张浪费的通知》（以上合称"一打三反"）。根据上述指示，各地纷纷开展"一打三反"运动。到同年11月底，全国共批准逮捕各种分子28.4万多人，其中被判处死刑的达9000多人。这次运动，确实打击了少数各种犯罪分子，但也造成了不少冤假错案。

2月25日至3月21日 国务院召开全国计划工作会议，拟定1970年国民经济计划，并着手研究第四个五年计划纲要（草案）。会议提出了“以阶级斗争为纲，狠抓战备，促进国民经济的新飞跃”的口号，要求“集中力量建设大三线战略后方”。会议规定过高的指标，造成新的冒进。

3月17日至20日 中共中央召开工作会议，讨论召开四届人大和修改宪法问题。是否设立国家主席问题，成为讨论的一个焦点。到会大多数人赞同毛泽东提出的不设国家主席的建议。

3月27日 中共中央发出《关于清查“五一六”反革命阴谋集团的通知》。《通知》一方面提出要防止扩大化的倾向，但同时又强调，反革命秘密组织并不是只有一个“五一六”。

4月11日 林彪提出设国家主席的意见，并建议毛泽东当国家主席。次日，毛泽东批示：“我不能再做此事，此议不妥”。在此前后的半年内，毛泽东曾六次讲过不设国家主席和他不担任国家主席的话。

4月24日 我国第一颗人造地球卫星发射成功。

4月28日 我国政府发表声明，支持越南（北方和南方）、柬埔寨、老挝三国四方最高级领导人会议。声明指出：中国政府和中国人民一贯坚决支持印度支那三国人民反对美国的侵略，并且把这种支持看作是自己应尽的国际主义义务。

5月20日 毛泽东发表《全世界人民团结起来，打败美国侵略者及其一切走狗！》的声明，支援印支人民的抗美救国行动。北京和各省会分别举行群众大会和示威游行，拥护毛泽东的声明。

6月27日 中共中央批准《北京大学、清华大学关于招生（试点）的请示报告》。随着这个报告的颁行，全国高等学校在停止招生四年后，开始招生复课。

同　日 中共中央发出通知：1969、1970、1971年大专院校应届毕业生，从1970年7月份开始分配。通知要求毕业生到农村、工矿、边疆、基层去，接受“工农兵的再教育”。

7月1日 成（都）昆（明）铁路建成通车。

7月31日 周恩来召开国务院业务组会议，审查原煤炭工业部部长张霖之1967年1月22日被迫害致死问题，决定“按人民内部矛盾处理”，家属子女不受任何牵连。

8月23日至9月6日 中国共产党九届二中全会在庐山举行。林彪在全会开幕会议上发表称赞毛泽东是天才、坚持设国家主席的讲话。随后在小组会上，陈伯达抢先作了吹捧林彪、坚持设国家主席、不点名地攻击张春桥等的发言，并登简报，叶群、吴法宪、李作鹏、邱会作等也分别在各组发言，从而引起了一场混乱。8月25日，毛泽东召开中央政治局常委扩大会议，决定收回华北组第二号简报，责令陈伯达检讨。8月31日，毛泽东写了《我的一点意见》一文，严厉批评了陈伯达。这样就给了林彪集团以沉重打击。

9月25日至10月5日 国务院召开北方地区农业会。参加会议的有北方14省、市、自治区代表1259人。会议的中心解决农业发展缓慢、粮食不能自给的问题。

10月26日 坦赞铁路破土动工。这是当时中国援助第三世界国家的最大工程项目。

10月28日 中共中央发出《关于召开地方各级党代表大会的通知》，要求在1971年7月1日建党五十周年前，把全国省、市、自治区一级的党委基本上建立起来。

11月6日 中共中央发出《关于高级干部学习问题的通知》。

同　日 中共中央作出《关于成立中央组织宣传组的决定》。《决定》指出：在中央政治局领导下，设立中央组织宣传组。康生担任组长，江青、张春桥、姚文元、纪登奎、李德生为组员。管辖中央组织部、中央党校、人民日报社、红旗杂志社、新华社、中央广播事业局、光明日报社、中央编译局和工、青、妇中央一级机构及它们的五七干校，并负责已被撤销的中央宣传部和中央政治研究室的善后事宜。此后，中央组织、宣传大权落到了江青、张春桥、姚文元手中。

11月16日 中共中央发出《关于传达陈伯达反党问题的指示》。《指示》要求,按照党中央作出的部署,在党内开展“批陈整风”运动。

12月18日 毛泽东会见美国记者埃德加·斯诺。在这次内容广泛的会见谈话中,毛泽东透露了两个重要信息:一个是他表示赞成同美国最高级官员进行谈话。另一个是关于个人崇拜问题,其中不点名但明确无误地批评了林彪。说:“‘四个伟大’,讨嫌!”这次谈话的《纪要》,1971年5月由中共中央印发至基层党支部,口头传达至全体党员。

12月22日 华北会议召开。参加会议的华北地区党政军负责人共449人。1971年1月9日后,参加军委座谈会的143人也一并参加。会上宣布了中央改组北京军区的决定。撤销郑维山北京军区司令员和李雪峰北京军区第一政委、河北省革委会主任的职务,任命李德生为北京军区司令员,谢富治、纪登奎分任第一、第二政委,刘子厚任河北省革委会主任。会议最后由周恩来作了总结报告。1971年1月24日会议结束。

12月25日 中共中央批准兴建长江葛洲坝工程。直至1981年1月,较原计划拖延5年之后,第一期工程方基本建成,累计投资额为26.95亿元。

1971年

1月8日 毛泽东对济南军区政治部《关于学习贯彻毛主席“军队要谨慎”指示的情况报告》作出批示:“此件很好,从理论和实践的结合上讲清了问题。”11日中共中央、中央军委、总政治部发出《关于贯彻执行毛主席1月8日重要批示的通知》,要求“开展一场反对骄傲自满、提倡谦虚谨慎的自我教育运动”。

2月19日 毛泽东在周恩来的一份报告上作批示，点了军委办事组的名。20日，军委办事组写了检讨报告。在毛泽东一再指责下，黄永胜等不得不在军委直属单位负责人会上作“自我批评”。毛泽东在他们的书面检讨上批示“以后是实践这些申明的问题”。

3月5日 我国党政代表团赴越南访问。8日，周恩来和越南政府总理范文同共同签署了联合公报。公报说：“如果美帝国主义沿着扩大侵略印度支那战争的道路走下去，中国人民决心采取一切必要措施，甚至不惜承担最大的民族牺牲，全力支援越南人民和印度支那各国人民，彻底打败美国侵略者。”

3月15日 毛泽东为纪念巴黎公社100周年的文章《无产阶级专政胜利万岁》写批语：“我党多年不读马、列，不突出马、列，竟让一些骗子骗了多年，使很多人甚至不知道什么是唯物论，什么是唯心论。在庐山闹出大笑话。”

3月21日至24日 林彪、叶群和林立果在苏州密谋后，派林立果到上海，召集“联合舰队”主要成员制定了反革命武装政变计划《“571”工程纪要》，阴谋策动武装政变，谋害毛泽东，以“夺取全国政权”。

4月10日 美国乒乓球队应邀访华。这是中华人民共和国成立后第一个应邀访华的美国团体。他们在北京进行了比赛和参观游览。14日下午，周恩来在人民大会堂会见了美国乒乓球队。美国乒乓球队的访华，在全世界引起很大震惊，被称为“小球转动了大球”的“乒乓外交”。

4月7日 中共中央、毛泽东派纪登奎、张才千参加军委办事组。当时称为“掺砂子”。

4月15日至29日 中共中央召开“批陈整风”汇报会。到会的共有中央和地方的负责人449人。29日，周恩来代表党中央作总结。他明确指出，黄永胜等人“在政治上是方向路线错误，在组织上是宗派主义错误”。

4月15日至7月31日 全国教育工作会议在北京举行。会议通过由清华大学军宣队负责人迟群主持起草，并经张春桥、姚文元审阅定稿的《全国教育工作会议纪要》。《纪要》否定建国后十七年教育战线的成就，提出了所谓“两个估计”，即：解放后17年“毛主席的无产阶级教育路线基本上没有得到贯彻执行”，“资产阶级专了无产阶级的政”；大多数教师和解放后培养的大批学生的“世界观基本上是资产阶级的”。这份《纪要》经毛泽东同意后8月13日由中共中央批准下发。这次会议作出的“两个估计”和提出的许多“左”的政策，使广大知识分子长期受到严重压抑。

5月30日 周恩来在全国外事工作会议上讲话，阐述在新形势下的外交政策，批评纠正对外宣传工作上的偏差。

6月18日 周恩来出席中共中央工作会议结束会议，在讲话中批判了极左思潮，如火烧英国代办处，主张出兵香港，随便提断交，冲砸大使馆，到外交部夺权等。

7月9日至11日 周恩来总理和秘密访华的美国总统尼克松特使、国家安全事务助理基辛格在北京举行会谈。

7月16日 中美双方同时发表公告说：获悉尼克松总统曾表示希望访问中华人民共和国，周恩来代表中国政府邀请尼克松总统于1972年5月以前的适当时间访问中国；尼克松总统愉快地接受了这一邀请。这一事件成为中美关系的重大突破。

8月中旬至9月12日 毛泽东到南方巡视，同沿途各地党政军负责人多次谈话。毛泽东说：“这次庐山会议，又是两个司令部的斗争。”他认为，林彪一伙在庐山的活动，“是有计划、有组织、有纲领的。纲领就是设国家主席，就是‘天才’，就是反对九大路线，推翻九届二中全会的三项议程。”毛泽东说：“有人急于想当国家主席，要分裂党，急于夺权。”“庐山这件事，还没有完，还没有解决。”

9月13日 发生林彪叛逃并在蒙古温都尔汗机毁人亡事件。5日，林彪、叶群从党羽的密报中获悉毛泽东南巡谈话内容，决定实施《“571”工程纪要》，对在旅途中的毛泽东采取谋杀行动，发动武装政变。8日，林彪下达了发动武装政变的手令，交由林立果的特务组织“联合舰队”执行。毛泽东由于对林彪的反常活动有所觉察，提前离开杭州，又突然离开上海，使林彪集团妄图在旅途中谋杀毛泽东的阴谋破产。12日，毛泽东安抵北京。林彪、叶群、林立果等眼见阴谋败露，于13日凌晨仓皇乘飞机外逃叛国，途经蒙古温都尔汗机毁人亡。林彪集团的余党或自杀毙命，或束手就擒。一场反革命武装政变阴谋被彻底粉碎。林彪反革命集团的灭亡，客观上宣告了“文化大革命”的理论和实践的破产。

9月18日 中共中央向高级干部发出林彪叛逃事件的通知。此通知稍后逐级下达。

10月3日 中共中央决定撤销军委办事组，成立由军委副主席叶剑英主持的军委办公会议，成员有谢富治、张春桥、李先念、李德生、纪登奎、汪东兴、陈士榘、张才千、刘贤权，负责军委日常工作。黄永胜、吴法宪、李作鹏、邱会作等离职检查。同日，中央决定成立中央专案组，由周恩来、康生、江青、张春桥、姚文元、纪登奎、李德生、汪东兴、吴德、吴忠等10人组成。在专案组领导下，设立工作机构，由纪登奎、汪东兴负责，审查林彪、陈伯达反党集团的问题。

10月25日 第26届联合国大会以76票赞成、35票反对、17票弃权的压倒多数通过阿尔巴尼亚、阿尔及利亚等23国提案，决议恢复中华人民共和国在联合国的一切合法权利，并立即把蒋介石集团的代表从联合国及其所属一切机构中驱逐出去。11月15日，中国政府代表团正式出席联合国大会第26届会议的全体会议，乔冠华团长在会上发表了讲话，受到热烈欢迎。

11月14日 毛泽东在接见参加成都地区座谈会的张国华、

梁兴初、李大章等人时说:“你们再不要讲‘二月逆流’了。‘二月逆流’是什么性质?是他们对付林彪、陈伯达、王(力)、关(锋)、戚(本禹)。”

12月11日 中共中央发出通知,将中央专案组整理的《粉碎林陈反党集团反革命政变的斗争》材料之一下发全国,供党内外讨论。以后,又陆续下发《粉碎林陈反党集团反革命政变的斗争》材料之二和《粉碎林彪反党集团反革命政变的斗争》材料之三,在全国开展批林整风。

12月16日至翌年2月12日 全国计划会议在北京举行。这次会议提出批林要联系经济战线的实际,批判林彪一伙鼓吹的“空头政治”,解决他们干扰破坏造成的恶果问题。随后,国务院主持起草了《一九七二年全国计划会议纪要》(简称工业十条),其中提出了若干整顿的措施。这个会议纪要因张春桥的阻挠没有发下。

12月26日 周恩来指导起草的《中共中央关于农村人民公社分配问题的指示》下发。《指示》强调农村要全面发展,不能把允许的多种经营当作资本主义去批判;规定了有利于集体增产个人增收、减轻农民负担和使分配兑现的一些具体政策。这个指示受到农村广大干部和群众的欢迎。

12月30日 我国外交部发表声明,抗议美国和日本把我国的钓鱼岛等岛屿划入日本“归还区”,重申我国对这些岛屿的领土主权。

1972年

1月6日 中央军委副主席、国务院副总理兼外交部长陈毅在北京逝世,终年71岁。10日举行追悼会。毛泽东亲自参加追悼会,这是“文化大革命”以来的第一次。他对陈毅夫人张茜说:

陈毅是个好人，是个好同志。要是林彪的阴谋搞成了，是要把我们这些老人都搞掉的。毛泽东还表示，邓小平问题的性质属于人民内部矛盾。他的这些话迅速通过各种渠道传播到社会，产生了较大影响。

2月5日 毛泽东、周恩来批准国家计委《关于进口成套化纤、化肥技术设备的报告》，恢复了中断多年的成套设备和新技术的引进工作。

2月21日至28日 美国总统尼克松来我国访问。毛泽东会见尼克松。周恩来同尼克松就两国关系正常化及双方关心的其他问题进行了讨论。28日，中美双方在上海发表联合公报，标志着中美两国开始走向关系正常化。

3月26日 谢富治病亡，终年63岁。谢富治时任中共中央政治局委员，中央书记处书记，北京市和北京军区主要负责人。"文化大革命"中，谢富治直接参预林彪、江青等人篡党夺权的阴谋活动，犯下严重罪行。1980年10月16日，中共中央决定开除谢富治的党籍，撤销原先对其所做的悼词。1981年1月，我国最高人民法院特别法庭确认其为林彪、江青反革命集团案的主犯。

4月7日 国家计委发出《关于严格控制增加职工，充分挖掘现有劳动潜力的通知》，针对1971年职工人数突破5000万和劳动生产率下降等问题，作出若干具体规定。

4月24日 《人民日报》发表经周恩来审查同意的社论《惩前毖后，治病救人》。社论说："要相信90%以上的干部是好的和比较好的。犯了错误的人，大多数是可以改好的。"并强调"经过长期革命斗争锻炼的老干部"，"是党的宝贵财富"，应该认真落实党的干部政策。

5月1日 中共中央发出《关于杜绝高等学校招生工作中"走后门"现象的通知》。

5月21日至6月23日 中共中央在北京召开批林整风汇报

会。到会的中共中央、国务院、中央军委和省市自治区负责人共312人。周恩来在会上作了《对我们党在新民主主义革命阶段六次路线斗争的个人认识》和《关于国民党造谣污辱地登载所谓“伍豪事件”的真相》等报告。

8月1日 国防部为庆祝建军45周年举行盛大招待会。叶剑英发表讲话。陈云、王震、滕代远等一批被迫害的老干部出席招待会。这是“文化大革命”以来，老干部出席并见报最多的一次建军节招待会。

8月14日 毛泽东对邓小平的信作出批示。批示说：“邓小平同志所犯错误是严重的。但应与刘少奇加以区别。(1)他在苏区是挨整的，即邓、毛、谢、古四个罪人之一，是所谓毛派的头子。整他的材料见《两条路线》、《六大以来》两书。出面整他的人是张闻天。(2)他没有历史问题，即没有投降敌人。(3)他协助刘伯承同志打仗是得力的，有战功。除此之外，进城以后，也不是一件好事都没有做的，例如率代表团到莫斯科谈判，他没有屈服于苏修。这些事我过去讲过多次，现在再说一遍。”

8月21日 中共中央发出《关于征询对三支两军问题的意见的通知》，附《关于三支两军若干问题的决定》(草案)，肯定“整个三支两军的成绩是巨大的”，同时指出：“林彪反党集团的阴谋破坏，使三支两军工作在某些方面受到了干扰”。《决定》说：“为了加强党的一元化领导”，凡是已经建立党委的地方和单位，撤销三支两军的机构和人员。此后，各地的支左领导小组、办公室、指挥部、联络站等机构陆续撤销。三支两军人员除已确定留地方任职者外，陆续撤回军队。

8月 江青同访华的美国副教授洛克珊·维特克(女)在北京、广州等地长谈多次，约60小时。江青在谈话中编造历史，极力美化自己，贬低和诽谤中央领导人，受到毛泽东的严厉批评。

9月1日 全国人民代表大会常务委员会副委员长、中国国民党革命委员会主席、中华全国妇女联合会名誉主席何香凝，因病在北京逝世，终年95岁。6日，何香凝的灵柩运到南京，根据她本人的遗愿，安葬在南京市东郊紫金山下的廖仲恺墓地。

9月25日至29日 日本国总理大臣田中角荣应邀访问中国。周恩来和田中角荣就中日邦交正常化问题举行会谈。毛泽东会见了田中角荣。29日，中日两国政府联合声明在北京签字，实现了中日邦交正常化。

10月1日 《人民日报》、《红旗》杂志、《解放军报》联合发表《夺取新的胜利》的社论。其中提出：要“加快社会主义建设的步伐”；“继续落实毛主席的干部政策、知识分子政策、经济政策等各项无产阶级政策”；“要提倡又红又专，在无产阶级政治统帅下，为革命学业务、文化和技术”。

10月6日 北京大学副校长、著名物理学家周培源的文章《对综合大学理科教育革命的一些看法》在《光明日报》发表。文章针对当时大专院校的情况，根据周恩来的指示精神，提出要对理科基本理论的研究给予足够的重视。此文原是《人民日报》向周培源约稿。但姚文元一再阻挠，只好改在《光明日报》发表。文章发表后，张春桥、姚文元派人到北京大学秘密调查文章的“出笼背景”。还指使上海《文汇报》，盗用一些教员和工农兵学员的名义，连篇累牍地发表文章，对周培源文章进行了不指名的批判。

10月11日 中华人民共和国同德意志联邦共和国在北京签署联合公报，决定自即日起两国正式建交。自1971年10月联合国恢复中华人民共和国的合法权利之后，国际上出现了一个同中国建交或恢复邦交的高潮：1970年第四季度，有5个国家；1971年，有17个国家；1972年，有19个国家。27个月内与我国建交或恢复邦交的国家达41个，差不多相当于建国后前20年的总和(1949—1969年，与我国建立外交关系的国家共47个)。这41个国家中，包括：伊朗、土耳其、日本、埃塞俄比亚、尼日利亚、突尼斯、扎伊尔、智利、秘鲁、墨西哥、意大利、奥地利、希腊、比利时、加拿大、新西兰、澳大利亚等。

10月14日 《人民日报》根据周恩来多次批判极左思潮讲话的精神，组织发表了《无政府主义是假马克思主义骗子的反革命工具》等三篇批判极左思潮和无政府主义的文章，指出林彪是煽动极左思潮的罪魁祸首。但是，发表这些文章遭到江青、张春桥、姚文元的攻击。同时，在人民日报社内批判所谓“修正主义”、“右倾回潮”。

11月26日 我国政府和越南政府在北京签订1973年中国无偿给予越南经济、军事物资援助协定。协定确定的援助价值为21.07亿元。1972年已无偿援助26.57亿元，占该年国家财政总支出的6.7％。

11月28日 外交部和中联部提出关于召开外事会议的请示报告。其中提出要以批判林彪集团煽动的极左思潮和无政府主义为会议的中心内容。得到周恩来同意，但遭到江青、张春桥、姚文元的反对。

12月14日 我国选派留学生36人，分赴英、法两国学习。这是“文化大革命”开始后国家首批派出的留学生。

12月17日 毛泽东在一次谈话中说：林彪“是极右。修正主义，分裂，阴谋诡计，叛党叛国”。并说：“极左思潮还是少批一点吧！”此后，就只准批林彪的极右，不准再批极左。

12月18日 周恩来根据毛泽东在被拘押的干部、原铁道部副部长刘建章的妻子李淑清反映情况的信上的批示，指示公安部会同北京卫戍区彻底清查北京监狱待遇问题。在这次清查中，一批无辜被关押的老干部获释出狱。

1973 年

1 月 1 日 《人民日报》、《红旗》杂志、《解放军报》联合发表题为《新年献词》的社论，强调指出："在新的一年里，我们要把批修整风这个头等大事继续抓紧抓好。""牢牢掌握这个斗争大方向"。社论传达了毛泽东提出的"深挖洞，广积粮，不称霸"的指示，要求全党和全国人民，"沿着党的九大路线继续前进"。

1 月 2 日 国家计委提出的《关于增加设备进口、扩大经济交流的请示报告》，其中包括从国外进口 43 亿美元成套设备和单机的方案，经毛泽东、周恩来批准实施。加上以前确定和后来追加的进口项目，总额达 51.4 亿美元。到 1979 年底，这些引进项目绝大部分建成投产。

1 月 7 日至 3 月 30 日 全国计划会议在北京举行。会议讨论国家计委起草的《关于坚持统一计划，加强经济管理的规定》。其中 28 个省、市、自治区赞成，上海反对。张春桥却说这是"光荣的孤立"，并阻挠文件下发。

2 月 28 日 中国人民政治协商会议全国委员会在人民大会堂台湾厅举行纪念台湾人民"二二八"起义 26 周年座谈会。人大常委会副委员长周建人、政协全国委员会副主席傅作义、许德珩以及各界人士和北京的台胞代表共 100 多人参加。大家一致表示，解放台湾，统一祖国，是包括台湾同胞在内的全中国各族人民的共同愿望和神圣义务。这是自 1966 年"文化大革命"发动以来，以政协的名义公开召集并见报的第一次会议。

3 月 8 日 周恩来邀请外国专家及其家属参加国际劳动妇女节纪念会。会上，他严厉批判了林彪、陈伯达、王力等对外事工作的干扰破坏，对被错误批斗或被迫离开我国的外国专家表示歉意，并欢迎他们重回中国。这次会议产生了良好的影响。

3月9日 周恩来主持中共中央政治局会议。根据毛泽东的意见，他简要说明了自己病情的发展情况，正式向政治局请假两周，进行检查治疗。

3月10日 中共中央根据毛泽东上年8月14日的批示，正式发出文件，决定恢复邓小平党的组织生活和国务院副总理的职务。

5月20日至31日 中共中央在北京举行工作会议，为召开中共十大作准备。会议通过《中央关于党的十大代表产生的决定》，同意经毛泽东核准的《中央政治局关于修改党章问题的请示》。根据毛泽东的意见，会议宣布解放谭震林、李井泉、乌兰夫等13名老干部；决定王洪文、华国锋、吴德列席中央政治局会议并参加政治局的工作。

6月10日 毛泽东给福建莆田一农村小学教师李庆霖的复信印发全党。为统筹解决知识青年上山下乡中的问题，国务院在6月22日至8月7日召开全国上山下乡知识青年工作会议，解决了一些问题。

7月4日 毛泽东和王洪文、张春桥谈话时，谈到批孔问题。毛泽东认为林彪同国民党一样，都是“尊孔反法”，并批评了外交部。

7月19日 《辽宁日报》以《一份发人深省的答卷》为题，刊登了辽宁省兴城县白塔公社下乡知识青年、生产队长张铁生写在辽宁省高等学校入学文化考察的物理和化学试卷背后的一封信。江青等利用这封信掀起“反对复辟回潮”的歪风。物理考0分、化学考6分的张铁生，不仅被录取上大学，而且加入中国共产党，后来又当上四届全国人大常委。1983年，张铁生以反革命宣传煽动罪、阴谋颠覆政府罪被判处有期徒刑15年。

8月7日 《人民日报》发表经毛泽东亲自批发的文章《孔子——顽固地维持封建奴隶制的思想家》。文章作者为广州中山大学教授杨荣国。

8月20日 中共中央批准《关于林彪反党集团反革命罪行的审查报告》，决定永远开除林彪及其反革命集团主要成员陈伯达、叶群、黄永胜、吴法宪、李作鹏、邱会作等人的党籍，撤销他们的党内外一切职务。

8月24日至28日 中国共产党第十次全国代表大会在北京举行。出席大会的代表1249名，代表全国2800万党员。周恩来代表中央宣读事先在毛泽东主持下准备好的政治报告。王洪文作关于修改党章的报告。大会选举出195名中央委员和124名候补中央委员。一些“文化大革命”中备受打击迫害的老干部，如邓小平、王稼祥、乌兰夫、李井泉、谭震林、廖承志等，被选为中央委员。

8月26日 新华社宣布：我国第一台每秒钟运算100万次的电子计算机设计制造成功。

8月30日 中国共产党十届一中全会在北京举行。全会选举毛泽东为中共中央委员会主席，周恩来、王洪文、康生、叶剑英、李德生为副主席。中央政治局委员21人：毛泽东、王洪文、韦国清、叶剑英、刘伯承、江青、朱德、许世友、华国锋、纪登奎、吴德、汪东兴、陈永贵、陈锡联、李先念、李德生、张春桥、周恩来、姚文元、康生、董必武。中央政治局候补委员4人：吴桂贤、苏振华、倪志福、赛福鼎。中央政治局常务委员会委员9人：毛泽东、王洪文、叶剑英、朱德、李德生、张春桥、周恩来、康生、董必武。十大后，江青、张春桥、姚文元、王洪文在中央政治局内结成“四人帮”。

9月12日 周恩来主持中共中央政治局会议讨论四届全国人大的各项筹备工作。决定成立政府工作报告起草小组，周恩来任组长；宪法修改小组，康生任组长，张春桥代组长；组织工作小组，王洪文任组长。

9月23日 毛泽东接见阿拉伯埃及共和国副总统沙菲时说：

“秦始皇是中国封建社会第一个有名的皇帝，我也是秦始皇，林彪骂我是秦始皇。中国历来分两派，一派讲秦始皇好，一派讲秦始皇坏。我赞成秦始皇，不赞成孔夫子。”

10月 江青等在清华大学、北京大学发动所谓“反击右倾回潮运动”，声称要上揪“代表人物”，下扫“社会基础”。以后逐渐扩及到一些地区和更多单位。

12月9日 毛泽东在同周恩来、王洪文等人谈话中，肯定由他提议召开的中央政治局批评周恩来所谓外事错误的会“开得好，很好”。同时批评江青：“就是有人讲错了两句话，一个是讲第十一次路线斗争，不应该那么讲，实际上也不是。一个是讲总理迫不及待。他（指周）不是迫不及待，她（指江）自己才是迫不及待。”

12月12日 毛泽东在中央政治局会议上提出大军区司令员互相对调的建议，并批评“政治局不议政，军委不议军”。他提议邓小平参加军委，任总参谋长。21日，在接见参加中央军委会议的同志时，毛泽东作了自我批评。他说，自己是听了林彪一面之辞，错整了贺龙、罗瑞卿和杨成武、余立金、傅崇碧。毛泽东再次说朱德是“红司令”。22日，中委军委发布命令，对八大军区司令员实行对调。即：北京军区司令员李德生与沈阳军区司令员陈锡联对调，南京军区司令员许世友与广州军区司令员丁盛对调，武汉军区司令员曾思玉与济南军区司令员杨得志对调，福州军区司令员韩先楚与兰州军区司令员皮定均对调。并限令10天内到职。同日，中共中央遵照毛泽东的提议，发出关于邓小平参加中央和中央军委领导工作的通知。

12月28日 《北京日报》发表《一个小学生的来信和日记摘抄》。作者署名黄帅，是北京市海淀区中关村第一小学五年级学生。迟群、谢静宜看到此文后，认为很符合他们“反右倾回潮”的需要，于是授意《北京日报》派人把日记重新编排，加编者按语公开发表。编者按语说:“小学生日记”证明,“教育战线上修正主义错误的流毒还远远没有肃清”。“要警惕修正主义的回潮”。《人民日报》全文转载。

1974 年

1 月 12 日 毛泽东批准江青、王洪文要求将《林彪与孔孟之道》向全国转发的信。18 日,中共中央转发在江青主持下,由北京大学、清华大学大批判组编的《林彪与孔孟之道》(材料之一)。中共中央在转发材料的通知中说:“林彪是一个地地道道的孔老二的信徒,他和历代行将灭亡的反动派一样,尊孔反法,攻击秦始皇,把孔孟之道作为阴谋篡党夺权,复辟资本主义的思想武器。”因此,要求在批林中,“开展对尊孔反法思想的批判”。

1 月 19 日 人民解放军进行西沙群岛自卫反击战。20 日,中华人民共和国外交部发表声明,并警告南越当局,为了维护中国领土完整和主权,中国政府和中国人民有权采取一切必要的自卫行动。

1 月 24 日、25 日 江青以贯彻中央通知为借口,擅自连续召开在京部队单位和中直机关、国家机关的“批林批孔”动员大会。迟群、谢静宜等在会上讲话,指责有人要翻“文化大革命的案”,含沙射影地攻击周恩来、叶剑英等中央领导人。

2 月 1 日 《人民日报》发表通讯《要当码头的主人不做吨位的奴隶》。

2 月 10 日 江青制造“蜗牛事件”。从此,在科学技术界大批“爬行主义”、“卖国主义”、“洋奴哲学”,推迟了我国同国外的科学技术交流和对先进科学技术的引进。

2 月 11 日 《人民日报》发表黄帅复王亚卓的一封公开信。内蒙古生产建设兵团的三名青年,因以王亚卓为笔名写信不同意

“小学生日记”的观点，被打成“反革命”。

2 月 15 日 北京举办矛头指向周恩来的所谓“黑画”展览。被株连的美术工作者多达百名。

同 日 毛泽东在叶剑英的来信上写下批语：“现在，形而上学猖獗，片面性。批林批孔，又夹着走后门，有可能冲淡批林批孔。”毛泽东还扣发了江青等人准备在全国播放的 1 月 25 日大会的录音带。

2 月 20 日 《人民日报》发表社论《批克己复礼——林彪妄图复辟资本主义的反动纲领》。

2 月 23 日 丹江口水利枢纽工程建成。该工程具有防洪、发电、灌溉、航运、养殖等综合效益。

2 月 28 日 《人民日报》发表署名初澜的文章《评晋剧〈三上桃峰〉》，硬说这出戏的要害是“为刘少奇翻案”，是“否定无产阶级文化大革命”。于是《三上桃峰》被打成“黑戏”、“黑典型”。

3 月 5 日 江青、张春桥召见于会泳、陈亚丁等人，叫嚷要“整一整”军队，“放火烧荒”。

3 月 6 日 王洪文到人民解放军总参谋部，叫嚷要“揭盖子”。并说：“揭不开就砸，砸不开，就用炸弹炸。”11 日，他们命令《解放军报》停止自己编发稿件，只准转发新华社的消息，实际上是变相停刊。

3 月 21 日 中共中央转发外交部《外交通报》，传达了毛泽东关于划分三个世界问题的谈话。

4 月 5 日至 15 日 经中央政治局批准，国家计委在北京召开十五省市和十部委负责人参加的抓革命、促生产座谈会，解决在“批林批孔”冲击下发生的生产困难问题。

4 月 6 日 根据毛泽东的提议，中共中央决定由邓小平率中国代表团出席联合国大会第六届特别会议。10 日，邓小平在联合国大会发言。

5月15日 新华社报道：在华北建起一个新油田——大港油田，已探明油田可采原油估量9000多万吨。

6月1日 周恩来因积劳成疾住进305医院。

6月14日 江青在人民大会堂召集会议，以讲儒法斗争为名，影射攻击周恩来，吹捧自己。并授意她的写作班子，要批“现在的儒”，重点是批“党内的大儒”。根据江青的授意，“梁效”即“两校大批判组”很快写出《有作为的女政治家武则天》、《论爱国主义者王安石——兼论历史上儒法之间卖国与爱国两条战线的斗争》、《赵高篡权与秦朝灭亡》、《研究儒法斗争的历史经验》等文章在报刊上发表，又掀起一阵所谓“评法批儒”的浪潮。

7月1日 中共中央发出《关于抓革命，促生产的通知》。《通知》批评“不为错误路线生产”等谬论，要求撤离岗位的人，必须迅速回本单位搞生产，否则按旷工处理。《通知》下达后，少数地区单位情况有所好转，但全国工业交通生产仍在继续下降。

7月17日 毛泽东在中央政治局会议上批评江青说：“不要设两个工厂，一个叫钢铁工厂，一个叫帽子工厂，动不动就给人戴大帽子”。并当众宣布：“她并不代表我，她代表她自己。”毛泽东还批评王洪文、张春桥、江青、姚文元搞帮派活动。毛泽东说：“她算上海帮呢！你们要注意呢，你们不要搞成四人小宗派呢”。这是第一次提出“四人帮”的问题。

8月5日 中共中央转发军事科学院编的《批判林彪资产阶级军事路线的若干问题》。

9月15日 新华社报道：黄河青铜峡水利枢纽工程基本建成。

9月29日 新华社报道：在渤海地区建成胜利油田，探明可探储量近3.9亿吨。

同 日 中共中央发出《关于为贺龙同志恢复名誉的通知》。

10月4日 毛泽东提议邓小平任国务院第一副总理。

10月11日 中共中央发出《关于准备在最近期间召开第四届全国人民代表大会的通知》。

10月17日 在中央政治局会议上，“四人帮”以“风庆轮事件”为借口，对邓小平进行攻击。

10月18日 王洪文在与江青、张春桥、姚文元密谋后到长沙向毛泽东告周恩来和其他中央领导同志的状，当即受到毛泽东的批评。王洪文在长沙住了三天，并写了书面检讨。

11月12日 毛泽东找邓小平谈话，指出：江青等人是“强加于人哪，我也是不高兴的”。并鼓励邓小平把政府和军队工作的重担“担起来”。

11月29日 老一辈无产阶级革命家，党、国家和军队的杰出领导人之一彭德怀在囚禁中逝世，终年76岁。党的十一届三中全会纠正了1959年庐山会议对彭德怀的错误结论。1978年12月24日，在北京为彭德怀和陶铸举行了隆重的追悼大会，邓小平致悼词。

12月23日 毛泽东在长沙同周恩来、王洪文谈话，再次当面批评王洪文：“不要搞四人帮！四个人搞在一起不好！”并说：“江青有野心。”他称赞邓小平“政治思想强”，“人材难得”。再次提议由邓小平担任中央军委副主席、国务院第一副总理兼人民解放军总参谋长。毛泽东决定：总理（周恩来）仍然是总理，负责筹备召开第四届全国人民代表大会和国务院的人事安排。周恩来回京后，把毛泽东的谈话向中央政治局作了汇报，并获得政治局的赞成。这就挫败了“四人帮”的组阁阴谋。

1975年

1月5日 根据毛泽东的提议，中共中央发出文件，任命邓小平为中共中央军委副主席兼中国人民解放军总参谋长；任命张春桥为中国人民解放军总政治部主任。

1月8日至10日 中国共产党十届二中全会在北京举行。会议讨论了第四届全国人民代表大会的准备工作，决定将《中华人民共和国宪法修改草案》、《关于修改宪法的报告》、《政府工作报告》和全国人民代表大会常委会、国务院成员的候选人名单，提请全国人民代表大会讨论。会议选举邓小平为中共中央副主席、中央政治局常委；批准李德生关于免除他所担任的中共中央副主席、中央政治局常委的请求。

1月9日 李富春逝世，终年75岁。李富春为中共八届中央政治局委员、常委、中央书记处书记，是在"文化大革命"中虽经磨难却始终坚持工作，没有被打倒的几个老一辈无产阶级革命家之一。

1月13日至17日 第四届全国人民代表大会第一次会议在北京举行。会议的议程是：(1)修改宪法，(2)通过政府工作报告，(3)选举和任命国家领导工作人员。在朱德主持下，张春桥代表中共中央作《关于修改宪法的报告》，周恩来代表国务院作政府工作报告。周恩来在政府工作报告中重申在本世纪内实现农业、工业、国防和科学技术现代化的设想。大会通过了新修改的宪法；批准了政府工作报告；选举朱德为委员长，董必武、宋庆龄(女)、康生、刘伯承、吴德、韦国清、赛福鼎、郭沫若、徐向前、聂荣臻、陈云、谭震林、李井泉、张鼎丞、蔡畅(女)、乌兰夫、阿沛·阿旺晋美、周建人、许德珩、胡厥文、李素文(女)、姚连蔚等22人为副委员长；任命周恩来为总理，邓小平、张春桥、李先念、陈锡联、纪登奎、华国锋、陈永贵、吴桂贤(女)、王震、余秋里、谷牧、孙健等12人为副总理。并任命国务院各部部长和委员会主任。会后，周恩来病重，邓小平在毛泽东支持下，实际上开始主持中央日常工作。

1月25日 邓小平在中国人民解放军总参谋部机关团以上干部会上发表讲话，明确提出"军队要整顿"。

2月4日 黄河上游刘家峡水电站全部建成，总发电能力为122.5万千瓦，是当时全国最大的水电站。

同　日 **19**时**36**分，辽宁省南部营口、海城地区发生强烈地震，震度7.3级。

2月5日 中共中央发出《关于取消军委办公会议，成立中央军委常委的通知》。军委常委会议由叶剑英主持。

2月18日 中共中央发出《关于学习毛主席关于理论问题的重要指示的通知》。22日，《人民日报》发表根据毛泽东的指示，由张春桥、姚文元主持选编的《马克思、恩格斯、列宁论无产阶级专政》，共33条。随之在全国开展学习无产阶级专政理论的运动。

2月21日 中共中央批准成立工、青、妇三个全国代表大会的筹备组。工会筹备组组长为金祖敏，共青团筹备组组长为谢静宜，妇联筹备组组长为杨坡兰。

2月25日至3月8日 中共中央召开全国各省、市、自治区党委主管工业的书记会议，着重解决铁路运输问题。

3月1日 张春桥在全军各大单位政治部主任会议上发表长篇讲话，鼓吹经验主义是当前的主要危险。

同　日 姚文元在《红旗》杂志发表《论林彪反党集团的社会基础》一文，认为：“现在，主要危险是经验主义。”随后，江青也鼓吹：“经验主义是当前的大敌。”在他们授意指挥下，掀起一股“反经验主义”的歪风。

3月5日 中共中央发出《关于加强铁路工作的决定》。经过整顿，截至同年4月底，全国20个铁路局中有19个局超额完成了装车计划。

3月17日 第四届全国人民代表大会常委会举行第二次会议，讨论周恩来根据中共中央、毛泽东的指示提出的关于特赦释放全部在押战犯的建议。会议决定：对全部在押的战争罪犯，实行特赦释放，并给予公民权。这个决定由最高人民法院执行。这次特赦释放的战犯共293名(包括原属国民党蒋介石集团的战犯290名,其中蒋军军官219名、党政人员21名,特务50名;伪满洲国战犯2名;伪蒙疆自治政府战犯1名)。至此,在押的战争罪犯,全部处理完毕。

4月1日 《人民日报》转载《红旗》杂志张春桥的文章《论对资产阶级的全面专政》。

4月2日 董必武逝世,终年90岁。董必武是伟大的无产阶级革命家,党和国家的卓越领导人。

4月4日 以“现行反革命”等罪名被长期关押的优秀共产党员张志新惨遭杀害。1979年3月31日,中共辽宁省委召开大会,宣布为张志新彻底平反,并追认其为革命烈士。

4月23日 毛泽东对“四人帮”批经验主义提出批评,指出:“提法似应提反对修正主义,包括反对经验主义和教条主义。二者都是修正马克思主义的,不要只提一项,放过另一项。”毛泽东还指出:“自以为是,动不动就训人,这也是不懂马列的一种表现。”

5月3日 毛泽东召集在北京的中共中央政治局委员谈话,反复强调要安定团结,要搞马克思主义、要光明正大;批评江青、张春桥、姚文元、王洪文,告诉他们“不要搞四人帮”。但同时,毛泽东又强调;“这和庐山会议不同”,“治病救人,不处分任何人”。“我看问题不大,不要小题大作,但有问题要讲明白”。按照毛泽东的指示,5月27日和6月3日,邓小平两次主持中央政治局会议,对江青等人进行了批评。

5月17日 毛泽东在中央军委关于贺诚任职的请示上写批语:“过去一切污蔑不实之词,应予推倒”。这个批示的下达推动了干部政策的落实。

6月4日 中共中央发出《关于努力完成今年钢铁生产计划的指示》。

6月16日至8月11日 国务院召开计划工作务虚会。会议认为，当时经济生活中的主要问题是乱和散，必须狠抓整顿，强调集中。会议提出了要整顿软、懒、散的领导班子，要建立各项生产管理制度等意见。

6月24日至7月15日 中共中央军委召开扩大会议。参加会议的有军委各总部、各大军区、各军（兵）种、高级军事院校的领导干部70多人。邓小平在7月14日作《军队整顿的任务》的报告，强调军队要整顿，要解决“肿、散、骄、奢、惰”的问题。他指出：“这是军队在支左当中出现的新问题”。叶剑英在会上作了总结讲话。他有针对性地向到会同志指出，军队需要高度的集中统一，决不允许有资产阶级派性的存在。这次会后，在中央军委领导下，认真地压缩了军队定额，并对军队的领导班子作了调整。

7月1日 宝（鸡）成（都）铁路电气化工程完工。这是我国的第一条电气化铁路。

7月4日 邓小平对中央读书班第四期学员讲话，首次提出“三项指示为纲”。“三项指示”即毛泽东的三条指示：一、学习理论，反修防修；二、要安定团结；三、要把国民经济搞上去。邓小平说：“这三条指示互相联系，是个整体，不能丢掉任何一条。这是我们这一时期工作的纲。”

7月10日 新华社报道：陕西省临潼县秦始皇陵东侧，发现一处规模巨大的秦代陶俑坑。这一考古重大发现被称为世界奇观。

7月14日 毛泽东找江青、张春桥谈话，批评文艺界的状况说：“党的文艺政策应该调整一下，一年、两年、三年，逐步扩大文艺节目。缺少诗歌，缺少小说，缺少散文，缺少文艺评论。”25日，毛泽东对电影《创业》作者的来信写下批语：“此片无大错，建议通过发行。不要求全责备，而且罪名有十条之多，太过分了，不利调整党的文艺政策。”根据毛泽东的指示，中共中央批准《人民文学》、《诗刊》等杂志恢复出版，批准举行人民音乐家聂耳、冼星海的纪念演出会，对一批被江青等人污蔑为“毒草”的影片“解禁”，还出版了鲁迅著作和其他少数文艺作品。文艺界的形势略有缓解。

7月17日 中共中央转发国务院《关于今年上半年工业生产情况的报告》。《报告》说：“三月以来，工业生产和交通运输一月比一月好，原油、原煤、发电量、化肥、水泥、内燃机、纸及纸制品、铁路运货量等，五、六月份创造了历史上月产的最高水平，军工生产的情况也比较好。”上半年工业生产情况的好转，说明邓小平主持党中央工作以来对工业战线实行整顿的方针是有成效的。

8月14日 毛泽东在同北京大学中文系一位教师的谈话中谈到对几部我国古典小说的看法。毛泽东讲到：“《水浒》这部书，好就好在投降。做反面教材，使人民都知道投降派。”姚文元立即起草了一份如何宣传贯彻这次谈话的报告，得到毛泽东的圈阅同意。经过一番策划，8月31日，《人民日报》以头版头条的重要位置发表经姚文元修改的《红旗》杂志短评《重视对〈水浒〉的评论》。同时，发表了“四人帮”写作班子的长文《评〈水浒〉》。9月4日，《人民日报》发表社论《开展对〈水浒〉的评论》，称这“是我国政治思想战线上的又一次重大斗争”。9月17日，江青在山西省昔阳县大寨大队的一次讲话中说：“评《水浒》要联系实际。评《水浒》是有所指的。宋江架空晁盖，现在有没有人架空毛主席呀？我看是有的。”

9月2日 在邓小平指导下起草的《关于加快工业发展的若干问题》（简称《工业二十条》）提出讨论稿。

9月12日至28日 第三届全国运动会在北京举行。与“文化大革命”前相比，这次运动会的成绩很不理想。

9月15日至10月15日 全国农业学大寨会议在山西省昔阳县开幕。参加会议的代表共3700多人。邓小平在会议开幕式上讲话，提出了各方面的整顿问题。陈永贵致开幕词。他说：大寨的根本经验就是“坚持党的基本路线，大批修正主义，大批资本主义，大干社会主义”。华国锋在会上作《全党动员，大办农业，为普及大寨县而奋斗》的报告。大会开了一个多月，地点后从昔阳县移到北京。江青出席了这次大会，在邓小平讲话时几次插嘴表示不同意见。她还作了关于评《水浒》的长篇讲话，并要会议印发。毛泽东得知后，明确指示：“放屁，文不对题。”“稿子不要发，录音不要放，讲话不要印。”

9月26日 邓小平等听取胡耀邦关于科学院工作的《汇报提纲》的说明。邓小平肯定了《汇报提纲》中关于“科学技术也是生产力”的观点。

10月中旬 国务院政治研究室根据邓小平几次讲话精神起草了《论全党全国各项工作的总纲》（简称《论总纲》，当时尚未定稿）。

10月20日至31日 中国农林科学院在长沙召开有21个省、市、自治区农业科学工作人员参加的杂交水稻鉴定会，对从1964年开始研究、试种的籼型杂交水稻进行鉴定，肯定了这一科学实验的成功。籼型杂交水稻在国内逐步大面积推广种植，产生了巨大的增产效益。

11月3日 清华大学党委召开常委扩大会议，由北京市委第一书记吴德传达毛泽东对经由邓小平转交的该校党委副书记刘冰等人反映该校党委书记迟群、副书记谢静宜问题的信的意见。毛泽东说：“我看信的动机不纯，想打倒迟群和小谢。”“矛头是对着我的。”“清华所涉及的问题不是孤立的，是当前两条战线斗争的反映。”从此开始进行所谓“批邓、反击右倾翻案风”运动。

11月20日 中共中央政治局开会专门讨论“文化大革命”评价问题。会前，毛泽东提出，由邓小平主持，中央作出一个肯定“文化大革命”的决议。邓小平以自己是“桃花源中人”为由拒绝。

11月26日 中共中央在北京召开"打招呼会议"。会上宣读了经毛泽东审阅批准的《打招呼的讲话要点》。《要点》说:"中央认为,毛主席的指示非常重要。清华大学出现的问题绝不是孤立的,是当前两个阶级、两条道路、两条路线斗争的反映。这是一股右倾翻案风。"此后,运动逐步扩大到全国各地区、各部门。

同　日 我国成功地发射一颗返回式人造地球卫星。经过7天的正常运行后,卫星按预定计划于12月2日安全返回地面。

12月14日 中共中央向全国大中小学的党支部转发《清华大学关于教育革命大辩论的情况报告》。"教育革命大辩论"从此推向全国。

12月16日 康生病亡,终年73岁。"文化大革命"中,康生任中央文化革命小组顾问,与林彪、江青勾结,玩弄阴谋,捏造罪名,打击陷害大批党政领导干部,犯下严重罪行。1980年10月16日,中共中央决定开除康生的党籍,撤销原先对其所做的悼词。1981年1月,我国最高人民法院特别法庭确认其为林彪、江青反革命集团案的主犯。

1976年(1—10月)

1月8日 中共中央副主席、国务院总理、政协全国委员会主席周恩来在北京逝世,终年78岁。周恩来是伟大的马克思主义者,中国共产党和中华人民共和国的卓越领导人,中国人民解放军的创始人之一,中国杰出的革命家、政治家、军事家和外交家。他的逝世引起了全党和全国各族人民的极大悲痛。但人民群众的悼念活动,却受到"四人帮"的无理限制和阻挠。

1月15日 周恩来追悼会在北京人民大会堂举行,邓小平致悼词。追悼会后,当周恩来遗体送往八宝山火化时,上百万人冒着严寒伫立在十里长街默哀送别,出现了古今中外罕见的悲壮的送灵场景。遵照周恩来的遗嘱，他的骨灰被撒在祖国的江河大地上。

2月2日 根据毛泽东1月21日和28日的两次提议，中共中央政治局发出通知：(1)由华国锋任国务院代总理；(2)在叶剑英生病期间，由陈锡联主持中央军委的工作。

2月17日 《人民日报》发表社论《批判"三项指示为纲"》。

2月25日 中共中央召集各省、市、自治区，各大军区负责人会议，传达由毛远新整理的《毛主席重要指示》。华国锋讲话说："当前，就是要搞好批邓，批邓小平同志的修正主义错误路线，在这个总目标下把广大干部、群众团结起来"。"对邓小平同志的问题，可以点名批判"。

3月2日 江青擅自召集12个省、自治区的负责人开会，大骂邓小平，把向资本主义国家出售原油、煤炭、棉布等，骂为"汉奸行为"，"代表买办资产阶级利益"。毛泽东发现后批示："江青干涉太多了。"

3月5日、25日 上海《文汇报》连续制造反周恩来事件，引起全国人民极大反感。各地向《文汇报》发表抗议信、电421件，抗议电话一千多次。

3月下旬 南京市出现大规模群众游行，悼念周总理，反对"四人帮"。4月1日，中共中央发出关于"南京事件"的电话通知，称这是分裂以毛主席为首的党中央、转移批邓大方向的政治事件。

4月5日 发生天安门事件。3月下旬至4月5日，全国各大城市的群众纷纷自发进行悼念周恩来、声讨"四人帮"借"批邓、反击右倾翻案风"施行篡党夺权阴谋的活动。4月4日晚，中央政治局会议认为，多数人是悼念总理，少部分有影射攻击中央的，个别是非常恶毒的。政治局认定，"这次是反革命性质的反扑"，"看出存在一个地下的'裴多菲俱乐部'，有计划地在组织活动"。并且决定，从当晚（4 日晚）开始，清理花圈、标语和抓“反革命”。这个决定得到毛泽东的批准。当夜清除了天安门广场上的所有花圈、花篮、标语和诗词，还抓走自愿看守花圈的群众。5 日，天安门广场的广大群众，在“还我花圈，还我战友”的口号下，采取抗议行动，被错误地宣布为“反革命事件”，遭到残酷镇压。以天安门事件为中心的强大抗议运动（四五运动），是悼念周恩来、反对“四人帮”、要求纠正“文化大革命”的“左”倾错误、支持以邓小平为代表的党的正确领导的革命群众运动，它为粉碎“四人帮”奠定了伟大的群众基础。

4 月 7 日　中共中央政治局会议根据毛泽东的提议，一致通过《中共中央关于华国锋同志任中共中央第一副主席、国务院总理的决议》和《关于撤销邓小平党内外一切职务的决议》。

4 月 13 日　中共中央就河北省保定地区发生抢劫武器和粮食事件发出电话通知，责成河北省委和河北省军区限期解决问题。

5 月 16 日　《人民日报》、《红旗》杂志、《解放军报》联名发表编辑部文章《文化大革命永放光芒——纪念中共中央 1966 年 5 月 16 日〈通知〉十周年》。文章把邓小平与刘少奇、林彪并列，称为“修正主义战线头子”；声称同走资派斗争，“一定要有长期作战的思想准备”。

6 月 14 日　国家计委向中共中央报送《关于上半年国民经济计划执行情况和下半年安排的意见》，指出 1—5 月份工业生产情况不好，财政收入少收 20 亿元。

7 月 6 日　中共中央政治局常委、全国人大常委会委员长朱德在北京逝世，终年 90 岁。朱德是伟大的马克思主义者，中国共产党和中华人民共和国的卓越领导人之一，中国人民解放军的创始人之一，杰出的革命家、军事家和政治家。11 日，朱德追悼会在北京人民大会堂举行追悼会，华国锋致悼词。

7月6日至8月1日 中央计划工作座谈会在北京召开。会上,“四人帮”乘机捣乱,指使上海、辽宁的几个党羽发难,诬蔑1975年的国务院务虚会是“经济领域里右倾翻案风的风源”,向华国锋和其他中央领导同志发动攻击。7月20日晚,中央政治局听取了会议情况汇报,规定不许追国务院务虚会问题,使“四人帮”扭转会议方向的阴谋未能得逞。

7月28日 凌晨3时42分,河北省唐山、丰南地区发生7.8级以上强烈地震,震中烈度达11级并波及天津、北京。地震中死亡24.2万多人,重伤16.4万多人,工业城市唐山被夷为一片废墟,损失惨重。国务院迅速向灾区派出10多万人民解放军指挥员,2万多名医务工作者和数万名各方面的支援人员,会同灾区人民奋起抗灾,重建家园。但“四人帮”却攻击党中央抓抗震救灾是“以救灾压批邓”。

8月23日 《人民日报》发表题为《抓住要害,深入批邓》的社论。社论把《论全党全国各项工作的总纲》、《关于加快工业发展的若干问题》和《关于科技工作的几个问题》等三个文件诬蔑为“三株反党、反马克思主义的大毒草”,集中反映了邓小平“那条反革命修正主义路线的极右实质”。在“四人帮”的策动指挥下,一时间批判三个文件的文章充塞全国各种报刊。仅《人民日报》从8月13日至10月6日的50多天里,发表批判所谓“三株大毒草”的文章、通讯,就多达110篇。

9月9日 0时10分,中共中央主席、中央军委主席、全国政协名誉主席毛泽东在北京逝世,终年83岁。毛泽东是伟大的马克思主义者,伟大的无产阶级革命家、战略家和理论家,中国共产党、中国人民解放军和中华人民共和国的主要领导人。他虽然在晚年犯了“左”的错误,特别是发动和领导了“文化大革命”,造成了严重后果,但就他的一生来看,他对中国革命的功绩远远大于过失。他的逝世使全国人民极为悲痛。

9月18日 首都100万群众在天安门广场举行隆重的毛泽东逝世追悼大会。全国各地亿万群众同时追悼默哀。华国锋致悼词。

9月11日 “四人帮”加紧夺取最高权力的阴谋活动。王洪文撇开中央办公厅值班室,在中南海另设“值班室”,并通知全国各省、市、自治区及时向他们请示报告。

9月16日 《人民日报》、《红旗》杂志、《解放军报》发表社论《毛主席永远活在我们心里》,抛出“四人帮”伪造的所谓“毛主席临终嘱咐”即“按既定方针办”,并在全国报刊上连篇累牍地大肆宣扬。

9月19日 按江青要求,中共中央政治局召开紧急常委会。江青要求并非政治局常委的姚文元和毛远新参加会议,却不让常委、中共中央副主席叶剑英参加。会上江青大吵大闹,要求把毛泽东的文件和档案交给她和毛远新清理。经过争论,最后决定毛泽东的文件、档案、书籍暂由中央办公厅负责封存。“四人帮”控制毛泽东遗稿的企图没有得逞。

9月29日 在中共中央政治局会议上,江青公然提出:“毛主席逝世了,党中央的领导怎么办?”张春桥说:“今天要安排江青同志的工作。”公开伸手要权。他们还拒绝叶剑英、李先念要毛远新回辽宁工作的意见,提出要并非中央委员的毛远新“准备三中全会的报告”。会议经过激烈争论,决定毛远新回辽宁,三中全会准备问题由中央政治局研究解决。

10月1日 江青到清华大学讲话,煽动说:还会有人为邓小平翻案。她说:“我要向你们年轻人宣誓,一定要锻炼好身体,和他们斗。”她要青年人准备迎接“盛大节日”。

10月2日 华国锋在审批乔冠华在联合国大会的发言稿时,指出所谓“毛主席临终嘱咐”与毛的亲笔手书不同,要避免再错传。